괴물—아버지—프로이트
황금박쥐 | 요괴인간

괴물―아버지―프로이트

황금박쥐 | 요괴인간

서현석 지음

괴물―아버지―프로이트: 황금박쥐 | 요괴인간

지은이 | 서현석
펴낸이 | 한기철
편집인 | 이리라
편집 | 이여진, 이지은
마케팅 | 조광재

2009년 12월 5일 1판 1쇄 박음
2009년 12월 15일 1판 1쇄 펴냄

펴낸 곳 | 한나래출판사
등록 | 1991. 2. 25. 제22 ― 80호
주소 | 서울시 서대문구 냉천동 182, 냉천빌딩 4층
전화 | 02) 738 ― 5637   팩스 | 02) 363 ― 5637   e-mail | hannarae07@unitel.co.kr
www.hannarae.net

ⓒ 2009 서현석
Published by Hannarae Publishing Co.
Printed in Seoul

국립중앙도서관 출판시도서목록(CIP)

괴물―아버지―프로이트: 황금박쥐 | 요괴인간 / 서현석 지음.
― 서울 : 한나래출판사, 2009
512p. ; 23cm

ISBN 978―89―5566―096―8 93330

331.5―KDC4
306―DDC21   CIP2009003777

차례

일러두기

- 한글 표기를 원칙으로 하되, 필요에 따라 외국어와 한자를 병기하였다.
- 한글 맞춤법은 '한글 맞춤법' 및 '표준어 규정'(1988), '표준어 모음'(1990)을 적용하였으나 혼란이 있는 경우 출판사의 원칙을 따랐다.
- 외국어의 우리말 표기는 개정된 '외래어 표기법'(1986)을 원칙으로 하되, 그중 일부는 현지 발음을 따랐다.
- 사용된 기호는 다음과 같다.

  영화, 그림, 시, 노래, 잡지, 논문, TV 프로그램 등:〈 〉

  책 이름:《 》

1965년. 한일 기본 조약. 모리카와 노부히데.

한국과 일본 양국 간의 문화 교류를 추진한다는 취지에 의해, 일본의 제일기획은 한국의 동양방송에 황금박쥐를, 아니 모리카와 노부히데 감독을 파견한다. 일본에게는 개발도상국의 값싼 노동력이, 한국에게는 만화 왕국의 선진 기술이 탐났던 게다. 전무후무한 두 나라 간 열정의 공유는 4년 동안 지속된다. 이 짧은 시간 동안의 땀과 피는 두 개의 결실로 이어졌다. 이름하야 〈황금박쥐〉, 그리고 〈요괴인간〉.

그런데 하필이면 '빛나는 해골'과 '숨어서 사는 요물'이라니. 일본의 상상과 한국의 손재주가 합작해 낸 혼합물은 일본이 소화하기에도, 한국이 소화하기에도, 어쩐지 의뭉스러웠다. 어린이를 위한 방송물이라면서 소스라칠 만큼 그로테스크했다. 만듦새에 모호하게 번져 있는 어눌함부터가 낯설기 그지없었다. 거칠고 비렸다. 차갑고도 눅진했다. 파렴치했다.

그들이 모호한 망각의 세계로 흩어진 것은 당연하다. 수줍은 이름들만을 남긴 것은 필연이다.

오늘날 그들의 이름은 누구나 기억한다. 하지만 아

무도 그 막막함의 세부적인 질감을, 그 어설픈 존재감의 습한 결을 정확히 떠올리지는 못한다. 어렴풋한 기억 속에는 '정의'나 '우주의 평화' 따위의 신성한 듯 고루한 사어들이 녹아 있다. 하지만, 기억이 깊어지면 이름 모를 정서가 돌출한다. 소외된 그늘 속에서 농후한 그림자가 섬광처럼 흘러나온다. 하늘을 노랗게 오염시키는 역겨움과 어둠을 그윽하게 집행하는 관능이 중첩된다. 욕망과 죽음이 교차한다. 환희로 가득 찬 지옥, 혹은 공포에 찌든 황홀경. 불온하고도 숭고한 혼재향.

도대체 그들은 누구였는가? 아니, 무엇이었는가? 사람도 짐승도 아니며, 생명도 송장도 아닌, 초자연의 서자들. 태생부터가 심상치 않은 중간자들. 재방영조차 되지 않은 안방극장의 영원한 타자들. 이성의 이면. 그들은 정녕 '정의의 사도'가 맞았던가? 분명 '영웅'으로 기억하는 것이 적절한 것인가?

이 책은 그들을 기억하고자 하지 않는다. 시청자 여러분의 향수를 호출하지도 않는다. 이 책이 바라보는 바는 기억된 것들이 아니라, 망각된 것들이다. 기념

되는 것들이 아니라, 소각된 것들이다.

관능적인 불투명함. 투박한 소름. 과잉의 간지러움. 주저하는 정서의 격발.

언어는 그것이 담을 수 없는 것을 지시하기 위해 필사적으로 항변한다. 항변의 수사는 그 장황한 만큼이나, 화려한 만큼이나, 처절해진다. 처절함은 희미한 기억 속의 텍스트로 역류한다. 역류된 수사적 처절함을 머금는 표상들은 끔찍하게 괴기스럽다. 그들의 괴팍한 결핍 속에는 욕동이 꿈틀거린다.

그들의 서늘하고 공허한 그림자 앞에서, 우리는 비장함으로 가장한 유아스런 질문을 입 안에 넣고 우물거릴 뿐이다. "어디, 어디에서 오는가?"

이 책은 침묵을 배반한다. 황금박쥐와 요괴인간은 이 책을 배반한다.

서현석

황금박쥐

어디, 어디에서 오는가
도무지 이 역겨운 매혹
이 화려한 현기증

I.
미천한 영웅

 의혹의 유혹

"너의 정체를 밝혀라."

황연한 금빛 위상으로 홀연히 앞을 가로막는 괴연한 개체에게 '악당'이라는 자가 요구한다. 요구는 발화자의 강한 의지를 싣고 '명령'이 되어 무겁게 날아들지만, 그 가증스러운 위압이 소통하는 바는 절박함뿐이다. 발화의 동기는 순수하다. 지식을 획득하여 그 지식의 대상을 파멸시키려는 것이다. 마치 모든 앎의 의지가 본연적으로 파괴적임을 밝히기라도 하듯, 악당들은 당당하다. 하지만 그 천연덕스런 당당함을 누가 알아주리. 발화자는 당당할 겨를도 없이 어리석고 미천해진다. 파괴를 목적으로 지식의 대상으로부터 직접 지식을 얻고자 하다니. 요구의 망에 걸리면 지식의 망 속에 그 대상을 포획할 수 있으리라는 속셈의 참을 수 없는 얄팍함을 숨기지도 않다니. 사악함과 소박함의 차이가 묘연해진다. 악은 역시 순수한 것이다. 하긴 달리 지식을 얻을 길도 없다. 반해

골, 반근육질의 번쩍거리는 괴물 '황금박쥐'의 '정체'가 무엇인지 과연 그 누가 명쾌하게 말해 줄 수 있단 말인가?

당사자인 황금박쥐는 이러한 요구에 대해 다분히 외교적인 태도를 취한다. 묵비권의 묘미는 권력 관계가 지속되는 시간의 긴장감에 있다. 모르면 차라리 가만있기나 할 것이지. 악당들은 알았어야 했다. 요구라는 언술 행위 속에 놓인 함정의 총체적인 파괴력을. 자크 라캉Jacques Lacan 이 설명하듯, '욕구need'를 '요구demand'로 소통하는 순간 실현 불가능한 '욕망desire'이 도출되어 자아를 장악하기 시작하지 않는가.[1]

라캉의 정의에 충실하자면, '욕망'은 물론 요구로써 충족하지 못하는 잉여의 욕구이다. 라캉의 유명한 명제로 요약되듯, 언어가 있기에 욕망이 생성된다. 욕구와 요구 사이에는 '결핍'이 있으며, 이 차이가 '욕

---

1. Jacques Lacan, "The Signification of the Phallus," *Écrits: A Selection*, Alan Sheridan (trans.), New York and London: W. W. Norton & Company, 1977, pp.281~291.

망'이다. 욕망과 결핍은 동시에 발생할 뿐 아니라, 서로를 지탱하는, 단일한 것의 양면이다. 결핍이 있기에 욕망이 성립되며, 욕망이 지시하는 바가 곧 결핍이다. 한글의 구조상으로 보자면, '요구'는 '욕구'된 것의 결핍('ㄱ')을 지시한다. (낫 놓고 'ㄱ'자도 모르는 악당들은 섣불리 결핍을 소거하려다 낫 따위의 흉기나 휘두르게 된다.) 결국 악당들은 하나의 단순한 언술 행위를 통해 자발적으로 스스로를 불가능한 욕망의 주체로 위치시켜 버린다. 모든 '수행적*Performative*' 언어의 비밀은 결국 결핍과 내통한다는 것이다. (이 프로그램을 지켜보는 어린 시청자에게 악당의 요구가 자극하는 욕망의 첫 상처는 아직도 축축했으리라. 기억의 장치가 아무리 미숙하다 할지라도 그리 머지않은 과거의 아련함이 유령처럼 들기에는 충분했으리라.)

불가능은 〈황금박쥐〉라는 텍스트를 지배하는 은은한 모티브이자, 그 흐름을 지지하는 음음한 원동력이다. 절대적 진실처럼, 절실한 귀신처럼, 불가능은 언어를 점령한다. 불가능에 대한 불만은 불안이 되어 내러티브 주변을 떠돈다.

이 이상한 언술 행위의 비밀은, 불가능의 불온한 원리는, 또 다른 곳에서 서성인다. 실은 황금박쥐는 대답하고 싶어도 못한다. 요구에 응하고 싶어도 줄 수 있는 진실은 불가능뿐이다. 악당들은 알았어야 했다. 이토록 어려운 질문에 그 누가 흔쾌히 답할 수 있단 말인가? '정체'라는 것이 함축적으로 요약해서 설명할 수 있을 만큼 단순 명료한 것이기나 할까? 더구나 황금박쥐와 같은 복합적인 외형을 가진 개체가 자신의 자아에 대해 가질 수 있는 자가적인 인식이 어떤 것일지 그 누가 상상이나 할 수 있을까? 이를 소통해 주는 언어는 공유할 수 있는 것일까?

악당들은 알았어야 했다. 아니, 알면서도 어쩔 수 없이 자신의 무지를 발설할 수밖에 없었으리라. 아무리 무모하고 성급한 그들이라 할지라도 이 망측한 몰골의 타자가 자신의 정체에 대해 친절하게 설명을 해 주리라고 감히 기대했을까. 그렇다면 이 요구는 특정한 욕구를 소통하는 목적과는 거리가 먼 것이다. 그렇다. 이 불가능한 질문은 진실의 불가지함으로부터 취하는 좌절을 시화詩化한 것이 아닌가. 악당이 위대할 수 있다면, 이러한 순수한 시적 무모함 때문이리라. 자신의 운명적 추락을 이미 집행한 첫 박을 타고도 마지막 박까지 고집을 꺾지 아니하고 지루한 자기 박멸의 길을 자처하는 놀부가 그러하듯 말이다. (사실《흥부전》의 예술적 가치는 권선징악이라는 규범적 교훈을 설파함에 있는 것이 아니라 '악'의 무모한 순수함을 직시함에 있지 아니한가.) 놀부의 진실 어린 행위가《흥부전》의 숨은 진실을 드러내듯, 〈황금박쥐〉에서도 악당의 무모함은 거대하고도 모호한 주제를 체화한다. 결국 이 언술 행위가 지시하는 바는, 근원적인 폭력성도 존재론적인 앎의 의지도 아니다. 주체와 타자 사이의 절대적인 공백이다.

이런 불가능성을 통찰한 것일까? 황금박쥐가 발설하는 바는 "으하하하하" 웃음소리뿐이다. 이보다 더 절묘하고도 절박하게 공백의 황량함을 나타내는 기표가 있으랴. 이 숭고한 정서적 파열이 일차적으로 은폐하는 것이 자신의 정체인지, 자신의 무지인지는 알 수 없다. 이런 웃음소리 앞에서 알고자 하는 의지를 갖는다는 것은 스스로를 궁핍한 유치함의 미궁 속으로 밀어 넣는 일이다. 묵비권의 비극적 아름다움이 희극의 묵시적 아련함과 하나가 된다. 권력 관계가 지속되는 시간의 긴장감이 절망의 절벽 아래를 공허한 메아리로 가득 채운다. 그 공허함 속에서 간단한 수사적 승리에 대한 웃는 자의 도취가 유연히 헤엄친다.

아니, 그게 아니라, 이 미친 웃음은 순수함을 전람해 준 미천한 군자에 대한 사려 깊은 배려이다. 비천한 박약함으로의 추락을 무릅쓰고 대범히도 자연의 잔혹한 섭리를 선뜻 언어로 껴안은 투사에 대한 진정한

홈상의 표현이다. 두 현자들은 존재의 척박에 대한 선문답을 즐기고 계신 것이다.

 ## 가면의 가식

황금박쥐의 배려는 이뿐이 아니다. 웃음의 묘묘함과 음음함이 텔레비전을 바라보는 시청자 어린이 여러분을 불안과 불만의 미묘한 파장들이 뒤섞인 정서적 오묘함 속으로 밀어 넣는 그 와중에도, 배려는 작동한다. 웃음이 퍼지는 허공 속의 파장을 타고 먼저 도착하는 것은 잔인한 악마의 음탕한 위협이 아니라 인자한 아버지의 호탕한 애정인 것이다. 웃음은 그것이 가진 수행적인 파괴력을 뒤로 하고 우리에게만큼은 안락의 가능성을 우선적으로 제안하고 있는 것이다. 혼란의 도가니를 무마하는 사랑의 언어는 기적의 기쁨만큼 뿌듯한 감흥을 선사한다. 이로써 우리는 현자들이 나누는 절대적 불가능과 그것이 동반하는 고독과 고통의 행렬로부터 열외가 될 수도 있음을 감지한다.

우리는 황금박쥐가 어린이를 보호해 주는 '정의의 사자'라는 우리 자신의 막연한 신뢰감을 신뢰할 수밖에 없다. 우리 자신이 순진무구한 한, 당신이 우리를 배반의 파국이나 모멸의 연옥으로 빠트리실 리는 없다. 설사 우리가 악당들의 언술 행위가 창출한 욕망의 주체의 고통스런 자리에 유혹된다 할지라도, 이분께서 우리를 절망의 지옥에 방치하실 리는 없는 것이다. 이러한 믿음이 있었기에 애당초 악당의 무지가 지속된다는 사실로부터 안이한 안위를 취할 수 있지 않았는가? 이러한 눈먼 신뢰 덕에 그분의 호탕함으로부터 통쾌함이라는 은혜 어린 선물을 취할 수 있지 않은가? 믿음의 순정을 매주 매주 자꾸자꾸 확인시켜 주는 당신은 역시 신뢰할 만한 좋은 분이시다.

그리하여 순진무구한 피보호자인 우리는 순진무구함이라는 가면 속에 더욱 푸근하게 숨는다. '순진'이라는 말에 내포된 오염의 가능성을 잠정적으로 부정하고 퇴행의 보금자리에 안주하려 한다. 이 사회적 가면이 있는 한, 순진무구함이라는 약자의 미덕을 고이 품고 있는 한, 구세주의 보호는 보장된다고 믿기 때문이다. 하지만 안락이 고루해지면, 가면 이면의 밀폐된 공간에서는 습한 긴장감이, 의혹이라는 미세한 세균들을 증식시키는 자만 어린 모험심이, 비겁한 자아의 표면을 잠식하기 시작한다. 낯간지러움 같은 미세한 조직들의 저항이 점증한다. 진실처럼 다가오는 호기심을 은폐해도, 궁핍함 속으로 침투하는 웃음 속의 낯선 예리함을 밀쳐 내려고 몸부림쳐도 소용없다. 웃음을 메아리로 돌려주는 광야의 황량함부터가 내면의 공허가 투사된 바가 아니었던가. 공백의 공포 앞에서 비굴도 용맹도 스스로에게 허락할 수 없었던 불행한 타자는 우리 자신이 아니었던가. 황금박쥐의 정체를 요구한 진짜 발화자는, 악당들이 무지한 폭군과 절망한 시인의 경계에서 반영했던 궁핍의 주체는, 바로 시청자 어린이 여러분이 아니었던가.

진실은 가식을 뚫고 우리의 안락을 멸렬한다. 우리 역시, 아니 우리야말로, 줄곧 구세주의 정체를 갈구하고 있었다. 영체로부터 계몽의 이득을 취할 것을 소망하고 있었다. 비밀의 은밀한 자극으로 인해 의문이 분출되기 시작하고 순식간에 용암처럼 의식의 심연을 메운다. 도대체 이 악마의 표상으로 나타난 정의의 사도는 누구냐 말인가? 견고한 황금의 파괴력 속에 도사린 영력은 어디에서 왔는가? 위기에 빠진 여린 자들을 구원하시는 이유는 무엇인가? 당사자가 아닌 관찰자로서 우리는 황금박쥐의 정체에 대해 말할 수 있을까? 제삼자의 입장에서 취할 수 있는 지식과 은총은 있는 것일까?

아, 우리야말로 총체적 지식의 선지자가, 세상의 중심에 선 전지자가 되고 싶은 것이다. 황금 알에 만족치 못하고 황금 거위의 배를 갈라 은총의 기원을 앎의 권리 속으로 영입시키고 싶은 것이다. 우리 역시 불가능의 권력으로부터, 소통의 좌절과 자아의 궁핍으로부터, 자유롭지 못한 것이다. 부조리한 요구가 만들어 낸 결핍의 자리의 주인은 우리라는 사실을 부인할 수 없는 것이다.

악당들의 괜한 언술 행위로 인해 형성된 주체들 간의 갈등 관계는, 그들과 황금박쥐와 시청자 어린이 여러분을 잇는 기묘한 삼각 소용돌이는, 현기증 나는 욕동의 파동을 일으킨다. 우리는 우리 자신의 무지에 매혹되고, 악당의 무지가 지시하는 우리의 상대적인 우월의 가능성에 현혹된다. 악당의 언술 행위가 성립시킨 욕망의 주체의 자리에 초대되고, 손님의 허구적인 특혜를 스스로에게 부여함으로써 이 초대에 얽매이게 된다.

이 부조리한 소용돌이 속에서 여전히 같은 질문이 더욱 비장하게 술렁인다. 격정처럼 회오리친다. 유령처럼 민망하게 맴돈다. 황금박쥐의 정체란 정말로 무엇이란 말인가?

 ## 신성한 공포

절대자의 말씀과 그를 모시는 전당의 질서에 관한 혜안을 가졌다고 스스로 자부하는 수녀들이 그 자리에는 없는 한 수녀 이하의 수녀에 관해 논쟁을 벌인다. 절대자의 전당을 모독함에 있어서 거리낌 없는 이 화면 밖의 미덥지 못한 타자에 대한 비난과 비방이 점점 노골적인 공격성을 띠기 시작한다. 영화 〈사운드 오브 뮤직The Sound of Music〉(1965)의 한 광경이다. 팽배하는 불만의 담론을 원장 수녀님이 하나의 질문으로 함축 / 일축하며 토론의 방향을 정리해 주신다. 물론 노래로 이루어지는 제시이기에, 그 의미는 특히나 오묘하다.

"'마리아'라는 문제는 어떻게 해결하면 될까?" 이에 대해 한 수녀가 이 문제의 핵심에 접근하기 위해서는 언어적 정의로부터 출발해야 함을 상기시킨다.

"'마리아'를 의미하는 단어를 어떻게 찾을까?" 이 철학적인 수녀는 문제를 풀기 위해서는 문제를 형성하는 기표들의 의미 작용을 먼저 파악해야 함을 피력한 것이다. 언어는 곧 지식의 기반임을 간파한 것이다.

"'황금박쥐'를 의미하는 단어를 어떻게 찾을까?" 악당들의 고민을, 아니 그들이 대행하는 시청자 어린이의 좌절을 조금이나마 해소하려 든다면, 철학 수녀의 제안을 나눔 직하다. 바로 〈황금박쥐〉의 태동과 같은 시기에 한국의 극장에 울려 퍼졌던 지혜의 노래를 악당과 함께 소리 맞춰 부를 만하다. "달빛을 어떻게 손안에 담을 수 있는가?"

누가 뭐래도 황금박쥐는 '정의의 사도'이시다. 1만 년 전 소멸한 아틀란티스 문명이 우리에게 남긴 평화의 '수호자'이시다. 인류의 위기에 대한 예언과 함께 부활하신 '구세주'이시다. 시간의 공백을 가로질러 우리에게 찾아온, 인류의 진화론적 우월성을 입증하는 산 증인이시다.

그럭저럭 황금박쥐를 '수호자'라 칭하더라도, 그를 수식할 만한 단어 한두 개를 찾는다 하더라도, 문제가 해결되는 것은 아니다. 아아, 언어의 망에 그리 쉽사리 포획될 것이었다면 애당초 마음의 혼란도 없었으리라. 〈사운드 오브 뮤직〉의 수녀들도 이 문제를 간파했다. "어떻게 구

름을 붙잡아서 핀으로 고정시킬 수 있겠는가?'

　'수호자'라 명명하는 순간, 이 단순한 단어 하나로 귀속되지 않는 잉여들이 구름처럼, 아귀처럼, 잉어처럼, 무심한 하늘에서 하늘거리기 시작한다. '구세주'라고 말하는 순간, 언어 체계의 서러운 의미들이 땅속으로부터 솟아올라 의식을 점령한다. 당신을 차근히 바라보려는 우리의 시선은 미끄러진다. 그 번질번질한 해골의 표면에 안착하지 못하고 비켜 나간다. 영웅적 위상을 풍기는 망토에서 안위를 구해 보지만, 얼굴을 감싸며 치솟은 뾰족한 끝선은 박쥐의 활개 치는 섬뜩한 날개를 연상케하고 만다. 이렇게 무섭고 끔찍하게 생긴 수호자가 어디 있단 말인가?

　황금박쥐의 겉모습은 누가 뭐래도 괴물에 가깝다. 황황한 아우라는 시체처럼 창백하고 죽음처럼 차갑다. 이런 흉물이 왜 우리를 보호하려 나서는가? 아니, 구세주가 이렇게 흉측한 외모를 가졌다는 사실은 우리 자신에 대해 무엇을 말해 주는가?

　사실 신과 괴물은 서로 충돌하지 않는다. 고대 신화와 신앙에서 신과 괴물과의 차이는 거의 없다. 리처드 커니Richard Kearney가 지적하듯, 볼 수 없는 신성이 그 스스로를 드러내는 것이 신화가 묘사하는 신이다.[2] '몬스터monster'의 라틴어 'monstrare'에 담긴 '보이다'와 '경고하다'의 이중적 의미는 곧 신화적 절대자의 정체이기도 하다. 성현, 즉 히에로파니Hierophany 혹은 크라토파니Kratophany는 '힘krato'을 '나타내는nein' 것으로, 공포나 외경심의 대상이 되는 모든 것을 지칭한다. 크라토파니는 인간에게 두려움을 주는 동시에 '뭔가 알 수 없는 어떤 힘'으로 인간을 끌어

---

2. 리처드 커니, 《이방인, 신, 괴물》, 이지영 옮김, 개마고원, 2004, p.17.

들인다. 제우스Jesus나 칼리Kali 등에서 쉽게 볼 수 있듯, 신성함과 잔혹함, 매혹과 공포는 하나로 나타난다. 커니가 상기시켜 주듯, "일반적으로 선한"[3] 기독교의 신조차도 공포를 사용하곤 했던 것이다.

'황금박쥐'라는 크라토파니는 시청자 어린이 여러분을 섬뜩함으로 매료시킨다. 매혹적인 공포로 유혹한다. 할리우드의 영웅상에 익숙해진 우리는 그분의 형상 때문에 실존적 불확실 속에 방치된다. 그분의 은총이 아무리 크다 하더라도 어쩔 수 없다.

음울함이 가득한 그대의 동공의 심연은
현기증을 내뿜으니, 그 어떤 무희라도
쓰디쓴 메스꺼움 없이는 입 맞출 수 없으리니,
서른 두 개의 이빨이 웃는 쓴 웃음을

이처럼 아름다움이 사라지는 형국으로 공포가 다가올 때
해골을 안아 보지 않았거나
무덤의 제물을 먹고살아 보지 않은 자는
옷차림이나 화장, 향수 따위에는 신경도 못 쓰나니.[4]

황금박쥐의 주제가를 대체할 만한 시를 찾는다면, 샤를 보들레르

3. 같은 책, p.17.

4. Charles Baudelaire, "The Dance of Death," *The Poems and Prose Poems of Charles Baudelaire*, James Huneker (ed.), New York: Brentano's, 1919, pp.3~5.

Charles Baudelaire의 〈죽음의 무도〉 정도가 적절하리라. 아닌 게 아니라, 준비되지 않은 우리 앞에서 춤추는 것은, 무덤의 제물을 먹어 보지 아니한 순진무구한 시청자 어린이 앞으로 다가오는 구세주의 형상은, '죽음'이 아닌가. 사멸을 향한 아름다움의 변질을 역행하듯 죽음이 우리 눈앞에 다가올 때, 안일하기만 했던 우리는 처참한 당혹의 파국에 빠지고 만다. 극단적 공포 속에서 스스로의 표정이나 몸치장이 어떨지 연연할 여유는 없다.

 ## 허무의 기표

해골은 시간의 진리를 지시하는 상징symbol이다. 16~17세기 북유럽의 '바니타스Vanitas' 회화에서 죽음의 절대성을 나타내는 가장 보편적인 상징 역시 해골이었다.

"헛되고도 헛되다. 모든 것이 헛되다Vanitas vanitatum omnia vanitas."

'바니타스' 회화에서 해골이라는 모티브가 전하는 메시지는《전도서》에서 선언된 절대적 진리였다. 덩그러니 놓인 해골 하나는 다른 성취물들이 상징하는 모든 가증스런 세속의 가치들을 분해해 버린다. 화폭의 미장센을 통째로 시간의 절대적인 권력 아래 영입시킨다. "메멘토 모리Memento mori. 모든 것이 언젠가는 사死할 것이니."

햄릿의 비장함에 비운의 깊은 그림자를 드리우는 운명적 모티브 역시 해골이다. 필연적 갈등의 심연에 마주선 외상적 왕자에게 해골이 던

아무리 집요하게 반복되어도 고루해지지 않는 공포의 메시지: "어디에나 존재하는 죽음을 기억하라." '모들뜨기눈' 구에르치노Guercino의 《아르카디아에도 나는 있다Et In Arcadia ego》(1618~1622).

지는 것은 광기 어린 조소이다. 해골은 우매한 비장과 우아한 비련마저도 조롱하는 광대인 것이다.

혐오스런 나의 상상이여. 구역질이 나는구나. 이 자리엔 수도 없이 내게 키스했던 입술이 있었지. 그대의 웃음과 흥취와 노래 그리고 청중을 달구었던 번득이는 재치는 지금 어디 있는가? 이제는 스스로의 쓴웃음마저도 비웃을 수 없구나.[5]

아아, 황금박쥐로 인해 생명을 건진 모든 이들의 영롱한 품위여. 상

5. William Shakespeare, *The Tragedy of Hamlet, Prince of Denmark*, *The Complete Works*, Stanley Wells, Gary Taylor, John Jowett, and William Montgomery (eds.), Oxford: Clarendon Press, 1988, p.684.

기된 볼살과 여리기 그지없는 푸르른 피부 그리고 청명기만 한 눈동자와 불처럼 붉은 입술이여. 삶의 살가운 질감이여. 구역질이 나는구나. 언젠가는 어김없이 시간의 권력에 복종하며 흙과 하나 되어 무기물로 격하될 가련한 찰나의 단상들이여.

 ## 허무한 기표

문제는 황금박쥐가 주는 치명적 위협의 근원은 곧 그의 불행이라는 사실이다. 퍼스의 용어를 빌리자면,[6] 해골은 '지표*index*'이다. 자연적인 인과 관계에 의해 기표*signifier*와 기의*signified*의 물리적인 결탁이 이루어진 것이다. 결국 황금박쥐라는 크라토파니는 필멸의 진리를 집행하시는 초월적 주체이기 이전에 그로부터 희생된 대상이다. 아아, 어찌하여 우리의 구세주는 시간의 무자비한 파괴력을 체화하여 온몸으로 보여 주고 계신 것인가? 어떤 참혹한 재앙이나 초인간적 고난이, 가시관이나 십자가가 확보했던 숭고한 상징성마저도 허락되지 않는 그 어떤 가혹함이, 피부와 근육과 살을 제거하여 구세주를 흉측한 몰골로 영락시킨 것인가? 어떤 변을 당하신 건가? 구세주의 도래를 찬송하고 기쁜 소식을 복음하기 이전에 먼저 그분이 당하셨던 끔찍한 외상을 영혼의 피눈물로써 비통해 해야 하지 않을까?

---

6. Charles Sanders Peirce, *Peirce on Signs: Writings on Semiotic*, James Hoopes (ed.), Chapel Hill: University of North Carolina Press, 1991.

〈지저스 크라이스트 슈퍼스타*Jesus Christ Superstar*〉에서 "구세주를 어떻게 사랑해야 할지 모르겠다"라 노래하며 리비도*libido*를 승화함에 있어서의 어려움을 자백하는 막달라 마리아처럼, 우리 역시 그분 앞에서 어쩔 줄 모른다. 아아, 우리의 딜레마는 막달라 마리아의 것보다 훨씬 복잡한 리비도와 그 그림자들의 잔가지들에 얽혀 있다. 공포와 매혹뿐 아니라 곤혹과 당혹이 연루된다. 그분의 의기는 양양하고도 소침하다. 측은지심이 슬그머니 침투하여 당신의 영웅적 위상에 대한 존경심에, 공포에, 기묘하고 오묘한 독침을 놓는다. 결국 극 속의 피보호자인 어린이들이 감히 입에 담지 못했던 금기된 질문을 우리는 더 이상 억누를 수 없다. "하필이면 해골이라니!"

하하, 물론 오늘날 텔레비전이 약속하는 자본주의 쾌락의 환상 속에서 해골의 과격한 파격은 훼손되어 있다. 관습과 반복에 마모된 상징은 절대성의 날카로움과 무거움을 강탈당했다. 클리셰*cliché*로 전락했다. 그저 사회에 대한 가증스러운 위협 정도나 안일하게 지시하는, 그러니까 해적 따위의 조악한 광고물에나 속해 있을, 허접한 상표다. 이러한 부담스런 보편성은 황금박쥐가 발산하는 복합적인 아우라를 진부함이라는 위태로운 포장지로 유치하게 감싸 버린다. 앤디 워홀*Andy Warhol*의 실크스크린 작품들처럼 죽음의 버거운 무게를 이미지의 경박함으로 덜어 내고 이미지의 저속함에 죽음의 부당한 무게를 부여한다.

결국 황금박쥐의 면상이 위협적인 상징이건 위험에 처한 지표이건, 신성한 공포적 도상이건 식상한 공포의 도용이건, 어쨌거나 영웅다운 자태로부터는 멀리 비껴나간다. 물리적인 인과 관계에 의한 자연스러운 생김새일 뿐이라 해도, 혹은 세속의 허무를 발설하거나, 자신의 공격성을 가증스럽게 홍보하고 계신 것이라 해도, 이분을 20세기의 슈퍼스타의

1400년경의 플랑드르 그림에서 묘사된 죽음의 신

반열에 모시기는 힘들다. 지저스 크라이스트 슈퍼스타나 슈퍼맨처럼 황연하고 술명한 모습으로 나타나실 수는 없었던 것일까? 우리를 당장의 사멸로부터 지켜 주시고도, 필멸이라는 절대적 진리를 상기시켜 주는 구세주는 또 없다. 우주의 진리를 진열해 주시고도, 상징성의 소멸을 스스로 패러디하는 절대자는 또 없다. 우리가 그분이 전달하는 허무의 무게를 가늠할 저울을 찾지 못하고 우쭐대는 텔레비전의 상징 망 속에서 우물쭈물하는 와중에, 메시지의 격렬함과 저속함은 서로를 훼손한다. 쩔쩔매는 시선이 도망가는 좁은 탈출구에 그분의 메시지가 어눌하게 메아리친다. 물리적 질서를 초월하는 초자연적인 신비로움이 아닌, 기내 방송 스피커의 저급한 기계적 질감으로 울려 퍼진다.

"메멘토 모리. 그러나 뒤를 돌아보지 말라."

아아, 헛되고도 헛되다. 이 구원과 은총의 허황한 여운을, 모든 선행과 순함이 다다르는 경박한 공허를 어떻게 감당해야만 할까? 정녕 그분을 어떻게 사랑하는 것이 옳은 것인가? 그분을 어떻게 바라봐야 할까?

 ## 시간, 시체, 시작

우리의 구세주 / 절대자 / 괴물 / 영웅의 부적절함은 출현부터 그러하다. 시리즈의 첫 편에서 제시하는 등극의 과정부터가 여러 겹의 죽음과 불안의 절차를 제식처럼 거치면서 이루어진다. 발단이 되는 시발점은 한 고고학자와 그의 손에 들린 연구 노트. 장소는 남극 근처의 인도양. 그가 탐구하는 대상인 '전설의 도시 바이오니소스'가 미끼처럼 우리에게 던져진다.

우리가 처음으로 만나는 고고학자는 책에 몰두한 나머지 무의식적으로 갑판의 난간을 넘어 바다 속으로 빠질 뻔하는 부주의한 책벌레의 모습이다. 주위 사람이 발견하고 말려서야 가까스로 위험을 알아차리지만 개의치도 않는다. 과거에의 몰입 속에서 꿈틀거리는 그의 타나토스Thanatos는 곧 현실로 침투한다. 자신의 위대한 '모비딕Moby Dick'을, 아니 위압적인 운명의 상징을 대신하는 한 가증스러운 대체물을 통해서이다. 거대한 손 모양의 '파이브 핑거 로봇'이다. 야만에 투항하는 고고학자는 《모비딕》의 아하브처럼 상징 체계 너머의 특수한 절대성 앞에서 운명적 실패를 맞는다. 작살 대신 책이라는 문명의 무기를 손에 들고 말이다. 심상치 않게 처음부터 '시작'과 '죽음'이 교차한다. '바이오니소스'는 무엇인가? 이 거대한 손은 무엇이며, 어디에서 왔는가? 첫 시퀀스를 장식하는 이 거대한 맥거핀McGuffin[7]들은 상징의 망 외곽에 죽음이 있음을 경종처럼 알린다. (슬라보예 지젝Slavoj Žižek의 말대로, 맥거핀은 상징계의 중심의 공백, 즉 '타대상'으로서 기능한다.)[8]

절대적 운명은 물론 《모비딕》에서처럼 뭉툭한 시적 상징성으로 다가오지 않는다. 저녁 시간 텔레비전에 고정된 어린 아이의 시선에나 걸맞을 선과 악의 첨예한 대립이 있을 뿐이다. 정체를 알 수 없는 한 '나쁜' 타자가 거대한 손을 조종하는 숨은 손으로서의 모습을 드러내는 것이다. 그에 관해서는 '사마(일본 이름은 나조)'라는 이름 정도만 우리에게 알려질 뿐이다. 그의 발생 기원은 물론이고 이름의 의미 역시 정보의 망 외곽에 있다. 사실 사마는 이로 보나 저로 보나 매우 흥미로운 인물이다. 하지만 타자화된 '악'한 인물의 심리적 동기까지 담론화할 필요는 없다는 대중문화의 편협한 정서가 그의 정신적 심연을 밀봉한다. 어린이용 방송에서는 '악'이라는 설정만으로 이 신비로운 인물의 묘사는 충분한 것이다.

---

7. '맥거핀'이란, 관객의 호기심을 자극하고 극의 진행을 추진하지만 종국에는 서사적 기능이 소진되거나 소멸하고 마는, 텅 빈 기표이다. 이 개념을 대중화시킨 알프레드 히치콕Alfred Hitchcock 감독에 따르면, 이 개념의 창시자인 시나리오 작가 찰스 베넷Charles Bennett의 〈39 계단39 Steps〉(1935)에서 맥거핀의 의미는 명료하게 설명된다. "맥거핀? 그게 뭐지?"라는 누군가의 질문에 대해 상대가 "스코틀랜드에서 사자를 잡기 위해 사용하는 장치지"라고 대답함으로써 맥거핀의 서사적 기능에 대한 자기 성찰적인 단서가 던져진다는 것이다. 물론 공교롭게도, 아니 어쩌면 당연하게도, 〈39 계단〉에 실제로 그러한 대화는 나오지 않는다.

8. Žižek, "Introduction: Alfred Hitchcock, or, The Form and Its Historical Mediation," *Everything You Always Wanted to Know About Lacan (But Were Afraid to Ask Hitchcock)*, Slavoj Žižek (ed.), London: Verso, 1992, pp.1~12.

메리는 아버지를 잃는다. 모리카와 노부히데 감독
이 부모를 잃었던 비슷한 나이에.

할리우드의 고전 내러티브에서 그러하듯, 이 이야기에서도 악을 규정하는 기준은 물론 가해 행위이다. 사마가 원격 조종하는 거대한 손은 고고학자가 타고 있던 배를 침몰시킴으로써 황금박쥐의 탄생에 앞선 통과 의례처럼 외상의 충격을 시청자 어린이 여러분에게 전염시킨다. 고고학자는 결국 가해자로서의 '악'을 설정하기 위한 희생양이 되는 셈이다. 하지만 이로 인해 텍스트의 무의식의 심연에 죽음이라는 주된 모티브가 흐르게 되는 것은 물론이다.

죽음의 파장을 좇는 여정은 의미의 안일한 융합을 안일하게 꿈꾸는 한 다층적인 매개로 인해 촉진된다. 고고학자의 딸 메리이다. 메리는 외상적 사건 이후 일련의 흥미로운 대체적 가족 관계를 갖게 되면서 기험하고도 기묘한 위상을 드러낸다. 때마침 비행선을 타고 침몰 지점 근방을 지나가다 메리를 구출해 주는 김 박사(야마토네), 김 박사의 아들 철수(타케루), 그리고 둘과의 관계가 모호한 청년 뚱보(다레오)가 피부색이 다른 메리와 핵가족적 유대 관계를 맺기 시작하고, 죽은 아버지와 구원자로서의 새로운 아버지상은 전혀 다른 성격의 '또 다른 아버지'의 재림을 예고한다. 황금박쥐의 등장이 임박한 것이다.

황금박쥐가 처음으로 나타나는 장소는 한 정체불명의 무인도. 폐허가 된 고대 건축물들로 가득 찬 이 섬은 사라졌던 아틀란티스 대륙임이 곧 밝혀진다. 이곳에서 비행선의 연료인 물을 찾아 방황하는 일행 앞에 어디로부턴가 황금빛으로 빛나는 작은 박쥐 한 마리가 홀연 날아든다. 속눈썹이 길고 반짝이는 큰 눈을 가진 이 귀여운 박쥐에 걸맞은 소리가 들린다. 딸랑딸랑 작은 방울 소리다. 방울 소리는 사이렌Sirén의 노래처럼 문명 이면의 장소로 일행을, 우리를 끌어들인다. 구세주의 탄생이 이루어질 필연의 장소로 말이다. 이곳이 메리의 아버지가 그토록 찾고자 갈망했던 바이오니소스임을 알게 될 때, 마침 일행은 그에게 절대적 운명

황금박쥐의 첫인상

죽음에서 깨어난 황금박쥐   죽음에서 깨어난 뱀파이어. 〈노스페라투〉(1922)

을 부여했던 죽음의 사신을 만난다. 나조가 조종하는 거대한 손 로봇이 때맞춰 다시 나타난 것이다. 말 그대로 '커다란' 방해 요소가 사멸의 공간이 내포하는 풍부한 시적 상징성의 확장을 방해한다. (배를 침몰시킬 때만 하더라도 수면에 드러난 병기의 형태가 손 모양을 하고 있어서 초대형 로봇의 등장을 예고하는 듯했지만, 알고 보니 손이 전부이다. 신체 없는 손이다. 신체는 없지만, 그럼에도 '마징가 Z' 같은 대형 로봇의 전성시대가 임박했음을 알리기에 충분하다.)

죽은 자의 소망이 죽음의 장소에서 이루어지니 죽음의 사신이 나타나는 것은 당연하다. 겹겹의 죽음의 상징으로 성립되는 환상적 공간이 바로 황금박쥐가 나타나는 장소가 된다. 죽음을 무대로 벌어지는 연극 같은 광경은 상징 체계 너머로의 일행의 소멸이 아니라 상징 너머를 상징하는 초월적 기호의 등장인 것이다. 황금박쥐의 탄생은 시작부터 억압되었던 타나토스의 파열 그 자체이다.

방울소리 박쥐를 따라 일행이 황급히 다다른 곳은 지하 깊숙한 분묘이다. 그들의 목숨뿐 아니라 전 인류의 운명을 구원할 구세주의 출현이 이루어지는 곳은 괴괴한 어둠이다. 심상치 않은 관이 놓여 있고, 알 수 없는 문자들이 뚜껑에 적혀 있다. 메리는 문자들을 알아본다. 아버지의 유언에 따라 자신이 소중히 보관하고 있던 연구 노트, 그러니까 고고학자의 손에 늘상 들려 있던 '아하브의 작살'에도 같은 문구가 메모되어 있는 것이다. 아버지가 지면에 남긴 해석에 의하면, 이 문구는 1만 년 후 다가올 인류의 위기에 대비한 아틀란티스 문명의 메시지이다. 관 안에 있는 구세주를 잠에서 깨워야 한다는 것, 그리고 깨우는 방법을 기술하고 있다.

　다급한 와중에 다행인 것은, 그 방법이라는 것이 컵라면을 준비하는 것보다 간단하다는 점이다. 관 속에 물만 부으면 된다. 그리고 때마침 바로 옆에서 지하수가 발견된다. 물을 붓는 사람은 물론 메리다. 물의 상징적 물성이 노트 속의 언어에 생명력을 부여하자 죽음의 영역이 열린다. 음산한 웃음소리가 울리며 관으로부터 시체가 올라온다. 그 풍채는 뚱보를 기절시킬 만큼 차갑고 무섭다. 그로테스크하다. 언캐니하다. 미라가 살아난 것이다. 독일 표현주의 영화의 짙은 그림자가 화면을 스산하게 엄습한다.

　천만다행으로, 부활한 미라는 투탕카문Tutankhamun의 미라가 내린 것 같은 저주 따위에는 관심이 없는 듯하다. (하긴 '1만 년'이라면 아무리 저급한 저주의 의지라도 희석시킬 만한 시간이 아닐까.) 섬찍한 어둠은 곧 현현玄玄한 구원의 표상으로 변모한다. 미라는 공중으로 솟구쳐 하늘, 땅 그리고 바다 속으로 거대한 손을 끌고 다니며 위대한 파괴력을 발산한다. 거대한 손과 함께 아틀란티스는 다시 바다라는 미지의 영역 속으로 사라지고, 일행은 무사히 여행을 계속한다. 파괴와 죽음의 상징들이 극복되며 강력한 구세주의 신화적 탄생이 가족적 공동체의 번영을 약속한다.

정체의 정체

황금박쥐의 출현을 둘러싸고 생겨나는 것은 '수호자'라는 단순한 정체
성을 담보로 하는 모호함의 두터운 안개일 뿐이다. 황금박쥐의 정체에
완전히 다가가기 위해서는 플롯 외곽의 스토리 정보story information가 필요
하다. 하지만 '아틀란티스'라는 역사적 시공간은 우리에게 허락되는 지
식의 경계선 안으로 포획되지 않는다. 황금박쥐를 물려준 먼 인류 조상
의 힘이 높은 수준의 과학 기술인지, 현대 과학으로는 설명할 수 없는 초
자연적인 영력인지, 아니면 과학과 자연의 조화로 이루어진 연금술인지,
도무지 알 길이 없다. '1만 년'이라는 극단적 상상은 종교의 기원도 기꺼
이 무시한다.

1만 년 전에 아틀란티스에서 어떤 일이 일어났는가? 구세주는 원래
언제 어디서 태어나셨고, 어떻게 1만 년 동안이나 수면을 취할 수 있으
셨는지? 겉모습이 왜 그러하신지? 혹시 물을 덜 부어서 불다가 마신 건
아닌지? 구세주의 '정체'는 불완전하게 텍스트의 외곽에서 진동한다. 결
국 텍스트는 스토리 정보의 범위가 유통되는 한계를 김 박사 일행을 기
준으로 설정하고, 그 이상의 정보에 대해서는 인간의 지식이 미치지 않
는 미지의 영역으로 남겨 둔다. 애석하게도 전지적 시점이 시청자 어린
이들에게 선사되지 않는 것이다.

《신약성서》가 구세주의 정체에 관한 파편화된 정보를 취합해 주고
텍스트 외곽의 불가지한 부분을 신적인 것으로 남겨 두면서 이러한 언술
행위에 대한 신뢰를 요구한다면, 〈황금박쥐〉라는 텍스트는 정보의 누락
을 의도적으로 설정하고, 이 누락된 정보의 중요성은 피력하지도 않으며,

종교적 신뢰조차도 요구하지 않는다. 황금박쥐는 그저 말없이 구원만 해 주실 뿐이다. 과연 이 과묵한 행동주의자는 진짜로 누구시란 말인가?

서사 구조로서의 황금박쥐의 탄생 신화는 수사적으로 기독교의 창조 신화보다는 플라톤의 《티마이오스Timaios》[9]에 가깝다. 대화로 기술된 《티마이오스》의 우주 생성론에서 창조주는 원래 존재하던 본paradeigma을 그대로 흉내 내어 복제로 세상을 만든다. 무엇을 재료로 하였고 세상이 만들어지기 이전에 그 공간이 무엇으로 이루어졌는지 등에 대해서는 숙고의 여지를 제기하지만, 세상이 만들어지기 이전의 '본'의 정체에 대해서는 인간 지식의 범위 밖에 있는 영역으로 규정하고 의문시하지 않는다. 《티마이오스》에서 불가지한 영역은 창조주의 신성한 영역이다. 〈황금박쥐〉에서는 지식의 영역 밖에 죽음이, 해골이 상징하는 불가지한 공백이, 음침하게 드리워져 있다. 황금박쥐라는 인물 너머에 죽음의 공백이 있다면, 〈황금박쥐〉라는 이야기는 서사 이면의 공백을 통해 죽음의 유혹으로 우리를 유도한다. 서사 공간 속에서 소멸된 '디오니소스'라는 공간은 우리의 향유를 불허하는 이야기의 거대한 이면과 일치된다. 모리스 블랑쇼 Maurice Blanchot가 지적하듯이, 서사 너머의 공백과 삶 너머의 공허는 고전적 서사의 기반을 이루며 중첩되며,[10] 이러한 중첩은 〈황금박쥐〉를, 그 축축한 음침함을, 은밀하게 성립시킨다.

'서사 너머'와 '죽음 너머'의 음탕한 상호 작용은 바다의 상징성을 바다만큼 짙고 방대하게 만든다. '저 너머'를 언술하는 〈황금박쥐〉의 서

9. 플라톤, 《티마이오스》, 박종현 · 김영균 옮김, 서광사, 2000.

10. 모리스 블랑쇼, 《미래의 책》, 최윤정 옮김, 세계사, 1992.

사 공간이 바다와 죽음의 연관된 상징성을 기반으로 펼쳐지는 것은 우연이 아니다. 블랑쇼가 지적하듯, 서사 이면의 공백은 바다 위에 나타나는 위압적인 소멸의 상징을 촉매로 하였다. 서구의 대표적인 두 영웅의 서사는 이를 직면하는 방식을 이야기한다. 사이렌의 노래를 통해 율리시스는 삶과 서사 '너머'의 영역에 대담하게 침투한다. 고래라는 절대적 운명과 직면한 아하브도 같은 용맹을 보인다. 고래나 노래로 인해 도래하는 것은, 불가능한 조우의 가능성이다. 굳건한 의지를 가진 두 영웅은 사멸의 장소로 빨려 들어가 삶과 이면 두 세계의 공존을 실현하고자 한다. 다시 인간의 세계로 돌아온 율리시스가 블랑쇼의 표현대로 "초라하긴 해도 확고한 또 다른 세계관"을 선사했다면, 돌아오지 않는 아하브는 "음침한 재난"을 맞는다.

황금박쥐는 율리시스와 아하브의 간극에서 서성인다. 두 세계가 중복되어 나타나는 새로운 세계는 시간의 굴곡을 형상화하는 사라짐의 공간이다. 아하브가 상징계*the symbolic* 너머의 실재계*the real*의 블랙홀로부터 돌아오지 못하고 텍스트 너머로 소멸된다면, 그리고 율리시스가 자신에게 부여된 엘리트적인 특권을 통해 공동체의 결속으로부터 빠져나가 사멸의 공간을 자신의 영역으로 영입한다면, 황금박쥐는 상징을 삼키는 블랙홀의 음침한 위압을 상징화하여 문명의 질서와 중복시킨다. 메리의 아버지인 고고학자가 아하브의 운명을 반복해 준 덕일까. 황금박쥐는 불가능을 현실 속으로 끌어 들이는 데에 성공한다. 율리시스의 화려한 귀향 대신 어둠으로의 회귀를 반복하면서 말이다. 황금박쥐가 회귀하는 지점은 문명과 과학이 도달하자마자 소멸하는, 만남과 동시에 사라지는, 불가능의 영역이다. 상징적 질서로부터 빠져나가는 잉여이다. 물론 선과 악의 대립, 강인함의 이데올로기, 인과율에 종속된 서사는 이 잉여의 잉여감을 망각시킨다.

그 망각의 잔상을 우리는 '황금박쥐'라 부른다.

 ## 비밀의 비밀

브램 스토커Bram Stoker의 소설 《드라큘라Dracula》에서 드라큘라의 '모호
한' 희생자 조너선 하커Jonathan Harker는 자신이 겪었던 공포에 대해 약혼
자에게 보고하기를 주저한다. (드라큘라가 그의 목에 날카로운 이빨을 삽입하려는 순
간 그는 의식을 잃기 때문에, 실제로 어떤 일이 일어났는지는 알려지지 않는다. 이 소설을 개작
한 영화 〈노스페라투Nosferatu, eine Symphonie des Grauens〉(1922)는 그가 뱀파이어vampire에
게 희생된다는 사실에 대해 보다 직설적이다. 물론 제대로 저작권을 확보하지 않아 캐릭터 이름
은 후터Hutter로 바뀌어 있다.) 그가 기억하는 것이 실제로 일어난 일인지, 미친
자가 꿀 만한 꿈인지, 우리는 명확히 알지 못한다. 언어화될 수 없는 진
실을 말하는 언어는 핵심을 맴돌기만 한다. 텅 빈 핵심을 만드는 것은 그
의 맴도는 언어이다.

> "비밀이 있어서는 안 되오, 감추는 것이 있어서는 안 되오. 나는 충격을 겪었고, 내
> 가 겪은 것이 무엇인지 생각하려 하면 머리가 온통 어지러워짐을 느끼오. (……)
> 비밀이 여기 있소. 그리고 나는 그것을 알고 싶지 않소. (……) 나의 무지를 함께
> 해 주겠소?"

아아, 결국 그가 공유하자고 하는 것은 아무것도 없다. 그가 지시하
는 바는 빠져 있는 핵심이다. 텅 빈 중심을 끼고 도는 언어가 전달하는

필리프 드 샹파뉴Philippe de Champaigne의 〈해골이 있는 정물Nature morde avec un crâne〉(1671). 나를 직시하는 눈 없는 응시. 아니, 머지않은 미래의 나의 모습.

바는 중심이 비어 있다는 수행적인 진실뿐이다. 텅 빈 의미는 그것의 수신자를 당기면서 밀어낸다. 결국 모순적 양가성은 뱀파이어가 일으키는 공포의 핵심이다.[11] "진실을 드러내는 순간은 곧 진실을 은폐하는 순간이다."[12] 비밀의 창발적 근원은 그것을 감추는 행위에 있다.

　　외상의 모호한 정체는 그것을 체험하는 자로부터 빠져나갔고, 그 모호함은 입체화되어 그것을 기억하고 언술하려는 외상적 주체를 이중 삼중의 희생자로 만든다. 조너선 하커는 충격적인 외상을 체험한 자, 그것을 기억하려는 자, 그리고 그것을 언술하는 자로 분열된다. 모호함의 고

11. E. Michael Jones, *Monsters from the Id: The Rise of Horror in Fiction and Film*, Dallas: Spence Publishing Company, 2000.

12. 같은 책, p.109.

리는 이어진다. 최종의 다가갈 수 없는 진실, 말해질 수 없는 진실의 실체는 존재하지 않는다. 다만 부재하는 것의 효과만이 생경하게 나타날 뿐이다.

뱀파이어가 전파시키는 것은, 황금박쥐라는 산송장이 전파를 타고 전염시키는 것은, 비밀의 비밀스런 파괴력이다.

 ## 초인간의 초자아

구세주의 은총이 울려 퍼져도 하늘의 창창함은 여전히 구름에 가려 있다. 선악의 대립이라든가 인과관계, 기승전결 따위로 이루어진 서사의 경박한 논리가 죽음의 경건한 공백을 은폐했음에도, 총체적 불안의 진동으로부터 우리는 여전히 자유롭지 못하다. 억압하는 힘이 억압되는 것을 끊임없이 불러일으킨다. 자본주의의 밝은 세상에 이러한 이중적인 권위로 우리를 억누르는 크라토파니가 또 있을까?

황금박쥐가 악의 무자비함으로부터 우리 편을 구하고 하늘을 나는 순간, 나부끼는 망토가 또 다른 영웅을 떠올린다. 비슷한 망토를 두른, 하지만 당신보다는 조금 높은 더 넓은 세상에서 더 많은 은총을 베푸시는 크라토파니, 당신처럼 외롭고 의로우나, 무엇보다도 당신이 가지지 못한 맑은 눈동자를, 그것도 하늘처럼 푸르고 밝은 눈동자를 가진 영웅이 우리의 허허한 정신적 심연으로 날아든다. "하늘을 바라보라! 슈퍼맨이다."

슈퍼맨의 단호하고도 세련된 자태가 황금박쥐가 일으킨 당혹과 혼란의 회오리에 휩쓸린 우리의 곤궁한 시선을 유혹한다. 좌절의 구멍으로 곤두박질치는 와중에 우리는 잠시 이 창쾌한 미국 영웅을 경이감으로 바라볼 수밖에 없다. 죽음으로부터 우리를 구원해 주고도 죽음의 절대성을 상기시키는 부조리한 영웅 너머로 잠시나마 청명한 하늘을 우러러 볼 수밖에 없다. 두 구세주 간에 나타나는 반복과 차이는 어쩌면 우리를 밝은 지식의 길로 안내할지도 모른다. 프로이트의 말대로, 정체를 알 수 없는 대상은 그와 비슷한 대상이 옆에 설 때 실체를 드러내기 시작한다.

슈퍼맨과 황금박쥐 둘 다 '정의'라는 강력한 초자아*super-ego*적 기능의 표상이다. 그들은 이로써 스스로의 존재론적인 불확실성과 자기 성찰적인 우유부단함을 타인에 대한 절대적 애정과 공동체에 대한 헌신적 봉사 정신으로 초월한다. 그들의 영웅성의 경지는 선의의 행동 뒤에 자기애나 명예욕으로부터의 무한한 자유로움을 우리에게 전람할 때 최상에 이른다. 단순한 투사 정신과 투철한 순수함이 우리를 격앙시킨다.

겉모습을 언뜻 스쳐 보면 둘 간의 이상한 공통점은 더 두드러진다. 하늘을 홀연히 가를 때의 비장하면서도 여유로운 자태, 특히 날카롭고도 단호하게 나부끼는 붉은 망토는 둘의 실루엣을 거의 완벽하게 일치시킨다. 레이저 빔 등의 태생적인 무기마저도 둘 간의 해부학적 유사성을 시사한다. '우주 소년 아톰'이 '미키 마우스'의 '본'이었음을 감안한다면, 황금박쥐 역시 전후 국제 정세의 문화적 문맥에서 바라봄 직하다. 이런, 그렇다. 황금박쥐는 슈퍼맨과 해골의 그로테스크한 융합이 아닌가. 이 괴이한 몽타주야말로 그로테스크 그 자체가 아닌가. "하늘을 바라보라! 맙소사, 슈퍼맨이 지옥에 떨어졌다가 미라가 되어 돌아왔다!" 붕괴된 영웅의 형상은 늦겨울의 오염된 눈사람만큼 처절하고, 권태의 횡포에 짓밟힌 지고한 사랑처럼 처참하다.

황금박쥐와 슈퍼맨의 동질적 기반을 제하고 이들을 바라보면 둘 간

강도 사고로 아버지를 잃은 직후, 제리 시겔은 총탄에도 끄덕없는 초인간을 상상해 냈다. 우여곡절 끝에 1938년 모습을 갖추고 출판물을 통해 모습을 드러낸 슈퍼맨은 서커스 힘자랑꾼의 의상을 입고 있다.

의 차이는 극명해진다. 각자의 잉여가 곧 정체성이 된다. 전자는 '그로테스크'한 어두움의 증상이요, 후자는 명명한 빛의 표상이다. 황금박쥐는 슈퍼맨이 부정하는 것들의 결정체이다. 황금박쥐가 천미한 지하의 충충한 타자라면, 슈퍼맨은 지배적 미학의 충천한 태자이다.

하긴, 일본의 그림극에서 황금박쥐가 그러했듯, 슈퍼맨 역시 처음부터 완벽한 창천의 영웅이지는 않았다. 그가 탄생한 세계는 결국 침울과 불안이 짙게 깔린 대립과 충돌의 장이 아니었던가. 그렇다. 1933년 제리 시겔Jerry Siegel이 처음 이야기를 만들었을 때 심지어 슈퍼맨은 반사회적인 인물이었다. 5년 후 조 셔스터Joe Shuster의 그림이 그에게 친사회적인 초자아를 부여하고서야 그는 사회에 봉사하는 '영웅'으로 거듭난 것이다. 경제적 수난에 전쟁의 전조가 깊게 드리워지는 무렵, 그의 출현은 하나의 상징적 희망이, 아니 희망의 상징이 되었다. 이후 방송용 애니메이션과 수차례의 영화, 특히 1978년에 제작된 (로고조차 영웅의 징표와 비슷한) 워너 브라더스 배급의 블록버스터 영화와 2006년의 '재림'에 이르기까지,

1941년 극장에 등장한 슈퍼맨

슈퍼맨은 세대를 초월하여 자본주의의 미덕에 봉사하는 전사로서의 정체성을 꾸준히 고수해 왔다. 인물로서의 '슈퍼맨'이 서사 공간 안에서 시민들에게 영웅으로서의 개인적 정체성의 견고함과 균질성을 소통한다면, 텍스트로서의 〈슈퍼맨〉은 독자 혹은 관객에게, '자유 진영'의 익명의 자발적인 소비자들에게, 자본주의의 견고함과 균질성을 홍보해 왔다.

황금박쥐와 달리, 슈퍼맨에 출생의 비밀은 없다. 출판된 만화에서나 1978년의 영화에서나 슈퍼맨의 탄생 신화는 초자연적인 현상에 대한 신비주의적인 환상이 아닌, 진화론적인 근거를 가진 명백한 역사로 가장하고 있다. 이야기의 내용이나 서술 방식 모두 과학적인 합리성을 위반하지 않는다. 신원이 확실한 영웅의 이야기는 그가 왜 신비한 힘을 가지고 있는지 명료하게 간파하는 전지적인 화법으로 구성된다. 마치 화술의 진정성을 담보라도 해주듯, 근원은 하나의 이름을 갖는다. '크립톤 Krypton'이라는 이름이다. 크립톤이라는 상상 속의 생성지는 슈퍼맨의 존재론적 근거를 합당하게 하는 논리적 유추의 귀착점이다. 영웅의 근원에 대한 더 이상의 추론이나 의문을 불허하는 논증적 소실점이다. 진보된 과학적 유토피아의 위상은 문명 이면의 죽음의 세계를 손쉽게 대체한다. 아니, 크립톤은 타당함에 대한 요구를 스스로 충족하는 자가적인 수사력의 상징이다. (이 수사적 권력의 보다 구체적인 징표가 바로 슈퍼맨의 초능력이다.) 그러한 면에서 〈슈퍼맨〉은 기독교의 서사 구조를, 특히 메시아의 탄생을 구체적으로 그리고 명료하게 서술하는 《신약성서》를 모방한다. 〈황금박쥐〉가 《티마이오스》의 불가지성을 물려받았다면, 〈슈퍼맨〉은 그 불가지성을 상징적 질서 너머에 대한 환상으로 대체한다. 이러한 자가적인 명증성은 2차 세계 대전 전후의 혼탁함 속에서 영롱한 가짜 보석처럼 밝고 맑게 빛났다.

자본주의 세계에서 초인간의 영웅적 견고함은 사회 규범을 얼마나 확고하게 재강화해 주는가에 있다. 다시 말하면, 영웅의 근원은 사회 구성원의 보편적인 초자아에 있다. 초자아가 부모의 역할을 내면화한 것임을 감안한다면, 슈퍼맨이라는 초인간의 견고함이 부모의 위상을 확립함에 의존한 것은 우연이 아니다.

 고향과 이상향 사이

조상에 대한 탐구는 1970년대 미국 문화에서 유행처럼 향유되던 지식성 애epistephilia의 한 양상이었다. 과거에 대한 지식을 획득함으로써 현재의 삶에서 위태로워진 존엄성을 복원하는 수행적 향유였다. 〈슈퍼맨〉이 블록버스터 영화로 재구성될 무렵, 한 텔레비전 시리즈에서 이러한 정서는 정점에 달한다. 〈뿌리The Roots〉(1977)이다. 알렉스 헤일리Alex Haley의 소설을 원작으로 한 이 TV 드라마는 비자발적 이민의 시발점을 찾아 1750년 서아프리카 감비아Gambia의 한 혈족 공동체에 기독교적인 상상력을 부여한다. 쿤타 킨테의 아버지가 탄생 직후의 어린 아들을 하늘 높이 들어 올리며 축복을 하는 장면은 역사적 정체성에 대한 지식성애를 충족하는 자위적 제스처이기도 하다. 탄압 받아온 인종의 존엄성을 회복시켜 주는 대과거의 한 자유로운 인물은 구세주로서의 기능을 수사적으로 대행한다. 그의 치켜든 손은 구원을 구하는 후세의 부름에 응하는 것이기도 하다.

〈뿌리〉와 〈슈퍼맨〉은 창작의 동기와 과정은 서로 달라도, '가족'의 가치를 개인적 '정체성'의 유전자 지도 안에 위치시키는 데에 결정적인 공헌을 했다. 두 텍스트 모두 비자발적 이민의 역사를 대필함으로써 자본주의 시민 사회가 자양분처럼 필요로 하는 역사적 정체성을 생산했다. 냉전의 혹한 속에서 그 당위성은 곧 사명이었다. 물론 대량 소비를 위한 사명이다.

〈뿌리〉가 역사라는 담론의 권력을 통해 흑인의 계층적 권위를 환상적으로 재구성했다면, 영화 〈슈퍼맨〉은 환상이라는 재구성적인 담론을 통해 백인의 권위적 역사를 권력적으로 계층화했다. 〈슈퍼맨〉이 역사 속의 이방인에 대한 공포를 백인 중심적인 환상으로 승화시킨 대중의 공상이라면, 〈뿌리〉는 백인 사회에 대한 '이방인'의 공포를 대중적인 역사 의식으로 승격시킨 환상적 창작이다. 〈뿌리〉가 비자발적 이민자들의 존엄을 확보하기 위해 수세대에 걸친 수난의 역사를 거슬러 올라가야 했다면, 〈슈퍼맨〉은 간편하게 바로 전 세대의 수난의 순간을 포착하여 수세대가 누릴 존엄을 약속한다.

〈슈퍼맨〉의 조상 신화는 전형적인 이민 성공 사례이다. 별난 이방인의 특별한, '특별'하기에 지극히 '미국적'인, 아메리칸 드림 스토리다. 생물학적으로 분명 백인의 특징을 지닌 이 불법 이민자는 성장 과정에서 역시 백인 남성이 지배하는 사회에 쉽게 적응하고, 지배 계층의 정치적 명분에 설득력을 부여한다. 결국 이 텍스트는 우월한 문명을 가진 조상의 직계 후손에 백인의 모습을 투영함으로써 다인종 사회의 구성원 간에 절대적인 생물학적 우열이 존재함을 전제한다. 크립톤이 역사에 대한 논증적 확고함을 확보하는 경위에는 백인 중심 인종주의가 열망해 오던 진화론적 고결함이 엿보인다.

계몽적 시민주의와 과학적 합리주의의 결탁은 막강하다. 서로의 정당성을 확보해 주는 기능적 완벽함은 영웅의 위상을 통해 돋보인다. 정부로부터 보조금이나 임금도 받지 않고 순수한 자원 봉사자로서 미국의 안전과 발전을 저해하는 요소들을 제거하고 성조기를 휘날릴 때, 미국 시민으로서 그가 갖는 신성한 시민 의식은 정점에 달한다. 이 인간이 아닌, 그러나 그렇기에 오히려 너무나 인간다운 영웅은 기독교의 메시아처럼 철저하게 사회 안에 귀속된다. 중산층의 전문적 지식인이라는 분명한 사회적 정체성까지 갖춘다. 신원이 확실하기에 그에 대한 신뢰도가 더욱 높아짐은 당연하다. 결국 이 미국적 공상물은 기독교를 기반으로 하면서도 신비주의적 상징을 부정하는 과학적 사고와 공리주의적인 가치관을 포용한다. 이야기 안에서 슈퍼맨의 정체는 공적으로 알려지지 않지만, 관객에게만은 그에 관한 모든 정보가 투명하게 전달된다. 관객은 전지적 시점을 선사받고 그 대가로 영웅의 합리성과 타당성을 기꺼이 검증해 주는 셈이다. 이러한 경제적인 효율성은 반세기 넘게 영웅의 위상을 안전하게 유지시켜 왔다.

슈퍼맨의 정체성 기반은 자본주의다. 그의 능력이 봉사하는 바는 사회적 평등이나 부의 재분배가 아니라, 자본주의 인프라의 보존과 체제 유지이다. 시민에서 영웅으로 변신하는 중간적인 공간조차도 비밀스럽거나 공동체의 외곽에 신비롭게 존재하는 추상적인 공간이 아닌, 회전문이나 공중 전화 박스 등과 같이 자본주의 공간에서 노동과 소비를 원활하게 하는 기능적 장소이다. 움베르토 에코Umberto Eco가 지적한 대로,[13] 사적, 공적 재산의 물질적 훼손을 방지하는 산발적이고 부분적인 '선행'에만 관심을 기울이는 그의 소극적 태도는 구조적인 정치적 변혁의 가능성을 부정한다. 그의 막강한 힘은 인간 공동체의 근원적인 문제들에 대한 사유를 철저히 배제하고 비판적 사고의 필요성을 은폐하는 데에 사용된다. 그가 두른 붉은 망토는 붉은 혁명을 선동하는 대신 혁명의 죽은 불길을 조롱한다. 할리우드가 이 영웅을 부활시킨 시기가 베트남 전쟁 중의 민권 운동과 정부에 대한 불신을 기반으로 하는 저항 문화가 수그러들고 보수적인 분위기가 살아나는 때였음은 우연이 아니다.[14]

 과학의 과잉

슈퍼맨보다는 한층 더 어두운 배트맨이 기호학적인 계보로 따지더라도 '박쥐'라는 공통된 요소를 통해 황금박쥐와 좀 더 가까워진다. 하지만 슈퍼맨의 보편적인 위상에 조금 못 미치는 배트맨의 정체 역시 과학과 자본주의와 공리주의의 탄탄한 결합을 기반으로 한다. 심지어는 〈배트맨 비긴즈Batman Begins〉(2005)에서는 그의 힘의 기원을 인간과 과학의 영역에 위치시킨다. 이를 비롯하여 스파이더맨, 헐크나 〈판타스틱 4〉, 〈엑스

13. 움베르토 에코, 《대중의 영웅》, 조형준 옮김, 새물결, 1994.
14. 서현석, "롤링선더에서 블록버스터까지: 베트남 전쟁 이후의 슈퍼 할리우드," 《미국 신보수주의와 대중 문화 읽기: 람보에서 마이클 조든까지》, 책세상, 2007, pp.84~138.

맨X-Men〉(2000) 등의 자유로운 상상력에 의해 만들어진 미국의 모든 그로테스크한 괴물과 변종, 사이보그 및 그 밖의 외상적 주체들 역시 마찬가지이다. 과학이라는 설득력을 제거하고 이들의 정체를 바로크적 상상으로 바라보라. 그 어떤 물리적 인과 관계나 임의적인 생물학적, 생화학적 근거로 그들의 존재를 이해하려 들지 말고, 미술 치료사 앞에서 우러나는 억압된 현대인의 정서적 딜레마에 귀를 기울여 보라. 거미와 인간의 조합이라니! 바위로 된 인간이라니! 눈에 보이지 않거나 팔이 늘어나는 인간이라니! 신화적 상상과 자연에 대한 무의식적 공포, 시대적 불안, 유아적 공상 등으로 빚어진 이들의 모습은 미국의 시대적 정서와 인간의 보편적인 심리에 대해 많은 것들을 말해 준다. 하지만 이러한 열린 상상은 즉각 과학과 자본주의에 검열되고 길들여지고 다듬어진다. 신체의 변형에 대한 모든 동기와 경위는 과학으로 가장한 타당함으로 포장되어야 한다. 아무리 허무맹랑한 설정이나 비논리적인 비약이라 할지라도, 뻔뻔함을 무릅쓴 허접한 물리학적 원리로 뒷받침되어야 한다. 검증될 수 없는 가짜 과학이야말로 비이성적인 상상보다 더 억지스럽고 가증스럽다는 사실마저도 흡수하는, 그런 억지다. 그리하여 유아적인 망상이나 유희적인 연상은 감쪽같이 이성에 영입된다. '미친 자가 꾸는 꿈'은 검열되고 정형定型화된다. 이러한 수사적 왜곡과 정형整形이야말로 영웅의 신체를 변형시키는 상상 속의 정형술을 뛰어넘고 압도하여 텍스트를 표준화한다. 영웅들이 가진 최소량의 그로테스크함과 언캐니함마저 할리우드의 신화 쓰기에서는 제거된다.

황금박쥐의 그림자는 이러한 문화적 권력으로부터 벗어난 곳에 깊숙하게 드리워진다.

찢어진 시선

황금박쥐 역시 에코가 지적한 슈퍼맨의 한계인 정치적 신념의 결여로부터 완벽한 자유를 누리지는 않는다. 하지만 그의 결여는 결코 단순하지 않다. 그의 망토와 선행은 텔레비전이 총체적으로 강화하고 추진하는 헤게모니에 어쩔 수 없이 편승하면서도, 자본주의의 밝은 환영 속에 몽매하게 감추어진 신화적 어둠과의 척척한 내통을 유지한다. 슈퍼맨이라는 명현明賢 앞에서 황금박쥐의 그로테스크함은 더더욱 궁벽한 심연으로 빠져든다. 황금박쥐가 슈퍼맨과 공유하는 구성 요소들을 제쳐두고 나면 고딕적인 혼탁이 더욱 짙게 엄습해 온다. 악당이 '밝'히려고 안달한 혼탁이다. (그분의 어두움은 어두운 악당에게조차, 어두운 악당보다도 더, 어두운 것이다.) 이 어두움에 가까운 할리우드의 전형들을 찾기 시작하면 영웅 대신 괴물들이 몰려온다. 그러니까, 슈퍼맨이 임무 수행을 어렵게 하는 부득이한 개인 사정 때문에 황금박쥐에게 대신 인명 구조를 해줄 것을 급히 부탁한다면, 그래서 황금박쥐가 뉴욕의 하늘에 뜬다면, 뉴욕의 시민들은 기겁을 할 것이다. 아마 킹콩을 잡듯 최첨단 요격기들이 화력을 내뿜을 것이다. 우리의 구세주는 봉사를 할 겨를도 없이 〈오페라의 유령The Phantom of the Opera〉(1925)의 불운한 천재 에릭이 당한 개죽음의 위기에 몰릴 것이다.

아니, 사실 따지고 보면, 황금박쥐는 자본주의 안에 안주하지도 않으시니 그럴 리도 만무하리라. 그분은 그저 문명의 외곽에서, 과학과 공리주의의 주변부에서, 어눌하게 배회하실 뿐이다. 에릭처럼 문화의 전당 안에 존재하기는 하되 보이지 않는 이면에 은둔하실 뿐이다.

그렇다. 황금박쥐는 실로 에릭과 닮았다. 정서적으로나 시각적으로

나 그러하다. 그에게 혈족이 있다면, 슈퍼맨보다는 에릭이 유력하다. 맙소사. 황금박쥐는 슈퍼맨과 에릭의 그로테스크한 융합이 아닌가. 이 괴이한 몽타주야말로 그로테스크 그 자체가 아닌가.

황금박쥐로부터 자꾸만 미끄러지는 우리의 시선을 에릭에 고정시켜보자. 1925년에 제작된 루퍼트 줄리앙Rupert Julian 감독(원작은 가스통 르루Gaston Leroux)의 이 무성 영화에서 에릭은 어려서 당한 화상으로 얼굴이 심하게 일그러진 자폐적 추남이다. 그는 추한 외모와 그로 인한 영혼의 고통이 만드는 악순환 속에 갇혀 있다. 슬라보예 지젝은 에릭의 얼굴에 나타나는 공포의 요소들을 네 가지로 정리한다. 시선의 방향을 파악하기 힘든 움푹 파인 눈동자, 형태가 거의 남지 않을 만큼 주저앉은 코(결핍된 코는 결코 번득이는 페티시가 되지 못한다), 무정형적으로 일그러진 얼굴, 그리고 몸과 분리된 듯 들리는 목소리가 그것이다.[15]

이에 비하면 그나마 황금박쥐는 양호한 편이기는 하다. 특히 그의 완벽한 대칭형의 얼굴 윤곽은 호감도 높은 미남형에 가까운 골격이다. 하지만 얼굴 형태만 제외하고 나머지 세 가지는 분명 에릭과 공유되는 특징들이다. 특히 가장 인간적인 모습이라 할 수 있는 눈동자가 빛나야 할 자리에 뻥 뚫린 두 개의 흉측한 구멍은 가히 경악의 대상이다. 언뜻 보아 선글라스 같은, 심지어는 당시 독재 체제의 국가 원수가 즐겨 착용하던, 보안 도구 따위를 장착한 것으로 오인한다면 순간적으로 그 흉측함을 잊을 수는 있겠지만, 이러한 양지로의 미끄러짐은 오래가지 않는

---

15. Slavoj Žižek, *Enjoy Your Symptom!: Jacques Lacan in Hollywood and Out*, New York and London: Routledge, 1992.

〈오페라의 유령〉의 에릭. 해골로의 전락을 막아 주는 얼굴 가죽은 오히려 해골의
진부함을 소름끼치는 언캐니함으로 전환한다.

다. 황금박쥐의 영웅적인 위대함과 충돌하는 공포의 핵심은 단연코 '결
핍'인 것이다.

해골은 언캐니하다. 해골은 곤혹스런 혼란의 도가니로 우리의 길 잃
은 시선을 끌어들인다. 인간의 이상적인 겉모습에 근접할수록 친숙함을
잠식시키는 무언의 공포는 더욱 심오해진다. 이른바 '언캐니 골짜기
uncanny valley'라는 함정이다. 로봇 공학자 모리 마사히로森政弘가 제시한 호
감도에 나타나듯, 인간의 모습을 '실물처럼' 닮은 인형이나 로봇은 인간
에 덜 근접한 봉제 인형보다 더 섬뜩하다.[16] 해골은 섬뜩함의 가장 깊은

바닥은 아니지만, 골짜기의 하강 곡선이 시작하는 애매한 무렵에서 우리를 극심한 당혹으로 내몬다. 황금박쥐를 바라보는 순간, 기표의 친숙함을 삼켜 버리는 공포의 골짜기가 시작되는 중간적 영역에서 우리의 인식은 길을 잃는다. 어느 쪽으로 가야 할까? 인간으로부터 멀어지는 이질성으로 퇴행해서 아예 타자화된 영웅에 신화적인 경이감을 부여할까, 아니면 골짜기 밑쪽으로 더욱 심현하게 떨어져 소심한 몸을 떨어야만 하는가?

눈동자가 결여된 상태가 갖는 공포의 근원은 시선 자체가 드러나지 않는다는 점에 있다. 타자의 시선이 노출되지 않을 때 느끼게 되는 위압감의 극단이다. 눈동자의 흔적은 인지할 수 없어도 황금박쥐는 분명 시선을 가지고 있고, 우리의 공포는 이 시선이 무정형적이라는 점에 기인한다. 하나의 고정된 시각이 부정되는 것은 무섭다. 그는 우리를 줄곧 바라보고 있지는 않지만, 항상 우리를 바라보고 있기도 한 것이다.

서양 미술사에서 이와 같은 고정되지 않은 시선의 작용을 축약하여 나타낸 가장 유명한 표상 역시 해골이다. 무정형적 시선을 설명하면서 라캉이 언급하여[17] 더욱 유명해진 한스 홀바인Hans Holbein the Younger의 왜상적anamorphic 해골 말이다. 〈대사들The Ambassadors〉(1533)에서 천체도, 지구본, 해시계, 루트 등이 상징하는 인간의 지식은 이미 불완전하다. 해시계는 서로 맞지도 않고 루트는 줄이 끊어진 상태이다. 하지만 무엇보다도 세계의 균질성을 가장 파괴적으로 와해시키는 것은 살바도르 달리

---

16. Masahiro Mori, "The Uncanny Valley," Karl F. Mae Dorman and Takashi Minato (trans), *Energy*, vol 7, no.4, 1970, pp. 33~35.

17. Lacan, *The Seminar of Jacques Lacan, Book XI: The Four Fundamental Concepts of Psychoanalysis*, Alan Sheridan (trans.), New York and London: W. W. Norton & Company, 1981.

한스 홀바인의 《대사들》 속의 불온한 덩어리는 관람자를 선원근법의 고정
석으로부터 이탈시켜 그림이 걸린 벽 쪽으로 유인한다. 절대성과의 조우를
위해서. '다시 구성된'이라는 뜻의 그리스어로부터 유래하는 '왜상'이라는
단어는 형상뿐만 아니라 보는 이의 위치와 태도까지도 "다시 구성"한다.

Salvador Dali의 시계처럼, 혹은 난로 위에서 흐물거리며 녹아 버린 플라스
틱 장난감처럼, 기이하게 늘어져 있는 무의미 덩어리다. 삐딱한 방향에
서 그림을 바라보는 삐딱한 관람자에게는 해골로 나타나는 무정형의 현
현이다. 선형 원근법이 재구성하는 고정된 관점을 습격하는 형식의 파
격이 다름 아닌 해골이라는 사실은 의미심장하다. 고정된 시점의 안정
된 세계가 붕괴되는 왜상*anamorphosis*의 외상*trauma*은 관습의 옆 구멍으로
침투하여 상징계의 질서를 교란시킨다. 규범을 인정하지 않는 죽음의
블랙홀로 우리의 시선을 빨아들인다. 왜상적 시선은 상징계 너머의 불
가지 영역, 실재계와의 순간적 조우가 남긴 잔상이다. 라캉에게 있어서
'시선*gaze*'이란 하나의 고정된 지점을 통해 소유할 수 있는 것이 아니라,
항상 빠져나가는 대상이다.

　　상상계와 상징계의 접합 부분에 위치하면서 명확한 정체성을 드러

한스 멤링Hans Memling의 제단화 〈속세의 무상과 거룩한 구원Early Vanity and Divine Salvation〉(1485). 해골의 몸통을 육감적으로 윤색한 재질은 당시 유행을 타기 시작했던 유화 물감이다.

내지 않는 '그 무언가'는 얄밉게도 욕망이라는 우리의 정신 기제를 작동시킨다. 이로써 겁탈자의 미운 영향력을 행세한다. 욕망을 성립시키면서도 욕망을 거부하게 하는, 욕망 속으로 들어오면서도 욕망으로부터 항상 빠져나가는, 이 괘씸한 귀신에 이름을 붙일 수는 없다. 이름을 붙이는 순간 그것으로부터도 빠져나간다. 라캉은 이 귀신을 희미하게나마 일컫기 위해 그저 알파벳의 첫 글자 정도만 들먹인다. 기껏해야 '타대상l'objet petit a' [18]이다. 타대상은 우리가 타자에게서 무모하게 찾고자 하는 모호한 보물이다. 우리가 파악하지 못하는 대타자의 욕망의 영역이다. 자아가 모두 차지하고자 했지만 그를 빗나가는 어머니의 사랑의 화살이 당도

18. 라캉은 욕망의 대상과 욕망을 일으키는 대상을 구별하였는데, 타대상은 '욕망의 대상─원인'이 된다. 여기에서 이탤릭체로 표기되는 'a'는 프랑스 단어 'autre'를 공식화한 것으로, 'l'objet petit a'는 영어로 'object a' 혹은 'object petit a'로 번역되며, 우리말로는 '오브제 프티 a'로 표기되기도 한다.

하는 미지의 영역이다.

이 귀신의 특징은 상징계의 경계를 넘어서는 모호함에 있다. 상상계와 상징계뿐 아니라 실재계와의 교접 부분에 위치한다. 언어 질서를 빠져나가는 무식한 것들의 뒤에 남은 찌꺼기다.[19] 사라지다가 남아 우리를 망연자실 속에 빠트리는 무의미의 자국이다. 라캉의 글에서조차 '타대상'은 고정된 의미를 갖지 못하고 언어적 정의를 빠져나간다. 그럴 수밖에 없는 것이, 기표와 기의 사이의 모호함 속에서 버둥댈 수밖에 없는 것이, 바로 '타대상'이다.

응시는 타대상이다. 황금박쥐의 모호한 응시는 실재계를 향해 더욱 당차게 미끄러진다. 무정형적인 해골로 인해, 타대상의 개입으로 인해, 가변적이고 분절된 유기적 세계가 우리의 의식과 무의식을 엄습하여 통합적인 관점과 그것이 바라보는 원근법의 세계를 짓찢어 버리는 광경이 펼쳐진다.

지젝에 따르면, 에릭의 움푹 파인 눈이 고정된 시선을 부정한다는 점과 그의 얼굴이 일그러졌다는 점은 일맥상통한다. 소실점의 상실이다. 황금박쥐 얼굴은 일그러진 왜상적 왜곡으로 나타나지는 않지만, 과학적인 합리성이 보장된 균질적인 사실로부터 벗어나 죽음의 절대성을 지시한다는 점에서는 오히려 〈오페라의 유령〉보다 실재계의 진실에 더 가깝다. 황금박쥐가 위대한 공포를 일으키는 것은 죽음을 초월했기 때문이 아니라 죽음에 너무나 가깝기 때문이다. 우리가 안일하게 누리는 삶의 기반에, 그가 구출해 주는 생명이 누리는 일상에, 그가 기꺼이 던져

19. 같은 책.

넣는 이슥한 죽음의 징후는 과거와 미래의 구분을 말살한다.

죽음과의 밀착과 죽음으로부터의 부활은 슈퍼맨 등의 미국적 영웅들로부터 황금박쥐를 더욱 멀게 한다. 슈퍼맨이 자신의 노력으로 초월한 것은 아무것도 없다. 단지 자신에게 주어진 능력을 발휘했을 뿐이다. 황금박쥐는 자신이 초월한 대상을 얼굴에 흔적으로 남겨 전시한다. 그럼으로써 초월한 것으로부터 자유로울 수 없는 상태를 지속시킨다. "으하하하하" 그의 웃음은 '파안' 없는 '대소'이다.

황금박쥐 활연 망토를 휘날리는 하늘에 허허공공 왜상의 외상이 울려 퍼진다. 그로테스크한 '사마'는 모니터를 통해 '모든 것'을 바라본다. 분절된 세계를 응시하는 고양이처럼 찢어진 네 개의 눈은 파편화된 세계의 모습을 형상화한다. 그가 현존할 수 있는 즉각적 현물로부터 그의 시선은 이탈하여 공간의 획일적인 경계들을 허물어트린다. 세계의 찢어진 틈들을 좇는 그의 분열된 응시는 파격의 자유와 상실의 외상 사이에서 격렬하게 진동한다. 우리는 그 격렬함을 일컬어 '황금박쥐'라 부른다.

 황금 몸을 가진 사나이

'황금'의 화려함이나 슈퍼맨의 빨간 망토 따위의 상징적 수려함이 암울한 나라로의 영웅의 추락을 그나마 지연해 준다. 에릭의 비천한 운명을 피하게 해준다. 그것들이 우려내는 우아한 카리스마가 미천함의 적나라함과 충돌하여 우리를 엄습하는 공포에 권위적 위상을 은근하게 섞어 넣는다. 그분의 우직한 움직임에 추락의 격동과 상승의 격조가 엇갈린다.

많은 광물 중에서도 하필 '황금'이 앞선 것은 물리적 내구성은 제쳐 두고라도 문화적 상징성이 설치기 때문이다. '청동박쥐'라든가 '강철박쥐' 등은 상상도 할 수 없다. 자본주의의 이데올로기를, 제국주의의 역사와 물질주의의 가치를, '황금'만큼 황황하게 함축하는 기표가 또 있으랴. 얼굴이 해골이고 정체성이 박쥐처럼 중간적이라 한들, 황금의 윤채潤彩가 모든 불균질적인 모호함을 하나의 단일함으로 포장해 주기에 그나마 위풍이 당당해진다. 과도한 고급스러움의 위엄으로 불편한 위협을 무마한다. 황금의 진짜 견고함은 물성이 아닌 상징성에 있다.

> 황금박쥐
> 어디, 어디, 어디에서 오느냐, 황금박쥐
> 빛나는 해골은 정의의 용사다
> 힘차게 날으는 실버배턴
> 우주의 괴물을 전멸시켜라
> 어디, 어디, 어디에서 오느냐, 황금박쥐
> 박쥐만이 알고 있다.

주제가도 그 황연한 위용을 명백히 강조한다. "빛나는 해골"이라고. 해골이 빛나기까지 하니 얼마나 무서운가? 하지만 그나마 황금빛으로 빛나니 얼마나 다행스러운가? 황황한 황금박쥐는 역시 정의의 용사가 맞다. 아무렴, 누가 뭐래도 분명 그러하다.

상징으로서의 황금은 유럽의 식민주의로부터 최상의 문화적 가치를 물려받았지만, 황금이 신체의 일부로 부착되거나 신체 부위를 대체할 때 지표로서 갖게 되는 의미는 단순하지 않다. 금니를 가진 모든 시청자 어

린이 여러분들은 아주 조금은 황금박쥐에 가까워진 것이 아닌가. 황금
박쥐의 몸이 온통 황금이라는 사실은 그의 몸 전체가 신체적 외상의 거
대한 흔적일 수도 있음을 공표하는 것이다. 황금은 해골과 충돌하며 황
금박쥐의 중간적 정체성을 죽음과 보존이라는 극단적인 양극으로 분열
시킨다. 시간의 권력과 그에 대한 극복이 모순적인 양면성으로 황금박
쥐의 얼굴에 공존한다. 황금박쥐는 익숙하면서도 낯설고, 자상한 듯 무
서우시다. 수려하면서도 끔찍하고, 부티나면서도 측은하시다. 형형하고
도 혈혈하시다. 황금의 중의적인 의미 때문에 언캐니하게 상징의 질서
에서 진동하는 운명을 맞으신다.

그런데 이러한 양면성조차 완벽하게 작동하지 않는다는 점이 황금
박쥐를 더욱 언캐니한 중간 지점으로 내몰고 만다. 한국의 텔레비전 화
면에서 황금박쥐의 멋진 황금빛은 불완전한 허구적 기표로 머물 수밖에
없었다. 한일 합작의 결과인 이 작품은 이미 컬러 방송이 인기를 얻던 일
본 시장을 고려하여 컬러로 채색이 되었지만, 아직 컬러 방송을 하지 않
던 한국의 안방극장에서 황금박쥐는 언제나 '회색 박쥐'였다. 그렇다.
'황금'은 단지 제목이나 대사에만 존재하는 유령 기표였던 것이다. 결국
흑백 텔레비전이라는 서사 외곽의 장치는 기호의 어긋남에 공모한다.
샹탈 애커만Chantal Akerman 감독의 흑백 영화 〈나 너 그 그녀Je Tu Il Elle〉
(1974)에서 화자가 벽지의 색에 대해 무수한 언급을 해도 흑백 화면이 이
를 지지해 주지 않는 것처럼, 오인의 여파가 진실처럼, 아우성처럼, 꿈틀
거린다.[20] 그나마 겨우 자본주의의 가치를 선전하는 함축적인 상징성조
차 컬러 텔레비전이라는 자본주의의 기술이 아직 미치지 않는 중간적 영
역에서는 어쩔 수 없이 불온한 미궁으로 빠지고 만다. 이러한 불안한 불
완전함은 텍스트의 균질성을 저해하는 전복적인 파괴력을 잠재한다. 황

금박쥐는 의미 작용을 검증해 주는 독립적이거나 객관적인 장치를 철저히 결여하는 폐쇄적인 기표의 장치 안에 갇혀 버린 것이다. 컬러판 그림책의 출판이 색상에 관한 기표들의 합당성을 보장해 준다 하더라도, 모호함의 주변을 날아다니는 유령 같은 기표의 서성임은 더욱 어눌해진다. 그래서 황금박쥐는 더욱 외로울 수밖에 없다.

20. 실험적인 내러티브 구조로 유명한 애커만 감독이 직접 연기하는 이 영화의 주인공은 배경에 대한 아무런 정보도 주어지지 않는 첫 30분 동안 30여 일간의 고독한 생활을 계속한다. 아무도 없는 아파트 안에서 주인공은 벽을 칠하고, 가구를 모두 치워 버리고, 창문을 막고, 설탕을 퍼먹는 등 점차적으로 기이해지는 행동을 침묵 속에서 행하지만, 그 심상치 않은 동기는 결국 드러나지 않는다. 다만 내레이터가 간헐적인 일인칭 문장으로 상황을 설명할 뿐이다. 그나마 언어로 전달되는 정보는 화면의 내용과 어긋나고, 극영화를 지배하는 음향과 영상의 공공연한 밀애는 의혹에 노출된다.

II.
미지근한 성함

 낯선 친숙함

우리를 섬뜩함의 올가미로 얽매는 것은 완전하게 이질적인 것이 아니다. 프로이트가 말한 대로, 낯선 두려움 속에 긴밀하게 섞인 친밀함이야말로 은근하고도 강렬하게 우리의 안락한 울타리를 위협한다. 할리우드가 두 번이나 재탕한 영화 〈더 플라이*The Fly*〉(1958)에서 나타나듯, 공포의 근원은 문명의 완전한 외부가 아니라, 인간의 영역으로, 인간의 몸속으로 침투하여 섞여 버린 이질성이다. 경악을 통해 나에게 전염되는 위협은 나 자신이다. 기억 속의 그 어떤 정보와도 아예 연관되지 않는 것은 무서울 수조차 없으리라. 몰이해 속에서 발견하는 닮은꼴은 상징적 질서의 견고함을 와해시킨다. (아버지가 식사를 하다가 갑자기 오징어로 변한다면 가족들은 무척 당혹스러워할 것이다. 아버지가 변한 모습이 만일 반오징어, 반인간의 혼성체라면, 그것이 주는 충격은 당혹을 지나쳐 탈언어적인 경악으로 파열할 것이다.)

황금박쥐가 무시무시한 것은 인간의 모습과 무관해서도 아니고, 인간의 모습과 완벽하게 일치해서도 아니다. 그 중간에 위치하기 때문이

다. 프로이트는 이러한 낯익은 위치가 주는 낯선 공포를 담는 낯익은 한 단어에 낯설게 다가갔다. 영어로 '언캐니*uncanny*'라 번역되는 단어이다. 그가 말하는 '언캐니'함이란 기존의 명료한 정서적 개념들의 틈새에 존재하는 묘묘한 중간자이다.

1919년의 선구적 논문 "언캐니*Das Unheimliche*"[1]에서 일상적인 기표들이 혼재된 상태를 밝히는 방식으로서 프로이트가 집중한 것은 현상과 언어의 관계이다. 그가 언캐니한 것들의 구조적 특징을 밝히기 위해 확보한 단서는 '언캐니'라는 단어 그 자체이다. 어원적 단서로 '무시무시한'이라는 의미의 'unheimlich'라는 독일어에서 반대를 나타내는 접두사 'un-'이 빠진 'heimlich'는 '가정적인, 친숙한, 안정적인'이라는 의미 외에도 '신비로운, 은폐된, 위험한' 등의 상반된 의미, 즉 'unheimlich'라는

---

1. Sigmund Freud, "The Uncanny," *The Standard Edition of the Complete Works of Sigmund Freud, Volume 17,* James Strachey et al. (eds.), London: The Hogart Press and the Institute of Psychoanalysis, 1953~1974, pp.217~256.

단어에 예속되어야 할 의미까지도 같이 지닌다. 친숙함과 괴기스러움이라는 상반된 개념들의 경계는 이미 명확성을 잃고 있으며, 이러한 선천적 모순을 단호히 부정하기 위해 투입된 접두사는 도리어 그 개념적 이중성을 입체화한다. 접두사로 위장한 가정의 친숙함은 내면으로부터 안락의 기반을 와해시킨다. 호프만의 소설이나 실러의 시에서 볼 수 있듯, 일상 속에서 무의미하게 반복되던 익숙함의 체험은 의식의 뒤편을 엄습한다. 이질적인 것 속의 내재적 익숙함은 아예 친숙하기까지 하다. 나의 집과 같은 친숙함과 남의 집과 같은 생경감은 서로를 향해, 서로에 의해, 미끄러진다. 기시감, 즉 데자뷔*déjà vu*나 분신*double* 등의 기이한 섬뜩함은 반복을 무기로 시간과 공간의 선형적이고 균질적인 결을 조형적으로 왜곡시킨다.

언캐니함은 억압된 추악함이나 보편적인 악의 표상과는 무관하다. 프로이트가 강조한 언캐니함의 위협은 불순한 것으로 범주화된 대상으로부터가 아닌, 범주화의 불완전함에 대한 불편한 자의식으로부터 오는 것이다. 적절함과 부적절함을 구분하는 판단 기준 자체가 혼란을 야기하는 것이다. 언캐니한 것은 습득된 가치 기준을 통해 부적절하다고 판단했던 것이 아니라, '적절함'의 영역 안에 속한 것으로 안전하게 인식했던 것이다. 추방된 것이 문명 속으로 다시 들어오는 것은 언캐니하지 않다. 선과 악, 적절한 것과 적절하지 않은 것을 명확히 구분하는 기독교의 이분법적 질서 속에서 이미 '부적절한' 것으로 구분된 것은 언캐니할 수 없다. '적절한' 것으로 분류된 친숙하고 안정적인 대상에 새삼 낯선 무언가가 중복될 때 언캐니함이 발생한다. 친숙한 것이 돌연 우리에게 던지는 무언가의 부정확한 부적절함이 언캐니함이다. 이미 규범의 울타리 안에 용인되어 있던 것이 어느 순간 의식의 뒷구멍으로 의뭉한 기운을 불러들이는 것이다. 가정의 안정 속에 안주하던 따스한 고양이가, 귀여운 인형이, 친절한 부모가, 나 자신의 형상이, 경계를 벗어난 이질성과 중복되어 안락한 곳을 새로운 인식의 영역으로 전환한다. 허를 찌르는 가치의 이탈은 소름을 부른다. 소름으로 인해 우리의 신체적 경계는 극히 불온해진다.

언캐니함에 패턴이나 질서가 있다면, 그것은 반복이다. 일상 속에서 무의미하게 되풀이되던 익숙한 것이 갑자기 의식의 뒤편을 엄습한다. 기억 속에 평범하게 죽어 있던 것이 유령이 되어 일상에 침투한다. 진부함이 복수의 비수를 언어의 뒤통수에 꽂는다. 니콜라스 로일Nicholas Royle이 지적한 대로,[2] 프로이트의 "언캐니"라는 논문을 지배하는 하나의 개념이 있다면, 직접적으로 언급되지는 않았어도 모든 이론적 논거에 스며들어 있는 유령이 있다면, 그것은 '타나토스'이다. 프로이트가 다음 해인 1920년에 출간한 《쾌락 원칙을 넘어서Jenseits des Lustprinzips》에서야 비로소 개념화한 것이 이미 1919년의 글을 온통 장악하고 있었던 것이다. 외상으로 고통 받는 환자들이 반복적으로 재현함으로써 프로이트의 쾌락 원칙이 주던 견고한 쾌락에 불순한 동기를 불어넣기 직전에 "언캐니"라는 논문으로 인해 이미 불순함의 도래는 예고되고 있었다. 결국 프로이트가 언캐니-타나토스의 보이지 않는 연결로를 따라 '밝'힌 것은 에로스가 교접하는 파괴성의 '어두운' 이면이었다. 프로이트는 《쾌락 원칙을 넘어서》에서 '타나토스'에 대하여 말할 수 없음을 피력한다. 그러면서도 침묵을 깰 수밖에 없다. "언캐니"라는 논문은 그러한 면에서 타나토스에

2. Nicholas Royle, *The Uncanny*, New York: Routledge, 2003.

절대적으로 충실한 셈이다. 여기에서 침묵은 끝까지 지켜진다. 그래서 이 논문은 더욱 언캐니하다.

언캐니를 야기하는 구조적 특징으로서 친밀함과 반복은 황금박쥐의 공포에 깊이 깔려 있다. 해골은 인간의 개별성을 인식하게 해주는 외부 요소들이 제거된 상태이기 때문에 우리에게 다층적인 공포를 준다. 자아의 형성 과정이 거울 속 모습에 대한 시각적인 인식을 기반으로 이루어진다는 라캉의 설명을 상기한다면, 해골이 자아의 기반을 위협한다는 사실은 더욱 명백해진다. 해골로 격하된 인격은 더 이상 고유하지 않다. 해골은 가장 상식적인 개별성을 상실한 상태이다. 해골에 아우라가 있다면, 이는 물질적 고유성에 그 근원을 두는 것이 아니라, 그것의 부정으로부터 생성된 음음한 것이다. 아아, 해골이라는 기표는 언제나 동질적인 것의 반복으로 나타날 뿐이다. 〈황금박쥐〉의 한 에피소드에서 황금박쥐와 같은 모습을 한 '검은 황금박쥐'가 나타난 것은 자연스럽다. '분신'은 반복에 의한 언캐니함을 상징화한 기표이다.

그로테스크의 그로테스크함

〈황금박쥐〉의 '중간적' 정체성의 복합성은 '언캐니'보다는 조금 더 고전적인 어둠까지 내포한다. 해골과 근육, 인간과 박쥐 등 황금박쥐를 구성하는 이질적인 요소들이 서로 융합하지 않고 섞여 있는 모습은 '언캐니'의 골짜기와는 또 다른 차원의 지하로 우리를 끌어들인다. '그로테스크'라는 은밀한 지하 밀실이다. '언캐니함'이 적절함과 부적절함이 하나가 된 것이라면, '그로테스크'는 적절하지도 부적절하지도 않은 것들이 각자의 정체성을 유지한 채 하나가 되려다 마는 것이다. '언캐니'가 망각하는 위아래의 경계선은 그로테스크에서는 수직으로, 사선으로, 복잡하게 드리워져 있다. 전자의 이질성은 친숙했던 것에 있고, 후자의 경우 결합 그 자체가 이질적이다. 전자의 수사적 물성이 원형을 상실한 복제들과 공유된다면, 후자는 콜라주에 가깝다. 전자의 감흥이 모호함으로 함축된다면, 후자는 충돌의 미학이다.

사실, 지하에서 부활한 황금박쥐만큼 '그로테스크'의 어원에까지 충실한 그로테스크한 것을 찾기도 힘들다. '그로테스크'의 어원적 기원에는 '지하'라는 어두운 개념적 영역이, 도시 문명의 은폐된 밑바닥이 깔려 있는 것이다. '그로테스크grotesque'는 '그로테스코grottesco'라는 이탈리아어로부터 파생된 프랑스어로, 그 어원은 '지하의 밀실'을 의미하는 '그로토grotto'로 거슬러 올라간다. '그로테스코'라는 말이 처음으로 지칭한 것은 15세기 말 로마시의 땅 속에서 발굴된 네로 황제의 도무스 아우레아Domus Aurea, 이른바 '황금 궁전'의 화려하고 정교한 벽화 및 장식이었다. 영문학자 제프리 갤트 할펌Geoffrey Galt Harpham에 따르면, 황금 궁전 그 자체가 당시의 학자들에게 하나의 그로테스크한 수수께끼였다.[3] 제대로 남지도 않은 기둥과 벽의 잔재들로부터 추정할 수 있는 건물의 구조는 거대하고 복잡한 미로였다. 더구나 바티칸의 두 배나 되는 큰 구조에는 네로의 죽음 이후 등극했던 티투스Titus 황제의 목욕탕이 연결되어 있어, 건조 시기의 불투명함은 더욱 깊어졌다. 이러한 혼란은 당연한 것이었다. 건축 시기와 용도가 완연히 다른 여러 구조물들이 한 장소에 중첩되어 지어졌기 때문이었다. 후에 밝혀진 바에 따르면, 네로 황제는 서기 64년의 대화재로 인해 잿더미로 변한 로마를 복원하는 과정에서 자신의 위상을 상징하는 황금 궁전을 짓기 시작하였고, 그의 죽음 이후 플라비안 Flavian 시대에 전제 정치의 뿌리를 뽑기 위한 궁전의 철거가 진행되었다. 그 와중에 일어난 또 한 차례의 대화재는 궁전의 소멸을 가속화했고, 티투스 황제는 기존의 건축 기반 위에 고스란히 목욕탕을 지었다.

르네상스 시대의 발굴자들이 1500년 동안 쌓인 먼지와 역사의 잔재들을 드러내면서 찾아낸 것은 서로 시기가 다른 구조들이 서로 얽히고 융합된 이종의 혼합물이었다. 정확한 건조 시기를 분류해 내기 전까지 이 이상한 유적지는 수수께끼로 남을 수밖에 없었고, 이러한 혼란은 '그로테스크'이라는 말의 어원적 기반이 되었던 것이다. '그로테스크'의 역사적 기원에는 정치적 충돌과 시대의 혼합이 이미 상징화되어 있는 셈이다. 뿐만 아니라 인간과 자연의 폭력성 그리고 목욕이라는 정화 작용까지 은밀하게 상징에 개입되어 '그로테스크'의 파장을 더욱 복합적

---

3. Geoffrey Galt Harpham, *On the Grotesque: Strategies of Contradiction in Art and Literature*, Aurora: The Davies Group, 2006.

으로 만들었다. '그로테스크'라는 말 자체가 서로 이질적인 의미들의 불순한 혼합을 내포하는 것이다.

시간의 침식 속에서 발견된 벽화들은 놀라울 정도로 양호한 상태로 보존되어 있었다. 이상한 유적지의 정확한 역사적 의미는 파악할 수 없었지만, 그 와중에도 화가들은 벽화와 장식들을 연구하였고, 그 영향은 하나의 화풍을 형성하기에 이르렀다. 대부분의 장식과 벽화들을 그린 주인공은 이름이 알려진 몇 안 되는 로마 시대의 화가 중 한 사람인 파불루스Fabullus다. 그런데 그가 다룬 소재나 그가 구사한 스타일은 태양신임을 자처하며 헬레니즘의 영향을 섞은 오리엔탈 양식을 추구했던 네로 황제의 새로운 철학 및 취향과는 거리가 먼 것이었다.[4] 네로 황제의 위촉을 받아 궁전 내 모든 방들의 장식을 책임진 그가 네로의 의도로부터는 빗나간 결과를 만들어 버린 것이다. 결국 그로테스크의 생성 기반에는 '오인'이 있는 셈이다. 이러한 기표의 엉뚱한 비켜 나감이야말로 '그로테스크' 미학의 가장 그로테스크한 밑바닥이 아닐 수 없다. 파불루스가 재활용한 모티브들은 기원전 100년경에 로마에서 유행했던 것들로, 요정 Nymph이라던가 반인반마半人半馬인 켄타우루스Centaurus, 반인반양半人半羊인 사티루스Satyrus 혹은 목신 파우누스Faunus 따위 등을 닮았으면서도 이로부터는 독립된 기이한 형태의 반인간들이 그것이었다. 기원을 알 수 없는 목신이나 정교한 식물체, 머리만 인간인 짐승, 그 밖의 신화적 환상의 혼합물들이 네로의 궁전을 디오니소스의 동산으로 탈바꿈시켜 버린 것이다.

4. 같은 책.

르네상스 시대의 발굴자들이 기대했던 것은 이러한 변종 괴물들이 아니라, 인간을 이상화하고 미화한 수려한 조각상들, 그러니까 균형과 조화의 '고전미'였다. 고전적 아름다움과 거리가 먼 그로테스코는 고급 르네상스 미술의 성역으로부터 외면당했고, 주류 학파에 의해 평가 절하되기에 이르렀다. '미친 자가 꾸는 꿈'으로 치부되기도 했다.[5] 결국 그로테스크함의 상징적 정체성과 예술사에서의 운명은 '지하'라는 태생적인 근원에 영구히 예속되어 버린 것이다. 할펌에 따르면, 그로테스코의 장식적 기능에 대한 주류학계의 비하는 서구 미술에서 장식 미술에 대한 총체적인 역반응으로 확장되었고, 에른스트 H. 곰브리치Ernst H. Gombrich 로 대표될 만한 최근의 주류 학풍의 편협으로까지 이어지고 있다.[6]

오늘날에도 '그로테스크'는 언어적 질서에 영입되지 못한다. '그로테스크'를 정의 내리는 것부터가 쉽지 않다. 형용사인 것이 하나의 정확한 상태를 설명하는 기능은 결여한다. 할펌은 '그로테스크'가 지시하는 영역을 다른 단어로 대체하려 한다면 여러 이질적인 단어들이 모순적으로 난무하고 충돌하고 교접하는 혼동이 될 것이라 말함으로써 그로테스크의 개념적인 모호함에 접근한다.[7] 그에 따르면, 이 단어에 일관적이고 항시적인 의미가 있는 것도 아니다. 형태 없는 기표가 그로테스크다. 동의어도 찾을 수 없는 상태가 그 자체로서 그로테스크하다. 15세기의 학

---

5. David Summers, "The Archaeology of the Modern Grotesque," *Modern Art and the Grotesque*, Frances S. Connelly (ed.), New York, Melbourne, and Madrid: Cambridge University Press, 2003, pp.20~46.

6. Harpham, *On the Grotesque*. 할펌은 곰브리치가 르네상스 미학의 이분법적 범주에 낭만적으로 집착하고 있다고 비판한다.

7. 같은 책.

황금 궁전의 그로테스코는 오랫동안 대기에 노출되어 지금은 그 형태를 알아볼 수 없을 정도로 훼손되었으나, 1786년 니콜라스 폰스Nicholas Ponce가 조판으로 기록해 둔 덕에 그 원 모습을 정확히 식별할 수 있다.

자들에게 황금 궁전이 그러했듯이, '그로테스크'라는 기표 그 자체가 하나의 커다란 이질적 신비이다. 모호하고 비이상적인 '무물질non-thing'의 현전이 그것의 기호 작용이다. 그로테스크한 상황에 대한 인간의 반응이 일관적이지도 않고 예측할 수 있는 것도 아님은 당연하다.

 ## 경계의 정치학

황금박쥐의 어두운 태생은 그 이름에도 담겨 있으니, 바로 '박쥐'라는 두 글자이다. 박쥐가 날아다니는 곳은 짙은 창천이 아닌 침침한 허공이다. 음음한 동굴에 거꾸로 매달려 있는 무리가 환한 세상 속으로 쏟아져 나오기라도 할라 치면, 그들의 작고 비천한 활개는 태양광 아래에서 그들이 속한 어두움만큼이나 음침하게 번들거린다. 땅에 귀속되지 않는 미물이 땅에 예속된 인간의 상징 세계에서 경박하게 퍼덕이니 그로테스크

오리 아폴리니스 닐리아치의 《이집트 성전들에 관해》(1574)
의 삽화

할 수밖에 없다. 그러면서도 같은 포유류이기에 언캐니할 수밖에 없다. 귀여움과 친밀함으로 그들의 존재감을 인식의 영역 안에 들이려는 바로 그 순간, 이미 비주룩한 소름이 습관적인 인식의 피부를 날카롭게 뚫고 우리의 이성적 신념을 음탕하게 빨아먹고 있음을 우리는 뒤늦게 깨닫는 다. 검은 거죽의 윤이 메스꺼운 시야를 따라 미끄러진다.

땅과 하늘의 중간계에 존재하는 이 기이한 짐승은 인간의 관념 세계 에서도 양가적으로 맴돈다. 사실 박쥐처럼 극단적으로 인간의 이상과 불안을 더불어 떠안아 온 동물도 없을 것이다. 이솝Aesop이 그리는 고대 의 사유 체계에서도 박쥐는 세상을 지배하는 흑백 논리에 동참하지 못하 는 중간자이며, 생태계의 질서로부터의 소외가 곧 그의 운명적 정체성이 다. (자연에서 추방을 당하면 어디로 가야 하나.) 북미의 체로키Cherokee나 아파치 Apache 문명에서도 역시 박쥐는 신뢰할 수 없는 교쾌한 영물이었다.

한편, 경계에서의 비행은 박쥐의 위상을 높이기도 한다. 16세기 호 라폴로Horapollo의 《히에로글루피카Hieroglyphica》에서 새도 아니면서 하늘 을 나는 박쥐는 물리적 한계를 극복하고 불가능을 초월하려는 인간의 노 력을 상징한다.[8] 실로 박쥐의 아름다움은 진화의 지루한 선형적 시간을 참을성 있게 정진함에 있다. 박쥐로 인해 포유류의 활동 영역이 수직적으로 확장되지 않았는가. 중국이나 아랍 등지에서 박쥐가 장수나 행복 등 인간 생명력의 확장에 대한 소망을 상징하게 된 것도 이러한 초월적 능력과 무관하지 않으리라. 물론 중국에서 박쥐가 부를 상징하게 된 근거는 '박쥐'라는 단어에 사용되는 '蝙蝠'라는 글자가 '복'이라는 뜻의 '福蝠'라는 글자와 똑같이 발음되기 때문이긴 하지만.[9] 언어의 유희를 따라 정체를 변경하기에, 역시 영물이다.

황금박쥐 역시 인간의 신체적 능력을 확장하며 상징계의 경계를 따라 힘차게 날아간다. 섬뜩한 날갯짓 없이, 미끄러지듯, 우아하게, 허망한 공중을 활연 가른다. 중간자의 운명적 모호함을 십자가처럼 짊어지고 지하의 동굴로부터 푸른 하늘로 이동하는 그의 움직임은 숭고하다. '미친 자가 꾸는 꿈'은 한계를 초월하는 활개이다. 중력이 부과한 스스로의 비천한 무게를 박찬 천연한 비상이다. 격조 높은 파격이다. 서아프리카의 토속 문화에서 박쥐가 육체를 떠난 영혼을 체화했듯, 황금박쥐라는 물리적 세계를 극복한 영귀한 존재도 비물질적인 전파를 타고 은밀하게 하늘을 날아 안방에 당차게 날아들었다.

정작 박쥐의 진화론적 정체성은 명료하지 않다. 뼈가 연약하여 화석으로 남지 않았기 때문에 박쥐가 날아온 시간의 결을 추적하는 것은 불가능에 가깝다. 결국 박쥐는 인간의 인식에 완전히 포획되기를 거부하

8. Georgio Agamben, *Stanzas: Word and Phantasm in Western Culture*, Ronald L. Martinez (trans.), Minneapolis and London: University of Minnesota Press, 1993.

9. 이러한 사실을 필자에게 알려준 KBS의 박유경 PD에게 감사한다.

면서 과학적 지식 이면의 어두움 속에서 날아다닌다. 시청자 어린이 여러분의 인식에 완전히 포획되기를 거부하고 지식의 쾌락 이면에서, '쾌락 원칙을 넘어서,' 어둡게 날아다니는 황금박쥐처럼 말이다.

 ## 흡혈과 박쥐

박쥐가 일으키는 날카로운 소름을 극단적인 공포로 몰아붙인 결정적 기운은 흑사병의 긴 어두움에 덮여 있던 유럽에서 형성되었다. 바로 뱀피리즘*vampirism*이다. 뱀파이어는 과학과 이성의 불완전함에 대한 불안을 부당하게 물려받은 불온한 기호이다. 치열하며 부조리한 자연 생태계 질서의 잉여적 잔상이다. 계몽주의의 음음하고 침침한 잔상이다. 진화론과 기독교의 충돌로 생겨난 불순한 부산물이다. 기독교적 가치관의 위기를 알리는 음흉한 사멸의 사신이자, (십자가의 위력을 홍보하며) 종교적 세계관의 회복을 촉구하는 급박한 경종이다. 죽다가 말고 세상으로 돌아오는 이 반시체는 산 자의 생명력을 '흡입'하고 인간적 사회성을 '상실'한 상태를 인간 세상에 전파시킨다. '빨기'와 '잃기'라는 리비도의 양가적 양상들이 기묘하게 교류하여 욕망의 이면을 드러낸다. 증가와 확산의 섭리가 '더하기'가 아닌 '빼기'에 의존함은 이성적 논증을 부정하는 것이다. 아니, 이성을 논증적으로 부정하는 것이다. 부정의 논리로써 비인간의 흡입력은 종교적 구원과 과학적 사고, 그리고 계몽주의가 약속한 인간의 정신적 성숙을 모두 오염시켰다. 구순기의 그림자는 짙고도 깊다.

　뱀피리즘의 확산의 매개로서 박쥐가 부각된 것은 부당한 필연이었다. 원래 뱀파이어의 변신은 박쥐에 국한되지도 않았었다. 개구리, 나비,

거미 등 다양한 미물들이 뱀파이어와 연을 맺었었다. 그중에서 박쥐가 각별해진 계기는 1760년 조르주루이 르클레르 드 뷔퐁Georges-Louis Leclerc de Buffon이라는 박물학자가 제공한 것으로, 가축의 피를 빨아먹는 남미의 박쥐를 일컬어 '뱀파이어'라는 이름을 부여해 버린 것이다.[10] 유럽과 북미의 종들은 이러한 흉측한 행동을 보이지 않을 뿐 아니라, 인간에 대한 알려진 공격성이라 해봤자 기껏해야 사람 머리카락에 엉켜 버리기도 한다는 미신 같은 통설로나 존재할 뿐이었다. 그럼에도 유럽에서 박쥐는 남미의 불온한 종들이 불러일으키는 혐오와 공포까지 짊어지면서 인간의 머리카락이 아닌 인간 정신의 어둡고 습한 심연으로 날아들게 되었다.

황금박쥐의 모호한 정체성에는 박쥐의 위협적인 전복성이 녹아 있다. 박쥐라는 상징의 불우하고 불명예스런 운명이 황금박쥐에게도 짙게 드리워져 있다. 뱀파이어를 인식케 하는 가장 큰 두 가지 특징만 하더라도 황금박쥐에 고스란히 내려졌다. 죽음 후에도 부패하지 않은 신체, 그리고 박쥐와의 긴밀한 연관이 그것이다. 맙소사, 그렇다. 황금박쥐는 슈퍼맨과 뱀파이어의 그로테스크한 복합체가 아닌가. 박쥐 따위에나 복음을 맡기시다니. (〈황금박쥐〉 시리즈가 하필이면 땅거미가 빛을 잠식하는 바로 그 시간에 전파를 타고 안방으로 날아든 것도 당연히 우연이 아니리.)

악당들이 "너의 정체를 밝혀라" 하며 안달하는 이유도 여기에 있을지 모른다. 분명 죽음을 상징하는, 중간적이고 반문명적, 반종교적, 반이성적, 반과학적인 표상이 왜 불행의 근원인 인간 공동체에 봉사를 하는

---

10. Jean Marigny, *Vampires: Restless Creatures of the Night*, Lory Frankel (trans.), New York and London: Harry N. Abrams, 1993.

지 해명을 해보라는 것이다. 이솝의 박쥐가 겪은 혼란과 고통을 알고 있기 때문에 황금박쥐는 그 실수를 반복하지 않는 걸까? "으하하하하" 그의 웃음소리에는 역사로부터 취한 교훈과 지혜를 자축하는 뿌듯한 자긍심이 녹아 있다.

아니다. 그의 웃음소리는 초월과 해탈의 불가능을 받아들이는 자위의 메아리이다. 아니, 그것도 아니다. 우리를 소멸의 공백으로 불러들이는 사이렌의 음흉한 노래이다. 아니, 절대적인 타자를 소외된 상태로 방치하는 문명의 질서에 대한 숙분의 구토물이다. 서글픈 방언이다.

 ### '어디'의 이면

언캐니하고 그로테스크한 구세주는 문명 너머의 영역을 비행한다. 언어의 망으로부터, 자본주의의 상징적 질서로부터, 쾌락 원칙으로부터, 버젓이 벗어난다. 황금박쥐의 출처인 '저 너머'의 그림자를 우리의 일상에 드리운다.

디오니소스라는 기원적 영역의 정체는 제쳐두고라도, '현재'의 삶마저도 지식에 포획됨을 허락하지 않는다. 그가 잠자고 있던 '해골터'는 첫 편에서 바다 속으로 가라앉았으니, 뱀파이어처럼 관 속으로 돌아가고 싶어도 그럴 수 없다. (첫 편의 마지막에서 은신처를 상실한 황금박쥐가 허공을 맴돌 때 김박사 일행은 감사와 함께 작별을 고함으로써 합류나 동거의 가능성을 일축한다. 할리우드 웨스턴에서도 그러하듯, 역시 임무를 마친 영웅은 다시 대자연을 향해 떠나갈 수밖에 없다.) 싸움할 일이 없을 때 황금박쥐가 늘 우리가 보는 모습 그대로 식사나 배변 등의 생리적 활동을 충실히 이행하시면서 시간을 보낸다고는 상상할 수 없다. 지루함이라는 시간의 무게를 짊어지실 리도 만무하다. (슈퍼맨은 그러고 있을 만하지만 말이다.) 아니, 그러한 상상은 오히려 통렬한 초월적 웃음을 선사한다. 그것은 그만큼 철저하게 황금박쥐의 영역이 실체가 없는 저 너머의 '비영역'에 속하기 때문이다.

'저 너머'의 권력은 텍스트의 틈을 틈틈이 공략한다. 매회 시작할 때마다 힘차게 울려 퍼지는 간사한 주제가만 하더라도 우리에게 호기심의 미끼를 던진다. 황금박쥐가 "어디, 어디, 어디에서 오느냐?"라고 묻는 것이다. 아으, 우리가 이에 관해서 특별히 가질 수 있는 확실성이 있다면, '모른다'는 사실뿐이다. (불가능 앞에서 파열하는 우리의 당혹을 표현하는 음악적 게스투스Gestus가 바로 "어디, 어디, 어디"라는 가사를 동반하는 반복적 멜로디가 아닌가.) 그런 면에서 우리는 황금박쥐를 제외한 모든 극중 인물들과 균등한 위치에 놓인다. 그야말로 황금박쥐가 만든 힘의 평형은 정의롭게도 모든 등장 인물과 시청자들까지 건실하게 확장되는 셈이다.

"박쥐만이 알고 있다."

황금박쥐의 출처에 대해서 주제가의 한 짧은 대목이 계시록 같은 간결함으로 지식의 주체가 되는 유일한 후보를 지명한다. 물론 불완전한 호명이다. 그 '박쥐'라는 지식의 주체가 황금박쥐를 말하는 건지, 그가 출몰하기 전에 먼저 분신처럼 날아드는 작은 쌍꺼풀 박쥐를 말하는 건지, 일반 명사로서의 박쥐라는 종을 말하는 건지, 지극히 불투명하기만 하다. 만일 쌍꺼풀 박쥐를 말한 것이라면, 정작 황금박쥐는 자신이 어디에서 오는지도 모르신다는 말인가? 어쨌거나 특이한 사실은, 알고 있는 자는 오직 하나뿐이라는 점을 당사자가 아닌 제삼자가 말했다는 것이다. 매복해 있던 또 하나의 구조적인 모순이 황금박쥐의 정체를 쫓는 우리를 급습한다. 우리는 모두 모르고 있고 박쥐 혼자만 알고 있다면 어떻게 박쥐 외의 그 누군가가 박쥐는 알고 있다는 사실을 알고 말할 수 있는가? 한 사람만의 갇힌 지식의 진위에 대해 그 어떤 타자가 독립적인 확인의 틀을 제공할 수 있단 말인가? 폐쇄된 텍스트의 외곽에서 느닷없이 객관적인 지식을 전달하는 이 전지적인 제3의 발화자는 또 누구란 말인가? 그의 '정체'야말로 무엇이냔 말인가? 화면 속에 펼쳐지는 허구의 서사 공간, 즉 다이에제시스*diegesis*[11]의 외부에 존재하는 초월적 주체에 시청자는 익숙해져 있다. 하지만 익숙함이 드리워지는 바로 그 교묘한 순간에, 메타담론의 개입이 던지는 곤혹은 짙어진다. 서사의 주체, 텍스트의 내포된 저자*implied author*로 가장한 이 비밀스런 전지자는 곧 '대타자*grand Autre*'이다.

대타자는 우리를 소외된 타자로 상징계에 빌붙어 살게 하시는 언어질서의 대표자이시다. 한글에도 대문자가 있다면 당연히 큼지막하게 추대해야 할 큰 존함이시다. 위대한 어버이시다. 우리의 삶을 결정지으시나, 주체의 모습으로 나타나지는 않는 과격한 이질성의 표상이시다. 너무나 이질적인, 우리가 통제할 수 없는 법과 언어와 같이 이질적인, 법과 언어 그 자체인, 그런 타자성이다. 자리바꿈을 하는 많은 주체들의 소실점에서 사라져 가는 저 멀리의 지점이 대타자이시다.

---

11. 아리스토텔레스가 《시학》에서 소개한 이야기의 두 가지 개념 중 하나로, 모방적으로 재현된 이야기를 지칭하는 '미메시스*mimesis*'와 구별되는 다이에제시스는 발화자의 개입을 통해 설명되는 이야기를 뜻한다. 1953년 에티엔 수리오*Etienne Souriau*가 이 개념을 영화 연구에 적용한 이후 영화에서 전개되는 허구 세계를 지칭하는 용어로 보편화되었다. 아리스토텔레스, 《시학》, 천병희 옮김, 문예출판사, 2002.

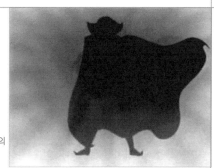

어둠 속에서 황금은 빛나지 않는다. 황금박쥐의
실루엣은 차라리 구멍에 가깝다.

〈황금박쥐〉의 주제가에서 '박쥐'라는 호명이 미끄러지는 지점이 대타자의 자리이시다. 대타자는 우아하게 텍스트 외곽에서 호기심 어린 관찰을 향유하신다. 그러면서도, 귀여우시게도, 지식 소유의 특권을 선전함으로써 이미 자신 역시 정보와 의미들의 순환 체계에 동참하고 있음을 인정하고 계시다. 서사 공간에서, 안방에서, 대타자의 존재감은 부재로만 나타난다. (문명의 질서는 대타자의 소외를 유지함에 여념이 없다.) 그분의 존재감을 간접적으로나마 느낄 수 있는 것은 행운이로다.

〈황금박쥐〉라는 텍스트에 전반적으로 깔려 있는 시적인 모순, 하나의 총체적인 논리로 가장하여 작동하는 그 뭉툭한 묘묘함은, 보이지 않는 절대적인 대타자의 위치가 설정되면서 나타나는 부수적 효과이다. 〈황금박쥐〉는 결국 유령 같은 대타자의 군림을 끊임없이 억압하면서도 유도하는 텍스트이다. '비영역'의 황금박쥐는 대타자의 위치를 상징하는 대체물이 되는 셈이다. 아아, 이 음량하고 영묘한 자리 이동이란…….

주제가의 발화자가 '어디'라는 단어를 세 번이나 말하는 것도 당연하다. 반복이 불러일으키는 것은 불가능이다. 황금박쥐가 존재하는 영역은 "어디, 어디, 어디"라는 반복적인 언술 행위를 따라 인식의 영역에서 끊임없이 멀어지는 '그 무엇'이다. 신기루처럼 멀어져 가며 언어의 망을 빠져나가는, 언술되지 않는 그곳이 황금박쥐의 '장소'이다. '어디'를 너머 보이지 않는 전지적 대타자가 아른거리는, '저 너머'의 '저 너머'의 '저 너머'이다. "이 세상에서 내가 있고자 하는 곳은 이곳 말고는 없어요 *There is no other place in this world that I rather would be.*" 어쩌면 인간의 '행복'은 특정한 장소에 대한 예속감에 있으리라. 팝그룹 아바의 노래 〈허니 허니 *Honey Honey*〉에서 선언되는 바는 장소성에 귀속되는 존재론적인 '행복'의 조건이다. 황금박쥐는 이러한 장소성을 단호히 부정한다.

 ## 누락된 기표

브라이언 드 팔마Brian De Palma 감독의 〈미션 임파서블*Mission: Impossible*〉(1996)에서 작전 대장인 짐은 현장에 침투한 요원들에 부착된 무선 카메라를 통해 원격으로 상황을 파악한다. 여러 공간에서 진행되는 작전의 전개 과정과 주변의 정황들이 그의 노트북 모니터에 다중 화면으로 생중계된다.

　　우리의 순수한 악당 '사마'도 모니터를 통해 모든 것을 바라본다. 고양이처럼 찢어진 네 개의 눈으로 파편화된 세계를 응시한다. 멀티카메라 시스템을 통해 선한 주인공들이 누리지 못하는 전지적 힘을 첫 편부터 과시한다. 그의 전지적인 감시 시스템이야말로 시청자가 소유하고 싶은 바이다. 당시 많은 일본의 애니메이션 작품들이 시청자 어린이 여러분들에게 선사했던 전지성의 환상이자 징표이기도 하다. 텔레비전이라는 매체의 보편화로 이제 막 한국의 안방에서 향유되기에 이른 전지적 시선의 미장아빔*mise-en-abyme*[12]이다. 〈황금박쥐〉에서 불가지한 대상에 다다르고자 하는 갈망, 지식에 대한 갈망이 절묘하게 작용한다면, 사마의 모니터 시스템은 이 갈망을 부추기는 텍스트 내부의 미끼이다.

김 박사 일행도 관찰 시스템을 보유하고 있다. 하지만 그들의 것은 성능이 떨어진다. 사마가 있는 곳에까지는 미치지도 않는다. 반면에 사마는 그의 모니터 시스템으로 김 박사 일행을 바라볼 수 있다. 사마의 카메라는 선한 인물들의 일상 곳곳에 침투해 있다. (분명 김 박사 일행 중 사마의 스파이가 있나 보다.) 그런데 김 박사 일행을 바라보는 사마의 모습은 시청자 어린이 여러분에게 중계된다. 뛰는 놈 위에 나는 놈 있고, 나는 놈 위에 안방에 가만히 앉아 있는 우리가 있는 셈이다. (아닌 게 아니라 권력의 수위가 신체적 활동성과 반비례하는 상황은 종종 나타난다. 움직이지 않으면 위용이 커지는 것이다. 아예 신체도 없이 가만히 캡슐 안에서 모든 것을 감지하고 조종하는 〈마루치 아라치〉의 '파란 해골 13호'를 보라.) 정보의 유통이 불균형적으로 이루어지면서 분명 권력의 구조가 명확하게 성립된다. 이러한 차별적인 계층 구조는 서사 공간에 예속되지 않는 해설자 / 대타자의 개입으로 인해서 강화된다. '신의 목소리'

---

12. '심연에 놓임'을 의미하는 '미장아빔'이라는 개념은 이를 언급한 앙드레 지드André Gide의 1893년의 일기가 출간되면서 보편화되었다. 공간의 내부에 물리적으로 들어가는 것보다 "인물의 크기에 비율을 맞추어 작품의 주제를 전치轉置시키는 것"을 밖에서 바라보는 것이 더 매혹적이라는 의견과 함께 지드가 호명하는 화가는 한스 멤링 Hans Memling과 쿠엔틴 마시스Quentin Metzys이다. 그들의 그림 속에 놓인 작은 볼록 거울이 방의 이면을 반사하고 있을 뿐 아니라, 공간 전체의 조화를 설정해 준다는 것이다. 지드는 아마도 멤링의 〈마르텐 뉘엔오브의 제단화 *Diptych of Maarten Nieuwenhove*〉(1487)와 마시스의 〈대금업자와 그의 아내*Le prêteur et sa femme*〉(1514)를 염두에 둔 것으로 보인다. 지드는 이러한 회화적 기법을 이야기 속의 이야기가 이루어지는 문학 작품의 사례로 연결하며, 《햄릿》, 괴테Johann Wolfgang von Goethe의 《빌헬름 마이스터*Wilhelm Meister*》, 그리고 에드거 앨런 포 Edgar Allen Poe의 《어셔 가의 몰락*The Fall of the House of the Usher*》을 언급한다. André Gide, *The Journals of André Gide, Volume I: 1889~1913*, Justin O' Brien (trans.), New York: Alfred A. Knopf, 1947, pp.29~30.

와 같은 남성적 목소리는 친절하게도 사마의 행적을 설명해 줌으로써 관객에게 사마보다도 우월한 전지적 입장을 선사한다. 결국 황금박쥐가 출현하면서 회복하는 '정의'라는 것은 이러한 불균형한 스토리 정보의 유통 구조로 인해 피해를 입는 주인공 무리들을 위한 힘의 재분배이자 보상이기도 하다.

〈미션 임파서블〉에서 짐이 다중 화면을 바라보는 장면은, 사마나 김박사 일행이 감시 모니터를 바라보는 장면은, 아주 특별한 영화적 순간이다. 그들이 누리는 이러한 '보는 쾌락'이야말로, 앉은 자리에서 움직이지도 않고 여러 공간들을 번갈아 바라보는 기쁨이야말로, 영화가 최초부터 약속했던 근원적인 가능성이었다. 뤼미에르Lumière 형제의 시네마토그라프Cinématographe가 선사한 영화적 경이로움을 그들은 연장하고 상징화하고 축복하고 있는 셈이다. 시네마토그라프가 담아낸 1분 동안의 '움직이는 사진'은 관객이 세계 각지의 도시와 오지로 직접 여행을 가지 않고도 그곳의 모습을 볼 수 있도록 해주었고, 여러 편의 영화를 연이어 보는 관객은 편히 앉아서 가상적인 공간 이동의 특권을 고스란히 누렸다. 부동성에의 안주와 유동성에 대한 욕구를 교접시키면서 영화는 전지적 위치에 대한 욕망을 제조하기 시작한 것이다. 이동성에 대한 욕구와 물리적 부동성의 양면적 긴장 관계는 편집이라는 행위가 발전하면서 내러티브 구조의 원동력이 되었다. 이야기가 얼마나 훌륭한가를 즐기기 이전에는 편집으로 가능해진 순식간의 공간 이동이 그 자체로서 훌륭한 '볼거리'이자 매혹attraction이었고,[13] 영화는 빠르게 움직이는 도시 문화의 역동성을 수행적으로 구현하는 이상적인 대중 매체로 떠올랐다. 내러티브의 중요성이 강조되면서 이동성의 미덕과 시각적 쾌락은 정보의 유통으로 농축되었다. '아는 것이 힘'이라는 논리가 계몽주의의 지향점을 함축한다면, 극영화에서는 '보는 것이 아는 것'이다. 아는 것이 주는 '힘'이란 곧 시각적 쾌락의 기반이자 효과이다. 영화의 초기 발달 과정에서 그러했듯이, 화면에 보이는 모든 사실들은 관람자의 지식으로 전달되고, 보여 주지 않는 것은 서사의 경계선을 설정한다. 경계의 유동성은 관객의 욕구에 봉사한다.

황금박쥐의 정체는 시각적 인식의 경계 너머에 위치하며, 시청자의 욕망을 만드는 것은 이러한 맹점이다. 〈황금박쥐〉에서 영화의 '보여 주는' 기능은 오히려 부재의 위상에 봉사한다. 소실점에서 아른거리는 대타자의 애매함에 충실하다. 보는 쾌락과 가상적 공간 이동의 경이로움은 궁극적으로 상징적 결핍을 성립시킬 뿐이다. 중요한 광경을 모두 보여 줌으로써 보고자 하는 욕구, 지식에 대한 욕구를 해소시켜 주는 듯하지만, 황금박쥐의 정체에 관한 한 카메라가 따라가는 곳은 없다. 메리가 기도하기 직전에 황금박쥐는 어떤 형태로 존재하다가 날아오는 것일까? 사람처럼 휴식을 취할까? 왜 전지적 카메라는 '그곳'을 보여 주지 않는가? 1990년대 인터넷상으로 송신자의 생활 공간을 하루 24시간 공개했던 제니캠JenniCam[14]의 충실함은 〈황금박쥐〉에서는 생각조차 할 수 없는 허영이자 금기이다.

---

13. '매혹'이라는 개념은 영화학자 톰 거닝Tom Gunning으로부터 빌린 것이다. Tom Gunning, "The Cinema of Attraction: Early Film, Its Spectator and the Avant-Garde," *Wide Angle*, vol. 8, no. 3/4,1986, pp.63~70.

14. 인터넷 초기였던 1996년, 당시 20세였던 제니퍼 링리Jennifer Ringley가 홈페이지를 통해 가동시킨 '제니캠'은 7년 동안 침실, 서재, 거실 세 군데에 설치된 웹캠을 통해 성행위부터 잠자는 모습 그리고 주인이 나간 방의 텅 빈 공간에 이르기까지 여과 없이 사생활을 접속자들에게 보여 주었다. 링리는 명성이 높아지면서 전시 활동을 하기도 했지만, 회비 관리를 맡은 페이팔PayPal이 나체 묘사를 문제 삼음에 따라 사이트는 2003년 12월 31일 폐쇄되었다.

실은 〈미션 임파서블〉에 등장하는 첨단 영상 네트워크도 얄미운 미끼다. 교차 편집*cross-cutting*과 시점 화면*point-of-view shot*도 합세하여 현장의 모든 양상들을 속속들이 관객에게 보고하지만, 영화는 전지적 시점이라는 선물을 관객에게 선사하는 것처럼 티를 내지만, 이러한 환상적인 지식의 향유는 곧 관객의 오인임이 드러난다. 드 팔마 감독은 전지적 관점에 대한 기대감을 전복시키고 관객을 함정에 빠뜨린다. 결과는 처참하다. 작전은 실패하고 요원들은 죽음을 당한다. 결국 화면에 드러나지 않는 누군가가 배후에서 모든 상황을 파악하며 역이용하고 있었던 것이다. 이제까지 영화가 전지적 화법을 구사한 것으로만 알았지만 실은 결정적으로 정보를 누락하고 있었던 것이며, 정보의 이면에는 죽음이라는 상징계의 구멍이 도사리고 있었던 것이다. 이 '누군가'의 자리에, 보이지 않는 권능을 남용하는 나쁜 대타자의 위치에 구체적으로 하나의 인물을 배정하는 것이 자연스레 플롯의 포괄적인 목표로 설정되고, 이 목표가 달성되면 내러티브는 완결된다. 속임수를 당하면서도 관객이 결국 쾌락을 느끼는 이유는 욕구의 충족이 지연되면서 더 큰 앎의 충족의 가능성이 제안되기 때문이다. 결국 교차 편집으로 현장의 구석구석이 관찰되는 상황에서 누락된 숏*missing shot*, 즉 마땅히 배후의 인물을 보여 주었어야 했으나 애당초 촬영되지도 않은 숏이야말로 관객의 '상실한 대상'을 상징한다. 카메라는 살인자의 모습을 보여 줄 수 있는 가장 중요한 위치에 있어 주지 않았던 것이고, 관객은 바로 이 부재하는 숏을 복원하는 과정, 즉 가지고 있지도 않으면서도 가지고 있는 것처럼 착각했던 전지적 시점을 회복해 가는 비장한 여정에 기꺼이 동참하게 된다.

이러한 정보의 불완전한 유통이 황금박쥐의 신비의 근원임은 물론이다. 네 개의 눈을 가진 사마가 열심히 관찰하는 멀티카메라 모니터링

시스템은 바로 드 팔마 감독이 관객에게 보여 주는 짐의 노트북 화면과 같은 기능을 수행한다. 전지적 시점과 제한적 시점의 경계선에서 어린이 시청자들을 유혹한다. 미끼는 모호하기 때문에 작동한다. 지식의 차단은 순환적으로 내러티브의 원동력이 된다. 〈황금박쥐〉라는 내러티브는 결핍으로 작동하는 심리적 기제이다. 공백의 보이지 않는 유령이 조종하는 기계이다. 공백은 서사 공간 안에서뿐만 아니라 안방으로도 권력을 확장시킨다. 황금박쥐와 사마와 시청자 어린이 여러분의 위치를 꼭지로 하는 삼각 소용돌이의 중심은 텅 비어 있다. '누락된 숏'은 시청자 어린이 여러분이 안고 있는 상징계적 구멍의 상징이다. 드 팔마 감독은 영화의 마지막에서 누락된 숏이 지시하는 바를 구체화함으로써 관객에 봉사하지만, 〈황금박쥐〉의 누락된 광경은 끝까지 복원되지 않는다. 담보된 전지적 관점은 결국 폐제되고 만다. 대타자는 끝까지 침묵한다. 황금박쥐의 정체는 신기루처럼 소실점을 향해 멀어지다가 결국 소실되고 만다. 라캉이 말하는 남근the phallus처럼, 빈 공간을 가리고 있는 커튼처럼, 황금박쥐는 '이면'에 대한 욕망을 가능케 하지만, 궁극적으로 그것이 은폐하는 실체는 존재하지 않는다. 텅 빈 기표 너머에 아무것도 존재하지 않음에도, 아니 존재하지 않기 때문에, 욕망은 지속된다. 우리가 미끼를 무는 이유는 우리의 결핍을 해소시켜 주기를 기대해서가 아니라, 미끼를 물어도 결핍이 해소되지 않음을 확인하기 위해서이다.

지식의 영역 밖에는 절대자의 영현 대신 죽음이라는 절대적 결핍이 있기 때문에 유혹은 더욱 강해진다. 유령이 지시하는 바가 죽음 그 자체이기에 욕망은 죽음에 대한 은밀하고도 부적절한 동기를 갖게 된다. 결국 욕망은 실재계를 향한다. 상징계에 잔존하는 좌절된 요구는 죽음을 가리킨다. 라캉에 따르면, 인간이 상징계와 연을 맺을 때 이로부터 빠져나가는 영역이 곧 '환상fantasme'이다. 법칙, 계약, 혈족 관계 등 사회 구조에 긴밀히 연결되는 언어의 질서가 상징계라면, 환상은 그 체계가 성립될 때 유배되었던 그것이다. 모호한 욕망의 대상인 '타대상'과의 관계를 말해 주는 것이 환상이다. 상징계에 돌입한 주체가 상상하는 '하나'의 완벽한 총체적 세계는 환상이 차지하고 있는 부분 때문에 '하나'로 이루어질 수 없다. 총체성으로부터 누락되는 부분이 환상인 것이다.

환상이 상징계의 질서를 통해 완전하게 이해되고 통제되지 않는 이유는 바로 환상이 상징계로부터 빠져나가려 하기 때문이다. 결핍을 전제로 성립된 것이기 때문이다. 자신의 환상을 말하는 환자 앞에서 라캉은 명료한 분석을 제시하는 대신 말을 흐리기만 할 뿐이다. 환상은 '분석'되거나 자료화되거나 의미화될 수 없다. 언어적 질서가 부여하는 권력을 업고 환자 위에 군림하는 권위적 절대자의 역할은 라캉이 맡는 바와는 거리가 멀다. 라캉이라는 정신분석가는 환자의 '증상symptom'은 분석 틀 안에서 해부하고 해석할 수 있되, 환자의 '환상'에 대해서는, 환자의 욕망이 구현되는 구체적인 형국에 대해서는, 해석의 칼을 댈 수 없다고 말한다.[15] 환상에 대한 가장 적절한 반응은 애매한 말투나 흐려진 말끝 정도일 뿐이다. 환상은 면밀한 조사와 탐구에 노출되는 영역이 아니다. 그저 '가로지름traversing'만이 가능할 뿐이다.

황금박쥐의 '정체'는 곧 '환상'이다. 우리가 삼각 소용돌이의 한 꼭지에 초대되고, 이 위치를 통해 텍스트에 참여하는 순간, 환상은 성립된

---

15. François Koehler, "Melanie Klein and Jacques Lacan," *Reading Seminars I and II*, Richard Feldstein, Bruce Fink, and Maire Jaanus (eds.), Albany: State University of New York Press, 1996, pp.111~117.

그림 연극 속의 황금박쥐는 다분히 서구적이었다. 서양의 망령이 엄습하는 곳은 이승도 저승도 아니다. 상징 질서도 무의식도 아니다.

다. 그렇다. '환상'이야말로, 1960년대 말 한국의 아동 문화에 큰 획을 긋고 심지어는 오늘날까지도 하나의 전설적인 도상으로 남게 된 황금박쥐의 '정체'를 설명하는 가장 적절한 한 단어이리라. 텍스트의 외곽에 존재하는 잉여의 정보는 결국 역사적 실체를 근거로 하는 실질적인 정보가 아니라, 발화 때문에 생성된 상상적 부재이다. 어머니의 남근과 같은 상상적 결핍이자, 상징적 세계에 결핍을 투여하는 기표의 실패다. 이를 갈망하는 오이디푸스기의 방황하는 아이처럼 우리는 존재하지도 않는 것에 대한 요구와 욕망을 덧없이 키운다. 허망하다. '원인'이란 '결과'가 발생한 후에 만들어진 효과라는 라캉의 논리가 황금박쥐의 비밀을 말해 준다. 황금박쥐의 정체에 대한 단서들을 내포하는 과거의 기원적 사건은 결국 텍스트에서 등장하는 기표로서의 '황금박쥐'가 만든 효과일 뿐이다. 황금박쥐의 정체에 관한 '해답'의 희미한 가능성들은, 끊임없이 멀어져만 가는 가능성의 열린 지평처럼, 절대적인 공허만을 지시한다. 오인에 따른 공허만을 선사한다.

황금박쥐가 하늘을 나는 모습은 이 미지의 공간에 대해, 환상의 영역에 대해, 우리가 어떤 태도를 취할 수밖에 없는가를 시사해 준다. 그저 말없이 상상의 날개로 '가로지를' 수 있을 뿐이다. "으하하하하" 끝을 흐리기만 하는 웃음은 결핍으로 성립된 우리의 환상을 방치한다.

그로테스크한 '사마'는 모니터를 통해 '모든 것'을 바라본다. 그러면서 아무것도 보지 못한다. 찢어진 네 개의 눈은 파편화된 세계의 모습을 형상화한다. 세계의 찢어진 틈들을 좇는 그의 분열된 응시는 파격의 자유와 상실의 외상 사이에서 격렬하게 진동한다.

눈에 보이지 않는 이 실재계의 유령이 기표로 나타날 때, 사마는, 우리는, 그 형상을 '황금박쥐'라 부른다.

 ## 이중 국적

황금박쥐가 나타난 '어디'라는 미지의 공간은 텍스트 밖에서조차 중간적이다. 그의 중간적 정체성은 텍스트 외부의 결코 단순하지 않은 탄생 배경에 이중적인 뿌리를 내리고 있다. 기원은 1965년 한일 기본 조약의 체결이다. 양국이 산업과 문화 분야에서 협력 체제를 갖추자는 취지 아래 맺어진 이 조약은 실제로는 한국 정부가 식민지 청산에 대한 국민의 요구를 무마하며 일본의 경제 원조에 대한 대가를 치르는 의미를 담는 것이었다.[16] 이 조약 아래 이루어진 첫 번째 교류는 바로 양국 공동의 애니메이션 사업이었고, 실질적인 원원 전략으로서의 첫 협력 사업의 결과가 〈황금박쥐〉였다. 이 제휴가 성사될 무렵 일본에서는 〈우주 소년 아톰 鐵腕アトム〉의 대성공 이후 텔레비전 애니메이션의 수요가 급격히 높아져

있었고, 한국과의 교류를 통해 제작비를 절감할 수 있으리라는 기대가 업무 제휴에 속도를 붙였다. 한편 한국의 입장에서 볼 때에 이 사업은 일본의 앞선 기술을 전수받을 좋은 기회였다. 이에 따라 일본의 제일기획과 한국 삼성그룹 산하의 동양방송의 업무 제휴가 궤도에 올랐다.[17] 제일기획이 콘티와 시나리오를 제작하여 한국으로 공수하고, 80여 명의 한국 애니메이터들이 채화와 배경 작업을 할 수 있도록 지도와 감독을 맡은 제작부장을 파견했다.[18] 모리카와 노부히데森川信英 감독이었다. 이로써 모리카와 감독의 한국과의 짧고도 굵은 4년간의 인연이 시작되었다.

제일기획에서 기획한 〈황금박쥐〉는 일본에서 이미 그림 연극과 출판용 만화 그리고 영화를 통해 잘 알려져 있던 텍스트였다. 1930년대에 거리에서 열리는 그림 연극을 통해 처음으로 소개되었고, 1947년에는 나가마츠덴 조부永松健夫가 월간 잡지 〈소년화보〉에 연재를 한 바 있으며, 1950년과 1966년에는 흑백 영화로 만들어지기도 했다.

두 나라의 제휴로 완성된 결과는 1967년 전파를 타게 되었다. 한국에서는 〈황금박쥐〉, 일본에서는 〈오오공바토黃金バ~ㅏ〉라는 제목으로. 1년 분량인 52회까지 이어지는 동안, 한국에서는 절대적인 인기를, 일본에서는 냉담한 반응을 이끌었다. 친숙하지 않은 그림의 스타일과 감성 때문

---

16. 김준양, 《이미지의 제국: 일본 열도 위의 애니메이션》, 한나래, 2006.

17. 선정우, "〈황금박쥐〉, 〈요괴인간〉 작화 감독 모리카와 노부히데 인터뷰," 《Vision vol. 1》, 2002, pp.152~163.

18. 이때 같이 작업한 모리카와 감독의 수제자 중에는 후에 〈마루치 아라치〉와 〈전자인간 337〉 등을 제작한 임정규 감독이 포함된다. 이러한 사실을 말해 준 애니메이션 연구가 선정우에게 감사한다. 씩씩한 태권 소년소녀들이 주인공인 〈마루치 아라치〉에서 해골은 정의의 편이 아닌 악당이며, 소멸할 수밖에 없는 신체를 더 이상 필요로 하지 않아 해골만으로 존재하고 있는 것이라 주장한다.

인지 일본에서는 일부 마니아들의 독특한 취향을 끌었을 뿐이었다. 시대적 산물로서의 이러한 차이는 캐릭터로서의 '황금박쥐'가 가진 매우 특이한 중간적 정체성을 방증한다. '황금박쥐'라는 도상은 문화적 간극에서 태어난 '박쥐' 같은 존재인 것이다.

황금박쥐 / 오오공바토를 비롯하여 모든 등장 인물들이 한국과 일본에서 각기 다른 이름을 부여받았다는 사실 또한 이 시리즈의 중간적 정체성을 상징적으로 드러낸다. 대부분의 저패니메이션 작품들에 등장하는 인물들의 정체성은 당연히 일본이라는 뿌리를 갖고 있다 하겠지만, 그래서 한국에서 편의상의 '가짜' 한국어 이름을 부여받고 나면 파생적인 가상 세계에 던져지지만, 모리카와 체계에서 한국인들에 의해 그려진 인물들은 태생적으로 두 세계로 분리되는 셈이다. 이들의 이중적 정체는 두 이름 사이에서 진동하며, 그들을 호명하는 기표들은 하나의 균질적이고 일원적인 상징계에 그들을 봉합시키지 못한다. 근원적으로 분열적인 정체성을 갖게 된 것들인 것이다. 안방의 텔레비전 화면 너머에 공존하는 이면의 세계는 접근할 수 없는 불가지한 세계이면서도, 다른 한편으로 화면의 표면에는 늘 동시적인 이질성의 현현이 잠재한다. 이러한 양면성은 타자의 모습에서 눈먼 동질성을 일깨우기도 하며, 또 다른 면에서는 화면 속의 가장 친숙한 단상들마저 타자의 영역으로 소환하고 만다. 의미가 횡단하는 간극은 물론 어쩌면 환상일 수도 있다.

언캐니한 언캐니

애니메이션 연구가 선정우와의 인터뷰에서 모리카와 감독은 〈황금박쥐〉 프로젝트를 진행함에 있어서 한일 양국 간의 기술적, 경제적, 문화적 차이에도 불구하고 양국 인력들 간의 관계가 기획과 하청으로 나뉘는 수직적인 것에 머물지 않았음을 강조한다.[19] 그에 따르면, 동양방송에 고용된 애니메이터들의 참여는 단지 단순한 채화와 배경 작업에 국한되지 않고, 그림의 스타일과 느낌에 많은 영향을 주었다. "배경의 거리나 주인공의 표정, 색의 사용 등에 있어서 일본인의 감각으로는 도저히 생각할 수 없는 발상"[20]을 작품에 불어넣었다. 황금박쥐는 모리카와 감독과 한국의 애니메이터들의 집단 창작의 결과로 나타난 일종의 '아름다운 시체*cadavre exquis*'였던 것이다.

모리카와 감독이 말하는 작품의 '무국적풍'인 특징은 20세기 두 나라의 문화 교류의 역사에서 매우 특별했던 한 순간을 상징적으로 체화할 뿐 아니라, 황금박쥐의 독특한 매혹에 관해서도 중요한 단서를 제공한다. '무국적풍'의 그림은 해골의 외형이 주는 일차적인 언캐니함을 또 다른 차원의 기호적 뒤틀림으로 확장시킨다. 미학적인 '부적절함'을 미묘하게 내포하는 그림의 느낌이 해골의 식상함으로부터 무언가를 이탈시킨다. 일탈한 그 무언가는 공포를 포획하려는 언어의 망을 유린한다. 기

19. 선정우, 앞의 글.

20. 같은 글, p.160.

'무국적풍'의 어눌한 그림. 투박하기 그지없는 영웅
의 현전.

교의 어눌함이랄까. 시적인 어설픔이랄까. 소통의 규범으로부터 소외당
한 방탕한 기호적 서사랄까. 황금박쥐는 바라보면 볼수록 뭉툭한 듯 괴
팍하게 번질거리고, 친숙한 듯 낯설기 그지없게 번득거린다. 그러한 정
서적, 미학적 비정형성의 근원을 이성적으로 따라가자면, 우리의 시선은
단지 생김새의 영역에 머물지 않고 그것이 그려진 방식으로 수직 이동하
게 된다. 이미 국제적으로 영향력을 확장하고 있던 미국의 애니메이션
이나 〈우주 소년 아톰〉의 세련된 스타일에서는 느낄 수 없는 투박하고
불완전한 외형적 짜임새가 분명 황금박쥐의 기호적 개성을 더욱 모호하
게 뒤흔든다. '무국적풍'의 중간적 정서가 황금박쥐의 이질적인 매력과
공포를 더욱 낯설게 한다. 진부하면서도 무섭고, 친숙해지는 듯싶다가도
더욱 이상해지는 황금박쥐는, 상징계의 뒷문으로 출입하며 범주화되지
않은 영역으로의 통로를 열어 놓는다. 이러한 입체적이고 유기적인 기
표의 진동을 언어적으로 이해하려 허우적대는 순간, 하나의 개념이 돌아
온다. '언캐니'다. 이 낯익고도 낯선 단어가 개입되면서 이중으로 우리의
감흥을 낯설게 한다.

　　언캐니함에 일관된 패턴이나 질서가 있다면, 그것은 반복이다. 일상

속에서 무의미하게 반복되던 익숙한 것이 갑자기 의식의 뒤편을 엄습한다. 가정의 안정 속에 안주하던 따스한 고양이가, 귀여운 인형이, 친절한 부모가, 우리 자신의 형상이 스스로를 반복할 때, 우리의 안락함은 새로운 인식의 영역으로 미끄러진다. 기억 속에 평범하게 죽어 있던 것이 유령이 되어 일상을 질서의 궤도로부터 탈선시킨다. 진부함이 복수의 비수를 언어의 뒤통수에 꽂는다. 허를 찌르는 가치의 이탈은 소름을 부른다. 소름으로 인해 우리의 신체적 경계는 불온해진다.

니콜라스 로일이 설득력 있게 주장한 대로, 언캐니는 20세기 미학적 패러다임의 파행적인 변혁을 어우르는 총체적인 개념이기도 하다.[21] 언캐니는 러시아의 형식주의*formalism*에서 중요시되었던 '낯설게 하기*defamiliarization*' 효과나 브레히트의 '소격 효과*Verfremdungseffekt*'와 구조적으로 동일한, 아방가르드 전략의 언캐니한 분신이다. 주체와 대상의 관계에서 이루어지는 현상의 과격한 이탈이자, 형식의 일탈적인 파격이다. 단순한 의미의 변화가 아닌, 체계와 관계의 본질적인 전복이다. 하지만 그 혁명적 원동력은 인간의 의지에 있지 아니하다. 언캐니는 기본적으로 비자발적인 혼돈이다. 항상 같기만 했던 것이 새롭게 보일 때, 우리의 지각은 더 이상 우리의 것이 아니다. 언어의 교란은 의지를 결여할 때 진정한 변혁을 지시할 수 있게 된다.

언캐니하기 그지없는 논문 "언캐니"에서 프로이트가 좇은 것은 이미 언어화된 현상이 아니었다. 기존의 명료한 정서적 반응들의 틈새에 존재하는 기이한 중간적 감흥이었다. '이상하다'거나, '기이하다'거나,

---

21. Royle, 앞의 책.

'낯설다'거나, '무섭다'거나 하는 통상적인 개념들이 지시하는 체험을 넘어서는 무언가의 잉여적 가치가 탐구의 대상이었다. 그 복합성을 지시해 주는 하나의 간단한 단어를 확보하는 것이 어렵기 때문이었다. '언캐니'라는 개념은 이러한 통상적인 언어의 질서로부터 이탈한다. 언캐니함이 요구하는 것은 범주의 재편성이 아니라 범주에 대한 새로운 인식이다. 언어에 대한 언어의 엄습이다. 프로이트가 시사하듯, '언캐니'라는 개념 자체가 '언캐니'하다. '언캐니'라는 단어를 이상함, 기이함, 신비로움, 부자연스러움 등의 단어들로 설명하고 대체할 때, 이로써 지시되지 않고 소외되어 버리는 뭔가의 묘연한 부족함이 바로 언캐니함이다. 언캐니함은 언어의 망을 빠져나가려는, 언어의 결핍을 지시하는, 잉여적인 것이다. 상징계의 부수적인 부작용이야말로 언캐니하다.

프로이트는 '언캐니함'의 기본적인 성립 조건이 과학적 분석을 근거로 하지 않으며, 그 개념 자체가 애초 정신분석학의 연구 대상이 아니었음을 강조한다. 언캐니는 과학이 아닌 미학에 속할 범주인 것이다. 아뿔싸, 로일의 지적대로, '언캐니'라는 개념 그 자체가 정신분석학 내부에서 '언캐니'하게 나타난 것이다.[22] 마치 〈황금박쥐〉라는 시리즈물이 저패니메이션의 역사에서 언캐니한 위치를 차지하듯 말이다. 결국 "언캐니는 언제나 '메타—언캐니'일 수밖에 없다."[23]

황금박쥐의 언캐니함은 그의 외형에 머물지 않는다. 등장 인물들의 반응에 국한되지 않는다. 시리즈 제작의 발생적 문맥으로부터 무국적풍

22. 같은 책.
23. 같은 책, p.19.

의 만듦새에 이르기까지, 텍스트 외부의 영역으로부터 그의 언캐니함이 내부로 침투해 들어온다. 생김새의 언캐니함이 텔레비전 상자의 경계를 넘어 안방으로 침투한다. 황금박쥐의 일탈은 입체적이다. 그의 언캐니함이 언캐니하다. 언캐니함은 텍스트 안에서 평면적으로 서사 공간을 부적절함으로 전염시킬 뿐 아니라, 독자의 영역으로 침투하여 소통의 미끄러짐을 유도한다. 진짜 '소름'의 주체는, 경계의 위기를 맞는 외상적 주체는, 텍스트 속의 그들이 아니라 우리가 되는 것이다.

우리말의 질서에 황금박쥐의 어눌한 섬뜩함을 위치시킴에 있어서 우리가 어눌하게도 우리말로의 번역 없이 영어 단어를 굳이 사용하고 있는 이유 역시 통상적인 공포로부터의 언어적 이탈에 작게나마 충실하기 위함이다. '언캐니'를 대체하는 완벽한 우리말 단어가 나타나지 않는 한, 언캐니는 진정으로 언캐니하게 남을 수도 있다.

 ## 부재자의 이름

〈황금박쥐〉의 언캐니함이 엄습하니 텍스트의 어눌함이 이중으로 언어질서를 교란시키고, 언어가 호명하는 주체의 자리로부터 우리를 소외시키니, 이제는 가장 단순한 기표마저도 우리를 기꺼이 배반한다. 지금까지 우리는 "'황금박쥐'는 누구인가?"라는 단순한 질문에 이끌려 가까스로 텍스트의 내부와 주변을 맴돌았다. 그런데 이 질문의 가장 기본적인 지시 작용마저도 이제 우리에게 생소함을 던진다. 이 혼란은 필연적인 것이다. 아뿔싸, 진작 언술의 허술을 직시했어야 했다. "박쥐만이 알고 있다"는, 노래를 마무리하는 마지막 구절에 숨은, 모호한 언술의 주체를 좇다가 우리의 진정한 탐구 대상이 미끄럽게 빠져나가는 것을 놓쳤다. 누가 이런 모순적인 발언을 하는가의 문제에 집착하다가 언어의 일차적인 기능에 대한 의문을 소홀히 하고 말았다. '박쥐'란 누구를 말하는가? 분명 불완전한 호명이다. 황금박쥐를 말하는 건지, 그가 출몰하기 전에 먼저 날아드는 작은 쌍꺼풀 박쥐를 말하는 건지, 일반 명사로서의 박쥐라는 종을 말하는 건지, 불투명하기만 하다. 그런데 대타자의 불완전한 언술에는 당신의 정체를 은폐하는 것 외에 또 다른 함정이 있다. 진작 이 함정에 빠졌어야 했다. 그래서 텍스트 안의 아련한 기호의 망에서 박쥐처럼 맴도는 대신 입체적인 왜상적 위치로 미끄러져야 했다. 하지만 지금도 늦지 않았다. 아니, 이 함정은 뒤늦게 소급하여 빠질 수밖에 없는, 논증적이고도 수행적인 것일지 모른다. 아아, 이제 우리가 직면하는 공백은 황금박쥐의 실체를 대체하며 언술의 근원적인 결핍을 드러내기 시작한다. 그런데 언어의 망으로부터 멀어져만 가는 황금박쥐의 비밀스런 정체성은 사실 처음부터 우리에게 부당함을 삼키도록 요구하고 있었다. 우리는 '황금박쥐'라는 기표와 〈황금박쥐〉라는 시리즈에 등장하는 구원자를 동일시하며 그 정체를 좇아 왔다. '황금박쥐'라는 기표가 서사 공간에 슬쩍 봉합suture되어 있는 꼴을 문제없이 방관해 왔다. 이제 봉합의 미흡함에 직면할 수밖에 없다. '박쥐'가 모호하다면, '황금박쥐'라는 이름은 더더욱 모호하다. 이것이 주제가 내포하는 주체의 비밀 아닌 비밀이다. 대타자는 '박쥐'라는 기표의 어설픔을 단서로 던져 주며 사실상 모든 언술 행위의 비밀에 대한 단서를 발설해 주신 셈이다. 우리는 '박쥐'라는 주제가 속의 주체에 대한 속절없는 의구심을 '황금박쥐'라는 기표로 연장해야 하는 것이다. 그럴 수밖에 없는 것이다.

기표의 미끄러짐은 뻔하고도 뻔뻔하다. 도대체 '황금박쥐'라 함은

눈 없는 하늘의 시선은 세상을 어떤 조감도 아닌
오감도로 그려 내고 있는가.

누구를 말하는 것인가? 아무리 기표와 기의의 관계가 미덥지 못하다 한
들, 이처럼 염치없이 역력하고도 얄밉도록 태연할 수는 없다. '해골' 구
세주의 모습은 '박쥐'와의 최소한의 유사성도 갖고 있지 않다. 박쥐같이
생기지도 않았는데 '박쥐'라는 기표를 붙인 것은 죽음과 생명, 자연과 문
명의 간극에 존재함을 상징적으로 나타내기 때문일까? 그런데 흥미롭게
도, 그의 주변에는 진짜로 황금색의 박쥐가 날아다닌다. 이 예쁜 박쥐야
말로 '황금박쥐'라는 이름에 어울린다. 실은 이 영웅적이지 않은 미물이
작품의 제목이 지시하는 진짜 주인공은 아닐까? 그렇다면 우리가 '황금
박쥐'로 오인해 온 해골의 이름은 '황금해골' 정도가 적당할 것이다. 예
쁜 '박쥐'는 뱀파이어의 변신술에 의거한, '황금해골'의 언캐니한 분신에
불과한 것일까? 그게 아니라면, 구세주의 이름이 '황금박쥐'가 맞는다면,
그는 참으로 이상한 분임에 틀림없다. 박쥐같이 생기지도 않았는데 '박
쥐'라 호명되고, 마치 이름의 타당성을 증명하기라도 하듯 작은 박쥐를
내세우시다니. 그게 아니고 작은 황금색의 박쥐가 진정한 주인공이라면,
이 작은 몸집의 미물 뒤에 숨어서만 사시다니. '황금박쥐'라는 제목은 극
의 흐름을 추진하지만 정작 관객의 궁극적인 관심으로부터는 벗어나는
얄미운 맥거핀일까?

라캉에 따르면, 언어는 항상 그것이 지시하는 바로부터 벗어날 수밖에 없다. 지젝이 이러한 라캉의 명제를 설명하기 위해 제시한 사례는 〈바르샤바의 레닌Lenin in Warsaw〉이라는 그림으로,[24] 화폭 안에는 레닌이 보이지도 않는다. 부인 크루프스카야 그리고 그녀가 동침하고 있는 청년동맹의 젊은 당원이 보일 뿐이다. 레닌이 바르샤바에 있는 동안 부인이 혼외 정사를 즐겼다는 조롱이 그림의 제목과 내용의 차이로 인해 성립된다. 지젝은 제목이 지시하는 바가 내용상으로 결핍된 제삼자라는 사실을 지적하면서 이러한 불일치를 통해 언어에 내재하는 본질적인 간극을 설명한다. 언어는 그것이 지시하고자 했던 것 외의 다른 무언가를 지시할 수밖에 없다. 항상 결핍될 수밖에 없는 것이 언어의 지시 작용이다. 공백은 언어의 효과이다.

〈황금박쥐〉에는 이러한 기표의 미끄러짐이 비일비재하게 표면화되어 있다. 참으로 불온하기 그지없다. 결국 〈황금박쥐〉라는 제목은 그것이 지시하려고 했던 것에, 그것이 함축하고자 했던 기표의 오묘한 오만에, 안착하지 못한다. 끊임없이, 영구적으로, 간사하고도 측은하게, 빗겨나갈 뿐이다. 그것이 안주하려던 기호의 집 주변에서 유령처럼 떠돌 뿐이다. '황금박쥐'라는 모호한 이름이 지시하는 대상은 이중으로 중첩된, 그래서 그 어떤 고정된 대상으로 안정되지도 않는, 탈기호적인 존재이다. 작은 박쥐는 해골을 지시하고, 해골은 작은 박쥐로 환원하는, 상호 환유적인 미끄러짐이 허공에서 작동할 때, 묘연한 기표는 텍스트를 점령한다. 기표의 표류야말로 '박쥐'다운 운명이다. 라캉의 말대로 이름이 주

24. Žižek, *The Sublime Object of Ideology*, London and New York: Verso, 1989.

체로서의 부재를 지시하는 기표일 뿐이라면, '황금박쥐'라는 이름은 이러한 진실을 폭로하는 언어 질서의 배신자이다. 이솝의 박쥐 같은 이중 간첩이다. 그 이름의 교란은 황금처럼 눈부시고 박쥐처럼 섬뜩한 날갯짓으로 텍스트를 열어 놓는다. 이 열린 공백에서 날아다니는 분열된 기표를 어떻게 잡아서 핀으로 고정시킬 수 있단 말인가?

기표의 망으로부터 자꾸 미끄러지는 이 부재의 유령을, 다중인격자의 허망한 자기 인식 같은 얄팍한 기표의 부당한 중첩을, 우리는 기껏해야 '황금박쥐'라 가까스로 부를 수 있을 것이다.

산산이 부서진 이름이여. 허공 중에 헤어진 이름이여. 부르는 소리가 비껴가지만 하늘과 땅 사이가 너무 넓구나.

III.
미끈한 상흔

 짓찢긴 이성

원자 폭탄이 나가사키를 잿더미로 전락시킨 직후, 한 어린 소년이 형을 따라 끔찍한 광경을 구경하러 무너진 도시에 갔다. 그저 불구경 가는 정도로 간단하게 생각했던 걸까? 그들을 맞은 것은 그 어떤 발칙한 상상으로도 허락될 수 없는 초월적인 참혹이었다. 이성의 아성을 몰락시키는 혹독한 사멸의 폭풍이었다. 지옥이었다. 망창한 아이의 감은 눈은 차마 떠지지 않았다. 가혹하게도 (후에 자살을 하게 되는) 그의 형은 어린 동생에게 눈을 감지 말라고, 정신의 문을 열고 공포를 직시하라고, 단호하게 지시했다. "지금 똑바로 직면하지 못하는 것은 평생 내면에서 너를 괴롭힐 것"이라며. 형의 말을 거역하지 않은 아이는 커서 이름을 기리 남길 예술가가 되었다. 구로사와 아키라黑澤明라는 이름이다.[1]

---

1. Akira Kurosawa, *Something Like an Autobiography*, New York: Alfred A. Knopf, 1982.

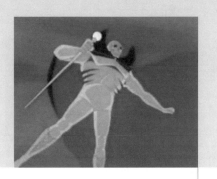

　20세기 일본의 역사에서 가장 치명적일 한 사건은 그것을 온 감각으로 체험한 개개인에는 세상을 인식하는 방식까지도 송두리째 바꾸어 버리는 과격한 외상이었으리라. 인간의 모든 자만과 위선에 자학적인 혐오를 떠안기는, 괴물같이 무자비한 괴력으로 정신의 가장 확고한 이정표마저도 멸렬시켜 버리는, 중중한 운명의 진동이었으리라. 그 파렴치한 파괴력을 감히 평면적인 활자들로 상상해 내려 한다면 그것은 오만의 극치다. 심지어 비극의 원점인 바로 그곳을 몸소 방문하여 파멸의 모든 거친 자국들을, 박물관 안에 자료화된 모든 참학한 그림자들을 면밀히 관찰하고 분류하고 해독하고 체득하고 기억한다 하더라도, 결국엔 "아무것도 보지 못했다"[2]라고밖에는 말할 수 없을 것이다.

　그 충격의 파장이 대중 문화를 지지하는 쾌락 원칙의 기반을 거칠게

2. 알랭 레네Alain Resnais 감독의 〈히로시마 내 사랑Hiroshima mon amour〉(1959)에서 히로시마 태생의 남자 주인공의 입을 통해 시적으로 반복되는 어구이다.

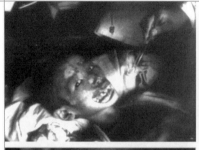
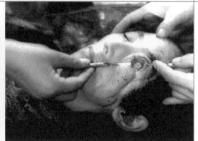
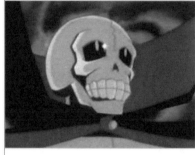

↑ 〈히로시마 내 사랑〉에 사용된 히로시마 원폭 희생자들의 기록 영상

← 히로시마의 알레고리로서의 해골상

뒤흔들고 파괴적인 기표들을 심연으로 불러들여 지옥을 지시하는 불편한 행진을 이끌지 않았다면, 그것은 오히려 이상했을 것이다. 외상은 반복된다. 전후의 일본 문화는 상처의 재현을 거듭한다. 악몽 같은 고통의 체현이다. 1차 대전 후 프로이트를 사로잡았던 전쟁 생존자들의 강박증처럼 말이다.

외상은 구체적인 역사의 문맥을 벗어나 정신을 온전하게 잠식한다. 그러니까, 문화적 재현에서 신체의 손상이라는 모티브는 전쟁이라는 서사적 배경 밖에서 오히려 더 격렬해진다. 외상의 둥지는 환상인 것이다. 이것이 일본의 1960년대 대중 문화가 인간의 보편적인 불편한 불안을 불온하게 소통하게 되는 경위이다. 이것이 일본의 1960년대 대중 문화가 자아와 신체의 공생을 밝히게 되는 경위이다.

사극인 〈오니바바鬼婆〉(신도 카네토 감독, 1964)는 한 탐욕스런 속자가 초자연적인 힘이 깃든 가면을 섣불리 착용했다가 얼굴을 뜯기는 끔찍한 공포를 묘사한다. 현대극인 〈타인의 얼굴他人の顔〉(테시가하라 히로시 감독, 1966)은 외모의 왜곡이 야기하는 정체성의 혼란을 직시한다. 이들 뒤틀린 심리극에서 자아와 신체의 결속은 역설적이게도 가장 표피적인 것의 손상을 통해 드러난다. 드러난 세계는 (폭력의 근원이) 지극히 환상적이고도 (폭력의 효과는) 사실적이다. 산업 혁명과 계몽주의가 약속했던 합리주의의 어두운 이면에는 최소한의 명예도 영광도 배려도 없다. 인간이 모든 문화적 가식을 벗을 때 좇는 것은 스스로의 허욕뿐이다. 생존을 위한 노력을 넘어서는 탐욕의 허영뿐이다. 허영은 문명 너머로의 문을 연다. 지옥의 문턱에서 맞게 되는 자아의 위기와 신체의 손상에 대한 공포는 서로로 치환된다. 특정한 장르의 그릇에 담기는 위기의 격정은 핵폭풍처럼 관습을 녹이고 장르의 정체성을 와해시킨다. 기억 속의 첨리한 참혹함이 도를 지나칠 때 서사의 언어가 온전할 리는 없는 것이다. 〈황금박쥐〉가 텔레비전 전파를 타고 나타날 무렵에 진행된 일이다.

이러한 악몽은 세대가 바뀌어도 상상을 지배하는 주된 모티브로 맥을 이어왔다. 〈아키라〉(오토모 가츠히로 감독, 1988), 〈테츠오哲雄〉(츠카모토 신야 감독, 1988), 〈공각기동대攻殻機動隊〉(오시이 마모루 감독, 1995), 그리고 그 속편인 〈이노센스イノセンス〉(2004) 등 최근에 세계적으로 가장 잘 알려진 작품들에서만 하더라도 신체의 절단에 대한 불안은 하나의 운명론적인 진실처럼 내러티브를 점령한다.

황금박쥐가 안방 극장에 출현하기 직전 세계적인 인기를 '한몸'에 받았던 〈우주 소년 아톰〉 역시 이러한 신체의 위기로부터 자유롭지 못하다. '안방 극장'을 사로잡은 애교 넘치는 만듦새와 그것이 유지하는 안정과 균형 속에는 부조리한 폭력의 권력이 억제되어 있다. 원래 출판 만화 주인공이었다가 1963년에 TV 연재 애니메이션을 통해 재탄생한 이 귀여운 (즉 '귀'하고도 '여'린) 가짜 아이의 이름은 '테츠완 아토무,' 말 그대로 '막강한 핵'이다. '막강한 핵'은 황금박쥐와 달리 그 출생 배경과 정체성을 명확하게 확보한다. 인간의 규범적인 선함을 모두 내려 받았고, 심지어는 핵가족의 사랑도 누리게 된다. 그럼에도, 사랑의 시작이 곧 죽음이었음을 우리는 잊지 못한다. 그럼에도, 이 작은 아동이 가공한 핵의 위력을 작렬시킬 수 있음을, 나가사키와 히로시마의 아픔을 반복할 수 있음을, 우리는 잘 알고 있다. '막강한 핵'이 자신이 로봇이라는 사실에 괴로워하며 자아의 위기를 겪을 때에도 그를 힘들게 하는 것은 다른 로봇들의 물리적인 파멸이다. 피와 살과 내장 대신 기름과 부품과 스프링들이 허공에 흩어질 때, '과학'은 생명이 아닌 소멸과 그에 대한 공포를 지시하게 된다. 냉전 시대의 피노키오가 맞서야 하는 가장 무서운 적은 자연의 선천적인 폭력성인 것이다. 공동체적 사랑과 과학 문명의 파괴력을 동시에 내면화한 '막강한 핵'의 분열된 자아는 결국 핵의 위협을 '핵'과 '가족'의 융합으로 승화함으로써 초자아의 권위와 화해한다. 바로 그러기 때문에 귀하고도 여리다. 인간성을 멸각하는 끔찍함의 심연을 아래에 두고 아슬아슬한 방어 기제의 외줄을 따라 '막강한 핵'이 지속시키는 줄타기는 결코 우리를 순수한 경악 속에 방치하지 않는다. 인류 파멸의 가능성을 지고 유지되었던 냉전의 균형처럼 말이다.

결국 신체의 외상은 영웅의 탄생을 위한 자양분이다. 대인의 완성을 위한 통과 의례다. 상처야말로 영웅의 가장 고귀한 전리품이 아닌가. 경악의 수준에 미치지만 않으면 말이다. 외상의 충격과 극복의 미덕을 가장 열성적으로 체화하는 것들은 할리우드에서 다시 태어나는 출판 만화 주인공들이다. 〈가제트 형사〉(1999), 〈엑스맨〉(2000), 〈스파이더맨〉(2002), 〈헐크〉(2003) 등의 영웅들은 모두 산업 재해로 인한 신체적 외상을 감수해 낸다. 그들의 불행은 사회가 통제하지 못하는 존재론적 부조리를 드러내기도 한다. 그러나 어디까지나 할리우드에서 부조리에 대한 불안은, 신체의 손상에 대한 공포는, 서사 구조를 견실히 하기 위한 촉매제로 기능할 뿐이다. 신체의 훼손은 초자연적 힘을 합리적으로 설명하기 위한 필수적인 탄생 신화의 배경이 된다. 과다한 복용으로 내러티브의 균질성에 치명적인 해가 가해지는 일은 있을 수 없다. 영웅의 수난이 치명적인 암세포처럼 이야기의 생명력까지 괴멸시킬 리는 없다. 오히려 적당한 시련은 초인적 생명력의 씨앗이 된다. 영웅의 무용담을 더욱 그럴싸하게 담금질해 주는, 조절된 자극이다. 〈가제트 형사〉에서 끔찍하리만큼 충격적인 사고 현장이 생략 편집elliptical editing으로 중략되어 온몸에 붕대를 감은 주인공의 우스꽝스런 모습으로 건너뛰는 꼴은, 이 적당하게 위험한 그러나 결코 파멸적이지는 않은 줄타기의 절묘한 미학을 아낌없이 남용한다. 고통의 시간을 축소하는 편집의 논리는 필멸성의 공포를 위축시킴에 견실하다. 외상을 훌쩍 뛰어 넘는 영웅은 관객의 묵인 하에 일체의 불쾌감이나 부담 감 없이 산업 사회를 수호하는 역설적인 역할에 전념하게 된다. 창연한 빛의 내림이 더욱 영광스럽도록 대기를 미리 포섭해 두었던 어둠은 그것이 지지하는 빛에 이끌려 비로소 밝은 곳으로 영접되고, 어둠을 몰랐던 밝음보다도 더 맑게 빛나게 된다.

일본적 외상은, 감히 말하자면, 원폭이라는 역사적 충격 이후 외상의 모든 문화적 재현은, 빛의 화려한 출현을 위해 임시로 깔아 둔 양탄자가 아니다. "아무것도 보지 못했다" 하더라도 이것만은 말할 수 있을 것이다. 상상의 척도를 잠식시키는 파괴력을 간직한 정신의 행로가 섣불리 치유와 극복의 찬가에 동조하는 행진만으로 지속될 수는 없을 것임을. 위기 상황이 종료되어도 마르지 않는 축축한 상처처럼, 해가 떠도 어둠을 거두지 않는 깊은 골짜기처럼, 텍스트를 지배하는 절대적 불안은 거사를 위한 대인이 등극한다고 해서 경박하게 머리를 조아리지 않는다. 그러기에는 그 풍채가 지나치게 장엄하다. 주인공의 고통은 질릴 정도로, 질리고 싶을 만큼, 집요하다. 징그럽게 징하다. 그 집요함은 첨예한 포식 동물처럼 우리의 시선을 낚아채서 사회의 안위된 위치로 복귀할 것을 스스로 포기할 때까지 놓아주지 않는다. 영웅적 위상으로 상승하고자 하는 의지의 발목은 풀려날 희망의 가장 사소한 조각마저 보존하지 못한 채 붙잡혀 있다. 명예나 영광 따위는 이미 파산한 지 오래다.

구로사와 감독이 1950, 1960년대에 그토록 절실하게 복원하려고 애쓴 덕에 강인한 남성적 영웅상은 그 감쪽같이 갱생한 위상을 일본 영화사 속에 세운다. 위대하다. 영롱하다. 갸륵하고 거룩하다. 그 집요함이 오히려 이면에 도사리는 황량함의 엄청난 규모를 반증함을 기꺼이 묵인할 수만 있다면.

 불온한 쾌락

1차 대전의 총체적인 충격 속에서 프로이트를 당혹과 매혹의 자기장 속으로 몰아넣은 것은 반복이었다. 왜 정신적 외상에 시달리는 자들은 악몽으로, 강박적 습관으로, 엄습하는 기억으로, 상상으로, 고통을 곱씹는가? 왜 정신적 외상에 시달리는 자들은 악몽으로, 강박적 습관으로, 엄습하는 기억으로, 상상으로, 고통을 거듭 곱씹는가?

쾌락 원칙에 따르자면, 모든 반복되는 것은 쾌락에 봉사한다. 프로이트는 《쾌락 원칙을 넘어서》에서 이러한 관점을 '넘어설' 필요성을 이야기하지만, 실상 기존의 입장을 완전히 포기하지는 않는다. 고통을 반복적으로 재현하는 것이 '쾌락' 외의 다른 목표를 갖는다고 설정하는 대신, 다른 유형의 쾌락을 목표로 한다고 설명함으로써, 반복이 곧 쾌락과 연관된다는 기본 입장은 고수한 셈이다. 문제는 이 불온한 쾌락의 궁극적인 목적이 무엇인가 하는 것이다. 공격적인 특성들이 펼치는 지평선 멀리 소실될 듯 보이는 최종의 목적지는 신체와 자아의 총체적인 소멸 그 자체이다.

소멸을 지향하는 에너지가 머금는 매혹은 그것에 개입되는 창의성으로 인해 더욱 오묘해진다. 프로이트가 시사한 대로, 정신적 외상으로부터 창의력이 생성될 때, 상상의 질감은 견고해지고, 그 만듦새는 더욱 치밀해진다. 아무리 반복이 거듭되어도 본질적인 결핍은 해소되지 않는다. 결핍을 확인하는 방식만 세련되어질 뿐이다. 문화적 세련미와 소멸의 절대성이 공존하게 되는 것이 프로이트가 말한 타나토스의 모순성이다. 피부가 찢어지고 살이 흩어지고 내부 기관들이 조각날 때 이미지는 섬세한 디테일로 가득 찬다. 극영화에서 피가 튀거나 사지가 절단되는 광경이 사랑을 나누는 모습을 묘사하는 것보다 훨씬 정교한 기계적 기술을 거쳐야 하고, 애니메이션에서 내장이 쏟아지는 상황이 아름다운 얼굴을 채색하는 것보다 훨씬 더 치밀한 노동과 시간을 요하는 것은, 곧 타나토스가 요구하는 바이기도 하다. 정교함은 타나토스의 발현이자 논리이다.

저패니메이션에서 신체의 절단은 언제나 특별한 순간이 된다. 〈테츠오〉와 같은 양적인 치중이나 〈공각기동대〉와 같은 질적인 집중은 주인공의 신체적 파멸에 생동함을 불어넣는다. 아예 핵전쟁을 서두로 전제하는 〈아키라〉에서는 주인공의 환상적인 신체 파열이 극의 절정 그 자체를 이룬다. 신체의 훼손이 곧 신성모독이라는 종교적 규범은 와해되는 신체와 더불어 절단되고 해체된다. 이쯤 되면, 총체적 외상으로 짓이겨진 신체는 (총소리만 나면 죽음의 영역으로 훌쩍 가뿐하게 넘어가는 고전 영화의 신체처럼) 고통을 추상화하는 가상적인 기표가 아니라, 물리적 충격이 가해질 때 구체적으로 어떠한 형태로 그 내구성을 상실하는가를 정확하고 면밀하게 보여 주는 실증적 증거가 된다. 훼손을 당하는 순간, 신체는 그 어떤 소박한 상징적 의미마저도 상실한 '물질'로 전락한다. 신체가 해체되면 텍스트에는 그저 해체된 물성만 남을 뿐이다. 상징도, 은유도, 환유도, 심지어는 죽음의 의표로 해독의 의지를 멸렬하는 푼크툼*punctum*의 작은 단서조차도, 파멸한 신체를 기호 체계의 올가미로 묶어 두지 못한다. 영웅주의나 공동체적 연대감, 혹은 행복에 대한 마지막 기대 따위는 절단된 부위의 단면에서 피어오르는 체온을 따라 증발한 지 오래다. 언어의 권력과 더불어 개체의 고유함마저도 소멸된다. 파괴의 시간적 거리가 귀착되는 총체성은, 인과 관계로 밀도 있게 짜맞춤된 고전적 서사의 압축적 시간이 아니다. 소멸과 생성의 순환으로 표현되는 자연의 무정한 무한도의 시간이다. 문명의 시간이 아닌 자연의 시간으로 회귀할 때 폭력은 에로틱해진다. 자연의 시간 속에서 자아는 아무런 보호 장식도 없이 벌거벗긴 채 흐느적거리며 몸서리를 칠 수밖에 없다.

 ## 불온한 불안

테크놀로지와 잔혹성의 에로틱한 결합이 이루는 이 끝없는 물결. 다른 나라의 영상 문화로부터 스스로를 구분하는 일본의 SF물만의 방대한 방점.

거기가 곧 '어디'라는 황금박쥐의 장소이기도 하다. (모리카와 감독은 일본으로부터 '선진 기술'뿐 아니라 다른 더 많은 기표와 정서를 한국으로 가지고 온 셈이다.) 핵폭탄이 떨어진 직후 히로시마와 나가사키의 상공에 황금박쥐와 비슷한 이미지들이 떠다니지는 않았을까? 황금박쥐는 1960년대 한국의 시청자 어린이 여러분에게 분명 무언가의 가혹함을 직시할 것을 요구했다. 구로사와의 죽은 형이 준 부담만큼은 아니더라도. 우리는 눈을 똑바로 뜨고 직시할 수밖에 없다. 황금박쥐의 몸에 각인된 절대적 소멸의 미완성을. 시간의 가혹한 권력을. 할리우드의 영웅들이 은폐하지만 〈황금박쥐〉에서는 영웅의 몸 그 자체인, 시간의 거룩한 흔적의 궤도를. 찰나의 치밀한 결에서 파열하는, 필멸의 불멸한 상징성의 근원을. 그 적나라한 죽음의 진열의 진원을. 결국 "아무것도 보지 못했다"라고 말할 수밖에 없게 된다 할지라도 말이다.

물론 잔혹의 상흔을 전람하면서도 황금박쥐는 여전히 우리에게 '정의'라는 감동을 선사하신다. 적어도 그런 의지를 우리에게 제안하신다. 〈황금박쥐〉는 분명 죽음의 도상을 영웅으로 승격시킴으로써 치유와 승화의 감격을 환상적으로 기원하는 역사적인 텍스트가 되려고 한다. 〈테츠완 아토무〉처럼 말이다. 대타자가 무료 급식처럼 마구 베푸는 거부의 감동은 매 편 안정적인 마무리로 저녁을 맞게 해주는 듯싶다. 하지만 '그럼에도 불구하고'라는 긴 그림자가 안위에 빠진 우리를 급습하여 깊은 암흑의 공허로 끌어들이는 것은 바로 이 순간이다. 황금박쥐는 아톰의 사명을 완성하기에는 지나치게 진지하다. 문명에 봉사하고도, 해골의 식상한 공포를 그럴듯하게 극복해 놓고서도, 죽음으로부터 삶을 지켜내고도, 다시 자연의 시간으로 귀착할 수밖에 없는, 다시 해골의 진득한 상징성으로 회귀할 수밖에 없는, 다시 죽음과 삶의 경계로 돌아가야 하는, '다시' 돌아가는 것을 그의 절대적 운명으로 '다시' 받아들일 수밖에 없는, 그의 혈혈하고도 허허한 비장함에, 비범한 어둠은 이미 처음부터 짙게 깃들고 있었다. 그 안에 무의식처럼 보존된 타나토스의 혈기가 아우라처럼 주변으로 번진다. 귀하지도 여리지도 않은 해골터의 귀신은 그렇게 자신의 운명을 하늘에 공명시킨다.

〈황금박쥐〉 시리즈가 하필이면 온 세상을 비치던 오후의 빛이 어둠에 점령당하는 바로 그 경계의 시간에 전파를 탄 것은 필연적이다. 황금박쥐가 날고 있는 석양의 여운은 하루의 노동을 마치고 레저 시간에 돌입하는 노동자의 지친 여유가 아닌, 언제나 한결같이 흐르는 죽음의 강에 다시 몸을 담그는 제식의 짙은 향연이다. 메멘토 모리. 황금박쥐가 우리의 피와 살을 어둠의 횡포로부터 지켜 주셨으나, 이제 진짜 어둠이 우리의 자방한 자아를 덮칠 것이로다. 실존하는 땅거미가 운명의 종착지를 미리 엿보여 줄 것이로다.

구세주의 사느란 웃음소리가 유난히 격렬하게 메아리치는 이유는 안위와 불안의 과격한 진동 속에서 그를 만나기 때문이다.

 ## 자아의 고향

신체가 훼손된 끔찍한 모습이 유난스러운 파괴력으로 심기를 뒤흔들고 정신을 움츠리게 만드는 것은 자아가 고이 간직한 신화 같은 추억을 위협하기 때문이다. 자아의 성립을 지탱시켜 줄 환영적 이상을 절하하기 때문이다. 태초에 자아를 태어나게 한 것은 이미지가 될 것이다. 신체의 거울상이리라. 자아가 태어나는 과정에서 생겨난 부수 효과가 신체의 파멸이라는 환상이리라. 절단되고 해체된 신체는 자아가 생성되기 이전의 상태를 나타내는 표식이 될 것이다. 거울에 얼비춰진 허상을 믿고 추대한 '이상적 자아ideal ego'는, 처음으로 외부와 구분되는 총체적 통합체로 자신을 성립시켜 준 이 시각적 표상은, 역사를 다시 쓰며 과거를 절하시켜 버릴 것이다. 자아의 위대한 역사에서 통일 이전의 과거는 두서없는 파편들, 미개한 물성을 나타내는 반문명적 기표들로 이루어질 것이다. 통합체의 등극이 이루어진 이후에도, 그 영롱한 단일성을 끈질기게 위협하는 국지적 게릴라들의 미천한 형국으로 남을 것이다. 선구적 이상이 없었더라면 비천하지도, 위협적이지도 않았을, 사심 없는 무기체의 단상들이지만 말이다. (거울이 선사하는 '자아'는 상징계의 질서 속에서 '주체'로 변신할 것이다. '주체'는 완성이 완료되지 않은, 언젠가는 완료될 가능성을 잠재한, 미래의 주인이다. 현재형의 동사보다는 미래 완료로 서술되어야 하는 예약된 자리이다. 이 문장들을 일본어로 번역한다면 녹아 없어질 현재와 미래의 경계는 '주체'의 앞서가는 시간성을 담기에 적절할 것이다.)

시각의 권력은 그토록 집요하고 위대하다. 거울에 비친 이상의 위상은 신화를 넘어 신념이 될 것이다. 이상이 등극하던 그 순간의 감동은 추억을 넘어 이념이 될 것이다. 그러나 신체가 절단되는 처참상은 감동의 추억이 억압했던 위협을 부활시킨다. 무기물로 회기할지도 모른다는 자아의 불안은 그것 자체가 자신의 성립을 지탱해 주었던 곳으로부터 온 것이기에 떨치기 힘들다. 시선을 돌려 임시로 발급된 보호 영장을 발효시키지만, 그것은 자아에 의해 자체적으로 조작된 위조 서류이리라. 신념에 의지하고 이상의 이념을 기도로써 지켜내지만, 기도문에는 밤도둑처럼 부정어가 침투한다. 못되고 지저분한 강아지처럼 발랄하게 그러나 밉상스럽게, 안락한 침실에 침입한다. 괄호 속의 은밀한 음탕함이 곱디고운 기도문을 오염시킨다. "자아를 보살펴 주(지 마)소서."

의혹의 날개가 퍼트리는 파장에 약간의 행운이 실린다면, 그 엉뚱한 장난 같은 부정어가 저지르는 불온함은 진위의 척도를 개량한다. 자아는 본디 허상이 아닌가. 자아의 참을 수 없는 무거움은 허구적인 정보 처리에 따른 인위적 부수물이 아닌가. 프로이트가 말한 '부정적 환각 negative hallucination'의 산물이 아닌가. 라캉은 그 생성 과정을 일컬어 '오인 méconnaissance'이라는 단어를 사용함에 서슴없다.

실상 '자아'라는 주인공이 프로이트 정신분석학의 무대에 정식으로 등장했을 때에도 그것은 허상의 모습을 하고 있었다. 실체가 아닌 그림자였다. 억압과 방어, 문명의 요구와 본능의 저항 등 정신 병리학적 현상들을 설명하기 용이하도록 해주는 도구에 불과했다. 주인공이라기보다는 매개자였다. 근원도 형태도 없는 기표였다. 그의 생성에 대한 자세한 묘사는 당연히 이루어지지 않았다. 리비도의 발달이 구순기oral phase와 항문기anal phase를 거쳐 남근기phallic phase에 이르면 '자아'가 이미 정신의 중심을 차지하고 앉아 있는 것으로 여겨졌으나, '리비도'와는 달리 그 생성과 변화 과정은 중요한 서사의 재료들을 통해 부각되지 않았다. 그보다는 규범과 본성의 상충하는 요구들에 의해 형성되는 갈등 구조, 즉 초자아super-ego 및 이드id와 더불어 만드는 삼각 구도를 활용하는 것이 인간의 정신적 고통을 밝히기 위해서는 더 절실하게 필요했던 것이다.

이 도구에 불과하던 매개체에 생명력을, 신화 같은 존재감에 탄생의 신비까지 부여한 것은 라캉의 이론이다. 라캉이 각색한 프로이트의 무대에서 자아는 주인공이 된다. 허상으로부터 태어나 세상을 평정하는 사생아이다. 거울에서 태어나서 시각을 따라 정신의 심연을 장악하는 신화적 영웅이다. 물론 라캉의 무대는 거리 두기를 통해 주인공의 허구성을 적나라하게 노출시키는 자기 반영적인 것이다. 하지만 그의 존재감은 시간을 장악한다. 그가 있기에, 그가 세상을 평정한 후 역사를 다시

왼쪽 위부터 보슈의 〈최후의 심판The Last Judgment〉(1504), 〈음악가의 지옥Musicians' Hell〉(1503~4), 〈최후의 심판〉, 〈음악가의 지옥〉, 〈최후의 심판〉, 그리고 보슈로부터 영향을 받은 앤트워프 명인Antwerp Master의 〈성 안토니의 유혹The Temptation of St. Anthony〉(1545)의 세부

썼기에, 그가 평정했던 부조리한 선사 시대의 잔상들은 비천해진다. 이 상의 빛이 들기 전의 모습은 어두운 것으로 묘사되는 것이다. 그 어두움의 잔상이 빛의 세계에 남아 악몽이 되고 불온한 상상이 된다. 15세기에 히에로니무스 보슈Hieronymus Bosch가 종교적 교훈을 급파하기 위해 정밀

하게 묘사한 지옥의 모습처럼 말이다. 신체를 찢고 자르고 찌르고 파내는 악귀들은 이상적 자아가 추방한 자신의 그림자인 것이다.[3] 그 충격과 파격은 어쩔 수 없이 이상의 세계에서 공존하며 이성과의 힘겨루기를 통해 명을 이어간다.

황금박쥐를 향한 응시 속에는 파편화된 자아에 대한 매혹적인 긴장감이 꿈틀거린다. 그렇다면 그가 주는 감동이란 전오이디푸스기적*pre-Oedipal*인 감흥과 공포의 절묘한 조합인 셈이다. 그의 막강한 신체적 능력은 기념 축제의 환호처럼 자아의 도래를 축하해 준다. 전능함에 대한 신념과 기원을 갱신해 준다. 바로 같은 순간 파편화된 원초적 자아의 유령이 무기체로의 환원을 은밀히 탄원한다. 자아의 비리를 폭로하는 해골의 뼈라가 축제의 색종이들에 섞여 흩날린다. 원초적인 외상과 위상이 섞여 있기에 우리가 느끼는 울림은 더욱 클 수밖에 없다.

우울의 거울

라캉이 각색한 '자아'의 신화라는 작품은 인간만의 것이다. 라캉은 거울을 보고 스스로를 인식하는 지적 능력이 자아 형성의 기반이 된다는 주장을 수호하기 위해, 인간 외의 동물은 거울을 보고 스스로를 인식하지 못한다는 사실을 불러들인다. 다른 동물에 대한 라캉의 언급은 전적으

---

3. Lacan, "The Mirror Stage as Formative of the Function of the I as Revealed in Psychoanalytic Experience," *Écrits: A Selection*, Alan Sheridan (trans.), pp.1~7.

로 형태 심리학Gestalt Psychology의 주창자들 중 한 명인 볼프강 퀼러Wolfgang Köhler의 침팬지 연구에 의존한 것으로, 형태 심리학에 대한 라캉의 경의가 표현되는 대목이기도 하다. 하지만 침팬지의 도구 활용과 지적 능력에 관한 퀼러의 기념비적인 연구 결과가 인간의 자아 형성에 대한 연구에 활용되면서 껄끄러운 접합점들이 남은 것은 사실이다.

1949년 자아의 형성 과정에 관한 논문에서 라캉은 퀼러가 1917년에 출판했던 초기 연구를 인용하며 그가 관찰한 침팬지들이 거울 속의 이미지가 텅 빈 것임을 인식하고 나면 관심을 잃게 된다고 설명한다. 하지만 퀼러의 관찰은 이처럼 간단하지 않다. 퀼러는 침팬지들이 거울에 비치는 이미지를 자신으로 인식할 수 있는가에 대해 큰 비중을 두고 탐구하지는 않았으나, 분명 침팬지들이 거울을 다양한 놀이의 도구로 활용한 것에 대해 많은 관심을 보였다.[4] 일단 거울의 기능에 대해 알게 되고 나서는 거울이 없어지더라도 물이나 금속 표면 등 반사성이 있는 모든 물질들에 각별한 관심을 보일 뿐 아니라, 반사면의 각도를 조절하며 반사되는 이미지의 변화를 살피거나 실제 사물과 반사되는 이미지를 비교하기도 했다. 분명 거울이 실물을 반사하고 있음을 간파한 것이다. 다만 퀼러가 이 연구를 할 당시 동물들이 거울을 통해 자신을 인식하는가의 여부가 과학적 중요성을 갖지는 않았기에 퀼러는 자아 인식의 가능성을 집중적으로 탐구하지 않았다.

라캉이 자아 형성에 대한 연구를 발표한 이후, 많은 동물들이 거울을 통해 자신의 모습을 인식하는 것으로 밝혀졌다. 이른바 '거울 실험mirror

---

4. Wolfgang Köhler, *The Mentality of Apes*, Ella Winter (trans.), New York: Humanities Press, 1951.

test'을 통해서이다. 그 기념비적인 성과는 1970년 심리학자 고든 갤럽 주니어Gordon Gallup Jr.에 의해 이루어졌다. 갤럽은 자고 있는 침팬지의 얼굴에 붉은 표적을 남기고 깨어나자마자 거울을 보도록 하는 실험을 했고, 침팬지는 바로 표적을 만지는 작은 행동을 보임으로써 그동안의 정설을 단번에 뒤엎었다. 이후 2001년에는 병코돌고래도 '거울 시험'을 통과하였고, 2006년 가을에는 뉴욕 브롱크스Bronx 동물원의 1934년생 아시아코끼리 해피Happy도 자신의 거울 이미지를 인식함으로써 파란을 일으켰다. 자기 인식과 자아에 관한 문제들을 탐구하는 방식과 개념적 도구들은 시대마다 달라지고 있으며, 특히 라캉 이후에는 '자기 인식self-recognition'이 '자기 의식self-awareness'을 의미하는가에 대한 논란이 이루어진 바 있다.

　라캉이 자아 형성의 기반으로 삼았던 '자기 인식'의 특권은 이제 포유류에 국한되지도 않는다. 앵무새들이 단지 인간의 소리를 흉내만 내는 것이 아니라 언어를 기반으로 하는 사고 능력을 갖추고 있음을 입증한 바 있는 아이린 페퍼버그Irene Pepperberg는 한 앵무새가 갤럽 주니어 실험에 불확실하긴 해도 분명 긍정적인 반응을 보였음을 확인한 바 있다. 완벽하게 거울 시험을 통과함으로써 앵무새의 자기 인식 능력을 가장 확실하게 입증해 줄 수 있었던 페퍼버그 교수의 천재 '학생'이자 과학계의 스타이기도 한 아프리카 회색 앵무새 알렉스Alex가 그 주인공이다. 하지만 200여 개의 단어 능력과 뛰어난 언어 구사 능력을 가진 그는 불행히도 과학적인 확증을 제공할 수 없게 되었다. 우연히 연구원이 데려간 화장실 안에서 거울에 비친 자신을 보고 깜짝 놀라 "저게 뭐야What's that?"라고 소리쳤는데, 연구원이 그만 "바로 너야"라고 답해 버림으로써 오염되지 않은 거울 시험 결과를 도출할 기회를 영원히 날려 버리고 말았기 때문이다.[5]

동물들의 자기 인식 능력은 도구를 사용하거나 소통을 하는 능력과는 달리 생존에 직접적인 영향을 끼치지 않는 지적인 특권이라 할 수 있다. 오늘날 동물들의 '자기 인식'은 단지 인간이 규정하고 이해하는 일률적인 방식에 의해서만 이루어지는 것이 아니라, 복합적이고 다양한 각자만의 방식들을 통해 이루어진다는 견해가 지배적이다.

거울을 통한 자기 인식은 타자와 자신의 경계를 설정하는 것으로부터 이상적인 타자를 우러러보는 것에 이르기까지 기본적인 인간의 정신 활동의 기반이 된다. '자아 이상$_{ego\ ideal}$'은 동일시를 응용하여 타자의 위상을 추대한 결과로 나타난다. 역할 모델이나 부모상, 영웅 등은 자아 이상의 여러 형태들이다. 황금박쥐가 신체의 훼손에 대한 공포를 야기한다는 사실은 그가 우리의 자아 형성 과정에 연루된 원초적 불안과 이상을 자극함을 의미한다. 그렇다면 황금박쥐의 없는 눈동자는, 자아 형성의 기반으로 기능하였을 시각이 제거된 상태는, 신체 훼손의 불안을 야기하기도 이전에 이상적 자아의 등극을 연출했던 우리의 역사에 대해 무엇을 말하고 있는가? 눈동자의 결핍은 자아 형성 과정에 대해 어떤 대체적인 진리를 이단적 교리처럼 설파하고 있는가? 갤럽의 연구도 이루어지기 이전 왜상적 형국으로 안방을 드나들었던 외상적 주체가 그 범상치 않은 웃음으로 조롱하는 우리의 자아의 기반은 무엇이란 말인가? 텔레비전이라는 거울이 거울기의 소외를 재현한다면, 이 이상한 자아 이상의 검은 안공은 어떤 진실을 직시하고 계신가? 화면 안에서 공명하는 그의 대소는 어떤 황막한 진리에 대한 간명이신가?

5. Jerry Adler, "Vanity, Thy Name Is…," *Newsweek*, vol. CXLVIII, no. 20, November 2006, p.52.

경멸의 파열

사실 〈황금박쥐〉는 방영이 끝난 이후에 재방영이 되지 않았음에도 불구하고 이를 직접 시청하지 못한 세대에까지 알려질 정도로 시대를 초월하는 유명세를 누렸다. 그를 체험조차 하지 못한 이들의 기억에도 이름 넉자만은 또렷하게 남아 있다. 그가 날아다니는 모습을 바라보지 못한 세대에도 그를 찬양하는 주제가만은 온전하게 구전되었다. 특히 주제가의 경건한 가사를 불경스럽게 개사한 '대머리박쥐'라는 속요는 오늘날까지 황금박쥐의 위상을, 불미스런 공포와 그 해소에 대한 갈망까지도, 충실하게 전파한다. 이 엉뚱한 노래만큼 충실하게 군사 정권 시대의 대중적 불안과 정서를 기록해 준 문화사적 자료가 또 있을까.

'대머리박쥐'라는 제목부터가, 황금박쥐를 격하시킴으로써 불안을 해소하고 시청자 자신을 우월한 위치로 격상시키려는 필사적인 노력을 실행시킨다. "빛나는 해골은 정의의 용사다"가 "빛나는 대머리에 빤쓰 하나 걸치고"로 바뀐 대목에서 이러한 노력은 유난히 빛난다. '해골'의 위협적인 서광이 '대머리'의 왜소한 광택으로 축소되어 공포를 잠식시킨다. 아니, 느닷없이 대머리가 등장했음은 대머리로 인식하고 싶어 하는 부위가 가졌던 공포의 크기를 반증한다. 〈스타워즈*Star Wars*〉 시리즈의 다스베이더가 죽기 직전 철가면 속의 대머리를 드러낼 때 감돌았던 안도감보다도 더 흥건한 만족감이 노래를 더욱 신나게 한다.

웃음은 자아에 들이닥친 충격을 줄이는 완충막이다. 프로이트의 말대로 "내부에서 발생하는 불쾌함의 근원으로부터[의] 방어 임무"[6]를 다한다. 절하된 위상은 또한 긴장을 떨쳐 버린 우리의 위치를 상대적으로 격상시켜 주기까지 한다. 웃음의 미학은 또 다른 층에서도 작용한다. 토머스 홉스Thomas Hobbes가 지적한 대로, 타자의 (혹은 자신의 과거의) 불행은 우리의 웃음을 자극한다.[7] 웃음은 우월감의 대리자인 것이다. 대머리의 불행은, 아니 이중적 위력은, 해골의 위협을 제거하고 우리를 우월하게 해줌에 있다. 그래서 우리의 웃음은 더욱 커진다. 화면에 갇힌 황금박쥐의 호탕한 듯 흐리터분한 웃음소리를 압도하려는 듯 더욱 거세진다.

　"빤쓰 하나 걸치고"라고 바뀐 부분에 이르러서는 웃음의 작업이 더욱 통렬하면서도 미묘해진다. 웃음의 기폭제는 '팬티'도 아닌 '빤쓰'로 작렬한다. 같은 파열음으로 시작하면서도 '빤쓰'는 '팬티'가 우아하게 보존하고자 하는 은밀한 사적 공간의 섬려함을 긴장된 소리(즉 경음)로 오염시켜 버린다. '팬티'가 숙명적인 언어의 필터로 한 번 왜곡되어 그 풋풋함을 잃고 구겨져 버리면 '빤쓰'가 된다. 'ㅍ'과 'ㅌ'의 귀한 듯 이국적인 사뿐함을 '빵꾸'나 '뻔데기' 따위에나 속해 있을 된소리의 뻣뻣한 어감이 뻔뻔하게 능욕해 버렸다. 기념 사진을 찍을 때 두 단어 중 어떤 쪽을 발음하며 표정을 연출할 것인가 잠시만 고민해 본다면 '빤쓰'의 삐딱한 전복성은 명료해진다. 본디 두 입술이 마주쳐 파열한 다음(양순 유기음) 혀가 긴장하지 않고 위 잇몸과 가볍게 마주치며(치경 파열음) 입가에 미소를 선사했어야 하였거늘, 두 입술이 파열할 때부터 긴장의 기운이 감돌더니만(양순 경음) 혀는 뭔가의 압력에 짓눌려 미처 잇몸과 만나지도 못하고(치경 마찰음) 입가는 코의 주변까지 일그러트리는 어눌함으로 일그러지고 만

6. Freud, "Jokes and Their Relation to the Unconscious," *SE 8*, p.233.

7. Thomas Hobbes, *Human Nature, English Works*, vol. 4, William Molesworth (ed.), London: John Bohn, 1840.

다. '빤쓰'를 발음하는 얼굴은 '팬티'가 날려 버렸어야 할 존재의 참을 수 없는 무거움을 한껏 짊어진 채, 정신 이면의 혐오스런 무언가를 나에게 돌려주며 빳빳하게 고개를 치켜든다. 혀를 짓누르고 코를 부추겨서 입술을 누그러트리고 눈동자에마저 경멸의 기운을 불어넣는 이 불손함은 어디에서 오는가? 파열을 억압하고 마찰을 일으키게 하는 이 긴장은 어디에서 오는가?

'팬티'가 가볍고도 섬세한 즉물적 어감을 상큼이 보존한 채 깨끗한 옷장 속에 고이 개어져 있다면, '빤쓰'는 비천함 속에 아무렇게나 던져져 있다. 빤쓰는 분비물에 부분적으로 오염이 되기도 한다. 폐기와 재활용의 소모적인 순환에 갇혀 업신여김의 차가운 압력을 감당해야 한다. 자본주의에서 은폐하려는 원죄적 재앙을 상징적으로 내려 받고 사막으로 쫓겨났다가 다시 정화되어야만이 다시 인간적인 질서로 회귀할 수 있는 상징적 희생양이다. 영원한 소멸의 운명적 가능성은 언제든지 열려 있다. 창피한 부분을 가려 줌에 고마움을 표해도, 자꾸 저속함으로 미끄러지는 것은 방관할 수밖에 없다. 깨끗하게 빨아도 코와 입가의 찌그러짐은 가시지 않고, 그것이 지시하는 천박함도 지워지지 않는다. 기표 안에서 상징적 가치들이 기능적 가치를 능욕해 버리고 그 비천함이 과잉되어 기표 밖으로 밉상스런 성기처럼 삐져나온다.

이러한 천박함을 위협적이고 권위적인 인물에 몰래 부착함으로써 속요 '대머리박쥐'는 또 다시 통렬한 웃음을 발사한다. 노래가 부여하는 상상 속에서 빤쓰를 입음으로 해서 황금박쥐는 다른 모든 인간들과 다를 바 없이 밥 먹고 똥 싸는 하찮은 존재가 되어 버린다. 세탁이라는 가사 노동의 의무까지 부여된다. 그야말로 시청자 어린이에게 있어서는 눈물이, 아니 오줌이 찔끔할 정도로 감격적인 긴장의 이완이다. 이에 대해서 군사 정권의 시청자 어린이는 어색할 만큼의 창쾌한 웃음을 터뜨린다. 웃음이 우월감으로 파열하는 순간, 웃는 자는 아마도 '빤쓰'가 아닌 '팬티'를 입고 있다. 물론 권위자를 조롱함에 대한 응징의 두려움이 그림자처럼 얼굴에 남아 웃음소리에 어눌한 비굴함을 드리우는 건 어쩔 수 없다.

 ## 환상적 환유

'대머리'가 '해골'의 무시무시한 면상을 대체하여 공포로부터 자아를 구원했다면 '빤쓰'라는 단어도 비슷한 역할을 하고 있을까? 즉 빤쓰가 대체하는 하나의 공포의 대상이 있을 수가 있는 것일까? 실컷 웃고 나서 황금박쥐의 세계로 돌아오면, 빤쓰의 유령은 우리의 시선에 불순한 동기를 부여한다. 황금박쥐는 정말로 빤쓰를 입고 있는 것인가? 황금박쥐를 대머리로 치부하는 것은 두개골의 표피에 모발의 흔적이 확실히 없으므로 그럭저럭 환유로서의 타당성을 갖는다. 해골을 얼추 대머리라고 치부한 것이 웃음을 자극하는 이유는 정확하게 해골은 대머리가 아니기 때문이다. 반면에 '빤쓰'가 '정의'의 자리를 꿰찬 것은 도상*icon*적인 유사성을 제거한 파격이다. '정의'라는 초자아적인 개념이 공모한 신성하고 즉물적인 대상의 자리에 빤쓰가 오른 것은 분명 당위성도 명분도 없는 스캔들이다. 기호적 명분이 없는 대체이기에, 대책 없는 웃음은 바보의 발작처럼 무모한 통쾌함을 발산한다. 근대 시민 사회가 잉태한 환유의 고리가 예기치 않은 습지로 미끄러진다. '빤쓰'에 유혹된 우리는 이성의 찌꺼기라도 간직하고 있다면 모순의 골짜기에서 매복한 부조리의 습격을 맞을 수밖에 없다.

황금박쥐가 빤쓰를 입으셨다는 관찰은 분명 왜곡된 것이다. 빤쓰의 출현은 겹으로 부적절한 셈이다. 황금박쥐는 망토만큼은 명확하게 착용하고 있지만, 장화를 신은 발만을 제외하고는 분명히 몸 전체가 황금색이시다. 몸체의 가장 겉 부분이라고 할 수 있는 해골 모양의 머리가 그렇고, 의복을 걸칠 만한 신체 부분들도 모두 일관되게 같은 색깔이다. 배꼽이하 아랫배에서 무릎으로 이어지는 부분과 엉덩이도 마찬가지이다. 특히 고관절을 감싸고 있는 피부에는 피복류의 흔적이 전무하다. 그 어떤 경계선이나 접힌 자국조차 없다. 그러니까, 황금박쥐가 실제로 '빤쓰'를 입고 계시다는 억측은 선험적 증거를 무시한 환상적인 것이다. 물론 엉덩이의 살이 갈라진 부분이 망토에 가려져 눈에 뜨이게 드러나지 않으므로 일종의 피복류를 착복하고 있지 않다고 단정하기도 쉽지는 않다. 그러나 빤쓰의 존재를 명확히 유추하는 실질적 증거는 불충분하다. (아아, 구세주의 신체 곳곳을 관찰하게 만든 것만으로 '빤쓰'라는 부당한 기표의 불온한 임무는 성공하는 셈이다.) 다만 "대머리박쥐" 노래의 작사가는 성기가 자세히 묘사되지 않았다는 사실만으로 단순히 빤쓰를 추리했을 뿐이다. 황금박쥐의 빤쓰는 한마디로 불가능한 대상이다.

슈퍼맨은 확실히 빤쓰를 입었다. 윗도리에 아랫도리까지 살색이 아닌 원색으로 다 챙겨 입고 그 위에 다른 원색의 빤쓰를 또 껴입음으로써 아랫도리가 행여 살처럼 여겨질 가능성은 완벽히 일축된다. 그렇기에 황금박쥐에 대해 갖는 의문이 슈퍼맨에게도 던져질 수 있는 가능성은 애당초 없다. 스파이더맨, 배트맨 등도 마찬가지이다. 심지어는 제대로 특수복을 챙겨 입지 못하는 괴수 헐크도 가장 비문명적인 순간에조차 문명의 마지막 보루는 포기하지 못한다. (그의 근육이 팽창할 때 아무리 신축성이 뛰어나더라도 골반을 조일 수밖에 없는 피복류가 그의 성기에 부여할 굉장한 압박감이 변신의 무의식적 동기가 될지도 모를 일이다.)

이름만으로는 이종 교배의 불경스런 결과일 듯한 미국의
슈퍼히어로. 의상에 의한 변장임을 명백히 하기 위한 필
사적인 서사적 노력이 오히려 의뭉스러울 지경이다.

아톰도 **빤쓰**를 입고 있다. 아톰의 경우는 **빤쓰** 외에 다른 피복물도
착용하므로, 전투를 목적으로 제작된 대형 로봇과는 상황이 다르다. 인
간처럼 말하고 걷고 느끼는 로봇이라면, 그래서 인간 사회에 적응해야
하는 것이라면, **빤쓰**를 입어야 할 필요성은 확실히 있다. 그 **빤쓰**가 영구
적으로 부착된 것이건 입고 벗을 수 있는 것이건 말이다. 심지어 아톰 다
리 사이에는 꼬추까지 있을지 모른다. 아니, 정신분석에 대한 기초적인
지식이 있는 공학자라면, 진정으로 '인간의 마음과 똑같은' 마음을 가진
로봇을 만들 양이었다면, 성장기의 심적 불안을 염려해서라도 분명 성기
까지 만들었을 것이다.

황금박쥐의 경우, 이 **빤쓰**의 모호함을 거드는 것은 흑백 텔레비전의
색맹 영상이다. 어린이용으로 유통되던 문구류 중 하체의 색상을 달리
하여 **빤쓰**의 존재를 억지로 구체화시켰던 그림들이 실제로 있었음을 기
억하는 시청자 여러분도 있을 것이다. 이는 분명 일본에서의 방영을 고

려하여 컬러로 채색된 황금박쥐 본래의 모습과 관계없는 왜곡으로, 결국 빤쓰의 애매모호함이 공포의 요소였음을 반증한다. (어쩌면 시청자 어린이 여러분 중에는 흑백 텔레비전의 모호함에 교란되어 황금박쥐 색칠 공부 책에 색깔 있는 빤쓰를 입은 황금박쥐를 등장시켰던 분도 있음 직하다.) 황금박쥐가 빤쓰를 입고 있다는 착각은 분명 하나의 거대한 공모처럼 오인의 가능성을 소통하고 있었다.

비슷한 시기에 역시 불가능한 대상으로서의 '빤쓰'가 유행한 바 있다. "미루나무 꼭대기에 조각구름 걸려 있네"라는 눈부시게 아름다운 눈속임*trompe l'oeil*의 현전을 "미루나무 꼭대기에 춘향이 빤쓰 걸려 있네"로 개사한 뻔뻔한 곡에서도 빤쓰의 등장은 부당하다. 조선 시대의 인물에게 빤쓰를 부여한 것은 (허구의 인물이라 할지라도) 분명 불일치*discrepancy*로 인한 웃음을 자극하는 전략을 따른다. 하지만 대체의 당위성은 환유의 차원에서 충분히 성립된다. 미루나무에 조각구름이 물리적으로 '걸리는' 상황 역시 불가능하다는 점에서, 불가능한 빤쓰의 등장은 가히 놀랄 정도로 간사하게 정교한 것이다. 나무에나 걸리는 조각구름이나, 춘향이 빤쓰나, 지각적인 세계를 넘어 '환상' 속에서 떠다니는 것은 마찬가지이다. 둘 다 타대상이다. 다만 춘향이 빤쓰는 미루나무 너머의 조각구름보다 즉물적이며, 화자의 손에 쥐어질 수도 있는 근접한 거리로 타대상을 가깝게 끌어들인 인상을 준다. 물론 착각이다. 착각이기에 이 품위 없는 속요에는 빤쓰만큼이나 빤빤한 섬세함이 있다.

황금박쥐의 빤쓰는 이와는 다른 매우 복합적인 수사적 논리를 따른다. 황금박쥐의 빤쓰라는 불가능한 대상은 불일치의 웃음을 추진하지 않는다. 대머리보다도 더욱 깊고 정교하게 불안을 건드린다. 해골이 무서운 것은 살아 있는 사람이 가지고 있는 눈동자, 코, 입술, 귀, 머리카락 등의 신체 부위나 표피를 결여한다는 점에 기인한다. 빤쓰를 입지 않은 상태의 황금박쥐가 지닌 공포스러운 결함이 무엇인지는 뻔하다. 황금박쥐는 그 괴기적인 목소리나 상체의 골격으로 보아 다분히 남성적이다. 그런데 만일 빤쓰가 없는 것이라면 하체의 가장 남성적이어야 할 부위가 결여되어 있다는 말이 된다. 결국 엉터리 속요의 교란으로부터 벗어나려는 시청자 어린이 여러분은 볼 것을 볼 수밖에 없다. 말할 것을 말할 수밖에 없다. 황금박쥐에게 꼬추가 없다니! 초자연적인 괴력으로 무서운 악당들을 무찌르고 우리를 안전하게 지켜 주시는 정의의 사도의 다리 사이가 비어 있다니! 도대체, 하필이면!

부재의 존재감

절단될 수 있는 신체 부위들 중에서도 음경은 각별하다. 간단히 생각해 보더라도, 리비도의 기약과 가부장 제도의 기품이 집약되는 상징적 부위이기 때문임은 명백하다. 프로이트가 거세 불안*castration anxiety*에 무게를 둔 이유도 입과 항문을 거친 리비도의 여정이 성기에 도달하며 급속히 발전할 바로 그 무렵에 폭력과 상실의 강렬한 시나리오가 눈앞에 펼쳐지기 때문이다.

거세 불안에 대한 프로이트의 자기 고백적 성찰은 은밀함으로부터 드러난 여성 신체의 은밀함을, 분명 음경이 '있어야' 할 자리를 차지한 결핍을, 우연스러운 듯 목격하는 남아를 주인공으로 전개된다. 부재하는 임을 그리는 광기 어린 한 편의 시처럼 펼쳐진다. 충격과 오인의 서사시다. 우리의 주인공이 인생에서 언젠가는 직시해야 할 존재론적 결핍이 벌써부터, 왜 하필이면 리비도의 기세가 한참 높아지는 그 무렵에, 여성의 다리 사이에서 파생된다는 말인가. 세상에서의 그의 위치를 와해시키고 그에 따른 아픔으로써 그의 철학을 숙성시킬 필연적인 삶의 구멍이 일찌감치 대타자의 첫 등극을 실현하는 'mOther'의 직립한 몸의 밑에 태양처럼 불쑥 떠오른 것은 무슨 조화인가. 삶과 정신을 꿰뚫어야 할 의혹의 파장이 탄생의 근원지에서 피어오른 것은 필연이란 말인가. 우리의 주인공은 성의 생물학적 차이에 대한 사전 학습을 하지 않았다. 준비되지 않은 아이는 상상 속에서 음모의 검은 안개 속에 감추어진 참혹한 상처를 본다. 거세의 흔적을, 가부장의 폭력을, 비스듬히 혹은 어렴풋이 본다. 오인으로 인해 시선의 주체가 곧 외상의 주체가 된다. 시선과 외상이 교차한다. 가부장이 군림하는 세계에서 제도의 영생을 축복하기 위해 대문 밖 새끼줄에 매달려 전시되던 싱그러운 '꼬추'는, 가족과 질서를 결합하는 남성적 힘의 상징은, 이제 실제로 잘릴 수도, 육체를 이탈하여 가증스럽게 새끼줄 따위에나 매달릴 수도 있다. 아니, 아이의 심적 심연 속에서 벌써 꼬추는, 어머니의 남근은, 신체로부터 분리되어 사멸의 하수구로 추락하고 있다. 가부장의 축복과 저주는 잘려 매달린 대문 앞 꼬추에, 매달려서 썩어 가는 그 부위에, 아련하게 집중된다. 그것이 떨어져 간 빈자리는, 그 부당한 부조리의 습격은, 아이가 감당하기에 너무나 쓰라리다. 발기된 아버지의 음경보다 거대하다. 불온한 모순의 거대함은 곧 외상의 크기가 된다.

검은 안개 속에 가려진 상처가 감당하기에 너무나 크다고 여길 겨를도 없이 하얀 안개가 검은 안개를 가릴 것이다. 갑작스런 격정과 조바심의 기류가 불처럼 타오르는 안개 기둥을 생성하는 것이다. 사막에 낀 신기루 안개는 선명하리라. 분노처럼 견고하리라. 결핍의 구멍이 클수록 그것이 증폭시키는 탄식의 메아리는 커지는 법. 그로부터 나오는 유령의 위상은 더욱 압도적일 것이다. 어머니 남근의 유령이시다.

유령이 자아 앞에서 강력해지는 것은 그것이 가지지 못한 물성으로 그것의 존재감이 전달되기 때문이다. 유령은 그것을 확보하기 위해 구체적인 대상물에 깃들 것이다. 당황한 시선이 격정의 함정으로부터 허겁지겁 도망가다가 처음 당도하는 장소가 예기치 못하게 유령의 모체가 될 것이다. 황급하고도 어설프게 아래쪽으로 미끄러지다가 허벅지에서 유령을 만나기도 하고, 무릎이나 발까지 줄달음쳤다가 그곳에서 마주치기도 할 것이다. 손톱이나 머리카락 등 유령의 모습을 닮은 것들은, 자라를 보고, 아니 자라가 없는 것을 보고, 놀란 가슴이 만나는 솥뚜껑이다. 속옷, 스타킹, 구두, 장갑 등 여성의 남근이 사멸당하기 직전 그 광경을 가려 두었다가 무대의 막처럼 열어 준 애꿎은 물질들도 유령이 잘 드는 곳이다. 폭력의 현장을 막 빠져나갔던 그들은 가해자로 지목되는 것이 아니라, 피해자의 유령을 뒤집어쓸 것이다. 원인은 결과가 벌어진 후에야 원인으로서의 중요성을 물려받을 것이다. 유령은 혼란 속에서 은밀하게, 의식도 눈치 채지 못하는 비밀스런 언어 질서를 통해 간교하고도 당당하게, 시선을 옭아매고 무의식에 침입할 것이다. 아무도 알아채지 못하리라. 효과만이 나타날 뿐이리라. '페티시*fetish*'의 삶은 그렇게 은밀하게 시작되는 것이다.

아아, 참을 수 없는 무의식적 의지의 박약함이여. 프로이트가 지적했듯, '페티시즘*fetishism*'이라고 하는 정신 기제를 작동시키는 원동력은 '부인*disavowal*'이다.[8] 아이에게 유령은 모순적인 양가성을 지닌 요령의 기표

---

8. Freud, "Fetishism," *SE 21*, pp.149~157.

가 될 것이다. 박쥐처럼 두 세계를 오가는 이중 스파이다. 물리적 세계와 상상적 세계의 중첩이다. 유령은 존재하기도 하고, 존재하지 않기도 할 것이다. 아이는 결핍의 현장을 목격했다고 생각하면서도, 원래 기대했던 꼬추가 실재한다는 희망을 버리지 못할 것이다. 그 막연하고 허망한 희망의 버팀목이 페티시라는 유령이다. 인지에 대한 불신과 신용이 순환하며 유령의 생명력에 활력을 더할 것이다. 없는 것에 대한, 없기 때문에 더욱 절실해진 신봉이, 세상을 기이하게 홍미로우면서도 달콤하게 고통스러운 기표들의 끊임없는 환유적 행렬로 각색해 놓을 것이다. 라캉이 '남근the phallus'이라 칭하는 바는 원래의 실재하는 '꼬추penis'가 아니라, 바로 이 형체 없는, 여러 형체를 취하는, 유령이다. '결핍'으로 성립되는 상징이다. 꼬추가 아니면서 실제로 그 모체인 꼬추를 장악하기도 하는, 변신하는 귀신이다. 욕망의 근원이자 무덤이요, 활력이자 천적이다. 보지를 보지 못한 절편음란자의 집착은 라캉에 있어서는 곧 인간의 보편적인 운명이다. 존재하지 않는 것을 향한 무모한 여정이 곧 삶이다.

결국 '정의'가 '빤쓰'로 대체된 정황은 '해골'이 '대머리'로 변질된 것보다 훨씬 정교하다. 동일한 대상에 대한 이해 방식과 태도를 수정함에 머무는 것이 아니라, 그의 본질을 왜곡하고 바꿔치는 창의성이 발휘된 것이다. 해골 모양의 얼굴이 물질 세계와 사후 세계와의 중간적인 시공의 미지성에 대한 불안을 자극하고, '대머리'가 그 긴장을 완화한다면, '빤쓰'는 영웅의 치명적인 결여를 '부인'하는 기능을 한다.

그럴 바에야 온전하게 온몸을 가릴 수 있는 망토를 착복하셨더라면 좋지 않았을까. 거리에서 숙녀들에게 수난을 주는 노출증 환자의 열어젖힌 트렌치코트처럼, 황금박쥐의 망토는 그리 반가워하지도 않을 시선의 주체를 향해 뻔뻔하게 벗은 정면을 노출시킨다. 뻣뻣한 결핍을 전람한다.

망측하기 그지없다. 그분이 보란 듯이 노출하시는 바는 길거리 파렴치한의 그것보다 우리를 더욱 민망하게 만드는 밋밋한 자리이다.

결국 '빤쓰'의 파격은, 기호적 명분 없는 신명나는 미끄러짐은, 바보의 분별없는 발작이 아니라 이유가 있는 정교한 방어 기제였다. 그러니까, 황금박쥐가 전파하는 공포는 신체의 절단이 야기하는 전오이디푸스기의 불안에 국한되지 않는다. 보다 성숙해진 리비도에 총체적인 혼란을 부여하면서도 상징계의 질서를 보다 밀접하게 개입시키는 오이디푸스기의 불안까지 짊어진 것이다. 황금박쥐의 웃음소리가 유난히 어지럽게 메아리치는 이유는 그것이 불러일으키는 시간성이 선형적이고 순차적인 구조에 편입되지 않고, 다원적이며 통시적이기 때문이리라.

'빤쓰'가 시사하는 이러한 모순성은 우리의 여정을 촉발시켰던 황금박쥐의 정체에 대한 불확실성을 갱신한다. 우리가 전혀 알 수 없는 사실에 대하여, 존재하지도 않는 진실에 대하여, "박쥐만이 알고 있다"고 우기는 주제가의 주체가 행하는 바는 페티시즘적인 부인이다. 결핍에 대한 억지 부정이다. 이야말로 우리가 황금박쥐를 이해하게 되는 방식의, 아니 정확히 말하면 이해하지 못하는 방식의, 총체적 논리이다. 없는 것의 권력은 부인으로 인해 거대해진다. 그것의 권력은 악당들이 정체를 밝히라고 안달을 낼수록 거창해진다. 황금박쥐가 대답 대신 "으하하하하" 하고 웃기만 하는 한, 그 웃음은 미친 엔진처럼 우리 머릿속에서 맴돌며 그 권력을 매력으로 전환한다.

그로테스크한 '사마'는 모니터를 통해 '모든 것'을 바라본다. 찢어진 네 개의 눈은 파편화된 세계의 모습을 형상화한다. 외상의 시선은 하늘에서 싸우는 구세주의 다리 사이를 집요하게 좇는다. 속요 가사를 작사한 주체의 분열된 시선처럼, 그 정의롭고도 괴기스런 현자의 형상 위에

자신만의 '안방극장'에서 시각적 쾌락을 향유하는
사마는 시청자 어린이 여러분의 거울상인가.

서 표류하다가 꼬추의 '없는' 자리에서 미끄러지리라. 눈을 찌르듯 뻔뻔
하게 발기된 음경을 대신하는 미끄러운 자리에서, 그의 왜상적 시선은
껄끄러운 방점이 되어 결핍을 떠안게 되리라. 영웅의 찢어진 틈을 좇는
찢어진 응시는 파격의 자유와 상실의 외상 사이에서 격렬하게 진동한
다. 그분이 망토를 휘날리는 허공에 '부인'의 의지가 메아리친다. '황금
박쥐'는 곧 '부인'의 또 다른 이름이다.

 당혹과 매혹 사이

'페티시즘'은 유럽에서 태어나서 우리말의 구조 안에 들어오면서 이중
적인 삶을 살게 된 이상한 개념이다. 정신 병리학에서는 '절편음란증'으
로, 인류학에서는 '물신주의'라고, 각각 다르게 변신한 분열적 정체성을
갖는다. 이 이중적인 삶에서 망각되는 것은 이들이 각기 다른 삶을 사는
쌍둥이나 분신들이 아니라, 동일한 것이라는 사실이다. 모순적 양가성을
지시하는 이 개념은 기능적으로도 양면적인 것이다.

콩고의 못 페티시nail fetish

페티시즘의 기원은 유럽과 아프리카 문명의 충돌이라는 역사적 문맥에 있다. '페티시'는 '페티쇼feitiço'라는 포르투갈어로부터 파생된 영어 단어로, '인위적인'이라는 의미의 'facticius'와 '만든다'는 의미의 'facere'라는 라틴어를 어원으로 한다. 페티쇼는 주로 서아프리카 기니Guinea 해변 지방의 부족들이 사용하던 주술적 기능을 지닌 물건들을 일컫는다. 사람이나 동물 모양의 목각 인형으로, 주로 못이 박혀 있거나 짐승의 털 따위로 장식이 되어 있다.

통설에 따르면, 페티시즘은 유럽인이 '발견'한 것이 아니라, 아예 유럽 문화의 영향에 의해 '생성'된 문화 현상이다. 그 기원은 유럽인이 아프리카에 처음으로 도달한 15세기 말로 거슬러 올라간다. 탐험가이자 교역자이며 동시에 선교사이기도 했던 유럽의 여행가들이 공격적으로 기독교를 설파했던 시기이다. 선교사들이 지켜보는 앞에서 콩고의 부족장들은 토속적인 성상을 폐기함으로써 기독교로 개종한 것을 증명해야만 했다. 토속 신앙을 대체하는 기독교의 성상들은 빠르게 서아프리카의 일상에 퍼졌다. 그러다가 이 지방에서 유럽인들이 원하던 광물이 발견되지 않자 선교와 교역은 멈추었고, 17세기까지 이어진 단절은 서아프리카에 남겨진 기독교 성상들의 의미와 기능을 변화시킨 숙성기가 되었다. 다시 교류가 시작되었을 때 콩고 지방에서 유럽인이 발견한 것은 익숙하면서도 이국적인, 토속 신앙와 기독교를 혼합한 성물들이었다. 못을 박은 목각 인형, 즉 '느키시nkisi'들이 그것이다. 콩고인들은 15세기에 그들에게 전파된 기독교의 신상들, 즉 예수가 십자가에 못 박히거나 성 세바스찬이 화살을 맞는 등 성자의 신체적 수난을 묘사하는 기독교의 도상들을 나름대로 각색하여 활용하고 있었다. 성체의 물리적 상해에 관한 '기독교적' 상징성을 직접 수행함으로써 유럽 귀신의 초자연적인 힘을 불러일으킬 수 있다고 믿었던 것이다. 한 문화의 재현 양식이 다른 문화에 수입되어서는 주술적인 실행으로 응용된 것이다.[9]

결국 페티시즘은 문명 간의 차이와 충돌 그 자체가 형상화된 독특한 기호 체계이다. 타자화된 자신의 거울이다. 신적인 것의 괴물적인 귀환이다. 언캐니한 중첩이다. 유럽의 관점에서 볼 때 타자의 이질감과 동질감의 모순적인 양립은 매혹과 저항감을 동시에 불러일으켰다. 구원과 악마의 표상이 혼재되어 기독교적 관점을 교란시켰다. 그리고 이러한 양가적인 타자성은 유럽의 성의 담론으로 영입되기에 이르렀다. 동물의 가죽으로 만든 피복류나 날카로운 장신구 등을 활용하는 아프리카의 '원초적'인 의복 문화는 유럽에서 새롭게 각색되어 서구적 리비도의 비상과 모험을 부추겼다. '욕망'의 이국적인 탐험을 선동했다. 매혹과 혐오의 순

---

9. Anthony Shelton, "The Chameleon Body: Power, Mutilation and Sexuality," *Fetishism: Visualizing Power and Desire*, London: South Park Centre, 1995, pp.11~51.

환은 기독교 위상의 틈새에서 새로운 문화적 접점들을 만들었다. 아프리카라는 타자의 이국적 '매력'과 이질적 '마력'이 유럽의 규범적 질서를 자극하였다.

19세기 유럽의 복식 문화가 신체를 인식하던 방식과는 전혀 다른 관점에서 신체를 장식, 노출, 은폐, 왜곡하거나 변형시키는 아프리카의 피복류는 때마침 성에 대한 담론을 규범적으로 변화시켜 가는 시점에 유럽 문화의 뒷문을 통해 들어와서 일탈의 영역으로 자리 잡았다. 몸을 조이는 검은 가죽 의상, 피부를 대신하여 몸의 윤곽을 육감적으로 정형하는 라텍스, 얼굴을 가림으로써 문명의 주체를 익명의 불온한 타자로 전락시키는 검은 가면, 원시적 폭력성을 상징하는 날카로운 쇠붙이 장신구 등은 서구 문명 속에 속박된 원초적 에너지를 불러일으켰다. 규범화된 몸을 은밀하고 진득한 설렘으로 몰았다. 피부를 자극하고 살을 관통하고 형태를 변형시키는 소도구들은 기독교의 규범으로 경직된 신체를 새롭게 인식하게 해주었다. 물론 그것의 은밀함에 생명력을 불어넣은 것은 기독교의 금기였다. 부르주아 문화에서 일탈만큼 달콤한 자극도 없는 것이다.

 물성의 성애

아프리카의 토속 조형물을 지시하는 기표가 여성의 신체나 피복류와 연을 맺게 된 경위는 다층적이다. 그 수사적 역학에는 남성 중심적인 배타적 이성주의가 작동한다. 이성의 영역으로 영입되지 않는 이질적인 것들에 대한 비하와 천대는 페티시즘의 위치를 매우 기묘하게 한다. 아프리카와 여성이라는, 타자가 속한 비속한 곳은 추방된 남성적 욕망이 일탈하는 비이성의 영역이다.

페티시즘의 은밀함에는 열등함이 도사린다. '페티시즘'이라는 용어의 가장 오래된 기록으로 남아 있는 1757년의 저서에서 프랑스의 철학가 샤를 드 브로세Charles de Brosses는 아프리카의 페티시즘을 일컬어 다신주의polytheism와 일신주의monotheism에 앞선, 종교의 가장 초기적인 단계라고 설명했다. "유기적으로 초기적인 단계의 정신," 혹은 "신비롭고도 유해한 영향에 따른 미신적인 태도"로 여겨졌다. "생각하고 성찰하고 이성적으로 판단하지 않는 아프리카 흑인 특유의 단점"이라는 당시의 관점은 문화적인 편협함을 그대로 기록하고 있다.[10]

유럽에서 최초로 성적 행동에 대한 백과사전적 지식을 구축한 정신병리학자 리하르트 폰 크라프트에빙Richard von Krafft-Ebing의 사전에서도 페티시즘은 천대된다. 1886년에 출간한 기념비적 저서 《성적 정신 질환Psychopathia Sexualis》[11]은 당시 유럽에 나타난 다양한 성적 취향들에 대한 면밀한 기록일 뿐 아니라, 보다 구체적으로는 성에 대한 유럽의 규범과 가치관을 드러내는 서술이기도 하다. 페티시즘은 재생산을 목적으로 하는 이성 간의 생물학적 결합을 제외한 다른 모든 성적 활동과 더불어 '정상'의 영역에서 축출되어 있다. 한마디로 '이상 감각paraesthesia'이다. 아프리카의 성물들처럼, '이상 감각'이 집중하는 물건들은 이분법적 가치

---

10. Charles de Brosses, *Du culte des Dieux Fétiches, ou Parallèe de l' ancienne Religion de l' Égypte avec la Religion actuelle de Nigritie*, Westmead: Gregg International Publishers, 1972.

11. Richard von Krafft-Ebing, *Psychopathia Sexualis: A Medico-Forensic Study*, Harry E. Wedeck (trans,), New York: Putnam, 1965.

관의 제물이 되었다. '빤쓰' 따위에나 집착하는 '재수 없는 변태'들의 '병적인' 취향은 오늘날까지 비속함을 벗지 못한다.

크라프트에빙은 성욕의 '대상'이 이성적 개체라는 '정상적'인 상태로부터 벗어나는 범주로서 동성애와 페티시즘을 같이 분류했다. 인격이 아닌 물성이, 전체가 아닌 부분이 집착의 대상이 되는 것이 19세기에 새로웠던 것은 물론 아니었다. 이탈리아의 철학가 조르지오 아감벤Georgio Agamben이 밝히듯, 크라프트에빙이나 프로이트가 설명한 리비도의 외도는 이미 중세부터 창의성의 원천이 되어 있었다.[12] 신체 부위의 부각은 기독교의 권위가 견고함을 잃고 금기가 욕정을 자극한 바로 그 시기에 나타난 재현 방식으로, 정신적 사랑과 대조되는, 특정한 신체 부위에 대한 소모적인 집착으로 나타난다. 이를테면 장 드 묑Jean de Meung이《장미의 이야기Roman de la Rose》(1275~1280)의 후반부에서 묘사하는 조각가 피그말리온Pygmalion의 조각품에 대한 열정은 단순한 심미적 예찬이 아닌 극단적인 애착으로 나타난다. 아감벤에 따르면, 고유성을 가진 인격이 아닌 이미지를 열정의 대상으로 삼는 문화적 전통은 이 시점에 이미 무르익기 시작한다. 작품을 이루는 무려 500여 편의 시에서 실체보다 형태와 외관을 중시하는 태도는 무수한 시각적 모티브들을 생성시킨다. 정신적이거나 종교적으로 성숙한 사랑이 아닌, 고통을 수반하는 물질적 집착이, 드 묑의 시적 언어를 풍성하게 치장한다. 아감벤은 이러한 전조를 '환상phantasm'이라는 정신 활동의 초기 발전 형태로 설명하면서, 훗날 프로이트가 이론화하는 페티시즘에서의 심리적 전형들, 그러니까 시각

---

12. Agamben, *Stanzas: Word and Phantasm in Western Culture*.

적 애착, 신체의 물신화, 부재와 상실 등을 그 대표적인 특징으로 추린다. 아감벤이 말해 주듯, 13세기 말에 이미 인간의 신체는 사랑과 시각이 융합하는 과정에서 인격을 갖춘 상징이 아닌 피상적이고 파편적인 기표로 인식된 것이다.

물건들의 즉물적인 매력이 증가하면서, 자본주의가 제공하는 물질의 공예적 정교함이 사적 공간의 은밀함을 수려하게 장식하면서, 전체가 아닌 부분이 리비도의 대상으로 추대되는 현상이 점증한 것은 당연하다. 크라프트에빙이 살았던 유럽 사회의 여성 의복만 하더라도 귀족적인 섬세함을 물려받은 상태였으며, 일부 남성이 향유한 '기이한 취향'은 필연적인 것이었으리라. 여성의 속옷을 훔치는 민민한 도벽에 관한 민망한 기사가 수군거리듯 신문 지면을 차지하는 것은 일상사였고, 이들에 대해서는 형법상의 처벌만큼 무거운 도덕적 비난이 씌워졌다. 비난 속에 비상한 관심이 꿈틀거렸기에 비난의 언어는 더욱 치열했을 것이다.

지금까지도 서구에서 페티시는 숭고한 것과 더러운 것, 규범과 일탈로 양분화된 기존의 종교적 가치 체계로부터의 탈출을 꿈꾼다. 공리와 과학이라는 19세기의 권력을 부정하며 원초적이고 근원적인 그 무언가를 그리워한다. 안토니 셸턴Anthony Shelton의 표현대로, '페티시 문화'는 서구 문화 내부에 존재하는 "서구의 타자Western other"이다.[13] 기호 체계로서의 페티시즘은 결국 규범화된 상징 체계 내에서 내면의 이질적인 불편함을 드러내고 들어내는 수행적 기능을 맡는다. 주류 문화의 가치 체계가 마주치는 불온한 불청객은 여전히 불편하다.

---

13. Shelton, "The Chameleon Body: Power, Mutilation and Sexuality."

내면의 내시

프로이트의 이론에서도 페티시즘은 미성숙한 정신 세계를 나타낸다. 인간의 리비도의 발달 과정에서 보편적인 상징 질서가 부여하는 의미 체계의 강을 건너지 못한 단계가 페티시즘이다. 그런데 모든 페티시스트들이 그러하듯, 페티시즘이라는 정신 현상에 대해 프로이트는 양가적인 태도를 가졌다. 프로이트에게 페티시즘은 당혹과 매혹을 동시에 선사하는 페티시였다.

프로이트에게 페티시즘의 가장 근원적인 매력은 원초성이다. 신앙으로서의 페티시즘이나, 정신 병리 현상으로서의 페티시즘이나, 모두 정신적 발달 과정의 초기 단계에 머무는 활동이다. 기독교의 관점에서 보는 '나쁜 믿음*bad faith*'의 징표가, 종교적 구원의 가능성을 망각하는 영혼의 허망한 소모의 경로가, 페티시이다.

페티시즘의 미숙한 주체는 의존적이며, 의존적인 존립을 성립시키는 것은 숭배라는 행위다. 허허하고 불온한 것에 대한 숭배다. 퇴행을 수행하는 자아는 궁핍해진다. 허나 그 치욕적인 궁핍함 속에서 야릇한 도취가 꿈틀거린다. 그 야릇하고 아련한 은밀함은 숭배의 대상을 더욱 숭고하게 상승시킨다.

퇴행적 자아의 궁핍함은 결핍으로부터 온다. 페티시가 대체하고 지시하는 결핍이다. '결핍'은 기독교가 바라보는 타종교의 기반이면서, 19세기 말의 산업화된 유럽 도시의 타자화된 이면의 단상이다. 칼 마르크스Karl Marx가 자본주의의 경제 원리를 설명하면서 물건에 변칙적으로 부여되는 잉여 가치를 페티시라 일컬은 논리도, 본질이 텅 빈 무형의 것에 대한 비판 의식을 근원으로 한다. 페티시는 어떤 문맥에서나 본질이 없는 따위의 것이며, 무언가 존재하지 않는 것을 대체하는 대용품이다. 내용 없는 허물이며, 원형 없는 복제이다. 실체 없는 신기루이다. 리비도가 나방처럼 달려드는 곳의 중심은 공허 그 자체이다.

목적지가 공허하기 때문에 그곳을 향한 비행은 끝이 없다. 집착의 골이 깊어지는 이유는 바닥이 보이지 않기 때문이다. 허물에 불과하기에 그 매력에 집착할 수밖에 없는 모순이 이중으로 욕망에 무게를 부과한다. 식은땀을 흘리며 고도의 끝에서 떨고 있는 고소공포증 환자처럼, 절편음란자가 두려워하는 바는 광활한 공백 그 자체가 아니라 그를 향해 뛰어들려는 자신의 잠재된 의지이다. 이 당혹스런 충동을 억제하기가 곤혹스럽기에, 혐오 속에서 매혹이 끊임없이 꿈틀거리기 때문에, 욕망은 더욱 긴장한다. 욕망해서는 안 될 것에 대한 욕망이기에, 그 크기는 더욱 증폭된다. 파격은 욕망을 부풀린다.

프로이트에 있어서 페티시즘의 생명력은 그의 기존 이론에 대한 공격적인 파격에 있었다. 페티시즘에 대한 논문을 발표하기 전까지, 프로이트의 이론은 페티시 같은 유령의 모호함을 제거한 안정된 것이었다. 정신적인 충격에 대한 반응은 크게 두 가지로 나누어졌으며, 자아는 이 중에서 한 가지만을 '선택'한다는 것이 그의 관점이었다. 정신적 외상을 당한 이후 외부로부터의 충격에 대해 방어를 강화하거나, 이를 아예 포기하거나, 둘 중 하나였다. 자아의 기능을 설정함으로써 '신경증neurosis' 과 '정신병psychosis'이라는 심리학의 난제를 명료하고도 통렬하게 설명해 낸 것이다. 내면화된 외상적 충격의 절대적인 파괴력과 이에 대한 방어 본능의 강화 중에서 모든 사람들은 양자택일을 한다는 것이다. 흔히 '미쳤다'고 하는 정신병 환자의 경우, 욕망을 억압하는 모든 요소들을 완전히 제거하고 스스로의 행동조차 통제되지 않는 상태에 이르는 것이고, 신경증은 이와 정반대로 무의식 속의 욕망을 체계적으로 철저하게 통제하고 억압하는 것이라 했다. 신경증 환자의 경우, 의식의 통제력이 더 이상 무의식을 봉쇄하지 못하고 과포화된 욕망이 화산처럼 분출하는 상태로 전락하기도 한다. '히스테리hysteria'라는 현상이다. 오늘날의 정신 병리학에서도 히스테리와 정신병은 표면적인 증후들로만은 좀처럼 구분되지 않는다는 사실을 생각해 볼 때, 프로이트의 이러한 설명은 아직도 강한 설득력을 갖는다.[14] 어떠한 경우에든지 의식과 무의식 간에는 수직 관계가 성립되면서 궁극적으로 전적인 선택이 이루어지는 것으로 받아들여졌던 것이다. 1920년대에 제시한 이 구분을 통해 프로이트는 보다 많은 자신감과 지지를 얻기도 했다. 그런데, 페티시즘 환자라는 작자들은 이러한 이분법적인 관점으로부터 이탈한다. 자포자기와 빗장 수비를 '동시에' 선택을 하는 것이다. 이도 저도 아니고 양다리를 걸친, 정과 반의 충돌을 변증법적으로 해소하지 않는, 이들 '변태'들이야말로 프로이트의 기존 연구들에 대한 과격한 파격인 것이다. 결국 1927년에 발표한 "페티시즘Fetischismus"이라는 논문은 특정한 정신 병리 현상의 묘사를 넘어선, 인간의 정신에 내재하는 모순적인 양가성에 대한 기념비적인 연구가 되었다. 초기 연구에서 이미 의식과 무의식으로 갈라졌던 인간의 정신은 단지 수직적인 억압의 구조에 지배될 뿐 아니라, 이제는 수평적인 균열 속에서 불규칙하게 진동하게 되었다. "생각하기에 고로 존재한다"

---

14. 증상만으로 판별이 안 되는 대부분의 경우는 히스테리이며, 과거에는 명확한 확증을 확보하지 못하는 상태에서 먼저 히스테리 약을 처방하기도 했다고 한다. 정신병은 정신과 의사에게는 평생 한번이라도 만나면 행운이라고 여길 만큼 현대 사회에서 희귀한 병이다.

는 이성적 주체는 몰락하고, 존재하기도 하고 존재하지 않기도 하는 대상에 휘둘려 간극에서 방황하는 망상가가 서구의 사상에 도래한 것이다. 환영에 의한 외상이 '사유'를 장악한 것이다.

물론 프로이트가 강조하는 중요한 점은 이러한 정신 상태는 정도의 차이일 뿐, 아주 특별한 병자들만 겪는 현상은 아니라는 것이다. 여자 속옷을 훔치는 극단적인 경우만이 페티시즘의 증후만은 아닌 것이다. 우리 모두에게 이러한 '변태' 근성은 내재한다. 심지어 영화 기호학자 크리스티앙 메츠Christian Metz가 시사하듯,[15] 모든 현대인들은 페티시즘을 공공연한 쾌락으로 향유한다. 헛것의 즐거움은 보편적인 대중의 쾌락이 되었다. 이를테면, 영화야말로 있지도 않은 허물의 향연이다. 스크린의 이미지가 허상이라는 믿음을 잠정적으로 유보하는 우리는 거세 불안의 주인공의 감흥을 재현하는 셈이다. 프로이트의 논문 "페티시즘"이 영화의 산업화가 급진전된 시기에 발표된 것도 우연이 아니리라.

프로이트가 시사한 바를 따르면, 모호하고 정교한 기호 작용을 통한 창작 활동은 '변태'적 성욕과 밀접한 관계를 갖는다. 페티시즘은 분명 창의력의 원천이기도 한 것이다. 사실, 부재와 상실에 대한 집착은 20세기 예술의 가장 흔하고 중요한 화두 중 하나가 아니었던가.

결국 페티시즘의 권력은 동떨어졌다고 여겨졌던 상호 이질적인 세계들을 통합함에 있다. 존재와 부재가, 여성과 남성이, 혐오와 매혹이, 원형과 가짜가, 정상과 비정상이, 덧없이 경계를 상실하고, 그 상실의 유

---

15. Christian Metz, *The Imaginary Signifier : Psychoanalysis and the Cinema*, Celia Britton, Annwyl Williams, Ben Brewster, and Alfred Guzzetti (trans.), Bloomington: Indiana University Press, 1986.

령이 상징 질서를 서성이듯 횡단한다. 그 불온한 횡단이 바로 페티시즘
인 것이다.

 ## 눈부신 가짜

플라톤의 《티마이오스》[16]에서, 세상을 창조한 조물주는 뭔가 가시적인
원형을 "바라보고" 그와 유사한 '모방물'들을 만든다. 플라톤의 창조론
과 비슷하게 기독교에 있어서도 인간이 만들어진 상황은 다분히 시각적
이며 공간적이다. 창조주는 자신의 '모습' 그대로 인간을 만들었다. 즉
태초의 창조자로서의 하나님은《티마이오스》에서 기술하는 창조자와 마
찬가지로 사실주의자였던 것이다. (《티마이오스》의 조물주가 원본과 재료, 그리고 코
라chōra를 필요로 한 반면, 기독교 창세기의 조물주는 언어만을 취한다.) 두 경우 모두 하
나의 모사의 대상이 있고, 그 대상이 제3의 본이건 자신이건, 이에 대한
'베끼기' 작업을 통해 인간 세계가 생겨났다.

　이러한 사실주의적 태도는 유럽의 문화를 수백 년 동안이나 지배했
다. 신체를 훼손하지 말라는 종교적 금기는 회화에서도 철저하게 지켜
졌다. 사람을 '보이는 대로' 그리지 않는다는 것은 조물주의 섭리로부터
벗어나는, 따라서 악마적인 금기였던 것이다. 기독교의 절대적 권위가
무너지기 시작하고 나서야 비로소 유럽 예술이 사실주의로부터 벗어난
것은 당연한 듯하다. 아감벤이 말하는 '환상'의 시대가 열렸을 때, 신체

---

16. 플라톤, 《티마이오스》.

의 재현은 본격적으로 '닮은꼴'로부터 벗어나기 시작한다. 고정된 시점에 충실하기만 하던 그림은 신체 훼손의 금기를 어기기 시작한다. 아감벤이 지적하듯, 특정 부위를 격리하고 왜곡·과장하는 파격, 그러니까 캐리커처가 18세기에 발달하기 시작한 것도 결코 우연이 아니다. 캐리커처의 미학은 신체를 곡해하고 부분을 극대화하는 페티시즘의 미학에 근접한다.

19세기 회화의 새로운 바람은 신체의 상징적 훼손을 극단적으로 추진한다. '프레임frame'을 통해서였다. 전통 회화에서 '온전'하게 묘사되던 인간의 신체가 총체적으로 파편화되기 시작한 것이다. 미술사가 린다 노클린Linda Nochlin이 예리하게 분석하듯, 드가와 마네의 그림에서 신체는 우연스럽고 돌발적인 '사실적' 관점을 보증해 주기라도 하는 듯이 캔버스의 경계에 어중간하게 걸쳐져 있다.[17] 프레임의 끝선은 신체의 가운데를 수직으로 가르거나 부자연스럽게 상체 혹은 사지를 절단함에 서슴없다. 프레임의 칼날은 프랑스 혁명을 계기로 악명을 높였던 단두대의 칼날처럼 목을 자르기도 한다. '전통'의 균형미를 더불어 절단한다. 이를 바라보는 관람자의 미학적 불편함은 상징적인 것이다. 역사의 폭력은 미술 양식에 남아 미학적 관습을 처단한다.

20세기에 들어서며 아프리카의 토속 문화로부터 절대적인 영향을 받은 유럽의 아방가르드 예술이 성에 대한 규범을 깨기 시작한 것도 두 문명 간의 역사적인 교류의 문맥에서 가능했음은 물론이다. 그 '눈부신' 정점이 페티시즘이다. 프로이트의 젊은 남성 환자를 매혹시켰던 코의

---

17. 린다 노클린, 《절단된 신체와 모더니티》, 정연심 옮김, 조형교육, 2001.

번들거림처럼 '눈부시다.' 부르주아의 안일한 일상을 뒤흔드는 전략으로 페티시의 공격적인 이중성은 확장되고 응용되었다. 초현실주의에 이르면 아방가르드가 추구한 공격성은 절정에 이르며, 그 정점에 페티시즘이 숨어 있다 해도 과언이 아니다. 가위로 신체를 난도질하는 포토몽타주로부터 신체의 구조와 기능을 재해석하는 의상 디자인에 이르기까지, 부르주아의 탐미적인 여유를 공략하는 메레 오펜하임Meret Oppenheim의 털 찻잔으로부터 여성의 특정한 신체 부위에 대한 공격적이고도 귀속적인 찬미에 이르기까지, 페티시즘이 범하는 인식의 범위는 (이 지면에서 운운하기에는 너무나) 방대하다. 타자의 혐오스러움이 교란시키는 미적 기준은 정치적 사명감을 머금는다. 예술의 목적으로서 초현실주의가 지향한 '의식의 위기'는 문화적 존재의 안정을 위협하는 타자성의 미학이기도 하다.

사실주의의 권력으로부터 벗어나는 기호 체계가 왜곡하는 것은 기표와 기의의 관계이다. 그리고 기표로서의 페티시가 기의로부터 달아나는 형국은 여러 단계로 나타난다. 정신분석의 문맥에서 페티시는 은유로부터 출발한다. 분명하게 음경을 대체하고 지시하는 기표이다. 언어가 담을 수 없는 결핍을 대신하는 수사적 메우기이다. 하지만 페티시의 특징은 하나의 대상으로 결핍을 보충하지 못한다는 점이다. 페티시는 복제되고, 증식되고, 파생된다. 수집광의 수집품들처럼 말이다. 일단 음경을 떠난 기표의 여행은 목적 없는 모험이 된다. 일관된 의미의 연속이 아닌 파생적 병렬로 이어진다. 마라톤이 아니라 릴레이 경주다. 기표들이 자리를 바꾸면, 최초의 기표를 끌어당기던 음경의 가부장적 영향력은 소각되고, 기표들의 유희적인 향연이, 환유의 환희가 시작된다. 욕망은 결국 환유적 미끄러짐의 연속이다.

욕망의 여정에서 사실상 원형과 복제를 갈라놓은 플라톤의 이분법은 실종되어 있다. 가짜가 진짜 욕동을 추진하고 있기 때문이다. 원형 없는 복제들만의 질주는, '본질'을 망각한 껍데기의 행렬은, (라캉이 말하는) 불가능한 대상으로서의 '남근'의 기원적인 속성이기도 하다. 원래 '남근'이라는 기표 자체가, 어머니의 음경이, 속없는 허물이지 않았는가. 가부장의 권력을 기억하지 않는 허물의 미끌미끌한 표면에서 욕망은 여전히 빗나간다. 언어적 논리의 권력이 벗어난 곳에서 자유가 치르는 대가는 당혹이다. 자유가 돌려받는 대가는 당혹이다.

 ## 거대한 손, 작은 망상

페티시는 기표이지만, 허물이지만, 신체라는 즉물적 기반과의 근친상간은 계속된다. 절단되고 훼손된 신체와 그 외상의 흔적은 리비도의 역사를 거슬러 올라가 전오이디푸스적 공포로 귀환하기도 하며, 시간 여행의 불안정한 궤도 속에서 어머니의 남근이 드려 놓는 거미줄에 기꺼이 걸리기도 한다.

절단된 손은 자아를 위협하기도 하고, 음경을 불안하게 하기도 한다. 고양이나 박쥐의 모습을 부분적으로 취한, 그러나 손만은 쇠붙이 의수로 대체된, 사마의 그로테스크한 신체 구조가 그렇다. 사마 역시 (황금박쥐와 마찬가지로) 외상의 흔적을 몸에 지닌 것이다. 우리가 〈황금박쥐〉 시리즈에서 최초로 만나는 폭력이 거대한 손이라는 사실 역시 그가 가졌을 '거세'의 기억을 떠올린다. 손을 상실한 사마는 자신의 외상과 타협하기 위해 허망하리만큼 거대한 남근을 제조한 것이다.

그의 신체적 외상을 나타내는 가장 결정적인 신체 부위라면 하체를 대신하는 둥근 원반 모양의 비행선이다. 가부좌를 하고 이 비행선에 탑승하고 있는 것인지, 아니면 이 비행선이 휠체어처럼 훼손된 하체를 대신하여 기동성을 부여하고 있는 것인지 알 수 없다. 100% 로봇일 가능성도 배제할 수 없다. 시리즈의 첫 회에서 전지적 관점을 거의 확보하는 해설자가 가장 먼저 발설하는 자신의 무지 역시 사마의 정체에 관한 것이다. "도대체 이 수수께끼의 '괴인'은 누구인가?"라고.[18] 어쨌거나, 그 어떤 경우라 하더라도 사마는 성적 기능을 철저히 결여하는 것만은 확실하다. 사마 역시 상징적으로, 혹은 실질적으로, 거세된 남성인 것이다. 결국 〈황금박쥐〉는 두 거세된 남성 간의 고양이 싸움을 다루는 이야기인 셈이다.

사마가 추구하는 상징적 남근이란 황금박쥐의 정체에 대한 지식이 될 수도 있고, 크게는 인류에 대한 지배력이 될 수도 있다. 그의 중요한 도상적 성격은 거대한 음경을 선망한다는 점이다. 그가 고안한 페티시의 크기는 아마도 그의 외상의 크기를 대변한다. 메리와 아버지가 탄 초대형 여객선을 박살내기 위해 바다 위로 처음 솟아오를 때의 로봇의 모습이 다분히 음경의 외형을 지닌 것도 우연이 아니리라.

아감벤이 인간의 신체가 욕망과 환상의 파편화된 기표로 묘사되는 예로 제시한 중세의 이미지들 중에서 특히 오리 아폴리니스 닐리아치Ori Apollinis Niliaci의 《이집트 성전들에 관해De Sacris Aegyptiorum notis》(1574)에 삽화로 수록된 손의 이미지는 예사롭지 아니하다. 인간의 근면성을 나타내

18. 일본판 영상을 번역하면서 이러한 중요한 대사들을 알려준 나가사키 아이長崎愛에게 감사한다.

왼쪽부터 《이집트 성전들에 관해》의 삽화, 〈황금박쥐〉의 파이브 핑거 로봇, 루이스 브뉴엘Luis Buñuel이 살바도르 달리와 함께 만든 〈안달루시아의 개〉(1929) 중 거리에 놓인 잘린 손

는 이 이미지는 전체가 아닌 부분으로서의 손을 묘사하는데, 이 상징적 표현은 사마의 거대한 음경 대체물의 원형으로 삼을 만할 정도로 닮았다. 1960년대 한국과 일본 사이의 상공에 뜬 파편화된 신체는 어쩌면 서구의 '망상'의 역사로부터 욕망의 역학을 물려받았으리라.

 거세된 거세의 기세

페티시즘은 1970년대에 이르러서는 패션을 비롯하여 보다 '대중적'인 취향으로 확산되었다. (1970년대부터 대중화되는 패티시 패션의 원류는 초현실주의다.) 오늘날 페티시는 성인 영화의 별미 내지는 성인 사이트의 미끼 따위로나 전락한 것이 사실이다. 마르크스가 우려한 잉여 가치가 여성의 신체에 부여되었다고 감히 말할 수 있다. 자본주의 상업 문화에서 페티시즘의 유연한 기호적 논리는 억압되며, 은유적인 관계로 제한된다. 이를테면 대체를 통해 유혹하는 전략, 그러니까 성적 욕구를 일으킬 만한 대상과 팔고자 하는 상품을 상호 대체하는 방식 따위로 교환 가치를 재생산하는 전략 역시 페티시즘의 수사를 재현한다. 하지만 상품을 판매하기 위한 목적에 따라 파생되는 욕망은 환유로 확장되지 않는다. 원래의 노동 가치에 잉여적인 교환 가치가 덧붙여지는 자본주의의 작용 논리에서 페티시즘은 관습적인 기표의 반복과 재활용으로 제한될 뿐이며, 집착은 경제적인 가치로 환산되어 상징적 질서 안에서 소모품으로 순환한다. 추방된 것이 문명으로 되돌아와도, 문명이 이미 자본주의의 유통 구조에 의해 유지되는 한, 그것이 배달하는 것은 유효한 위협이 아닌 위험으로 위장한 유희이다.

결국 황금박쥐는 빠르게 자본주의화되고 산업화되어 가면서도 로라 멀비Laura Mulvey가 말하는 '남근 중심적인phallocentric' 남존여비의 이데올로기의 규범에 철저하던 한국 사회에서 욕망이 부여하는 집착과 공포의 역학을 기표화한 매우 희귀한 '내면의 타자'가 아니었던가. 대문에 걸린 꼬추의 매력이 권력이 아닌 상실에 있음을 폭로한 이단아가 아니었던가.

 태권 V의 부위

1970년 미시마 유키오三島由紀夫가 우익 단체인 '방패의 모임'의 회원 네 명을 이끌고 육상자위대 총감부 총감실을 장악하여 자위대 간부 8명을 살해한 뒤 할복을 하면서 외친 것은 '국민 정신'의 회복이다. 1972년 2월에는 학생 운동의 상징 '연합적군連合赤軍' 소속 청년들이 아사마 산장에서 인질극을 벌이다 열흘 만에 체포되었다. 급진적 저항 운동에 사실상 종지부를 찍은 상징적인 사건이다. 1961년 출범하여 일본의 영화 역사에서 가장 과감하고 파격적인 예술 영화들의 제작을 지원해 왔던 '아트

시어터 길드Art Theatre Guild'는 1973년을 기하여 관습과 안정으로 돌아선다. 〈황금박쥐〉의 출현 배경이었던 1960년대 일본의 역동적인 정치 분위기와 문화적 다양성은 1970년대의 보수의 기류 속에서 왜소해진다.

1960년대 말 황금박쥐나 요괴인간 따위의 모호한 성적 정체성을 가진 개체들이 안방극장에 스멀스멀 생겨난 것은, 그나마 일본에서는 애니메이션 산업의 규모가 대형화되기 이전이었고 한국에서는 아직 산업이 활성화되기 이전이었기에 가능했던, 역사 속의 기이한 틈새 현상이었다. 이러한 혼혈 캐릭터들이 군사 정권의 암울함 속에서 한국의 하늘에 나타난 것은 특이한 사건이 아닐 수 없다. "민족 중흥의 역사적 사명을 띠고 이 땅에 태어났음"을 매일 아침 기도처럼 확인하던 시청자 어린이 여러분들에게 이런 '어둠의 자식'들이 영웅으로 활개 치는 광경은 균질적이고 획일적인 세계에 난 균열의 단상이었던 것이다.

대형 로봇의 황금시대가 열린 것은 문화사적 필연이었다. 일본에서 학생 운동과 저항 문화가 추진했던 변혁의 기운은 1970년대 대형 전투 로봇들의 심장을 펌프질하는 에너지로 대체된다. 보다 거대해진 애니메이션 산업의 표상으로는 그 크기에 비례하는 남성적 하드바디가 적절했다. 황금박쥐가 날아다니던 하늘은 대형 로봇들의 각축장으로 개조되었다. 미화된 첨단 병기들은 일본의 하늘을 벗어나 한국으로, 아시아로, 미국으로 뻗어나갔다. 대형 로봇들의 기나긴 행진의 아래에서 어중간한 몽상과 어설픈 기형들은 모두 악으로 몰린다.

이러한 변화의 표징이자 시발점은 물론 1972년 〈마징가 Zマジンガ-Z〉의 출현이다. 도에이 동화東映動畵와 다이나믹 프로가 제작한 이 시리즈는 초대형 로봇의 황금시대를 화려하게 개막했다. 마징가 Z라는 무기는 빤쓰를 입고 있다. 그것이 이룩한 대형 로봇 디자인의 혁신은 이후 수많은

빤쓰, 빤쓰들로 이어진다. 지금까지도 이어지는 빤쓰들의 행진이 음경을 재확인하고 강화하는 목적으로부터 얼마나 벗어나는지는 의문이다. 일본의 군국적 환상을 수입하면서도 역설적으로 군사적인 국가관을 체화했던 '로보트 태권 V'까지 어영부영 참여하게 되었던 박진의 행진이다.

"날아라 날아, 로보트야!"

민족 중흥의 역사적 사명을 보다 밝고 맑게 책임질 수 있는 민족적 군사 병기도 확연하게 빤쓰를 착용하고 있다. 주입적인 행진곡의 리듬은 모두에게 동참을 강요한다. 발을 맞추어 걷지 않는 것들은 그 발밑에 깔린다. 이 시대 여의도 광장에서 국군의 날마다 열리던 퍼레이드에 태권 V가 등장하지 않았던가? 마징가 Z나 로보트 태권 V, 그 밖의 잘도 날아다니는 무기들이 "빤쓰를 걸쳤다"는 등의 비하적인 노래 따위로 조롱거리가 되지 않은 것은 당연하다. 그들의 있지도 않은 남근은, 허망한 결핍은, 빤쓰 속에 은폐되어 있다. 가슴에 달린 페티시가 하늘을 향해 발기되어 있는 동안 그 은폐는 성공하는 듯싶다.

황금박쥐가 짊어졌던 부재하는 빤쓰의 추억은, 빤쓰의 유무에 대한 문제는, 1970년대에 일본에서 등장한 거의 모든 로봇, 변형 인간, 사이보그, 복제 인간, 귀신 및 괴물들도 나름대로 십자가처럼 짊어진다. 짓누르는 십자가의 무게를 홀가분하게 벗은 자들은 모두 빤쓰를 입고 있다.

IV.
미끌미끌한 아버지의 성함

 ## 버려진 아이와 벌어진 아버지

'정의'라는 개념은 그 어감의 무게만큼 지긋한 연륜을 머금는다. 고대에 플라톤이 정의한 '정의'는 오늘도 유용하다. 공동체의 허용된 범위 안에서 분수를 지키며 유지하는 덕의 총체가 '정의'라는 것이다.[1] 정의는 공동체의 유기적 질서에 수학적 균형을 부여하는 기제이다.

황금박쥐가 '정의의 사도'임은 틀림없다. 그런데 황금박쥐는 인류를 지킨다는 대의명분을 가지면서도 슈퍼맨과 달리 지극히 사적인 요구와 동기에 의해 출현한다. 그가 출몰하는 현장에는 항상 메리라는 여자 아이가 있으며, 그의 능력은 보통 메리와 일행을 보호하는 목적에만 봉사한다. 그의 위력은 항상 메리의 여리고 큰 눈에 비치어지고, 악의 위협에 대한 인류의 저항은 한 어린 소녀에 의한 대리적인 국지전 양상으로 좁혀진다.

---

1. Plato, *Republic*, Robin Waterfield (trans.), Oxford: Oxford University Press, 1984.

　황금박쥐의 입장에서 보자면, 1만 년이나 지나서 태어난 메리가 직계 후손으로 여겨질 리는 만무하지만, 어쨌거나 메리에게 있어서 황금박쥐는 이상적인 아버지와 같다. 메리는 황금박쥐를 호출할 수 있는 유일한 인물이자, 황금박쥐의 행동반경을 설정하는 결정적 조건이다. 심지어는 관 속에 물을 부어 황금박쥐를 부활시킨 장본인 역시 메리다. 병아리가 알에서 태어난 후 처음으로 만나는 대상을 엄마로 좇는다는 통설을 좇듯, 황금박쥐는 자신의 정체성과 활동 범위를 메리를 중심으로 규정한 듯하다. 메리의 간절한 기도만이 황금박쥐를 호출하는 유일한 매체가 되며, 같은 내용의 기도문을 다른 사람이 송신한다고 메시지가 전달되지는 않을 것 같다. "미디어는 곧 메시지*Medium is the message*"[2]라는 마셜 맥루언Marshall McLuhan의 메시지는 벌써 메리의 기도문이라는 매체를 통해 청청하게 울려 퍼지고 있었다. 아니, 맥루언의 고루한 메시지를 한 단계 더

---

2. Marshall McLuhan, *Understanding Media: The Extensions of Man*, Cambridge and London: The MIT Press, 1994.

해골이 나타난 하늘은 더 이상 창연하지 아니하다.

뒤틀어 "발신자가 곧 메시지"라 함 직하다. 소통의 핵심은 기도문의 내용이 아니라 메리가 기도를 한다는 상황 그 자체인 것이다. 결국 슈퍼맨이 익명의 시민들을 무작위로 구출하는 보편적인 자원봉사자인 반면, 황금박쥐는 지극히 집중적이고 제한적인 대상만을 구원하는 보디가드이다. (혼자만이 독점하는 수호자가 자신을 따라다니고 지켜 주는 것은 모든 어린이들의 꿈이 아니겠는가.)

메리에게 황금박쥐는 구세주이자 은밀한 소통자이며, 죽은 아버지를 대신하여 자신을 지켜 주는 실질적인 보호자이다. 부모가 남기는 이상적 이미지, 즉 이마고*imago*[3]이다. 황금박쥐는 아버지가 이행하지 못한 보호의 임무를 완벽하게 수행한다. 아버지를 대체하는 관계는 첫 편에서 구체적으로 다루어지는데, 황금박쥐를 만난 시기가 아버지의 사망 직후라는 점은 의미심장하다. 더구나 황금박쥐와의 소통 관계를 갖게 된

---

3. '이마고'는 프로이트가 1912년의 논문 "전이의 역동성Zur Dynamik Der Üertragung"에서 칼 구스타프 융Carl Gustav Jung으로부터 가져온 것이라 밝히면서 사용하기 시작한 개념이다. Freud, "The Dynamics of Transference," *SE 12*, pp.99~108.

결정적 계기가 아버지가 남긴 연구 노트라는 점 또한 메리와 황금박쥐와의 관계에 상징적 연결 고리가 있음을 시사한다. 메리의 아버지에 있어서 죽음의 상징이 되는 황금박쥐는 평생 연구의 최종 목적지였고, 말하자면 아버지는 자신의 죽음을 통해 목표에 도달하는 셈이다. 죽음과 황금박쥐 간의 상호 환유적인 고리를 완성하면서 말이다. 이에 따라 메리는 아버지의 죽음을 통해 죽음 속 아버지의 상징을 만나게 된다. 사라진 아버지가 살아지게 된 것이 황금박쥐이다.

상징적 질서의 경계에서 아른거리는 아버지의 이야기는 낯설면서도 친숙하다. 언캐니하다. 낯익은 것은 전후의 일본 애니메이션에서 유행처럼 퍼졌던 하나의 전형을 메리에게서 보기 때문이다. '버려진 아이棄て子'라는 인물형이다. 애니메이션 연구가 김준양이 시사하듯, '버려진 아이'는 전후 일본인의 정신적 공황 상태를 대변한다.[4] 그 전형은 '세계 명작 동화'로 묶여져 널리 소개되었던 19세기와 20세기 초반의 서구 동화 주인공들이다. 이 이국적이면서도 낯익은 도상은 근대화 과정에서 갑작스레 신격화되었었던 황제가 패전을 선언한 충격을 다소곳이 미화했다. 서구 아동 문학에서는 더 이상 재활용되지 않는 '버려진 아이'들의 고생담은 전후 일본 현실의 냉혹함과 비정함을 소통했고, 희망과 좌절이 복합적으로 교차하는 아련한 정서를 절실함으로 담아냈다. 참담함 속에서 그들의 삶을 지탱하게 해주는 힘은 물론 어디엔가 있을 것 같은 부모에 대한 시적인 그리움이었다. 대타자의 부재와 그가 주는 절박한 상실감은 서구인의 상상적 신체에 투사되어 불가능의 지평에서 아른거리는 욕망

---

4. 김준양, 《이미지의 제국: 일본 열도 위의 애니메이션》.

과 서글픔을 재현했다.

　메리는 돌아온 '버려진 아이'이다. 죽음으로부터 돌아온 금발의 성냥팔이 소녀이다. 서글픈 가슴을 떠안고 부모를 찾아 방황하는 미운 오리 새끼다. 서구 문학에서는 '버려진' 도상이 일본과 한국의 안방극장에 재림하여 어두운 '황금 부모'의 부활에 진득한 심리적 동기를 부여한 것이다.

　〈황금박쥐〉에 '버려진 아이'의 자리는 겹으로 존재한다. 황금박쥐의 정체를 노래로 갈구하지만 궁극적으로 이에 대한 지식을 소유할 수 없는 정체 모를 발화자의 자리, 무지를 공유하는 시청자 어린이 여러분의 자리, 이 모두 역시 상징적 의미에서 '버려진 아이'의 자리이다. 그러니까, 도상으로서의 '버려진 아이' 메리가 상징하는 바로 바로 이 상징적 결핍이다. 메리는 〈황금박쥐〉라는 텍스트를 중심으로 펼쳐지는 정보의 소통으로부터 소외된 서러운 주체의 자리를 대신하는 대리인이다. 시청자 어린이 여러분이 〈황금박쥐〉에 내재하는 상징적 결핍에 유혹되며 봉합 *suture*하게 되는 자리는 메리의 자리이기도 한 것이다. '어디에서 오는가' 알 수는 없지만 나타나 주기만 하는 것으로 안위해야 하는, 좌절에 면역되어 가는 탐구자이자 무력함의 가면 속에 숨은 피보호자인 우리는, 이 자리에 들어오면서 갈망을 배운다. 대타자가 존재하는, 아니 정확히 말하자면 대타자가 결핍되어 있는, 미지의 공간에 대한 지식 애호증적 갈망은, 결핍에 대한, 구멍 남근에 대한, 페티시즘적인 갈망으로 전환된다. 황금박쥐가 나타나기를 절실하게 바라는 메리의 마음이 남의 마음이 아닌 것처럼 여겨지는 것도 당연하다.

　'버려진' 메리가 그토록 갈구하는 부모와의 만남은, 황금박쥐와의 조우는, 시청자 어린이 여러분의 봉합을 더욱 견고하게 한다. 김준양이

분석한 대로, 전후 일본의 전형적인 '버려진 아이'는 세 종류의 부모를 만들어 냈다. '진짜'로 여겨지는 혈족 아버지와 이를 대신하는 새로운 '가짜' 아버지, 그리고 부계 질서에 대한 대안적 부모로서의 어머니이시다. 김 박사 일행에 가족으로 받아들여진 메리는 '진짜' 아버지의 상실과 더불어 새로운 '가짜' 아버지의 등극을 추진함으로써 고전적인 '버려진 아이'의 이야기를 재현한다. 이 패턴을 좇는다면, 황금박쥐는 메리라는 버려진 아이가 갖는 대안적인 부모가 되는 셈이다. 빤쓰를 입지 않은, 거세당한 부모인 셈이다. 다리 사이에 상처가 벌어진 제3의 아버지인 것이다. (우주 소년 아톰 역시 실질적인 아버지상인 박사를 중심으로 두 명의 아버지를 더 둔다. 자신을 만든 '친부' 그리고 남근을 결여하는 사이보그 아버지다.)

결국 황금박쥐는 구원 활동을 마치고 다시 미지의 공백으로 사라짐으로써 메리의 '버려진' 상태를 유지시킨다. 어쩌면 미지의 공백은 '버려진 아이'의 나르시시즘적인 독립성을 유지해 주는 편리한 알리바이일지도 모른다. 나른한 나르시시스트는 대타자의 공석을 먹고산다.

 ## 아버지의 죽음, 죽음의 아버지

죽음의 바다가 우리의 시선을 끊임없이 빨아들인다. 기표들의 시체를 흡입하는 격렬한 소용돌이가 아닌, 대타자의 적막을 투영하듯 숭고한 고요함을 머금은 대양의 거대한 막막함이, 유혹 앞에서 나약하기만 한 우리의 정신적 심연을 더욱 공허하게 투영한다.

처음부터 죽음이라는 주된 모티브가 시리즈를 점령하기 시작한다는 점도 심상치 않았었다. 하지만 정말로 심상치 않은 것은 죽음의 침묵이 아닌가. 그러니까, 친아버지의 죽음이 시리즈에서는 더 이상 언급되지 않는다는 점이야말로 예사롭지 않게 탁하고 낯선 무언의 권력을 스스로 부풀린다. 고고학자의 죽음에 대한 끊임없는 지표가 됨 직한, 선박 사고의 유일한 생존자인 메리의 침묵이, 아버지의 죽음을 애도하지 않는 버려진 소녀의 비상한 냉철함이, 우리를 교란시킨다. 이상하다. 아버지의 죽음을 침묵으로 삼키고 아무렇지도 않은 듯 일상에 임하는 이 아이를 단지 기특하다고만 하기에는 감정의 통제가 지나치게 단호하다. 섬뜩하다. 괴기스럽다.

프로이트의 말대로, 애도mourning는 사랑하는 대상이 실질적으로 부재하는 현실을 지속적으로 확인하는 절차이다.[5] 아버지의 죽음 이후 메리가 점유하는 일상은 부재를 머금지 않는다. 아버지의 부재에 대해 메리가 이미 확인을 끝낸 것인지, 확인을 아예 확인할 엄두도 못내는 것인지, 감조차 잡을 수 없다. 기표화되지 않은 내면의 동기가 있지 않을까 누구나 의심할 만하다. 물론 이러한 의심은 플롯 구성상의 경제적인 효율성과 극단적 슬픔을 배제하는 자본주의 아동 문학의 서사 논리에 의해 억압된다. 아이들을 안방으로 불러 모아놓고 아버지의 죽음이라는 충격적인 사건에 뿌듯하게 침잠될 수도 없거니와, 비싼 광고주를 모셔 놓고 스토리를 가속시켜야 할 시간을 지체할 수도 없지 않은가. 하지만 우리를 사로잡는 불안은 메리라는 서사 공간 속의 허구적 인물의 정서에 대한 의구심에 머무는 것이 아니라, 그를 지배하는 텍스트 외부로 버려진 기표들의 유령으로부터 온다. 텍스트의 유령들은 애도를 전략적으로 은

5. Freud, "Mourning and Melancholia," *SE 14*, pp.239~258.

폐함으로써 수행적으로 상징적 질서들의 틈을 벌린다. 죽음의 보이지 않고 들리지 않는 권력은 이 버성겨진 틈으로 침투한다. 메리가 애도를 해서 죽음이 우리에게 두렵게 다가오는 것이 아니라, 메리가 애도를 망각해서 죽음은 더욱 깊숙한 의식의 심연 속에 뿌리를 내린다. 아버지의 죽음은 철저한 침묵으로 시리즈에서 억압되고, 그럼으로써 유령이 되어 텍스트에 스며들어 간다. 그 억압된 죽음의 영역이 곧 바다가 상징하는 바이다. 사이렌이 출몰하는 고전적인 미지의 영역이다. 언어의 권력이 미치지 못하는 치외법권 지대이다.

메리는 김 박사라는 실질적인 아버지상을 가운데로 놓고 두 명의 아버지 사이에 놓인다. 메리의 친아버지는 일상으로부터 죽음으로 넘어갔고, 황금박쥐는 죽음으로부터 생명의 세계로 진입했다. 전자는 상징계에서 실재계로 넘어갔고, 후자는 실재계에서 상상계로 넘어왔다. 두 아버지상 모두 아버지에 대한 메리의 그리움과 사랑을 완벽하게 상징화하지 못하는 불완전한 존재들이다. 두 아버지상은 메리가 일상적으로 다다를 수 있는 영역에서 항상 벗어나 있으며, 이상적인 아버지의 위치와 실제 아버지 사이의 간극에 메리의 욕망이 있다. 즉 메리의 욕망은 항상 잉여적인 간극을 미끼로 작동하는 장치이며, 이러한 기능이 〈황금박쥐〉 이야기를 지속시켜 주는 원동력이 되는 것이다.

결국 황금박쥐는 상징적인 '버려진' 자리에 욕망의 근거를 제공하는 대타자이다. 남근이라는 절대적인 구멍을 다리 사이에 전람해 놓은 거세된 아버지이다. 결핍 그 자체를 체화한 '아보지'이시다.

"절대적 타자를 소외시키려는 것이 문명의 음모이다."[6] 공연 평론가 김남수의 시적인 표현은 대타자에게도 적용된다. 대타자를 소외시키려는 문명의 음모는 물론 보다 미묘하고 미세하게 작동한다.

메리는 그 음모를 폭로하는 이중 스파이다. 구멍 난 대타자가 문명의 구멍으로 들어올 때 우리에게 무성의하게 던져지는 것은 공허한 질문, 질문뿐이다. "어디, 어디, 어디에서 오는가?"

 ## 엘렉트라의 목소리

황금박쥐는 상징들의 질서를 빠져나가는 잉여적 대상, 즉 환상이다. 메리의 환상은 상징계로부터 빠져나간다. 하지만 물론 메리가 상징계를 빠져나간 것을 상상계로 불러들이기 위해 의존하는 도구는 지극히 상징계적인 것이다. 바로 기도문이다. 기도만큼 조직적으로 상상계의 소외와 실재계의 압박을 '환상적으로' 상징화하는 행위가 또 있을까. 기도는 '환상'과의 유대 관계를 성립, 유지시키는 문화의 매개이다. 상상계에 의지依支하는 상징계의 의지意志이다.

〈사운드 오브 뮤직〉에서 마리아는 아버지를 그리워하는 일곱 명의 아이들이 불안을 극복할 수 있도록 각자 좋아하는 것들을 떠올리라고 권유한다. 그리고 이를 노래로 발화하게 함으로써 언어의 수행적 기능을 작동시킨다. 장미 잎 위의 빗방울, 고양이 수염, 따뜻한 어린 양, 끈으로 묶여진 갈색 포장의 우편물 등등. 마리아의 순진한 아이들이 대타자의 부재가 주는 불안을 완화하기 위해 타대상들을 열거했다면, 아연한 반복적 열거로써 타대상이 지시하는 불가능의 지평선을 가렸다면, 메리는 타

---

6. 김남수, "타자를 대하는 몸짓들의 교차로," 〈판〉, vol. 1, 2007, p.48.

대상 너머의 죽음으로 상징계의 질서를 확장하려고 노력한다. 황금박쥐가 삶의 경계로부터 벗어난 영역에 존재한다면, 메리의 요구는 그러한 경계를 초월하여 끊임없이 욕망을 상징화하려 한다. 메리의 언어는 집요하게도 황금 아버지의 부재를 부인하는 동시에 그가 속한 곳이 상징계 이면이라는 사실을 인정하는 양가성을 갖는다. 그로 인해 집착은 더욱 강박적인 양상을 띠게 된다. '요구'로 인한 상실의 절대성을 초연하게 받아들이는 것이 아니라 언어적 질서를 통해 강박적으로 상실에 집착하는 것이다.

〈오페라의 유령〉에서 유령 같은 아버지상 에릭과 여가수 크리스틴의 관계를 맺어 주고 강화해 주는 매개 역시 목소리이다. 보이지 않는 에릭은 그의 목소리를 통해 크리스틴을 홀리고 자신의 세계로 불러들인다. 소리는 이성과 언어 질서를 넘어서는 초월적인 자력을 가진다. 에릭의 호출이 그러하고, 크리스틴의 노래가 그러하다. 물론 흥미로운 사실은 무성 영화인 이 영화가 그러한 소리를 설정하면서 결정적으로 이에 대해 침묵할 수밖에 없었다는 점이다. 결국 목소리는 이중적으로 상징계의 영역으로부터 빠져나간다. 나타나지는 않고 목소리만 내는 에릭은 이중으로 결여의 자리를 만든다.[7]

에릭의 호출과 마찬가지로, 메리의 기도는 대체적인 아버지와 딸의 관계를 재확인해 주고 지속시켜 주는 결정적인 매개가 된다. 구멍 난 아버지인 에릭의 부름이 구멍 난 세계로의 유혹이라면, 메리의 기도는 상

---

7. 흥미롭게도, '천의 얼굴을 가진 사나이'로 명성이 높던 에릭 역의 론 채니(Lon Chaney)는 청각 및 언어 장애를 겪는 부모 밑에서 성장했다.

↑ 기도하는 메리. 기독교적인 이름을 가진 이 소녀가 절실하게 소원을 전하는 대상은 하나님이 아니라 해골이다.

← 1960년대 말과 1970년대에 걸쳐 한국에서 기독교적 아이콘들이 대중적으로 급속히 확산되면서 작은 액자나 액세서리의 형태로 유통되었던 형상. 부적의 기능을 대신하기도 했다.

징계의 구멍으로부터 구멍 난 아버지를 불러들이는 부름이다. 둘 다 결여를 내포하는 아버지에 대한 엘렉트라 콤플렉스*Electra Complex*를 소통하는 신호이며, 메리의 경우 이러한 동기는 오히려 복잡하다.

　친부의 죽음을 애도하지 않는 메리의 초연함은 자신의 생명이 외부의 위협으로 위태로워질 때마다 무너진다. 그러면서 은폐되어 있던 상처를 드러낸다. 이럴 때에 메리는 히스테리에 가까운 극한 감정의 동요를 보이며 절박한 기도를 올린다. 식은땀과 눈물을 흘리며 조악한 문장들을 읊조린다. 소리로써 언어적 질서에 대한 집착을 강화한다. 결국 메리의 외상은 극심한 신경증으로 남은 것이다. 말하자면 황금박쥐라는 대체적인 아버지의 모호한 현전이 메리를 극심한 신경증 환자로 만들어버린 듯하다. 결국 기도문은 메리의 무너진 세계를 옹호하려는 음울한 주술인 셈이다.

　신경증은 대타자에 대한 복종의 징후이다. 대타자의 이름에 대한, 언어의 질서에 대한, 타협의 효과이다. 이미 언어에 의해 소외된 자아가 갖는 억지 선택권이다. 언어의 권력에 대한 '대항'과 '굴복'으로 나뉜 교차로에서 온순함을 선택한 경우이다. 물론 강제에 가까운 선택이다. 사실상은 별다른 길이 없는 것에 다름 없다. 헤겔의 변증법적 주체가 짊어지는 소외가 주인과 노예 간의 열린 승부를, 한쪽의 완전한 파멸을 선행하는 것과 달리, 라캉의 구도에서 아이가 갖는 소외는 패배를 상정할 수밖에 없다. 자아가 대타자를 이길 수는 없다. 그래도 선택이 있다는 것이 '소외*alienation*'라는 상태에 그나마 따르는 혜택이다. 문제는 자신의 열등함과 어떻게 타협하는가이다. 순종에 대한 대가는 소중하게 주어진다. '주체*subject*'라는 상징계의 선물이다. 자아는 스스로를 배반함으로써, 언어의 권력에 순응함으로써, 주체를 획득한다. 아니, 영락한다. 언어 '의' 주체이자, 언어 '에 귀속되는' 주체이다. 자아는 자신을 소외시킨, 자신의 자리를 완벽하게 부여해 주지 않고 구멍만 내보였던 상징계에 '주체'의 이름으로 입국하여 타향살이를 한다. 상징계가 지정해 준 자리에 세를 든다. 상징계에서의 존재는 공허함으로의 첫발자국이기도 하다.

　순종을 선택하지 않은 소수의 용감한 자아는 대타자에 무모하게 투항한다. 라캉이 '분리*separation*'라 일컫는 행로이다. '분리'를 선택한 자들의 무용담은 언어로 존재하지 않는다. 그것을 말할 (언어적) '주체'도 없고, (언어의) 주체가 없기에, '언어'는 당연히 없다. 이 숭고한 격전지의 이름은 정신병*psychosis*이다.

　메리의 기도가 아버지 사랑의 완전한 복원을 기원하는 것은 아니라는 점은 우리를 계속 불편하게 한다. 아니, 애당초 기도의 동기는 아버지의 복귀의 가능성을 억압함에 가까우리라. 기도문의 내용만 하더라도 황금박쥐나 친아버지를 그리는 것이 아니라 오로지 자신의 목숨을 연장하겠다는 처절한 의지만을 담을 뿐이다. 메리가 치열하게 갈망하는 바는 오직 자신의 생존과 안녕이지, 아버지에 대한 배려나 그리움이 아닌 것이다. 더군다나 황금박쥐의 정체에 관한 지식을 갈망하는 기색은 전혀 보이지 않는다. 다만 눈앞에 생명을 위협하는 심각한 위기가 닥쳤을 때만 황금박쥐를 호출하여 이용할 뿐이다. 메리의 기도문이 궁극적으로 수행하는 바는 황금박쥐의 모호한 정체와 비일상적인 존재감을 유지하는 것이다. 황금박쥐는 메리의 기도문을 듣고서 비로소 나타나는 인물일 뿐 아니라, 메리의 기도문에 의해 억압되는 인물이기도 한 셈이다. 라캉의 이론에서 상징계를 초월하는 영역인 실재계가 상징계에 의해 유추되면서도 상징계의 기표들로 인해 억압되는 것처럼 말이다.

결국 메리는 소외된 상태에서 언어의 강압적 권력에 어쩔 수 없이 복종할 수밖에 없는 '주체'의 가련한 운명을 기도로 노래하는 비련의 시인이다. 대타자의 출몰을 기리면서도 그 언어적 권력으로부터 자유로워지고자 하는, 그러나 결코 자유를 획득할 수 없는, 자아의 단상이다. 메리는 언어의 권력을 수행하는 적극적 주체인 듯 보이지만, 실상 메리의 목구멍을 압박하는 것은 외부로부터 침투하는 상징계의 육중한 권력이다. 언어의 횡포에 의해 자아가 '선택'할 수 있는 것은 바로 그 육중함을 수용하고 신봉하는 것밖에 없다. 자아를 유혹했던 가해자와 동침하고 그 발기된 권력을 목구멍에 들이는 것이다. 메리가 두 손을 고이 모으고 내는 소리를 따라 퍼지는 것은 가해자의 묵중하고 농후한 승리감이요, 피해자의 애달픈 목젖을 건드리며 드나드는 내면의 치욕감이다.

아니다. 메리의 선택은 양가적이다. 독립과 종속의 양극을 오가며 언어 놀이를 하고 있을 뿐이다. 언어라는 놀이이자, 언어로 하는 놀이이다. 그러니까, 소외의 교차로에서 메리가 선택한 것은 분리이기도 하고 복종이기도 한 것이다. 페티시즘은 사멸과 기표 사이에서의 이중생활이다. 신경증과 정신병의 양극 사이를 배유하는 순환 열차이다. 생성과 소멸의 굴레에 걸친 빤쓰이다. 메리의 목구멍이 내뱉는 것은 대타자의 구멍의 코러스이다.

메리의 목구멍에 침투한 언어는 그 권력의 근원인 대타자를 갈구하는 노래를 읊조리지만, 메리는 어쩌면 알고 있다. 기도의 진정한 기교는 결핍을 지평선에서 아른거리도록 유지시키는 것에 있음을. 기도를 위해 고이 모은 손이 은밀하게 향유하는 기쁨은 대타자를 중간계에 남겨 두는 것임을.

 ## 생명의 물, 죽음의 바다

아아 창망하여라, 바다의 상징성이여. 메리가 죽다가 살아난 곳도 바다다. 메리는 거대한 손 로봇의 공격의 유일한 생존자로 표류하다가 심청처럼 연꽃 모양의 작은 선박에 구조된다. 바다는 소멸과 부활의 순환이 있는 곳이다. 사마라는 나쁜 타자의 페티시가 출몰한 곳도 바다이고, 황금박쥐가 그를 거세한 현장도 바다 속이다. 황금박쥐가 1만 년 동안 숨어 있을 수 있었던 것도 망망대해 한가운데에 은닉해 있었기 때문이다. 그의 1만 년 동안의 은닉처가 침잠하는 곳도 바다 속이다. 바다는 문명이 닿지 않는 불가지한 영역이다. 그렇기에 바다와의 조우는 인간에게 있어서 파괴의 파도로 나타나기도 한다.

이러한 무형적이고 다각적인 순환의 영역에서 한 바가지의 물로 창조의 힘을 발휘하는 인물은, 철수도, 뚱보도, 김 박사도 아니라, 작은 소녀인 메리다. 황금박쥐의 부활이 메리의 행위에 의해 가능했다는 점은 둘 간의 관계를 복잡하게 한다. 황금박쥐가 아버지상이라 할지라도 황금박쥐는 메리에게 생명을 빚진 셈이다. 메리는 물이라는 생명의 상징을 부림으로써 영웅을 탄생시킨 창조의 여신이시다. 물을 베푸는 어머니이시다. 그러기에 기독교의 성모의 이름을 취한 것도 자연스럽다. 그렇다면 메리는 만 년이나 묵은 아들을 둔 처녀모인 셈이고, 두 인물 간의 관계는 선형적인 시간의 흐름을 초월하는 순환적 고리로 맺어진다. 이러한 비논리적이고 비선형적인 시간성이야말로 '슈퍼맨'이 갖지 못하는 원초적인 환상성이다. 부모와의 관계를 뒤바꾸는 상상이야말로 아이들에게는 얼마나 통쾌한 일탈인가.

부모와의 관계를 전복하는 상상적 기쁨은 (다른 모든 수직적 권력 관계의 전복이 주는 기쁨보다) 충만하고도 외설스러운 동기를 기반으로 한다. 부모의 사랑을 독차지할 것을 소망했던 아이는 현실적으로 그렇게 되지 않음에 좌절한다. 어머니의 몸에서 발산되는 사랑의 화살들이 모두, 하나도 빼지 않고, 나의 몸에 도달했어야만 하지만, 현실은 가혹하다. 모든 화살을 몸에 충만히 지니는 행복은 항상 부족하게 주어진다. 어머니의 많은 화살들이 나를 빗나가서 '어디'인지도 모를 미지의 '거기'로, 황량한 바다로, 전지자도 모른다고 발뺌하는 바로 그 허공 속으로, 빨려 들어간다. '남근'이라는 결핍의 영역이다. 대타자의 남근은 곧 나의 (언제나 빗나가고 좌절하기만 하게 되어 있는) 욕망이다. 단 한 번만이라도 욕망의 화살을 갈구하는 자리가 아닌 욕망의 화살을 쏘는 위치에 선다는 것은 이러한 제한된 시나리오로부터의 파격적인 일탈이다. 모든 사랑의 화살을 명중시킴으로써 어머니와의 결합을 비로소 완벽하게 성취할까? 아니면 모든 화살을 부재하는 남근의 영역에 남발함으로써 복수를 실현할까? 흥겨운 선택을 할 수 있는 것이야말로 충만한 행복이다. 남근을 점유하지는 못해도, '선택'만은 내 자지, 아니 차지가 되는 것이다. '황금 부모'가 부활하는 중요한 시점에 메리가 어머니 역할도 서슴치 않았음은, 어쩌면 친부의 죽음을 삼켰던 침묵의 무게와 같은 동기를 추진하고 있는 것일지도 모른다. 메리는 전능함을 포기하지 않는, 버려졌으나 자신을 버린 부모에 대한 복수를 얼마든지 추진할 수 있을 뿐 아니라 자신이 버려졌다는 사실조차 인정하지 않으려는, 독립적인 주체가 된다. 기도는 이러한 독립의 의지가 허물어지는 순간 메리가 히스테리적으로 집착하게 되는 언어의 질서이다.

메리라는 어두움의 성모는 기독교의 성모처럼 일관되지 않고 고대의 여신처럼 복합적이다. 독립의 자부심과, 완전하게 잠식되지 않는 위기의식, 여기에 발작적인 언어에의 집착까지, 메리를 이루는 요소들은 극단적이고도 다양하다. 베풀기만 하는 요정도 아니고, 버려지기만 한 가여운 아이도 아니고, 복수만 다짐하는 마녀도 아닌 것이 메리이다. 욕망의 원초적 다사다난함을 채화採火하는 다층적 상징이다. 인간의 모든 치열함을, 대타자에 대한 불만과 분노와 미련을, 소외를, 독립의 의지와 아픔을 다층적으로 껴안은, 정서의 다면적 거울이다. 모든 싱그러운 생명력과 비린내 나는 치열함과 거친 황량함까지도 갖고 있는 바다이다. 이 오묘한 창망함이 황금박쥐가 속한, 주제가가 묻는, '어디'이다. 탈언어적인 '거기'이다.

〈사운드 오브 뮤직〉에서 마리아에 대한 언어적 성찰을 음악으로 수행하는 수녀 집단들은 마리아에 걸맞을 명사와 형용사들을 동원한다.

경박한 바람둥이*flibbertigibbet*, 도깨비불*will-o'-the wisp*, 어릿광대, 골칫거리, 악마, 천사, 어린양, 어린아이 등 극단적인 우려와 비난과 동정의 기표들이 빗발친다. 혼란이 절정에 달하는 바로 그 순간, 원장 수녀님이 하나의 간단한 문장으로 모든 언어적 혼란을 일축한다. "그녀는 단지 소녀일 뿐"이라고.

아아, 메리 역시 그저 단지 한낱 '소녀'일 뿐이다. 하지만 마리아보다도 다면적이고 기묘하며 불가지한 '소녀'다. 마리아가 경묘하다면 메리는 영묘하다. 원장 수녀님의 기표가 모든 가능성들을 잠재한 사춘기의 귀하고 여린 모습을 지시하며 모든 위기감을 잠식시킨다면, 메리에 잠재된 리비도의 다각적인 모습들은 '소녀'라는 단어에 활화산과 같은 파격적인 생명력과 생경한 파괴력을 부여한다.

인류의 구원이 가혹하게 버려진, 그러나 버려짐을 거부하는 독립적인 서구의 소녀의 창작과 언술 행위에 의해 설정된다는 사실은, 남성적 창조주의 권력과 권위를 현현한 여성적 창의성으로, 황금박쥐가 누리지 못한 빛의 전능을 바다 어머니의 창창하고도 망망한 물결로, 다소곳이 이양한다. 계몽적 가부장주의에 익숙해져 있을 시청자 어린이 여러분이 인도되는 〈황금박쥐〉의 신화적 세계는 바다처럼 창망하고 소녀처럼 현란하다.

 황금박쥐의 항문적 경지

프로이트의 거세 불안 이야기에 등장하는 아버지는 절대적인 권위를 폭력적인 힘으로 집행하는 '원초적 아버지*primal father*'이다. 원초적 아버지는 거세의 주체일 뿐 아니라, 어머니의 거세된 상태를 발화해 줌으로써 법을 집행하는 권능을 확보하는 상징계적 질서의 절대자이다. 프랑스어로 '이름nom'과 '안 돼non'가 동음이어인 사실은 라캉으로 하여금 '아버지의 이름'이 갖는 거부의 권력을 언어학적으로, 수행적으로, 그리고 유희적으로, 풀어 낼 수 있게 해준다. '아버지의 존함'은 곧 '아버지의 때찌'이다.

황금박쥐는 메리를 보호해 주는 아버지로서의 임무를 다함으로써 절하된 혐오의 대상, 즉 사마의 거세를 발화하는 능력을 가지면서도, 자신 역시 거세의 흔적을 몸에 지니는 독특한 도상이다. 아버지가 거세라는 폭력의 능동적 주체로 완벽한 위치를 확보하지 못하고 피해자로서의 흔적을 몸에 진열하는 형국이다. 원초적 아버지의 지배적 권력을 소각한 이 '아보지'는, 황금박쥐의 몸은, 과거의 외상에 대한 거대한 기표이다. 거세의 불안에 떠는 아이에게 '때찌'의 '이름'을 집행하지 못하는 제3의 성이다.

여기에 황금박쥐의 창창한 매혹이 있다. 다른 나라의 아동용 영웅에는 좀처럼 나타나지 않는 마력 같은 매력이다. 저패니메이션의 역사에서도 1970년대에는 슈퍼로봇들의 횡포로 씨가 마르는 유형이기도 하다. 슈퍼맨이 말 그대로 '막강'한 '초'자아의 표상이라면, 황금박쥐는 치유되지 않고 개방된 자아의 상흔이다. 황금박쥐가 가진 힘은 거세하는 원초적 아버지의 권력적 힘이 아니라 아버지의 권력을 거세하는 원초적 힘이다. 강력한 아버지에 대한 기원은 힐끗 보이는 당혹스런 거세의 흔적으로 인해 추락하고 만다.

공포적이면서도 동시에 탈권위적인 아버지의 환영이 도상으로 나타날 때, 상징계에서 핍박당했던 어두운 이마고가 기표화될 때, 이를 우리는 '괴물'이라 한다. 지젝은 사회의 상징계적 질서의 틈새에서 이질성을 상징하는 괴물적 환영의 기표 작용을 분석하면서, 아버지의 권위가 갖는 역할에 대한 두 가지 시각을 제안함으로써 괴물의 출현을 설명한다.[8] 하나는 부권의 중심적 권위에 대해 정치적 전복을 노리는 주변의 힘으로서이고, 다른 하나는 권위적 아버지의 반대가 되는 왜소한 잉여적 아버지로서의 기능이다. 후자의 경우, 공포를 유발할 수는 있으나, 전자와 같은 공격성은 내포하지 않는다. (지젝에 있어서 이 구분은 모더니즘과 포스트모더니즘의 차이이기도 하다. 모더니즘이 변방의 혁명적 공격성을 신봉했다면, 포스트모더니즘은 이미 공백을 결정적인 전제로 한다.) 지젝은 생명을 유지하기는 하지만 탈중심적인 위치로 격하된 이러한 도상적 이미지를 일컬어 '항문적 아버지the anal father'라 칭한다. 물론 이 용어는 다분히 프로이트가 말한 '항문기the anal phase,' 즉 남근이 가시화되기 이전의 자가성애적인 단계에 귀착된다. 항문 아버지는 자아의 발달 과정에서 음경을 중요한 사유의 기반으로 부각시키며 남녀의 성별 차이를 인식하게 하고 갈등 구조를 성립시키는 오이디푸스기의 아버지가 아니라, 음경을 갖지 않는 이전 단계로 소급하는 중성적인 아버지이다. 원초적 아버지의 발기된 권력을 똥구멍으로 사출해 버린 '똥아빠'다. 대변으로 대변되는 흐물흐물한 남근의 지참인이다.

음경 소유의 가능성 이전에 등극하는 항문적 아버지는 어머니와 아버지, 음과 양의 이분법적인 질서를 교란시키는 제3의 영역이다. 권위적인 아버지의 뒤편에서 스멀거리는, 성적으로 불가능하며 사회적으로 불능한, 가부장 제도의 잉여적 불순물이자, 자본주의의 환영적인 부수물이

---

8. Žižek, *Enjoy Your Symptom!: Jacques Lacan in Hollywood and Out.*

근대 과학으로 이해될 수 없는 것은 '괴물'이 되었다. 데이비드 린치 감독의 〈코끼리 인간〉은 19세기 중반에 유행한 기형학*teratology*의 이면을 종용한다.

다. 지젝이 말하는 항문적 괴물에는 대표적으로 〈오페라의 유령〉에서 여가수의 모성적인 목소리에 매혹되는 망측한 외모의 자폐적인 '유령,' 에릭이나 데이비드 린치David Lynch 감독의 영화에서 역시 일생 동안 어머니의 꿈으로부터의 저주에 갇혀 지내는 자폐적 추남, 일명 '코끼리 인간*the elephant man*' 9 등이 포함된다. 그들은 청교도적인 질서를 통해 규정된 '정상적'인 성교로의 진로를 차단하는 방해꾼이다. 마치 항문기의 감흥 같은 혐오적인 이질성을 매혹으로 삼는다. 지젝을 매료시키는 이 매혹은, 혐오스런 타자의 모습에서 발견하는 자신의 적대적인 일부, 즉 자기 자신에 내재하는 외부성으로부터 온다. 자신의 모습에 잉여적으로 내재하는 부분이 기표화된 꼴이 바로 '항문적 아버지'라는 괴물이다.

지젝의 지적에 따르면, 괴물 출몰의 계기는 계몽주의이다. 계몽 사상이 자연과 문화를 연결하는 고리들을 찾음으로써 순수한 문화적 주체를 제조하고자 골몰했다면, '괴물'은 바로 그 연결 고리들이 누락된 곳에서 나타난 부수물이라는 것이다. 지젝의 은유적 표현을 그대로 빌리자면, 계몽 철학은 욕탕에서 타락한 사회의 더러운 물을 떠내고 때 묻지 않은 자연 그대로의 순수한 아동적 자아만을 남기고자 했지만, 버려진 것은 자아이고 탕 안에 남은 것은 괴물의 더러운 물이다.

황금박쥐는 더러운 물에 비치는 순수한 자아의 잉여적 모습이다. 황금박쥐에게 특이한 점이 있다면 거세된 아버지로서 거부당하는 사회적 사명감을 자신에게 부여했다는 사실이다. 그는 계몽 시대의 이분법적 사유가 낳은 사생아이자, 순수한 사회로의 회귀를 갈망하는 처절한 기원적 도상이다. 이 기원은 탈중심적인 위치에서 권위적인 중심으로 복귀하려는 의지의 천명이기도 하다. 여기에 바로 '빤쓰'의 모순이 있다. 황금박쥐는 분명 항문기적 탈권위성을 가지고 있는 괴물이지만, 그에 대한 공포가 애정과 존경으로 전환되면서 그는 또한 측은지심을 불러일으키기도 한다. '빤쓰'를 생각해 낸 소비 주체의 머릿속에 존재하는 황금박쥐

---

9. 〈코끼리 인간 *The Elephant Man*〉(1980)의 주인공 존 메릭은 1862년부터 1890년까지 영국에서 살았던 실제 인물 조세프 메릭Joseph Merrick을 극화한 인물로, 뼈가 팽창하고 종양이 돌출하여 얼굴과 몸 전체의 모양이 일그러지는 증상으로 나타나는 그의 질병에 대한 현대 의학자들의 진단은 '신경섬유종증neurofibromatosis' 혹은 '프로테우스 증후군Proteus Syndrome'이라는 두 가지 견해로 나뉜다. 그가 살아 있을 때 생긴 '코끼리 인간'이라는 별명은 의학적 지식이 결여된 상태에서 '코끼리'와는 아무런 상관없는 그의 모습을 비인간적으로 냉대한 빅토리아 시대의 편협한 시각을 그대로 드러낸다. 실로 외모 때문에 메릭이 겪었던 수모와 좌절은 엄청난 것이었다. 린치의 영화는 당시 사회의 편협함과 부조리함을 꼬집기는 했지만, 메릭의 삶에 대한 총체적인 이해력을 제공하지는 않았을뿐더러, 메릭의 연구가들은 영화가 그를 괴물쇼freak show의 볼거리로만 바라보는 전근대적 관점에서 벗어나지 않았음을 비판한다. 코끼리가 나오는 태몽으로부터 의사소통을 못한다는 설정, 실제로는 그렇지 않았던 서커스 매니저의 악독함에 이르기까지, 그가 자서전으로 기록까지 한 사실들과 전혀 관계없는 영화에서의 사건과 정황들은 그를 둘러싼 문화 현상을 총체적으로 이해하는 데에 도움을 주기는커녕, 그가 살아생전 절실하게 갈구했던 진정한 마음의 평화마저도 묵살한 듯하다. 심지어는 그의 극중 이름인 '존'마저도 잘못된 표기를 그대로 옮겼기 때문에 생긴 오류일 만큼 그의 삶과 실체에 대한 고증과 성찰은 불충분한 것이었다.

는 '정의'라는 사회적 상징 체계의 환영적 중심에 집착하면서 결여와 모순을 극복하려 노력하는 처참한 아버지이기도 하다. 항문기적 혐오를 내포하면서도 거세의 가능성을 기표화함으로써 남근이라는 기표가 장악한 세계로 절뚝거리며 들어온 이방인이다. 그는 거세를 명명하는 권위적 힘을 상실하였기에 (자신이 거세를 당했기 때문에) 항문기의 모호한 이질성으로 끊임없이 미끄러져 내린다. 바로 이 과격한 쌍방향적 진동을 상징하는 까다로운 의무를 기꺼이 담당하게 된 환상적 기표가 '빤쓰'이다. '빤쓰'야말로 항문기적 모호함과 남근기적 혼란의 사이를 연결하는 기묘한 즉물적 고리이다.

황금박쥐라는 불완전한 '아버지의 존함'은, 바다라는, 죽음이라는, 미지의 영역이라는 모성적 결핍으로부터 시청자 어린이 여러분을 분리시키지 못한다. 고래를 잡다 저편으로 장렬하게 사멸하지도 않고, 사이렌의 영역을 정복하고 삶의 지혜를 재구성하지도 못한다. 공허한 망망대해를 맴도는 '아보지'는 어정쩡해 보인다. 불행하게 분출된 변의 무게를 겨우 감당해 내는 버거운 빤쓰처럼 어정쩡하다.

 무서운 웃음

"으하하하하" 황금박쥐의 웃음은 텔레비전을 바라보는 시청자 어린이 여러분을 안락과 불만의 미묘한 파장들이 뒤섞인 정서적 오묘함 속으로 밀어 넣는다. 그 스산하면서도 호탕한 소리는 음산한 하늘에, 황량한 벌판에, 수풀 우거진 산꼭대기와 골짜기에, 우렁차게 울려 퍼진다. 이 순간 빛나는 황금만큼이나 창연하게 빛나는 것이 있다면 모리카와 감독의 천

재적인 발상이다. 호탕한 개모음開母音을 내모는 입구멍은, 황폐한 세상을 향해 통렬한 공기의 파장을 일으키고 있어야 할 분출구는, 황당하게도 굳게 닫혀 있는 것이다.

　황금박쥐의 입은 언제나 폐쇄되어 있다. 후에 나오는 '마징가 Z' 같은 로봇의 경직된 쇠붙이 마스크처럼 탁하고도 묵직하게 밀봉되어 있다. 찰리 채플린Charlie Chaplin이 유성 영화가 개발된 이후 자신의 유명한 건달 캐릭터에 목소리를 부여하지 못하고 입을 계속 굳게 다물었다면,[10] 황금박쥐는 입은 다문 채 물리적 기반을 배제하는 목소리를 확보했다. 물론 허파와 기도, 목젖 등 소리를 내기 위해 필요한 신체의 기관들에 대한 의문 역시 짙게 남을 수밖에 없지만, 우선 가장 가시적인 물질적 증거부터가 소리와 일치하지 않는 것이다. 즉 입은 닫혀 있는데도 "으하하하하" 웃음소리가 울려 퍼지는 것이다. 황금박쥐의 모습이 드러나지 않은 상태에서 웃음소리만 들린다면 물론 신비로운 힘이 부각되겠지만, 그 모습이 화면 안에 드러난다 하더라도 그의 굳게 닫힌 입은 음향과의 완전한 일치를 거부함으로써 탈원적 기능을 흉내 낸다. "으하하하하"라는 웃음소리는 가슴으로부터 우러나온 공기가 우선 입 안에서 공명함과 동시에 개방된 입을 통해 터져 나올 때만 가능한 소리이다. 복화술의 명인이라 할지라도 이를 문 상태에서 웃으려고 한다면 기껏해야 "<u>으흐흐흐흐</u>" 정도에나 가까운 막힌 소리가 답답하게 흘러나올 뿐이다. 어린이 시청자가

---

10. 채플린은 음향 기술이 개발되고 할리우드 스튜디오들이 음향 영화 중심으로 완전히 제작 체계를 바꾼 1927～1928년 이후에도 자신의 유명한 건달 캐릭터에 목소리를 부여하지 않으며 무성 영화의 틀을 고집했다. 1936년에 만든 〈모던 타임스Modern Times〉만 하더라도 완벽한 음향 영화가 아니며, 채플린이 유일하게 목소리를 내는 순간은 클럽에서 노래를 부를 때이다.

황금박쥐 흉내를 내며 동생을 무섭게 해주기 위해서는 동생 앞에서는 이를 과시하되 호탕한 웃음을 터뜨릴 때에는 아마도 동생이 보지 않는 곳에 숨어서 내야 할 것이다. 굳게 닫힌 이를 개방하면 더 이상 황금박쥐라 할 수 없고, "으흐흐흐흐" 웃게 되어도 역시 황금박쥐라 할 수 없다.

사실 이는 매우 중요한 점이다. 황금박쥐는 사실적으로 불가능한 지각 현상을 동반하는 망상적 존재인 것이다. 그의 목소리는 몸의 구조에 모순되며, 음원과 음성은 일치하는 대신 어긋나 있다. 그 소리는 '탈육체disembodiment적'이라 할 수 있다. 결국 극사실주의 기법과 과학적 합리성을 추구하는 오늘날의 저패니메이션의 추세를 생각한다면, 이러한 모순성 강한 탈육체적 설정은 분명 원초적이고 원형적인 비논리에 의한 것이다. 그림의 모든 세부적인 묘사나 극적 상황이 과학적인 타당성으로 (어설프게나마) 지원되는 것이 아니라, 정제되지 않은 거친 상상력과 무의식적 초자연성을 그대로 드러내는 것이다.

영화에서 탈육체화된 육성의 초월적 힘에 대해서는 잘 알려져 있다. 프랑스의 실험적 작곡가이자 영화 평론가인 미셸 시옹Michel Chion은 "음원이 보이지 않는 상태에서 듣게 되는 소리"를 일컫는 '탈원적 소리acousmatic sound'라는 용어를 영화 연구에 도입, 화면 안에 모습을 드러내지는 않고 목소리만 들릴 경우 그 인물에게 신비로운 힘이 부여됨에 주목한다.[11] 이를테면, 프리츠 랑Frits Lang 감독의 〈M〉(1931)에서 모습을 드러내지 않는 연쇄 유괴 살인범의 휘파람 소리가 그러하다. 다이에제시스 공간에 속하기

11. Michel Chion, *Audio-Vision: Sound on Screen*, Claudia Gorbman (ed. & trans.), New York: Columbia University Press, 1994, p.71.

는 하나 화면에는 가시화되지 않는 음원의 존재감, 즉 다이에제시스적 외화면 음향*off-screen diegetic sound*으로 성립되는 청각적 현전은 관객의 불안을 가중시킨다. 메리안 C. 쿠퍼Merian C. Cooper와 어네스트 B. 쇼드색Ernest B. Schoedsack 감독의 〈킹콩*King Kong*〉(1933)에서 공포가 극에 달하는 시점은 정체 불명의 야수, 아니 뻣뻣한 고릴라 인형이 눈앞에 나타난 순간이 아니라, 보이지는 않고 소리만 낼 때이다. 화면 밖으로 살짝 비켜나간 것이 주는 무서움은 가시적인 공포의 폭과는 다른 파장으로 전달된다. 시각적 부재의 위력은 즉각적인 습격보다 말초적이고 비논리적이다. 화면에 나타나는 모든 것은 눈 '앞'을 장악하지만, 나타나지 않는 것은 눈 뒤로부터, 눈 너머로부터, 온통 주변을 감싼다. 말 그대로 '입체 음향'의 주인이 되어 '입체적'인 존재감을 강요한다.

저예산 제작으로 잘 알려진 마녀 영화 〈블레어 위치*The Blair Witch Project*〉(1999)에서 공포의 대상인 마녀는 끝까지 외화면 공간에 머문다. 공포가 소리로만 파생될 때 자본의 권력이 발설하지 못하는 원초성은 짙어진다. 마녀의 권위, 그러니까 '나쁜 어머니'가 발휘하는 초자연적인 힘은, 이성과 논리를 기반부터 허물어트린다. 젖은 주지 않고 소리만 멀리서 들려주는 바쁜 / 나쁜 어머니처럼, 언어 이전의 불안을 재생한다. 가부장 제도의 외곽에서 자신을 추방한 계몽주의를 조롱한다.

탈육체적 음향의 원초적 권력을 상징계의 에너지로 전환함에 가장 능숙한 발화자는, 남근 속의 결핍을 음경의 가부장적 허상으로 은폐함에 가장 효과적인 언어의 주체는, 고전적인 다큐멘터리의 해설자이다. 외재적 혹은 비다이에제시스적*non-diegetic* 음향으로서의 낮은 남성의 육성은 화면 위에 군림한다. 다사다난한 세계로부터 빠져나가 초연한 위치를 확보한다. 이성과 논리로써 세상의 의미를 통제하고 소통을 주도한다.

실질적으로 대타자의 부재는 지속되지만, 언어의 질서가 이를 무마한다.

　애니메이션을 비롯하여, 방송용 영상의 주제가에 등장하는 목소리들은 대부분 극의 내용에 대해 초연한 초월적 권위를 갖는 것이 사실이다. 다큐멘터리의 해설자처럼 완벽한 자연스러움으로 전지적인 입장을 훔친다. 〈황금박쥐〉 주제가의 (남성적) 목소리 역시 언어의 질서를 발화하는 듯하지만, "박쥐만이 알고 있다"는 마지막 말로써 스스로의 권력을 분열시킨다. 그의 발화의 의미는 아버지의 '이름'의 권력, 그리고 아버지의 결핍으로 나뉘고 만다. 박쥐만이 알고 있으니 알려고 하지 말라는 원초적 아버지의 메시지는 곧 ('박쥐'라는 모호한 주체의 격렬한 진동으로 인해 전파되는) 남근의 비밀을 그대로 싣고 있는 것이다.

　황금박쥐의 목소리는 대타자의 가시적인 가부장적 권력을 훔치려다 포기한다. 눈 '앞'에 나타나 아버지의 존함을 외치지도 않고, 다큐멘터리의 해설가처럼 숨어서 이성과 논리를 신봉하지도 않는다. 황금박쥐의 권력이야말로 탈원적이다. 계몽주의의 중심으로부터 추방된 이방인의 위협이 그의 위상이다. 그의 초자연적 힘은 화면과 음향의 불일치라는 형식적 기반과 결탁하여 확보하는 음침한 것이다. 마녀의, 에릭의, 어두운 결핍의 위력이다.

 ## 항문과 음경 사이

대중 문화의 대부분의 아버지상은 원초적 아버지와 항문적 아버지 사이에서 진동하는 기표적인 조합들이다. 〈스타워즈〉 시리즈에서 남성적인 위협을 발산하며 등장하는 다스베이더는 그 극단의 간극을 보여 준다.

시선의 방향을 은폐하는 검은 눈과 모든 디테일들을 삼켜 버리는 검은 의상도 위압적이지만, 그의 힘을 함축하는 대표적인 기호는 역시 탈원적인 목소리이다. 메아리치는 듯한 공명성이나 기계적 음색, 여기에 언캐니한 리듬감을 부여하는 거친 숨소리 등의 지각적 특징을 넘어 그의 위협을 입체화하는 결정적 요소는, 어디인지도 모를 비가시적인 구석으로 빠져나가는 물리적 모호함이다. 전체적인 외형이 분명 인간적임에도, 가장 인간적인 신체 부위라 할 수 있는 입술이 철저하게 은폐되어 있기 때문에, 혹 그가 '몸소' 가시적인 영역으로 나타나더라도, 그래서 그 요란한 음경의 상징을 휘두른다 하더라도, 그 탈원적 소리의 원초적 위상은 신비로운 은밀함을 잃지 않는다. 이 의뭉스러운 아버지 역시 시각적 정보와 청각적 정보의 통로가 일치되는 것을 허락하지 않는 것이다. 탈원적인 목소리는 결정적인 순간에 자신의 위상을 분열시킨다.

입술만을, 그것도 앵두처럼 탐스럽고 연꽃처럼 부드러운 붉은 입술만을 위태롭게 노출하고 있는 로보캅과 비교한다면, 다스베이더의 복합적인 위상의 진동은 더욱 거칠고 거세진다. 두 인물 모두 무모한 강인함 속에 고통을 간직한 외상적 남성이지만, 입술의 노출 여부에 따르는 차이는 현저하다. 로보캅이 아무리 단호하게 "때찌"라 외쳐도 원초적 아버지의 존함이 제대로 발기하지 않는 것은, 아무리 위용 있게 대타자의 질서를 집행해도 악당들이 기죽지 않고 오히려 기승을 부리는 이유는, 그의 도톰한 입술이 봄처럼 싱그럽기 때문이기도 하다.

다스베이더가 내포하는 두 아버지의 간극이 가장 격렬한 진동을 맞는 순간은 탈육체적 목소리의 위력이 극대화될 때이다. 〈제국의 역습*Star Wars: Episode V — The Empire Strikes Back*〉(1980)의 절정부에서 아들 루크 스카이워커와 대결을 벌일 때, 아버지는 잠시 몸을 숨기고 탈원적인 목소리만을 위협적으로 아들에게 들려준다. 멀티 스피커 시스템을 통한 기내 방송 같기도 하고, 지각을 교란시키는 초공간적인 교신 같기도 하다. 이러한 중간적 소리를 통해 중간적 아버지는 선과 악의 전쟁에서 박쥐처럼 중간적인 경계까지 마중 나와 아들을 설득한다. 에릭이 크리스틴을 호출하듯, 외상적 아버지의 영역으로 완벽하지 못한 아들을 유도한다. '제다이'라는 허황된 타대상을 좇지 말고 가부장적 상징 질서를 받아들이라는, 아버지의 '이름'이자 '때찌'이다. 하지만 이는 유유하고 허허하기 그지없는 '이름'이고 '때찌'이다. 모순의 수사다. 단호한 집행이 아닌 유연한 설득이기에, 그의 발화는 이미 그것으로써 선전하려던 원초적 상징 질서로부터 멀어진다. 아차, 아들은 이런 모순을 간파할 정도로 성숙해 있다.

"나는 너의 아버지다." 뒤늦게야 아버지는 원초적인 권능을 발휘해 본다. 뚜렷한 육성으로 아버지가 몸소 집행하시는 '이름'은 언뜻 그럴듯하게 들린다. 아버지는 아들의 팔을 절단하는 행위를 통해 이중으로 상징적 권능을 집행해 보기도 한다. 그러나, 상징계에서 '주체'로 태어나기 위해 선택을 해야 하는 소외된 아들의 자아는, 대타자의 어눌한 '때찌'가 결핍으로부터 나오고 있음을 이미 알아 버린 상태다. 아버지에 대한 거역의 혜안이야말로 젊은 오이디푸스가 누리는 가장 큰 권능이다. 그가 아버지를 거역할 수 있는 것은 아버지를 거세할 수 있다는 자신감 덕분이 아니라, 아버지가 이미 거세당한 존재임을 인식하기 때문이다. 결핍을 억압하는 할리우드의 헤게모니는 아들의 성공을 미화함으로써 유지된다. 영웅이 거역하는 것은 아버지의 이름이 아니라, 아버지의 결핍이다. 상징적 거세를 통해 원초적 아버지가 되려던 다스베이더는 거대한 구멍 속으로 사라져 가는 자신의 남근을 바라보며 항문 아버지의 위치로 말없이 복귀한다.

〈제다이의 귀환Star Wars: Episode VI — Return of the Jedi〉(1983)으로 이어지는 아들의 여정은 오이디푸스의 고난의 이면이다. 아들은 아버지에 대한, 거세하는 아버지의 이름에 대한 복수를 꿈꾸지만, 아버지는 위대한 원초적 아버지가 아닌 왜소한 항문적 아버지로 추락했기에, 복수극은 설득력을 잃는다. 1980년대 할리우드에서 주로 그러했듯, 아버지의 결핍은 주로 용서와 화해로 마무리된다. 원형적 아버지와 항문적 아버지의 갈등이 해소되는 것도 할리우드의 부권적 기반을 복원하는 복고적 흐름 속에서 이루어진다. 영화의 마지막, 죽어 가는 상태에서 사형수의 마지막 담배처럼 주어지는 아버지의 마지막 언술은 자기 자신의 거세된 상태를 인정하는 것이다. 자신의 결핍을 인정함으로써 아버지는 그나마 아들이 갈망했던 남근으로 변신할 수 있다. 과거의 상처를 안고 있는 외상적 아버지상으로 추락하고 나서야 소리와 그림은 일치한다. 일치의 미학은 항문적 아버지와 원초적 아버지 사이에서 격렬하게 진동하던 대타자의 탈원적, 탈언어적 공포를 계몽된 이성의 세계로 영입하여 소각시킨다.

황금박쥐의 탈원적 웃음이 거부하는 것은 이런 사소한 소각이다.

 우스운 웃음

황금박쥐의 웃음은 시청자 어린이 여러분을 안락과 불만의 미묘한 파장들이 뒤섞인 정서적 오묘함 속으로 밀어 넣는다. 우리는 구원의 가능성과 사멸의 절대성 사이에서 방황한다. 결핍으로부터 도망가지도 못하고, 언어로부터 도망가지도 못한다. 황금박쥐의 거창한 이빨뿐인 입은 구조적으로 아들에게 금기의 언어를 집행할 수 없게 생기고 말았다. 입술을 결여한 언어의 구멍은 당연히 '아버지의 존함 / 때찌'를 발화할 권위를 머금지 못한다. 아니, 외상의 흔적인, 부조리의 표상인, 그의 네모난 입이 상징하는 것이 바로 아버지의 결핍이다.

"으하하하하"

그 음탕하고도 호탕한 소리는 스산한 벌판에, 황량한 하늘에, 검게 수풀 그림자가 드리워진 산꼭대기와 골짜기에, 우렁차게 울려 퍼진다. 소리가 그림으로부터 독립하여 탈원적으로 메아리치면 결국은 결핍의 공허 속으로 사멸할 뿐이다. 대타자의 시궁창으로 사라질 뿐이다. 그곳으로부터 아른거리듯 다가오는 흩날림이 있다. 우리의 이마고는 마치 소멸의 변기 구멍이 과격하게 빨아들이는 물 소용돌이 속에서 버둥대는 뭔지 모를 조각처럼 경계에서 아른거린다.

'아버지의 이름 / 때찌'를 모르는 시청자 어린이 여러분은 그가 지시하는 공백에, 상징적 질서를 조소하는 황망한 바다에, '어디' 너머 존재하는 비가시적인 공허에, 존재하지도 않는 상징적 구멍에, 영구히 종속될 수밖에 없다. 자유를 잃고 종속된 '주체'에게 주어지는 언어의 권능은 하나의 이름으로 집약되고 지시된다. '황금박쥐'라는 이름이다.

V.
미천한 아버지의 유산

 오발탄 아버지

술도 마시지 않은 한 멀쩡한 양복 차림의 남성이 서울 한 복판에서 택시를 잡아타 놓고 기사를 농락한다. 목적지에 당도하면 그는 다른 목적지를 말하며 방향을 바꿀 것을 요구한다. 도대체 어디로 가야 할지 그도 모르는 것이다. 그만큼 그의 삶은 혼란과 방황의 연속이다. 급기야 그는 피 섞인 침을 흘리며 중심을 잃고 그 자리에서 나무토막처럼 옆으로 넘어간다. 그리고 하나의 단어로 자신을 호명한다. "나는 오발탄"이라고.

할리우드의 〈아이언맨Iron Man〉(2008)이 남성적 주체의 스스로에 대한 호명("I am Iron Man")으로 마무리되듯, 1961년에 만들어진 〈오발탄〉의 마지막도 한 남성 주체의 자기 호명으로 이루어진다. 미국의 슈퍼히어로로의 자기 호명이 자신의 정체를 공론화하는 당당함과 대담함에 의한 것이라면, '오발탄'의 호명은 어두운 밀폐된 공간에서 꺼져 가는 듯한 호흡에 겨우 담긴 자조적인 혼잣말이다. 그도 그럴 것이, 그의 어머니는 죽음을 기다리는 듯한 침상에서 사자의 목소리로 실언만 날리고, 하나뿐인 여동

생은 미군들의 욕정에 기생하는 '양공주'가 되었는가 하면, 장남의 무게를 나누었어야 할 남동생은 강도가 되어 법의 집행을 기다리는 처지가 되었으며, 아내는 애를 낳다 애절하게 죽었다. 이보다 더 불행할 수는 없다. 이 와중에 가난도 모르는 어린 딸은 아침마다 새 신발 타령만 한다. 해방촌 판잣집의 어두운 무게 아래에서 어리광은 광기에 근접한다. 그의 말대로, 그는 아버지 구실, 아들 구실, 형 구실, 오빠 구실 그 어느 하나 제대로 해내지 못하는 '오발탄'임에 틀림없다. 자신의 엉킨 삶의 매듭을 작은 곳에서라도 풀어볼까, 앓던 이를 뽑아 보았으나, 현실의 끔찍한 냉혹함이 가실 리는 없었다. 오히려 입만 피투성이가 되고 말았다. 이 몰골만큼 거센 거세의 흔적이 따로 없다.

황금박쥐가 출현한 시대의 한국은 무수한 '오발탄'들의 도래지였다. 유현목 감독의 기념비적인 영화와 그것의 원작인 이범선의 소설도 그렇거니와, 문학과 영화를 점령한 남성상은 어두운 현실 속에서 상징적 거세를 거친 '오발탄'들이다. 오상원의 《유예》, 장용학의 《요한시집》, 선우휘의 《불꽃》 등 전후 문학 작품들에서 젊은 남성들은 외롭고 괴롭다. 좌절과 회의와 상실은 곧 고통을 소통하는 표현력으로 전환된다. 오발탄 아버지들의 패기는 실패를 극복하기에는 너무나 약하다. 뻔뻔하리만큼 측은하고 또 측은하다. 심 봉사의 경우가 그러하듯, 흥부의 경우가 그러하듯, 거세의 운명은 곧 처세의 운용 가치를 갖는다.

'오발탄'에게는 호소할 대상도 없다. 그저 억울하고 암울한 게 그의 삶이다. 대타자는 철저한 부재만을 전가한다. 대타자의 무심함은 거세된 남근의 흔적조차 고통의 근원으로 만든다. 하긴 자신이 대타자 역할을 해야 할 판인데. 스스로를 호명하는 언어적 몸부림도, 상징적 질서의 주술로 위기를 타계하겠다는 그나마의 기지도, 대타자의 위엄을 동반하지 않는다. 언술 행위를 통한 상징계로서의 봉합은 위안을 제공하기는 커녕, 깊고 깊은 소외와 자조의 화술이 될 뿐이다. '오발탄'에 숨은 군사적 폭력성의 상징성은, '총알'의 잠재된 위협은, 남근이라는 목적지를 상실하고 자신의 가슴에 박힌다. 방향을 상실한 남근은 고통의 근원이 되었다.

물론 '남근'이란 단어는 빤쓰 속의 뻣뻣한 결핍만을 지칭하는 기능으로부터 벗어나 인간의 존재론적 결핍을 지시한다. 라캉에 따르면, 생물적인 '욕구'들이 '요구'라는 언어적 활동으로 기표화될 때 결격되는 모든 잔재들, 그러니까 '욕망'을 일으키는 불가능한 대상들이 갖는 통합적인 이름이 '남근'이다. 욕구에서 '가려지는eclipsed' 부분, 즉 요구에 의해 취득되어지지 않는 그것이 '남근'이다. 획득하기도 전에 상실한 그 무언가는 또한 구조적으로 어머니의 욕망이 다다르는 미지의 영역과 내통한다. 어머니의 영역으로부터 이탈한 부재하는 대상은 내가 상실한 것과 같은 이름을 공유한다. 내가 차지했어야만 했을 어머니의 욕망의 대상이 되는 이 미지의 영역이 내가 상실한 '남근'이다. 말장난 같은 라캉의

'빗겨나가는 총알'은 빗겨나감 없이 정확하게 아버지의 이름이 된다. 〈오발탄〉.

언어는 거대한 결핍과의 직면을 직면한다. 결핍을 지시하는 언어에서 결핍은 구조적인 필연이 된다.

오발탄 아버지는 프로이트의 '원초적 아버지'의 반대편에서 서성인다. 상징적 거세를 실행하는 위협적 아버지가 아니라, 스스로 거세를 상징하게 되는 아버지이다. 자신의 외상을 어쩔 수 없이 드러내는 뻔뻔한 외상적 아버지이다. 항문적 아버지가 상상계의 영역으로 환원한 상태에서 출몰한다면, 오발탄 아버지는 상징계의 가장 진부한 영역에서 기생한다.

황금박쥐는 '오발탄'들의 절망과 고통을 박차고 드높은 하늘에서 아버지의 존함을 떨쳐 보지만, 아아, 거세의 흔적까지 숨길 수는 없다. "으하하하하"라는 초연한 웃음이 기술적으로 은폐하는 바는 결핍을 은폐하지 못하는 자신의 무능력에 대한 멋쩍은 인정이다. 이러한 면에서 황금 박쥐는 매우 기만적이면서도 측은한 아버지가 아닐 수 없다. '오발탄' 아버지처럼 불쌍하지만, '오발탄' 아버지처럼 솔직하지 않기에, 더욱 씁쓸하다.

뻔뻔한 측은

김기영 감독의 〈하녀〉(1960)에서 어린 딸은 남근의 근엄함을 상실한 아버지에게 한 마디 충고의 말을 던진다. "물 마시지 말라"고. 딸은 아버지가 '하녀'의 요구에 종속되어 있음을, 아버지가 자신의 이름을 회복하고 가족을 재결속할 능력을 갖고 있지 않음을, 빨리도 간파했다. 이미 하녀의 미궁 속에서 실추된 남근을 회복해 줄 만한 주술적 기표는 상징계에 없다. 하녀의 명에 따라 그녀의 방으로 강제 송환되는 아버지를 "가지 마"라고 막는 대신, (독약이 들었을지도 모르니) 하녀가 주는 물이나 마시지 말라는 실질적인 충고를 던진다. 조롱인가. 이 말 한 마디로 인해 남근기의 위협을 넘지 못한 거세된 아버지는 이제 구순기에서 허우적대는 유아적 주체로 격하된다. 멜라니 클라인Melanie Klein이 말하는 '좋은 대상'과 '나쁜 대상'의 구분조차 못하는 유아이다. 아니면, 딸의 주문은 아버지를 남근기 이전의 단계로 퇴행시키면 거세의 가능성마저도 거론되지 않을 터이니 남근의 가능성이 소생할지도 모른다는 소박한 상상계적 바람을 발현한 것일까. 어쨌건 간에, 이제 거세된 아버지는 자신이 상실한 무언가를 회복하기 위해서는 구순기의 매듭부터 풀어야 한다. 주사위 놀이를 하다가 '처음부터 다시'로 미끄러진 실패의 주체가 아버지시다. 상징계에서의 상실을 상상계에서 회복하려는 딸의 언술은 페티시즘적인 것이다. 상징계적 수행을 통해 상상계 속의 아버지에게 상징적인 남근을 부여하는 메리의 기도와도 사뭇 다른 주술이다.

거세된 아버지를 구순기의 차원으로 소급시켜 구원하려는 여성적 노력은 〈마부〉(1961)에서도 두드러진다. 거세를 받아들였고 권력과의 타협에 있어서도 끝을 모르는 비굴한 아버지, 직종조차 근대화에 밀려 사양길에 접어든 마부 따위인 아버지…… 가족의 사랑은 측은지심이다. 아버지부터가 거세된 존재이기에, 이 가족에 '아버지의 존함'은 아예 없다. 존함이 없음에도 존경은 있으니, 이보다 더한 희생적 가족애는 없다. 거세된 아버지를 구순기적인 욕구의 주체로 퇴행시켜 주는 자상한 여성은 사장의 집에서 허드렛일을 하는 수원댁이다. 수원댁은 (바로 〈하녀〉의 아버지에게 금기로 주어졌던) 물뿐 아니라, 밥, 떡, 계란 등 온갖 모성적 애정의 상징을 베푼다. '좋은 대상'의 상징들을 나열해 준다. 아버지는 모든 것을 게걸스럽게 소비하신다. 급기야 수원댁은 이 중년의 무능력한 남에게 가장 남근적인 남근의 상징까지 제공하기에 이른다. 생존의 절대적 수단이자 존엄의 결정적 단서, 한 마리의 말이다. 한 마디의 말("때찌")만큼 견고한 남근이다. 이토록 확실한 남근의 상징은 또 없음을 과시하며 보란 듯 선사한다. 남근에 대한 지나친 상징성이야말로 수원댁이 베푸는 가장 확고한 선물이다. 얼마나 확고한가를 말하자면, 운송회사에서 해고를 당한 아버지로서는 〈마부〉라는 영화의 제목으로부터도 소외를 당할 판이었는데, 수원댁의 모성적 너그러움이 회복시켜 준 생계의 수단이 그를 다시 제목이 상징하는 상징계의 질서 속으로 다시 봉합시켜 준 셈이다. 이러한 상징적 과잉으로 말미암아, 거세된 아버지는 남근의 가능성을 지니게 된다. 이러한 상징적 과잉으로 말미암아, 이 영화의 제목은 물론이고 모든 기표가 짊어질 수밖에 없는 불가능, 그러니까 언어의 일반적이고 총체적인 실패까지도 망각된다. 이러한 상징적 과잉으로 말미암아, 남근의 회복 가능성을 실행한 주체가 자신이 아니라는 모순, 그러니까 남근의 상징을 수동적으로 취함으로 인해서 자가적으로 상징적인 남근을 확보할 수 없게 되었다는 운명적 결핍마저도 얼버무려진다. 겹겹의 상징적 결핍이 그를 더욱 비참하게 만들어야 마땅하다. 하지만 이미 상상계의 질서로부터 원기를 회복시켜 준 모성이 자신의 욕망의 대상을 그에게 동일시시켜 줌으로써, 즉 자신의 남근에 그를 위치시켜 줌으로써, 끔찍한 결핍을 무마해 준다.

〈오발탄〉의 넥타이 맨 아버지가 근대화에 편승하는 과정에서 현실의 부조리와 자신의 한계를 파악하고 번뇌하는 현대인이라면, 김승호가 연기하는 말 모는 아버지는 전통적인 계층적 사회 구조와 일찌감치 타협하고 그 안에 안주하며 자신의 사회적 위치를 운명으로 받아들이는 봉건적 존재이다. 전자의 경우 아버지가 된 이후 거세를 체험하지만, 후자의 경우 아예 결핍을 안고 상징계적 질서의 구석에 왜소하게 자리를 잡았다. 전자의 비극은 희망했던 구조적 변혁이 이루어지지 않음, 즉 상징계적 질서에 자신 있게 자신의 남근을 영입시킬 수 없음에 대한 실망과 좌절에 있고, 후자의 불행은 이미 애초부터 자신을 억눌렀던 상징적 결핍을 상상계적 차원으로 승화할 가능성조차 확보하지 못함, 즉 도저히 극복할 수 없는 남근의 절대적인 부재에 있다.

남근의 상징을 선사한 수원댁의 약자(거세된 자)에 대한 배려는 보다 진득한 구원에 대한 복선이 된다. 아버지가 회복하는 결정적 남근은 바로 고시에 합격한 아들이다. 심 봉사가 자식이 실재계를 극복하고 상징계적 성공을 거두도록 유도함으로써 스스로의 상상계적 갈등을 해소했다면, '마부' 하춘삼은 아들의 상징계적 성공을 통해 부자간의 상상계적 갈등을 해소하고 상징계적 침체를 모면한 것이다. 바꾸어 말하면, 거세된 아버지를 둔 아들은 자신의 남근을 찾는 대신 스스로가 아버지의 남근이 된 셈이다. 남근을 '소유poses'하는 대신 남근이 '되고자become' 하는 노력은, 라캉이 말한 대로, 거세에 대한 전형적인 여성적 대처술이다.[1] 거세된 가장의 가족은 결핍을 수호하고 여성적 대안을 창출함으로써 화목을 얻는다. 황금박쥐가 구원하는 공동체가 그러하듯 말이다.

영화의 마지막 대사는 수원댁에 대한 아버지의 청혼이다. 아니, 정확하게 말하자면 아들의 수원댁에 대한 청촉이다. 가부장적 소공동체의 형성을 수행하는 남근적 발화자가 아버지가 아니라 아들이라는 사실은 의미심장하면서도 어쩔 수 없는 타협이다. 생물학적 결합을 실행할 수 있는 매개로서 거세를 극복한 주체의 새로운 남근 외에 더 적절한 것이 또 있을 수 있을까. 하지만 역시 부권의 회복은 결국 아들이 우대해 주는 원론적인 미덕일 뿐, 아버지의 사회적 권위는 거세된 상태로 끝까지 유지된다. 이러한 의미에서 〈마부〉는 〈오발탄〉이나 〈하녀〉와는 다른 희망적 메시지를 전파한다. 결여를 인정하고 발화하는 과감함을 수행하는 자에게 대체적인 남근이 회복될 수도 있다는 메시지이다. 결국 '권선징악'이라는 이데올로기는 남근을 매개로 하는 합리적인 경제학이기도 하다. 아들의 제안은 수원댁의 남근을 아버지와 일치시키는 것이므로 더욱 견고한 회복의 담론을 지향한다.

1. Lacan, "The Signification of the Phallus."

아버지가 되기는 했습니다만……

아버지의 추락은 일본의 스크린에서도 일찌감치 지배적인 주제가 되었다. 근대성이야말로 거세된 아버지의 근원지다. 근대성의 산물인 가정 멜로드라마 영화에서 아버지는 자신의 거세와 타협하기 위해 고군분투한다. 할리우드의 고전적인 갈등 해소의 구조로 인해 구원되거나 치유되지 않는 고난이다.

영화사가 사토 다다오佐藤忠夫가 지적하듯, 이러한 특징은 현대인의 삶을 다른 신파극, 그중에서도 특히 1930년대에 유행하기 시작한 '소시민 영화'에서 처음으로 나타났다.[2] 일본 사회가 산업화되며 확산된 화이트컬러의 삶을 주로 다룬 영화들 말이다. 이 영화들에서 주인공은 전통적인 사회 구조에서의 하류층의 육체적 노동으로부터는 해방되지만, 지배층이 장악한 헤게모니로부터는 소외되는 중간적 정체성을 갖는다. 이들의 위기감과 불안은 당시에 세계적으로 확산된 불황의 여파로 고학력자의 실업률이 높아짐에 따라 더욱 고조되었기 때문에, 영화에서 묘사하는 사회상 역시 매우 복합적인 것으로 나타날 수밖에 없었다. 봉건 사회를 배경으로 하면서 남성적 영웅을 부각시키는 시대극이 부권의 절대적인 위상을 미화할 수밖에 없었다면, 소시민 영화는 대조적으로 패전 이전부터 이미 흔들리는 부권의 위상을 직시하였다. '소시민'이라는 용어 자체가 이러한 사회적 소외에 대한 자조를 담는다.[3]

---

2. 사토 다다오, 《일본 영화 이야기》, 유현목 옮김, 다보문화, 1993.

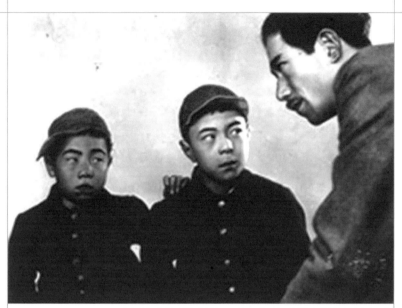

아버지가 되기는 했습니다만……. 오즈 야스지로의 〈태어나긴 했습니다만……〉

오즈 야스지로小津安二郎 감독의 초기작인 〈태어나기는 했습니다만……我出生了,但……〉(1932)에서 소시민으로서의 아버지는 결핍의 윤곽을 드러낸다. 곧 국가의 군사 행위가 가시화될 암울한 시대에 오즈는 권력의 폭력에 순응할 수밖에 없는 소시민의 약한 모습을 통찰한다. 이 연약함은 그를 우러러보는 어린 아이들의 눈에는 치명적인 외상이 된다. 소학교 저학년인 두 어린 아들이 처음으로 접하는 세상의 부조리한 실상은 아버지의 이중적인 모습이다. 집 안에서는 세상의 중심 같던 위엄 있는 아버지는 밖에서는 급우의 아버지이기도 한 사장 앞에서 아첨이나 떨고

3. 같은 책.

비굴하게 익살을 떠는 굴욕적인 하류 인간이다. 유성 영화가 정착하기 시작한 이 시대에, 두 아들이 목격하는 아버지의 모습은 무성 영화 시대의 슬랩스틱에 가까운 '몸의 굴욕'이다. 더구나 아버지 역을 맡은 사이토 오 다쓰오齋藤達雄는 경박한 웃음을 주는 '모보('모던 보이'의 준말)'로 활약했던 배우였기에,[4] 그가 아버지 역을 맡는 순간부터 이미 전통적인 부권의 절하는 이루어지고 있었던 것이다. '모보'의 저급한 익살은 영화 속 영화에서 이중으로 아버지의 위상을 침해한다.

'모보' 아버지의 추락이 영화 속 영화를 통해서라는 점은 의미심장하다. 두 아이는 자신들에게 꼼짝 못하는 한 부잣집 친구의 집에 의기양양하게 들어갔다가, 친구 집의 거실에서 벌어진 홈 무비 상영회에서 아버지의 충격적인 비열함을 처음으로 접한다. 어두운 공간에서 그들을 엄습하는 '상상계적 기표imaginary signifier'는 그들에게 이상적인 동일시의 대상이 아닌, 격하된 '자아 이상'의 이상한 꼴이다. ('상상계적 기표'는 물론 영화 기호학자 크리스티앙 메츠의 개념을 빌려온 것이다. 이는 그가 극영화의 스크린이 어둠 속에서 관객들에게 제공하는 무의식적인 의미 체계를 논하기 위해 소쉬르와 라캉의 개념을 그로테스크하게 합체시켜 놓은 거북한 합성어이다.) 영화 속 영화는 '모보'의 실체가 드러나는 환상과 사실의 중간적 영역이다. 안방에서 근엄하던 아버지는 세상에서는, 영화가 유통하는 상상계와 상징계의 총체적인 광역에서는, 한낱 광대에 지나지 않는 것이다. 오즈는 영화 속의 영화를 통해 메츠가 말하는 영화 이미지와의 '동일시identification' 현상에, 이상적 자아와의 진득한 만남에, 거북함과 참담함을 투입한 것이다.

4. 같은 책.

아버지의 이중성으로 인한 심각한 충격과 가치관의 혼란 속에서 아이들은 단식 투쟁으로 시위도 해보지만, 그들에게는 세상을 바꿀 힘이, 아버지의 남근을 회복할 힘이 없다. 거세를 부정해 줄 상징적 권능을 아버지가 지니지 못하니, 스스로의 결핍을 짊어져야 한다. 아버지에 화가 나는 건 당연하다. 아들들의 느닷없는 시위에 아버지는 평소의 "때찌"를 발휘하지만, 이미 그의 목소리에는 강아지 짖는 소리만큼의 효험도 남아 있지 않다. 이들이 택한 단식이라는 시위 형태가 구순기로 퇴행하는 리비도의 철회라는 사실은 어머니의 결핍이 '가족 로맨스'의 갈등의 근원임을 무의식적으로나마 간파하고 있음을 나타낸다. 오이디푸스기의 상실을 보다 순수하고 단순한 구순기의 상상계적 관계로부터 다시 풀어 보려고 하는 노력은 역시 보편적인 것일지 모른다.

영국의 비희극tragicomedy이 주로 비극적인 상황의 주인공이 마지막에 구원을 받는 반전으로 마무리된다면, 〈태어나기는 했습니다만……〉은 비극의 여지가 전혀 없을 것 같던 희극적 분위기가 예기치 못했던 심각한 존재론적 딜레마로 인해 치명적으로 훼손되는 특이한 구조를 갖는다. 근대화 과정 속의 동양적 질서에서 상징계에 깊이 침투하여 가시화되는 아버지의 결핍은 쉽게 해소할 수 있는 성질의 것이 절대 아닌 것이다.

전후의 상실감이 일본 사회를 덮치기도 전에 오즈 감독이 이미 예리하게 직시한 남성의 위기에는 가정 드라마의 사소함으로 가장한 극단적인 냉혹함이 서려 있다. 시대적인 상실의 정서가 아버지의 추락으로 표현되는 가장 유명한 사례 〈자전거 도둑Ladri di biciclette〉(1948)만 하더라도, 오즈 감독이 바라보는 차가움으로까지 아버지가 추락하지는 않는다. 전후 이탈리아 사회의 정신적 황폐를 보여 주기 위해 비토리오 데 시카 Vittorio De Sica 감독이 묘사하는 아버지의 수난은 사뭇 다르다. 사실 네오리

추락한 아버지를 다루는 영화들의 제목이 지시하는 바가 그토록 잘 미끄러지는 것은 우연이 아니리라. 〈자전거 도둑〉.

얼리스트의 아버지가 겪는 경제적 난관은 오즈의 화이트컬러 아버지의 현실보다 실질적으로 혹독하긴 하다. 그럼에도 그의 추락은 아들의 용서 속에서 완충된다.

　물론 '도둑' 아버지의 추락 역시 상상이 허락하는 가장 끔찍한 악몽 중 하나이다. 서러움은 단지 생존을 위한 치열한 경쟁으로부터의 낙오에 머물지 않는다. 지옥 같은 끔찍함은 낙오를 극복하려는 노력이 실패하면서, 거세의 현장으로부터 아들을 보호하려는 절실하고도 어설픈 시도가 빗나가면서 찾아온다. 아들 앞에서 일개 도둑으로 전락한 것도 충격이지만, 거리의 모든 어중이떠중이들의 공개적인 비난과 조롱을 한몸에 받는 광경을 아들에게 보여 주는 것이야말로 대책 없는 실추다. 가련

한 희생염소가 따로 없다. 시내 한복판에서 작렬하는 욕설과 따귀는 아버지의 위태로운 위상에 치명적 외상을 가한다. 그러기에 아버지는 '도둑'이 되기 전에 아들을 따돌렸건만, 운명의 짓궂은 고리는 우연처럼 아들을 현장에 남겨 두었다. 끔찍한 공포는 아들이 목격자로서 남았기 때문에 성립된다. 더 치명적인 비굴은 역시 아들 앞에서 타자의 관용에 의해, 그것도 아들이 나서서 한 가족의 가장임을 말없이 밝혀 주고 나서야 용인된 상징적 경쟁자의 너그러움에 의해, 겨우 처벌을 면하는 것이다. 아아, 관용은 응징보다 더 큰 폭력의 기제가 되어 아버지를 짓밟는다. 차라리 법의 심판이 덜 치욕적일 판이다. 처벌의 주체가 대타자의 권능을 대행하는 '법'이었다면 차라리 아들은 아버지의 실패를 상징계적 질서 안에서 무난히 이해했으리라. 이를테면, 오즈가 만든 또 한 편의 무성 시대의 걸작 〈동경여관東京の宿〉(1935)에서처럼 아버지가 스스로의 결핍에 대한 상징계적 질서의 처벌을 아들의 목격을 배제한 상태에서 치른다면 비극의 정도는 덜 했을 것이다. 이름도 실체도 알 수 없는 한 무작위적 타자의 즉흥적인 관용은 아버지의 추락을 상상계적인 영역으로 전가시킨다. 길거리에 굴러다니듯 사소하고 흔한 관용 덕분에 가까스로 범법자의 운명을 면한 그의 자아는 경쟁 사회의 먹이 사슬에서 처절하게 난도질당해 더 떨어질 곳도 없는 밑바닥으로 추락해 있다. 추락한 아버지의 텅 빈 손을 안타깝게 잡아 주는 아들의 작은 손, 그리고 측은한 도둑에 애타게 다다르는 작은 응시는 결국 거세된 가장의 얼굴마저도 뭉그러진 결핍의 징표로 전락시키고 만다. 아들은 상징계의 영역에서 이미 아버지의 (상징적) 거세와 타협을 한 상태인 것이다. '아버지의 존함 / 때찌'는 이제 있을 수 없다. 아버지에게는 그것이 가장 서러울 것이다.

　〈태어나기는 했습니다만……〉의 두 어린 것들이 비열한 아버지에게

쏟는 경멸의 눈초리는 얼핏 생각하면 차라리 덜 참혹한 응징처럼 여겨지기도 한다. 그나마 오즈의 아버지는 아직 자신이 언어/이름의 권능을 회복할 수 있다고 믿지 않는가. 물론 중요한 건 그러한 그의 여유로운 믿음이 오인에 의한 것이라는 점이다. 관객은 안다. 그의 허세가 더 이상 왜 아들들에게 통용될 수 없는가를. 그의 권위가 왜 회복될 수 없는가를. 아버지는 스토리 정보의 유통 구조로부터도, 관객이 모두 소유하게 되는 총체적인 담론의 세계로부터도, 철저하게 소외된 것이 아닌가. 그렇다. 이것은 소시민 드라마가 가볍게 담을 만한 사소한 성격의 갈등이 아니다. 아들들은 이미 아버지의 결핍에 스스로 대처하고 스스로 세상의 딜레마를 해결하기 시작했다. 화해는 없다. 그렇기 때문에 〈자전거 도둑〉의 부자 관계보다 더 냉혹한 경쟁의 구도가 펼쳐져 있다. 이제 아들은 아버지의 경쟁자이다. 소시민 아들들의 시위에는 독립적인 질서를 구축해 주지 못한 아버지에 대한 배신감과 분노 그리고 경멸만이 서려 있다. 동정이나 측은지심 따위는 없다. 냉혹하다. 그들의 침묵은 단순히 철부지의 땡깡에 머무는 것이 아니라, 부조리한 세상과 이중적인 기성 세대에 대한 항변의 기제로 기능하는 것이다. 맙소사, 이미 전쟁 이전부터 일본의 아버지는 가정의 안락함 속에서도 규범의 응시로부터의 감시를 받고 있었다.

혹독한 현실 속에 남은 두 아들들이 성인기를 맞으며 남근을 회복한다 하더라도, 슈퍼맨이 되어 푸른 하늘을 활개 친다 하더라도, 거세의 흔적은 하나의 외상의 잔상처럼 남을 수밖에 없을 듯싶다. 오즈의 통찰이 정확하다면, 결핍의 증후군이 상징계로부터 나타나서 상상계로 번져 간다면, 회복을 가장 성공적으로 기원하는 기표에도 자국은 남을 수밖에 없을 것이다. 황금박쥐처럼 말이다.

상실의 시대

아버지가 추락하는 심연은 전쟁이 끝나고 더욱 확연하게 일본의 스크린에 가시화된다. 사토 다다오에 따르면,[5] 전쟁을 계기로 부권에 대한 일본 국민들의 일반적인 인식은 급격하게 변하였다. 봉건 시대 이래로 효행은 서민들이 중요시했던 미덕이었지만, 메이지明治 시대 이후 정부는 서민들의 충성심으로 국가의 응집력을 강화하는 과정에서 천황을 모든 일본인의 부친이라 가르침으로써 충의와 효행을 동일한 미덕으로 규정했다. 이러한 전략은 전 국민에 의무로 주어진 근대 교육으로 강화되었다. 패전 이후 이러한 통합의 정서는 극단적인 반전을 맞는다. 미군정은 모든 봉건적 가치를 부정하였다. 군주에 대한 충성은 물론이거니와, 충성을 위한 하라키리腹切와 같이 생명을 경시하는 행위를 미화하거나 명예로운 것으로 표현하는 것은 금지되었다. (하라키리의 부당함은 고바야시 마사키小林正樹 감독의 〈세부쿠切腹〉(1962)에서 비판의 칼에 노출된다.) 이러한 정책에 따라 개인의 효행은 금기의 대상이 아님에도 불구하고 전반적으로 충성과 더불어 무의미한 근대적 잔재로 인식되었다. 전후의 영화들은 이러한 풍토가 야기하는 혼란과 위기를 직간접적으로 담는다. 전쟁 이전 이미 오즈가 직시했던 부권의 실추는 패전을 계기로 널리 엎질러진 것이다.

전후 오즈 감독의 세계에서 상실한 아버지는 효행의 가치와 조심스런 균형을 이룬다. 사회로부터 소외된 아버지를 그나마 위로해 주는 것

5. 같은 책.

은 모든 사람들이 자신만의 행복을 위해 살아가는 개인적인 사회에서 그나마 봉건적인 미덕을 충실히 실행하는 딸과 아들 혹은 며느리의 지극한 성심이다. 이들이야말로 효행의 시대적 가치 절하에도 불구하고 '인간의 도리'를 다하는 용감한 젊은이들이다. 아버지를 모시기 위해 시집도 안 가고 자기희생을 하는 딸이나 남편이 죽어도 시아버지를 모시기 위해 재혼을 포기하는 며느리 등이 부권을 갱신한다. 하지만 역시 아버지의 소외는 씻기지 않는다. 외로움의 괴로움으로부터 자유로울 수 없다. 오즈의 영화에서 홀아버지들은 효행을 고집하는 아들, 딸, 며느리를 뿌리치고 그들에게 독립을 줌으로써 홀로서기를 시도한다. 그들에게 홀로서기란 소외된 자신의 상태를 겸허하게 받아들이고 인생의 절대적인 외로움과 타협하는 아픈 과정이다. 〈만춘晚春〉(1949), 〈초여름麥秋〉(1951), 〈동경이야기東京物語〉(1953), 〈부초浮草〉(1959) 등 '오즈'라는 이름에 세계적인 명성을 입혀 준 영화들은 할리우드적인 극단적 해결점을 탈출구도 없는 인간의 외로운 운명을 다소곳이 수용하는 고도로 양식화된 시적 장치로 대체한다. '진실한' 가족애가 서사의 결말을 안정적인 정서로 인도하는 듯하지만, 언제나 영화의 마지막 프레임들은 근원적인 존재의 외로움을 무겁게 짊어지고 만다. 물론 오즈의 관객이 체험하는 아련함은 고통 받는 이들의 과묵함으로부터 온다. 어쩌면 효행에 대한 금기의 정서가 요구했던 억울한 침묵일지도 모르는 과묵함이지만, 오즈의 시적 섬세함은 시대적 고통을 보편적인 존재론적 고독으로 풀어낸다.

〈만춘〉에서 홀아버지는 죽을 때까지 자신을 봉양하겠다는 외동딸을 속여서 떠밀듯 시집보내고 텅 빈 집에 홀로 남는다. 고요하다. 노인이 맞는 적막만큼이나 오즈의 언어는 다소곳하다. 한 마디 외로운 기색을 내비치지 않는 주인공처럼 오즈의 영상은 절제와 정제 속에서 적막을 지킨

〈만춘〉을 마무리하는 하이쿠 같은 몽타주.

다. 조용하게 한 개의 사과를 깎는 작은 행위가 두 시간에 가까운 드라마의 종착점이다. 화룡점정과 같은 마지막 세 개의 숏은 몽타주의 마스터 에이젠슈테인도 경탄에 마지않을 초월적 의미와 승화의 미를 생성한다. 사과 껍질은 노인의 칼을 따라 동그랗게 말리다가 알맹이를 드러내며 바닥으로 툭 떨어진다. 삶의 모든 순환들을 거친 노인의 모습처럼, 사과 껍질은 더 이상 남은 게 없다. 다음 숏에서 넌지시 고개를 숙이는 노인의 왜소한 뒷모습이 그나마 그를 엄습하고 있을 허탈함을 흘린다. 지극히 작은 동작이 극진히도 큰 감정을 우려낸다. 이마저도 지나치다는 듯, 허겁지겁 마지막 숏이 관객을 집밖으로 황망하게 쫓아낸다. 텅 빈 저녁 바다의 무심한 파도가 허탈함의 엄습마저도 허망하게 씻어 낸다. 하이쿠의 간결함이 자기장의 전율처럼 격렬하게, 자장가의 선율처럼 소박하게, 스크린에 번진다. 고도의 언어적 효율성이 감정의 과잉을 억제하고, 억제된 정서는 내면의 텅 빈 심연에 메아리친다. 그 간소한 함축과 절제의 아름다움을 설명하기 위해 분석적인 언어가 나섰다가는 지금 이 글처럼 장황해지고 마는, 그런 순수한 수수함이 씻겨 나간 파도의 흔적처럼 여운으로 남는다. 아아, 내면의 깊이를 드러내는 것은 표면의 무심함이다. 파도의 자국처럼 금방 사멸해 버릴 것을 스스로 알고 있는 듯한, 그런 비장

한 초연함이 검소하게 스크린을 점령한다. 오즈의 '모노노 아와레物の哀れ'는 인간과 세계를, 관찰자와 대상을 하나로 일치시키는 기법일 뿐 아니라, 스크린과 감성에 일체감을 부여하는 상상계적 마술이다. 정서와 언어가 하나가 된다.

일본의 고전 문학에서 중요시되어 온 '모노노 아와레'의 문학적 정취를 정신분석학적으로 보자면, 자아와 외부 세계 간의 관계에 대한 인식을 재편성함으로써 리비도의 투자를 억제하게 되는 일종의 대처 기제이다. 방어 기제의 허구성을 인지하는 방어 기제이다. 자아를 형성함에 있어서 중요한 기반으로 작용했던 타자화된 이상적 자아로부터의 소외는 '모노노 아와레'의 정서가 초월하고자 하는 존재론적 기반이다. 무상함이라는 삶의 진리를 수용한다는 것은 곧 궁극적으로 욕망의 대상이란 것이 포획될 수 없는 것임을 인지하는, 그러니까 본질적인 결핍을 받아들이는 것이다. 자아의 근원이 소외임을 깨달을 때, 아아, 아我와 비아非我의 구분은 모호해진다.

'모노노 아와레'의 주체는 망각과 은폐가 아니라 포용과 화해로서 타자화된 자아의 왜소함을 인정한다. 주체의 소멸을 지향하는 발화를 하기 위해 최소한의 상징적 질서를 유지해야 한다는 딜레마가 '모노노 아와레'의 긴장감을 만든다. 딜레마는 언어라는 상징적 질서가 그것의 망을 빠져나가는 본질적인 결핍을 지시하기 위해 존재한다는 사실에 있다. 허망함을 지시하기 위해서 상징계의 질서가 필요한 것이 아니라, 절대적 부재야말로 언어가 생성한 부수 효과인 것이다. 언어의 기능적 가능성은 불가능을 지시함에 있다. 오즈의 불가능한 언어는 언어의 불가능을 수용하는 것이 가능함을 알리는 언어이다.

전쟁이나 봉건적 미덕에 대한 언급을 금지했던 미군정의 검열 정책

오즈 감독의 유작이 된 〈꽁치의 맛〉. 인물의 정면을 보여 주길 즐기는 오즈 감독의 카메라는 감정의 격정 앞에서는 인물의 옆쪽으로 부끄러이 물러난다.

이 풀린 이후, 오즈 감독이 바라보는 존재론적 외로움에는 시대적인 상실감이 스며든다. 유작이 된 〈꽁치의 맛秋刀魚之味〉(1962)은 노년의 외로움의 이면에 패전국 국민으로서 직면하는 허망함이 깔려 있음을 차가울 정도로 예리하게 제안한다. 시대성을 초월하는 오즈의 정서에 취하기 위해 이 작품을 접하는 충실한 관객들은 당황한다. 동화처럼 인간의 감정을 정제하던 그의 시공간은 '패망한 일본'이라는 매우 구체적인 시대로 대체되어 있다. '천황'의 존재는 몰락한 초자아가 되어 영화의 배경에 굳게 버티고 있다.

"'천황폐하'는 어떻게 되셨나요?"

"아직 정정하시지."

물론 대화가 언급하는 '천황'이라는 기표는 나이 든 제자들이 떠올리는 옛 스승의 별명이다. 하지만 이 기표는 그들만의 특정한 과거에 머물지 않고 중의적으로 미끄러진다. 대화는 역설이 된다. '천황'은 건제하다지만, 그들의 삶은 그렇지 아니하다. 천황이 일률적으로 부여한 존재의 이유는 더 이상 젊음을 전쟁에 바쳤던 세대의 정신적 버팀목이 될 수 없으며, 그렇다고 대안적인 존재의 동기가 주어지는 것은 더더욱 아니다.

선술집의 여주인이 틀어 주는 전쟁 때의 씩씩한 군가 역시 결코 완성될 수 없었던 과거의 영광의 파편만을 냉혹하게 지시할 뿐이다. 군대의 추억에 젖어 경례하는 참전 용사의 손은 어린 아이들의 군대놀이보다도 왜소한 유치함 속에서 서성일 뿐이다. 그것이 떠올리는 삶의 의미는 신기루보다도 아득하고 구름보다 허망하다. 막강한 목적 의식은 이 세상에 존재하지 않으며, 그들의 아버지들은 이러한 위기 상황에 대한 대처 방식을 그들에게 가르쳐 주지 않았다. 그들의 무기력은 세상을 인식하는 시각의 한계로부터 기인한다. 그들은 자신의 혼란과 방황을 이야기하는 방법조차 알지 못하는 처참한 아버지로 늙어 버린 것이다.

"아아, 외톨이가 되었구나."

아아, 오즈의 마지막 영화의 마지막 대사는 그만 30여 년간 지켜 왔던 우아한 침묵의 미학을 흐트러트리는 탄식의 소리다. 감정은 더 이상 절제되지 않는다. 초라한 노인의 얼굴은 그만 복받쳐 오르는 외로움과 허망함의 압박을 견디지 못하고, 참다가 우는 아이의 미운 얼굴처럼 일그러진다. 촉촉해진 눈과 찌그러진 입은 카메라로부터 도망가듯 비켜나지만, 관객이 놓치지 않을 정도로 명료하게 스크린에 투영된다. 그를 달래 주는 대타자의 친절한 대리자는 당연히 없다. 초연함을 표출해 줄 사과도 없다. 영화 전체에 걸쳐 울려 퍼지던 흥거운 멜로디가 분위기를 허겁지겁 환기시켜 보지만, 그것이 요구하는 바는 어수룩한 프로파간다의 메시지처럼 부당하기만 하다. 이보다 더한 화면과 음향의 불일치가 또 없을 정도로, 총체적 정서는 기표를 빗겨 나간다. 그 빗겨 나감이 만드는 막연한 억울함이 곧 노인의 설움이다. 지친 노인에게는 일체감을 느낄 만한 수려한 자연도 주어지지 않는다. 그저 어둡다. 황량하고 침울하다. '모노노 아와레'의 정제된 정취는 그가 무심코 들이키는 주전자 물처럼 왜소해진다. 그는 자신의 집에서조차 불청객인 것이다. 무심한 컬러 화면은 삶의 모든 화려한 색상들을 뒤로 한 채 어둠만을 응시하게 한다. 공들인 침묵의 미를 마지막 순간에 처참하게 훼손하기 위해 오즈는 그토록 오랫동안 절제해 왔나 보다. 권태와 허망이 시적인 함축미를 그토록 잔혹하게 압도하도록 그토록 절실하게 잔잔함을 지켜왔나 보다. 오즈는 결핍이 언어를 초과하도록 방치한다. 언어의 불가능을 수용하기에도 지친 불가능의 언어이다. 죽음의 기운이 최소한의 삶의 의미마저도 와해시키도록 놓아둔다.

 ## 아버지의 이름으로

사춘기에 전쟁을 경험한 1950년대의 젊은 감독들은 정신적 지주의 부재라는 어려운 숙제를 떠맡은 세대이다. 부권이 붕괴한 시대에서 기성 세대가 갖는 현실적인 위기의식과 정신적 공황 상태, 그리고 이를 극복하려는 의지를 가장 열정적으로 표출한 감독은 구로사와 아키라이다. 시대극과 현대극의 두 전통을 완벽하게 자신만의 언어로 재구성해 낸 구로사와 감독은 전쟁 이전에 구극과 서민극에서 나타났던 부권의 양면성, 즉 구극에서의 권능과 소시민 영화에서의 추락이라는 상반된 정서를 전후 상황에 맞는 시대적인 주제 의식으로 충돌시킨다. 현대극에서는 부권의 상실이 현대적 사유 속의 딜레마로 재구성되고, 시대극에서는 기존의 관습적인 시대 설정으로부터 벗어나 절대적인 가치의 절하가 투영되는 독특한 사유의 시공간이 구성된다.

소시민 영화인 〈이키루生きる〉(1952)는 근대적 발전을 이루고도 전쟁의 부조리한 외상으로부터 자유롭지 못한 기성 세대의 혼란과 좌절을 그린다. 회사에서 '미라'라는 별명이 붙을 정도로 무미건조하게 아들을 위해 일에만 매진해 온 주인공은 느닷없이 불치의 병에 의한 사형 선고를 받고서야 자신의 삶을 돌아본다. 서양 문물이 제공하는 육감적인 쾌락에 익숙한 젊은이들을 붙잡고 삶의 의미를 구걸해 보기까지 하지만, 허사다. (서양 문화의 적극적인 수용 의지에 따라 발전한 현대극의 틀 안에서 서양 문화의 한계를 꼬집는 모순적 아이러니는 이 작품의 기묘한 생명력이다.) 결국 바른 생활을 일관해 온 중년의 남성에게 자신의 허망한 삶에 충만한 의미를 부여하는 역은 역시 초자아의 몫이다. 영화는 주인공이 자신의 죽음을 겸허하게 받아들이고 공무원으로서 할 수 있는 최선의 행위, 즉 마을에 작은 놀이터를 하나 만드는 일을 소박하나마 의미 있는 목표로 설정하기까지의 과정을 면밀하게 보여 준다. 결국 영화가 제안하는 삶의 교훈이란 단순하다. 기성 세대가 각자 찾아야 하는 삶의 의미는 충정이나 효성이 아닌 개인적인 것이지만, 가장 사적이어야 할 성취감은 공공의 이익이 없이는 성립되지 아니한다. 아버지의 리비도는 자식으로부터 철회되어 자신의 성취감을 위해 투자되지만, 결국 그가 재발견하는 투자 가치는 가족의 확장

인 소공동체의 영역에 종속된 것이다. 그가 자신의 목표를 완성하고 소박하게 이를 음미하는 형상은 자신의 초자아로부터 칭찬을 받는 다소곳한 모습이다. 그 모습이 처량한 이유는 실제로 칭찬하는 초자아는 존재하지 않기 때문이다.

다른 현대극에서도 구로사와 감독은 근대화가 선사한 개인주의의 활개를 공동체에 대한 소속감의 틀로 회귀시킨다. 신세대의 개인주의와 기성 세대의 공동체 의식은 〈들개野良犬〉(1949)에서 충돌하지만, 결핍을 공유함으로써 그 간극은 좁아진다. 패기 넘치는 젊은 세대의 주인공은 영화가 시작하면서부터 상실의 주체로 자리 잡는다. 경찰인 그는 어이없게도 버스 안에서 권총을 소매치기 당하는 것이다. (권총은 결핍됨으로써 주체를 성립시키는 수행적 언술 행위로 기능한다.) 아이러니하게도 자신의 잃어버린 권총에 의해 일어나는 연쇄 강도 및 살인 사건이 경찰로서 담당하는 첫 사건이 된다. 상실한 남근을 찾는 신세대의 여정은 역시 예사롭지 않게 고되다. 죄책감과 자멸감에 빠진 그에게 그나마 용기를 주는 것은 고참 형사의 초연함이다. 주인공은 우여곡절 끝에 권총을 훔쳤던 범인을 몰아 체포에 성공하지만, 고참 형사는 그의 수사를 도와주는 과정에서 총상을 입고 쓰러진다. 이 영화에서 주인공에게 비추어지는 선배 형사의 놀라운 경륜은 오직 관록을 통해서만 얻어질 수 있는 인생에 대한 초연함이지만, 이러한 정신적 성숙함은 정작 눈앞의 문제를 실질적으로 해결하기 위한 결정적인 힘이 되지는 못한다. 영화의 마지막은 다행히 목숨을 건져 병원에 누워 있는 고참의 모습에 머문다. 병석의 아버지상은 젊은 신참에게 있어서 사회의 정의를 실현하고 강인함을 가르치는 영웅적 이상과 거리가 멀다. 시대의 부조리를 먼저 알았고 그랬기에 그에 적응할 줄 아는 앞자리의 동승자일 뿐이다. 그의 상처가 극적인 구조 안에서 갖는 상징적인 기능이 있다면,

결핍은 모두의 것임을 밝히는 것이다. 어쩌면 중년 형사를 쓰러뜨린 총이 신참 형사의 총이라는 정황적 사실에는 무의식적 상징성이 내재해 있을지도 모를 일이다. 아들이 자신의 남근을 회복하기 위해 택할 수 있는 가장 쉬운 길은 아버지를 거세하는 것이 아닌가.

구로사와 감독이 현대 사회에서 부재하는 강인한 정신적 지주의 모습을 찾는 곳은 과거라는 상상계적 시간이다. 시대극의 전통이다. 하지만 〈숨은 요새의 세 악인隱し砦の三惡人〉(1958) 같은 비교적 상업적인 목적이 강했던 영화를 제외하고 구로사와 감독이 즐겨 설정한 배경은 시대극의 전통적인 배경인 18~19세기, 즉 수직적인 계급 사회에서 사무라이가 막강한 권력과 임무를 누렸던 시기가 아니라, 봉건적 질서가 미약하거나 이미 붕괴하기 시작한 시대이다. 쇠퇴의 운명을 맞는 시공간은 전후의 암울함을 거울처럼 투영한다.

그에게 국제적인 명성을 가져다 준 〈라쇼몽羅生門〉(1950)은 사무라이를 등장시키긴 하지만, 주로 사무라이의 사회적 위상이 최고조에 달했던 에도江戶 시대를 배경으로 했던 기존의 전통적인 사무라이 활극들과 달리, 아직 막부도 형성되기 이전인 11세기를 배경으로 한다. 사무라이가 관객에게 보여 주는 볼거리는 '참바라(칼싸움)'의 수려한 남성적 힘이 아니라, 그 이면의 나약하고 비겁한 실상이다. 사무라이는 한 산적으로부터 자신의 아내도 지키지 못하고 포박당한 채로 아내가 겁탈당하는 모습을 지켜봐야 할 뿐 아니라, 굴욕과 욕정과 이기심이 가득 찬 혼란만을 뒤에 남기고 죽는다. 그동안 영화를 통해 재생산되었던 사무라이의 투철한 절도, 특히 주변의 상황을 책임지고 스스로의 운명을 통제하는 결단력은 비열한 거짓으로 대체된다.

이후에 만든 시대극에서 구로사와 감독은 탈장르적 성격을 추구하면서도 강력한 사무라이라는 고전적인 시대극의 요소를 재구성한다. 하지만 〈7인의 사무라이七人の侍〉(1954)로부터 〈요짐보用心棒〉(1961)와 그 후편인 〈츠바키 산주로椿三十郎〉(1962)에 이르기까지, 사무라이 정신이 사멸해 가는 시기에 영웅이 직면하는 문제는 단순히 군주를 향한 절대적인 '지성至誠'[6]의 있고 없음이 아니다. 영화 속에서 펼쳐지는 세계는 군주를 잃은 주인 없는 사무라이가 대안적인 동기를 찾아 방황하는 모호한 시공간이다. 여러 잡다한 유형의 사무라이들이 주막을 서성이고, 밥벌이를 위해 허드렛일까지 한다. 가장 고결한 동기라 해보았자, 군주에 대한 봉사 대신 오직 자기만족을 위해 무술 실력을 완벽하게 다듬는 정도일 뿐이다. 과연 봉건적 질서가 붕괴한 시대에서 남성이 추구할 수 있는 최선의 미덕은 무엇인가? 더 이상 시대극만의 문제가 아닌 이 철학적 논제가 요구하는 해답은 단순한 것이다. 군주에 대한 '지성'과 단순한 생존의 필요성 사이에서 충돌하여 생성되는 것은 근대적 의미로서의 정의감이다.

　〈요짐보〉와 〈츠바키 산주로〉에서 미후네 토시로三船敏郎가 연기하는 중년의 사무라이는 기존의 사회 질서가 붕괴된 혼란스러운 시대를 살면서 사무라이로서의 목적 의식을 사회적인 정의감으로 승화한 서구적 영

---

6. '지성'이라는 표현은 미시마 유키오가 자신의 소설을 원작으로 직접 감독하고 출연까지 한 〈우국憂國〉(1966)에서 미니멀한 세트를 압도하는 족자 속의 단어를 직접 따온 것이다. 1932년 1400여 명의 군사가 개혁을 요구하며 시를 장악한 '니니로쿠二二六 사태'를 배경으로 하면서도 미시마 자신의 하라키리를 직접적으로 예견하기도 한 이 작품은, 다음날 아침이면 정치적 행동에 실패한 동료들을 처벌해야 하는 주인공의 상황을 간략하게 묘사한 후, 책의 거의 모든 지면을 아내와의 마지막 정사 그리고 할복의 순간에 벌어지는 구체적인 상황들의 치밀하고 밀도 있는 묘사에 '지성' 넘치게 할애한다. 사무라이 정신의 복원을 부르짖은 미시마의 이 짧은 후기작에서, 놀라울 정도로 정밀하고 섬세한 언어는 두 인물이 치르는 성적인 환희와 죽음의 제식을 결합시키며, 사무라이의 삶과 같은 간결하고도 아름다운 상징적 희열을 정제한다.

웅이다. 마을을 무력으로 장악하는 폭력적인 세력들을 홀연히 제거하고, 할리우드 웨스턴의 총잡이 영웅들이 그러하듯 말없이 제 갈 길을 떠난다. 그의 무술은 대적할 자가 없을 정도로 강력하고, 사무라이 특유의 절제된 냉철함은 자비심과 인간에 대한 애정으로 충만한 그의 심성을 적절하게 은폐한다. 하지만 그는 서부의 총잡이처럼 외롭다. 삶의 목적 의식은 어디에도 없다. 시대극의 전통과 할리우드의 장르가 결합하여 만들어진 내유외강의 형식미는 강인하나 외로운, 강인하기 때문에 외로운 남성상의 새로운 터전이 된다.

외롭고 실력 있는 사무라이가 짊어질 수 있는 대안적인 삶의 목적 의식이란 존재할 수 있을까? 〈7인의 사무라이七人の侍〉(1954)에서 사무라이의 충의는 산적의 침입으로부터 한 마을을 수호해야 하는, 지극히 세속적이면서도 공동체 의식에 충실한 실질적인 목표로 대체된다. 이 민방위 조직에 자발적으로 연루되는 사무라이들은 나름대로의 동기와 목적을 갖는데, 이는 〈이키루〉에서 실종된 의미를 개인적인 방식으로 회복해야 하는 늙은 공무원의 과제의 변조이기도 하다. 상실한 삶의 동기를 대신하는 대안적인 목표를 나름대로의 논리로 성립시켜야 하는 것이다. 그리고 현대의 위기감을 극복하기 위한 구체적 대안으로 넌지시 제시되는 것은 전통적 세계관의 견고함이다. 구로사와 감독의 많은 작품들에서 강조되듯, 삶의 무상과 존재론적 허무는 피할 수 없는 것이지만, 인간애와 자비심이라는 가장 단순한 가치관을 수용할 때 좌절을 극복하는 길이 열린다. 하지만 그럼에도 불구하고 역시 산적들을 모두 무찌르고 끝까지 살아남은 사무라이의 입에서 스며 나오는 성취의 여운은 결코 성공을 자축하는 영웅의 여유가 아니다. 인생의 승자가 될 수 없는 자에게 쓸쓸하게 남는 절대적인 고독의 무게이다.

"다시 패배하고 말았다. 진정한 승자는 농민들이다." 사농공상士農工商의 네 신분으로 이루어진 봉건적 질서의 와해를 알리는 상징적인 이 말은 완전한 삶의 의미를 회복할 수 없는 현대인의 고뇌를 대변하는 말이기도 하다.

절대적인 고독이 공존함에도 고전적인 가치관의 재정립은 여전히 매력적이다. 아니 현대적인 고독은 고전적 가치관을 매력적으로 포장한다. 구로사와 감독은 사무라이의 위상을 부각시킴에 있어 그를 우러러보는 인물을 삽입함으로써 그 매력을 부각시킨다. 〈7인의 사무라이〉에서 가츠시로라는 애송이는 '훌륭한' 사무라이가 되겠다는 의지로 무장했지만, 충만한 건 젊음의 단순한 패기뿐, 그의 모든 행동은 어설프고 어수룩하기 짝이 없다. 그에게 절실하게 필요한 것은 자아 이상이다. 그러한 의미에서 〈7인의 사무라이〉는 성장 영화이기도 하다. 가츠시로에게 가장 이상적인 영웅으로 떠오르는 아버지상은 기교의 완벽을 추구하는 냉철한 사무라이 큐조이다. 소시민 영화에서 실추된 자아 이상을 회복시켜 주는 것은 봉건적 가치를 재구성한 개인주의인 것이다.

자아 이상으로서의 큐조의 완성도는 농민 출신의 다혈질적인 '가짜' 사무라이 키쿠치요의 맹목적적인 열정과 비교되면서 배가된다. 냉철하고 완벽한 아버지상과 거칠기 이를 데 없는 저속한 아버지상의 극명한 대비는 두 사람이 잠복하여 곧 들이닥칠 산적들을 기다리는 상황에서 이루어진다. 긴박함 속에서 적막을 부각시키는 이 놀라운 장면에서, 키쿠치요가 나무 위에 올라가 망을 보며 소란스럽게 구는 동안, 큐조는 나무 밑에서 가부좌를 하고 말없이 풀을 만지며 묵상에 잠긴다. 이러한 광경은 바로 큐조의 지시에 따라 숲 속에 몸을 숨긴 채 관찰만 하는 가츠시로의 긴장된 시점에서 묘사된다. 고전적인 영상 문법으로서의 시점 화면은 이 시대가 요구하는 이상적인 영웅이 무엇인가에 대한 질문을 던진다.

산적들이 나타나자 두 전사의 전투 방식 역시 극단적으로 갈라진다. 큐조는 단칼에 두 명의 산적을 해치우며 시대극의 전통적 볼거리인 참바라를 가뿐하게 선보이고, 키쿠치요는 땅바닥에서 흙투성이로 전락하여 요란스러운 주먹 싸움을 벌인다. 이제 막 세상에 눈을 떠가는 애송이에게 둘 중 누가 더 훌륭한 정신적 지주로 보일지는 뻔한 일이다.

"당신을 존경합니다."

큐조를 향한 구애에 가까운 가츠시로의 밑도 끝도 없을 경이감에는 주저함도 없다. 존경을 통해 맺어지는 세대 간의 교감은 영화의 가장 중요한 극적 장치로 자리 잡는다. 결국 마지막 전투에서 (탈봉건의 상징인) 탄환에 희생되는 큐조의 시신을 부둥켜안고 오열하는 가츠시로의 눈물은 봉건적 가치에 대한 구로사와 감독의 그리움 어린 훈계이다. 정신적 지주의 부재가 주는 젊은 세대의 방향의 실종을 구로사와 감독은 전통적 가치의 상실로 재편성한 것이다.

자아 이상의 등극은 절대 간단한 일이 아니다. 봉건적 질서로부터 멀어질수록 그 난관은 심해진다. 메이지 시대를 배경으로 하는 〈붉은 수염赤ひげ〉(1965)은 자아 이상의 성립에 설득력을 부여하기 위해 세 시간여를 소요한다. 현대극과 시대극의 중간적 상황을 배경으로 하는 이 영화가 부각시키는 기성 세대 영웅은 시골의 한 노의사로, 많은 사무라이 연기로 탄탄한 아우라를 지니게 된 미후네가 또다시 변신을 이룬다. 그리고 그의 영웅적 위상은 젊고 도도한 견습생의 시점에서 관찰된다. 처음에는 훌륭한 의원이 되기 위해 우아한 왕도만을 생각했던 한 젊은 견습

생의 오만함 앞에서 부귀영화와는 거리가 먼 한 작은 빈촌의 공공 의료원에서 평생을 썩은 노의사의 풍채는 그 실력이 아무리 이름났다 한들 절대 커 보이지 않는다. 어설픈 이상주의자가 꿈꾸는 미래는 '큰 세상'에서 큰 이름을 날리는 것이고, 잠시 몸담게 된 시골의 의료원은 경험을 쌓기 위해 일시적으로 머무는 작은 중간 지점에 불과한 것이다. 기고만장한 젊은이에게 삶의 의미를 지긋이 숙고하게 하는 계기는 죽음의 체험이다. 그에게 직업과 결부된 추상적인 개념에 불과했던 삶과 죽음이 노의사가 보살펴 주는 늙은 환자의 고통을 통해 새롭게 다가오고, 자신이 직접 죽음의 문턱에 서 보면서 삶에 대한 외경을 갖게 되는 것이다. 결국 과묵하고 고집 센 노인으로부터 배우게 된 건 진료 일지에 기록된 의학적 지식이 아니라, 인간에 대한 넓고 깊은 연민이다. 검소와 겸손의 철학이다. 여기에 노의사의 사무라이 버금가는 신체적인 강함이 추가로 나타나면서 그의 영웅적 가치는 급등한다. 더구나 젊은 견습생은 노인의 강인함 속에서 언뜻 보이는 젊은 모습에서 자신의 무지한 열정을 거울처럼 보게 되고, 이와 더불어 삶에 정신적 경지가 있음을 깨닫게 된다. 견습생으로서의 그의 임기가 만료되고 이제는 애초의 의지에 따라 도시에서 새로운 꿈과 이상을 좇을 수 있게 되었을 때, 그는 생의 가장 중요한 결심을 한다. 계속 시골구석에 묻혀 노의사의 지혜로운 삶을 따를 결단이다. 건방진 애송이는 어느덧 삶을 통찰하는 겸허한 성찰자로 변신해 있다. 고통과 죽음, 혼란과 부조리를 경험한 그가 내리는 중대한 결정을 구로사와 감독은 벚꽃이 화사하게 만개한 한 작은 정원에서 축복한다. 이 공간을 배경으로 감독은 전통적인 질서와 제식이 갖는 아름다움을 관조적으로 예찬한다. 젊은 세대에게 기성 세대가 주는 삶의 교훈이란 복잡한 의미의 체계가 아니라 지극히 단순한 삶의 순환인 것이다. 그리고 무엇보다도 기성 세대가 정신적 지주로서의 역할을 수행할 수 있다는 사실을 희망적으로 제시한다. 영화의 마지막은 지는 척 제자의 간청을 받아주면서도 고난에 대한 경고를 잊지 않는 과묵한 노의사의 고집을 희화한다. 55세를 맞은 감독은 제자를 두게 된 의사의 은폐된 자부심을 멋쩍은 유머로 치장하며, 세대 간의 갈등을 화목적인 구도 정신으로 승화시킨다.

 ## 아버지 죽이기

구로사와 감독이 왜소한 아버지를 대체하는 강인한 아버지를 탄생시키고자 작위적인 노력을 아끼지 않았다면, 1960년대의 젊은 감독들은 기성 세대의 추락을 훨씬 냉소적이고 공격적인 태도로 바라본다. 특히 오시마 나기사大島渚, 이마무라 쇼헤이今村昌平, 하니 스스무羽仁進, 테라야마 슈지寺山修司 등 예술영화연합인 ATG (Art Theater Guild)를 통해 작품을 알린 감독들의 상실감에 대한 진솔함은 파격적인 작품의 형식만큼 과감하다. 그 파격의 원천은 물론 아버지 세대의 가치관에 대한 항변이다. 비선형적인 극의 구조와 연속 편집의 안락을 거부하는 파편적 시공간은 아버지의 자리를, 아버지의 미학을, 기꺼이 해체한다. 국가의 폭력과 미국의 탄압에 말없이 순응했던 나약한 아버지에 대한 미친 저항이 스크린을 공명시킨다. 뉴 저먼 시네마의 시발점이 되었던 1962년 '오버하우젠 선언 Oberhausen Manifesto'의 모토, 그러니까 "아버지 영화는 죽었다Papas Kino ist tot"[7]는 공격적인 좌우명은, 오히려 일본의 새로운 물결에서 더욱 날카롭게 번득인다. 미군정의 엄격한 검열로부터 자유로워진 젊은 세대의 감성은 격발하여 그동안 금기시되어 온 사회와 역사 속의 치부를 가차 없이 드러낸다. 파헤쳐진 역사의 부조리 속에서 처절하게 모습을 드러낸 것이 추락한 부권이다. 바로 〈황금박쥐〉의 출현 배경이 되는 격정이다.

　　아버지 세대에 대한 불만과 분노를 가장 솔직한 강렬함으로 내뱉은 감독은 이마무라 쇼헤이이다. 만일 아버지상을 향한 무의식적 폭력성이 〈들개〉의 권총에 숨어 있다면, 이마무라 감독은 〈복수는 나의 것復讐するは我にあり〉(1979)에서 그 총을 아들의 손에 직접 쥐어 주고 아버지의 가슴을 향하게 한다. 이 철들기를 거부하는 반항아는 반사회적인 낙오자이며, 부도덕한 포식자다. 감독은 사회적 질서로부터의 소외의 뿌리를 '아버지의 이름 / 때찌'의 부재에서 찾는다. 어린 시절의 회상 장면에서 주인공 이와오가 바라보는 아버지는 국가의 부당한 절대적 권력에 아무 소리 못하고 굴복하는 비굴한 아버지이다. 〈자전거 도둑〉의 아버지가 어쩔 수 없는 시대의 피해자였다면, 이 아버지는 자신이 피해자임을 모를 정도로 심오한 비천함에 빠진 희대의 광대이다. 아버지의 비굴과 굴욕에는 바닥이 없다. 어린 아들은 아버지의 왜소함을 참지 못하고 아버지에게 굴욕을 강요한 장교에게 뛰어들어 투항해 본다. 하지만 이런 그의 용맹을 저지하는 것은 오히려 아버지 쪽이다. 아버지는 아들을 제압한 후 장교 앞에서 충성을 맹세한다. 그의 치욕은 자신의 굴욕적인 목소리를

---

7. 정확히 말하자면, 오버하우젠 영화제에서 발표된 것으로 알려진 선언에 실제로 "아버지 영화는 죽었다"라는 표현은 없다. 대신 "낡은 영화는 죽었다Der alte film ist tot"라는 문구가 있을 뿐이다. 이 선언에 동참했던 에드거 라이츠Edgar Reitz 감독이 제작한 텔레비전 미니시리즈 〈두 번째 하이마트Die Zweite Heimat: Chronik einer Jugend〉(1993)에 의하면, "아버지 영화는 죽었다"라는 문구는 당시에 젊은 영화인들이 오버하우젠의 거리를 덮다시피 붙이고 다녔던 포스터에 사용된 것이다.

아버지와 아들 간의 평생에 걸친 전쟁은 결국 제목이 지시하는 '나'의 위치를 놓고 가장 첨예해진다. 〈복수는 나의 것〉.

듣지 못하도록 날뛰는 아들의 귀를 손으로 막는 행위로 극에 달한다. 마치 미시마 유키오三島由紀夫의 《금각사金閣寺》에서 외도를 하는 아내를 무시하며 아들인 주인공의 두 눈을 가리는 아버지의 무력한 손처럼, 이 아버지의 손도 아들의 얼굴 위에서만 물리적으로 강력하고 단호하다. 이 손으로써 아버지는, 집 밖에서는 약하기만 하고 아들에게만 강력함을 발휘하는 아버지는, 치욕의 무게를 아들에게 전가한다. 아들은 이 가증스런 무게마저 뿌리침으로써 진실을 직시한다. 세계에 자아 이상은 존재하지 않으며, 이제는 대타자에 대한 복수만이 남았다는 사실을. 그가 뿌리치는 것은 아버지의 끔찍한 무능력이자, 시대의 무기력인 것이다. 아버지의 이름은 극복할 수 없는 상실의 심연으로 추락한다. 결국 아버지가 평생을 두고 훈계하는 기독교의 인내와 박애는 아들에게 있어서는 비굴한 자기 기만이자 이미 추락한 자신의 이름을 대체하는 왜소한 허수아비일 뿐이다. 미군정 시대에 사춘기를 맞게 되는 반항아는 사기와 살인을 서슴지 않는 범죄자로 커가게 된다. 특히 형무소에 있는 동안 자신의 아내와 아버지가 관계를 맺었다는 입소문을 믿게 되면서, 그의 반사회적 폭력성은 더욱 극심해진다.

사형 선고를 앞두고 마지막으로 찾아온 아버지의 얼굴을 정면으로 마주하며, 아들은 마침내 자신의 일생을 지배해 온 하나의 명백한 진실을 힘주어 실토한다. 그것의 이름은 분노다.

"내가 정말로 죽이고 싶었던 것은 당신이었어."

아버지 영화를 죽였지만 아버지는 죽지 않은 것인가. 이 히스테리 격발 같은 발화는 정부와 미군정에 모두 굴복한 기성 세대에 던지는 테러 폭탄이다. 이마무라 감독은 패륜의 광기에 마이크를 수여함으로써 충격을 포착하면서도, 동시에 그 공격성에 논리적인 설득력을 부여함으로써 오히려 그 충격을 배가시킨다. 반사회적인 인물의 심리를 면밀히 해부하면서도, 그의 감성과 생각의 뿌리에서 울분과 정의감의 원형을 찾아낸다. 패륜아의 내적 세계에는 관객이 다가갈 수 없는 악마적 심연이 있지만, 그 밑바닥에서 감독은 간단한 고통과 절망의 유전자를 추출한다. 결국 공동체가 추방하는 타자에게서 공동체가 공동으로 소유하는 작은 동질성을 발굴한 것이며, 이러한 공감대는 곧 아버지 세대에 대한 골이 깊은 불만과 분노이다. 그래서 이와오가 친부 살해라는 패륜의 의지를 표출할 때에도 우리는 이해력으로 충격을 소화한다. 아니 이해가 되기 때문에 오히려 더 충격이 크다. 더구나 자신의 심리를 자가적으로 분석하고 있는 아들의 모습은 더욱 충격적이다. 이 극단을 모르는 미친 가족 로맨스는 이미 오래전부터 하나의 제식처럼 정해진 길을 따라 진행되고 있었던 것이다. 그것의 궁극적 진실이란, 아아, 아버지의 이름과 때찌가 실종될 때 아들의 이름은 아버지의 결핍에 대한 때찌가 된다는 것이다. 오버하우젠의 선언마저도 왜소하게 만드는 이 폭탄 같은 선언이야말로 소시민 영화부터 억압되어 오던, 가장 과감한 파격의 미학조차 깨트리지 못하던, 메이지의 유산이자 금기가 아니었던가. 친부살해야말로 결핍과 절망의 깊은 늪 속에서 아들이 눈을 부릅뜨고 읊조리는 '구원'의 주술이 아닌가. 아으, 아버지의 이름의 수혜를 받지 못한 아들의 초자아의 힘은 이제 아버지로부터 오는 것이 아니라, 그의 아버지다움을 판가름하는 외부의 이름 모를 권력으로부터 온다. 그런 의미에서 이 범법자는 매우 규범적인 사회인이다. 오즈나 구로사와가 정말로 스크린에서 하고 싶었던 말은 이 충격적인 말이 아니었을까. 가츠시로의 "당신을 존경합니다"라는 선언은 시대극에서나 가능한 환상인 듯 멀어져 있다. 아니, 어쩌면 두 말의 근원은 동질적인 것이리라. 결국 '존경'의 기반과 '복수'의 논리는 같은 것이 아닌가.

　물론 친부살해의 언술은 언술로만 끝난다. 범법자는 무작위적인 대체물들을 거치고 나서 이제야 분노의 근원을 정확하게 조준하지만, 복수의 타격은 아예 출격조차 하지 못한다. 비굴한 아버지와 과격한 아들의 오랜 대결에서 최후의 승리를 거두는 쪽은 당연히 전자이다. 제 몸조차 제대로 가누지 못하던 나약한 아버지는 자신에게 숙분의 응시를 꽂는 아들의 얼굴에 참혹한 경멸의 침을 뱉고 유유히 방을 나간다. 인생의 가장 중요한 말이자 최후의 말이 되었을 그 문장이 마치 마법적인 주술이 되어 주술자를 거꾸로 음독한 것처럼, 아들은 그 어떤 말과 행동으로 자신의 의지를 집행해야 할지 모른 채 그 자리에 얼어붙는다. 아들의 평생을 통한 복수극은 의미 없는 미완성의 화풀이와 이에 대해 돌아오는 모욕적 조롱으로 마무리된다.

영화의 마지막은 못난 자식을 화장하고 남은 유골을 절벽 아래로 던지는 아버지와 며느리의 허탈하고도 익살스런 모습만을 보여 준다. 복수를 하듯 타고 남은 뼈를 낭떠러지 아래로 던지지만, 그의 심기는 편할 리 없다. 더구나 그리고 해서 '복수'의 주체가 될 수는 없다. "복수는 나의 것"임을 발화하는 상징계적 주체는 결국 결핍의 소용돌이에서 존재하지도 않는다. 영화는 커다란 공백을 감싸고 돈 셈이다. 강렬한 항변의 주체인 아들은 영화의 이름으로부터도 소외되고 만 것이다. 여기에 현세대가 공감하는 무기력함이 있다. 분노와 복수심의 골은 끝이 없는 듯하지만, 마지막 금기를 깨뜨릴 힘과 용기가 아들에게는 없다. 새로운 상징계적 질서를 구축할 자원이 없다. 그들의 아버지는 그러한 힘을 보여주지도 물려주지도 못했다. 자신의 한계를 뛰어넘지 못한 아버지의 나약함을 아들은 그토록 거부했건만, 결국은 치열하게 거부한 그것을 자신의 일부로 물려받고만 것이다. 거세된 아버지는 거센 복수심과 이를 극복할 수 없는 무기력을 동시에 아들에게 남긴 셈이고, 여기에 거세된 아버지의 환영적인 힘이 있다. 이름을 집행하지 못한 아버지의 아들은 아버지의 굴레를, 거세의 굴레를, 벗어날 수 없는 것이다.

아버지가 거세되었다면 아들은 자신의 거세를 어떻게 극복할 수 있는가? 이를 황금박쥐에게 묻는다면, 그의 멋쩍은 대답이 실소처럼 의아하게 메아리칠 것이다. "으하하하하"라고.

타나토스의 제국

〈감각의 제국愛のコリタ〉(1976) 혹은 〈사랑의 코리다〉에서 오시마 감독은 전후의 암울한 분위기를 우울함과 상실감이라는 통시적인 정서로 풀어낸다. 유럽 예술 영화의 진정한 거장이자, 작가주의의 진득한 지원자인 아나톨 도망Anatole Dauman[8]이 제작한 이 작품은 1936년 5월 16일 발생하여 세간을 떠들썩하게 했던 실제 사건을 배경으로 한다. 사다 아베라는 하류 계층 윤락녀가 연인이자 포주로 여겨지는 요시조 이시다를 거세, 살해한 (아니, 순서상으로는 살해, 거세한) 사건이다. 그들의 정사는 4월 23일부터 5월 7일까지 지속되었고, 사도마조히즘적인 성행위를 계속하다가 살인까지 저지른 것으로 알려졌다. 아베는 요시조의 잘린 성기를 포장용 천에 싸서 몸에 지니고 거리를 돌아다니다가 경찰에 알려지면서, 순종적이고 소극적인 일본 여성의 이미지를 뒤엎는 전복적인 표상으로 거듭났다. 이 일화는 〈감각의 제국〉이 만들어지기 전 해에 다나카 노보루田中登 감독에 의해 〈아베 사다 실록阿部定實錄〉이라는 제목으로 영화화되며 화

---

8. 도망의 제작 작품 연표는 그 어떤 감독보다도 명확하고 흥미로운 작가 의식을 담고 있다. 알랭 레네 감독의 〈밤안개Nuit et brouillard〉(1955), 〈히로시마 내 사랑〉, 〈뮤리엘Muriel ou le temps d'un retour〉(1963)로부터 장 루슈Jean Rouch와 에드가 모랭Edgar Morin의 기념비적인 다큐멘터리 〈어느 여름의 기록Chronique d'un été〉(1961), 크리스 마르케Chris Marker의 〈라 제테La Jetée〉(1962), 장 뤽 고다르Jean-Luc Godard의 〈남성 여성Masculin féminin: 15 faits précis〉(1966)과 〈그녀에 대해 알고 있는 두세 가지 것들Deux ou trois choses que je sais d'elle〉(1967), 오시마의 〈열정의 제국L'Empire de la passion〉(1978), 폴커 슐렌도프Volker Schlöndorff의 〈양철북Die Blechtrommel〉(1979), 그리고 빔 벤더스Wim Wenders의 〈파리 텍사스Paris, Texas〉(1984)와 〈베를린 천사의 시Der Himmel über Berlin〉(1987)에 이르기까지, 그가 제작한 작품들은 역사 속의 상실과 단절, 기억과 재현의 문제 등을 심층적으로 다루며, 영화라는 매체가 사실에 대해 갖는 관계를 성찰한다.

젯거리가 된 바 있는데, 도망과 오시마는 이를 일본에서는 허용되지 않는 포르노그래피 영화로 제작하면서 사건에 새로운 관점을 제공했다. 그 새로운 관점이란, 적나라한 성의 묘사와 맞물린 오시마와 도망의 공통된 작가적 관심사였으니, 정신적 외상과 그것의 재현에 관한 문제 의식이었다.

이 작품을 통해 도망과 오시마가 추적한 시대적 무기력함의 뿌리는 전쟁 이전 봉건적 질서가 무너지는 시기에 있다. 이 사건을 재해석하며 오시마 감독은 전후의 정서와 보편적 심리가 중첩되는 상징적 의미를 찾는다. 봉건적 수직 관계를 기반으로 했던 두 사람의 정사는 '사랑의 투우'라는 원제목이 시사하듯, 무모한 죽음으로 귀결된다. 에로스Eros와 타나토스Thanatos의 에로틱한 곡예는 남근이 제거되는 순간 절정에 달한다. 사다의 칼에 의해 몸에서 분리되는 음경은 꼿꼿하게 발기해 있다. 바타이유가 주시한 라스코Lascaux 동굴의 벽화에서 들소에 받쳐 죽는 고대 사냥꾼의 것처럼 말이다. 강한 남성적 힘과 봉건적 권력의 상징적 표상이 몰락하는 순간, 물리적인 질감은 살아난다. 영화 전체를 압도하는 강렬한 붉은 색의 미학은 주인공의 음경이 잘려 나간 빈자리에 응축되고, 남근의 몰락은 욕망에 내재하는 허무함의 절대적 무게를 담는 수사적 도구가 된다.

포르노그래피의 장르적 성격에 충실하겠다던 애초의 의도를 배반하지 않고 영화는 집착처럼 몰두한다. 섹스, 섹스, 섹스에 말이다. 실제로는 두 주 남짓 진행된 애정 행각을 두 시간으로 함축하자니 몸이 바쁘다. 지겨울 정도의 반복이 포르노그래피의 화려한 약속을 허망한 권태로 전락시킬 무렵이면, 이미 은밀한 타나토스가 거대하게 점증해 있다. 애초부터 쓸쓸한 피리 소리가 성의 설레는 즐거움에 소멸의 암울한 운명을 드리우고 있지 않았던가.

진실을 드러내는 결정적 단서는 극단적인 정사가 아니라 단호한 적막의 정서이다. 쉴 새 없는 에로스의 연속 속에서 성적 욕망에 지배되지 않는 거의 유일한 장면은 에로스의 전복적인 무덤이 된다. 남자 주인공인 키치가 홀로 거리를 걷는 일상적인 장면이다. 온통 관능적 쾌락에 물든 영화에서 사소한 일상이야말로 과격한 파격이 된다. 탐미의 이면에서 아른거리는 타나토스의 거대함은 에로스가 눅눅한 관능의 침상으로부터 잠시 벗어날 때 쓰나미처럼 순식간에 몰려온다. 포르노그래피의 정체성으로부터 잠시 이탈하는 짧은 탈장르적 찰나가 형식적인 실패를 존재론적 상실로 대체한다. 거리에 나타난 사멸의 전령은 무심하게 거리를 행렬하는 군인들이다. 천황의 힘 빠진 졸개들이다. 이들이 어디에서 나타나 어디로 가고 있는지도 알 수 없다. 다만 시대와 사회로부터 멀리 이탈해 있던 에로스의 시간이 갑자기 역사 속으로 추락했을 뿐이다. 그들의 텅 빈 신체가 만드는 선형적인 질서가 밀물처럼 스크린을 점령한다. 우렁찬 군가나 군중의 환호는 없다. 오시마의 몽타주에는 오데사 계단을 뒤덮었던 에이젠슈테인의 선동적 호령도 없다. 군대는 구로사와 감독의 〈꿈夢〉(1990)에서 죽음의 동굴로부터 행진해 나오는 유령 군대처럼 섬뜩하게 허허하다. 군화의 규칙적인 리듬만이 묵시적으로 그리고 몽환적으로, 거역할 수 없는 시간의 요구를 공명시킬 뿐이다. 메트로놈처럼 건조하게 시간의 박동을 공표할 뿐이다. 적막과 군화의 충돌은 역사의 권력이 얼마나 암묵적인가를 드러낸다. 억압의 주체는 사실 보이지 않는다. 거리는 붉은 물결로 뒤덮였지만, 그것의 공격성은 숨어 있다. 붉은 일장기, 붉은 노을이 강요하는 열정은 영화의 시각적 모티브를 반복하는 형식적 요소로서 위장하고 있다. 키치는 군대가 행진하는 방향의 역방향으로 홀연히 걷는다. 선형적인 역사의 흐름에 휩쓸리지 않으려는 의지는 그를 소외된 타자로 내몰고 만다. 그의 말없는 반항은 거리의 다른 쪽에서 말없이 일장기를 흔드는 군중의 열성과도 충돌한다. 키치의 에로스가 이 모든 광기를 이겨 낼 수는 없다. 그의 고개는 무겁고, 얼굴에는 근원을 알 수 없는 예사롭지 않은 어둠이 내려앉았다. 방탕한 호색한은 인생의 허무 속에 침잠한 시인이기도 하다. 사다의 요구에 아무런 반항도 하지 않고 죽음의 길에 들어설 그의 비상한 태도는 영화를 통해 일체 설명되지 않지만, 이에 대한 가장 강력한 단서가 주어진다면 바로 이 순간의 어두운 침묵이다. 오즈의 모노노 아와레가 세상과 하나가 되는 몰아의 도취를 지향했다면, 오시마의 정서는 세상과 하나가 될 수 없는, 시대와 사회의 암묵적인 압력으로부터 소외될 수밖에 없는, 개인의 좌절을 포착한다. 소외된 남성적 주체가 일체감을 느끼는 외적인 질서가 있다면, 그것은 절대적인 공허감이다.

이 정도면 키치가 역행의 끝에서 맞을 운명은 이미 정해진 것이다. 그 정도로 이 장면의 복선은 강렬하다. 하지만 키치가 보여 주고자 하는 진정한 진실이란, 그러한 운명의 감지에도 불구하고 이를 거역하지 않는 집요함의 집중이다. 아니, 거역할 수 없음을 인지하는 무기력의 응집이다. 정해진 사멸의 선로는 견고하게 키치를 거세의 종착역으로 인도한다. 자신의 종말을 감지하는 남성 주체는 '코리다'의 황소처럼 절대적인 운명을 좇는다. 아니, 투우장이라는 설정은 허세다. 그는 투우장의 격렬한 소가 아니라, 도살장의 다소곳한 소다. 삶의 기회를 위해 투쟁하는 대신, 사멸의 기제에 순응하며 말없이 걸어가는 미물이다. 비장하기는 하나 용감하지는 않은 행로다.

그를 속박한 기제를 투우장이라 부를 수 있는 근거는 텍스트 외곽에서 겨우 올 만하다. 그 이면에는 이 영화의 배경과 영화가 만들어진 시기를 연관시키는 시대적인 상황이 있다. 이야기의 배경인 1936년, 사다 아베의 사건이 일어나기 불과 3개월 전인 2월 26일에 천황의 명을 받든 정부가 급격한 개혁을 주도할 것을 요구하며 1400여 명의 군사가 시를 장악한 이른바 '니니로쿠二二六 사태'가 있었다. 정부는 이들의 요구를 들어주기로 하였다가 군부가 해산된 후 계엄령을 선포하여 주동자들을 처형하였다. 이 사건은 요시시게 요시다吉田喜重 감독의 〈계엄령戒嚴令〉(1973)의 소재가 되는 등 1970년대에 다시 조명을 받았고, 오시마 감독의 장면 역시 이 사건을 연상시킨다.[9]

1970년대에 이 사건이 다시 화두가 된 또 하나의 계기이자, 오시마의 장면에 또 하나의 의미의 층을 부여하는 배경은 영화가 만들어지기 직전인 1970년에 발생한 '미시마 사건'이다. 절대적인 인기와 명성을 축적하며 전성기를 누리던 소설가 미시마 유키오가 우익 단체인 '방패의 모임'의 회원 네 명을 이끌고 육상자위대 총감부 총감실을 장악하여 자위대 간부 8명을 살해한 뒤 "천황 폐하 만세"를 외친 후 할복자살한 사건이다. 이 사건의 경위는 이렇게 한 문장으로 요약할 수 있을 정도로 간단하지만, 그 동기와 의미는 아직도 미궁 속에 있을 정도로 다층적이다. 표면적인 동기가 있었다면, "국민정신은 상실했으며 근본을 뜯어고칠 생각도 없이 (……) 스스로 자신의 혼을 공백 상태로 내몰고 있다"는 비판의식 정도가 될 것이다. 이런 문맥에서 미시마의 행동이야말로 실패를 전제로 한 코리다 안에서의 극단적 대립이라 할 만하다. 하지만 그럼에

---

9. Jack Hunter, *Eros in Hell: Sex, Blood and Madness in Japanese Cinema*, London: Creation Books, 1998.

도 코리다의 일화로 마무리, 아니 무마되는 미시마의 세계는 오묘하고 복잡하다. 언어의 감치는 정교함이 화려하게 감싸는 근원적 동기는 타나토스와 에로스의 절묘한 탱고다.

어쨌거나 미시마 사건이 좌익과 우익을 불문하고 모든 일본인에게 큰 충격과 의문을 던져 주었음은 물론이고, 미시마와 친분이 있었던 오시마 감독에게는 특히 그러했다. 미시마 역시 〈우국憂國〉이라는 작품을 통해 '니니로쿠 사태'를 작품의 배경으로 삼은 바 있으며, 오시마는 〈감각의 제국〉에서 시대가 다른 두 사건을 연결함으로써 과거와 현재를 관통하는 모호한 시간성을 설정한다. 미시마가 전쟁 이전의 스캔들을 작품과 현실에서 차례로 재현했다면, 오시마는 미시마의 두 재현을 하나의 텍스트로 결집시킨다. 오시마의 유령 군대는 두 군대를 직접적으로 지시하는 대신, 그들에 근접한 통시적 상징성을 맴돌며 서성인다. 환유적인 반복은 오히려 역사로부터의 자유가 아닌 역사로의 회귀를 나타낸다. 유령이 시간의 규범으로부터 이탈하면서도 역사로 회귀하듯이 말이다. 황금박쥐가 탈역사적인 비행을 행하면서도 시대의 요구로부터 자유로울 수 없듯이 말이다.

참고 문헌

김남수 (2007). "타자를 대하는 몸짓들의 교차로," 〈판〉. vol. 1, pp.42~49.

김준양 (2006). 《이미지의 제국: 일본 열도 위의 애니메이션》. 한나래.

리처드 커니 (2004). 《이방인, 신, 괴물》. 이지영 옮김. 개마고원.

린다 노클린 (2001). 《절단된 신체와 모더니티》. 정연심 옮김. 조형교육.

모리스 블랑쇼 (1992). 《미래의 책》. 최윤정 옮김. 세계사.

사토 다다오 (1993). 《일본 영화 이야기》. 유현목 옮김. 다보문화.

서현석 (2007). "롤링선더에서 블록버스터까지: 베트남 전쟁 이후의 슈퍼 할리우드,"
　　《미국 신보수주의와 대중 문화 읽기: 람보에서 마이클 조든까지》. 책세상, pp.84
　　~138.

선정우 (2002). "〈황금박쥐〉, 〈요괴인간〉 작화 감독 모리카와 노부히데 인터뷰,"
　　《Vision, vol. 1》, pp.152~163.

아리스토텔레스 (2002). 《시학》. 천병희 옮김. 문예출판사.

움베르토 에코 (1994). 《대중의 영웅》. 조형준 옮김. 새물결.

플라톤 (2000). 《티마이오스》. 박종현·김영균 옮김. 서광사.

Adler, Jerry (2006). "Vanity, Thy Name Is…," *Newsweek*, vol. CXLVIII, no. 20,
　　November, p.52.

Agamben, Georgio (1993). *Stanzas: Word and Phantasm in Western Culture*. Ronald
　　L. Martinez (trans.). Minneapolis and London: University of Minnesota Press.

Baudelaire, Charles (1919). *The Poems and Prose Poems of Charles Baudelaire*. James
　　Huneker (ed.). New York: Brentano's.

Chion, Michel (1994). *Audio-Vision: Sound on Screen*. Claudia Gorbman (ed. &
　　trans.). New York: Columbia University Press.

de Brosses, Charles (1972). *Du culte des Dieux Fétiches, ou Parallèle de l'ancienne
　　Religion de l'Égypte avec la Religion actuelle de Nigritie*. Westmead: Gregg
　　International Publishers.

Freud, Sigmund (1953~1974). *Jokes and Their Relation to the Unconscious, The
　　Standard Edition of the Complete Works of Sigmund Freud. Volume 8*, James

Strachey et al. (eds.). London: The Hogart Press and the Institute of Psychoanalysis.

————. "The Dynamics of Transference," *SE 12.* pp.99~108.

————. "Mourning and Melancholia," *SE 14.* pp.239~258.

————. "The Uncanny," *SE 17.* pp.217~256.

————. "Fetishism," *SE 21.* pp.149~157.

Gide, André (1947). *The Journals of André Gide, Volume I: 1889~1913.* Justin O'Brien (trans.). New York: Alfred A. Knopf.

Gunning, Tom (1986). "The Cinema of Attraction: Early Film, Its Spectator and the Avant-Garde," *Wide Angle.* vol. 8, no. 3/4, pp.63~70.

Harpham, Geoffrey Galt (2006). *On the Grotesque: Strategies of Contradiction in Art and Literature.* Aurora: The Davies Group.

Hobbes, Thomas (1840). *Human Nature, English Works.* vol. 4, William Molesworth (ed.). London: John Bohn.

Hunter, Jack (1998). *Eros in Hell: Sex, Blood and Madness in Japanese Cinema.* London: Creation Books.

Jones, E. Michael (2000). *Monsters from the Id: The Rise of Horror in Fiction and Film.* Dallas: Spence Publishing Company.

Koehler, François (1996). "Melanie Klein and Jacques Lacan," *Reading Seminars I and II.* Richard Feldstein, Bruce Fink, and Maire Jaanus (eds.). Albany: State University of New York Press, pp.111~117.

Köhler, Wolfgang (1951). *The Mentality of Apes.* Ella Winter (trans.). New York: Humanities Press.

Krafft-Ebing, Richard von (1965). *Psychopathia Sexualis: A Medico-Forensic Study.* Harry E. Wedeck (trans.). New York: Putnam.

Kurosawa, Akira (1982). *Something Like an Autobiography.* New York: Alfred A. Knopf.

Lacan, Jacques (1977). *Écrits: A Selection.* Alan Sheridan (trans.). New York and London: W. W. Norton & Company.

———— (1981). *The Seminar of Jacques Lacan, Book XI: The Four Fundamental*

Concepts of Psychoanalysis. Alan Sheridan (trans.). New York and London: W. W. Norton & Company.

Marigny, Jean. (1993). *Vampires: Restless Creatures of the Night*. Lory Frankel (trans.). New York and London: Harry N. Abrams.

McLuhan, Marshall (1994). *Understanding Media: The Extensions of Man*. Cambridge and London: The MIT Press.

Metz, Christian (1986). *The Imaginary Signifier: Psychoanalysis and the Cinema*. Celia Britton, Annwyl Williams, Ben Brewster, and Alfred Guzzetti (trans.). Bloomington: Indiana University Press.

Mori, Masahiro (1970). "The Uncanny Valley," Karl F. MacDorman and Takashi Minato (trans.). *Energy*. vol. 7, no. 4, pp.33~35.

Peirce, Charles Sanders (1991). *Peirce on Signs: Writings on Semiotic*. James Hoopes (ed.). Chapel Hill: University of North Carolina Press.

Plato (1984). *Republic*. Robin Waterfield (trans.). Oxford: Oxford University Press.

Royle, Nicholas (2003). *The Uncanny*. New York: Routledge.

Shakespeare, William (1988). "The Tragedy of Hamlet, Prince of Denmark," *The Complete Works*. Stanley Wells, Gary Taylor, John Jowett, and William Montgomery (eds.). Oxford: Clarendon Press, pp.653~690.

Shelton, Anthony (1995). "The Chameleon Body: Power, Mutilation and Sexuality," *Fetishism: Visualizing Power and Desire*. London: South Park Centre, pp.11~51.

Summers, David (2003). "The Archaeology of the Modern Grotesque," *Modern Art and the Grotesque*. Frances S. Connelly (ed.). New York, Melbourne, and Madrid: Cambridge University Press, pp.20~46.

Žižek, Slavoj (1989). *The Sublime Object of Ideology*, London and New York: Verso.

—— (1992a). *Enjoy Your Symptom!: Jacques Lacan in Hollywood and Out*. New York and London: Routledge.

—— (1992b). "Introduction: Alfred Hitchcock, or, The Form and Its Historical Mediation," *Everything You Alway Wanted to Know About Lacan (But Were Afraid to Ask Hitchcock)*. Slavoj Žižek (ed.). London: Verso, pp.1~12.

괴물—아버지—프로이트
황금박쥐 | 요괴인간

괴물—아버지—프로이트

황금박쥐 ｜ 요괴인간

서현석 지음

괴물─아버지─프로이트: 황금박쥐 ㅣ 요괴인간

지은이 ㅣ 서현석
펴낸이 ㅣ 한기철
편집인 ㅣ 이리라
편집 ㅣ 이여진, 이지은
마케팅 ㅣ 조광재

2009년 12월 5일   1판 1쇄 박음
2009년 12월 15일   1판 1쇄 펴냄

펴낸 곳 ㅣ 한나래출판사
등록 ㅣ 1991. 2. 25. 제22 ─ 80호
주소 ㅣ 서울시 서대문구 냉천동 182, 냉천빌딩 4층
전화 ㅣ 02) 738 ─ 5637   팩스 ㅣ 02) 363 ─ 5637   e-mail ㅣ hannarae07@unitel.co.kr
www.hannarae.net

ⓒ 2009 서현석
Published by Hannarae Publishing Co.
Printed in Seoul

국립중앙도서관 출판시도서목록(CIP)

괴물─아버지─프로이트: 황금박쥐 ㅣ 요괴인간 / 서현석 지음.
─ 서울 : 한나래출판사, 2009
512p. ; 23cm

ISBN 978─89─5566─096─8 93330

331.5─KDC4
306─DDC21   CIP2009003777

차례

일러두기

- 한글 표기를 원칙으로 하되, 필요에 따라 외국어와 한자를 병기하였다.
- 한글 맞춤법은 '한글 맞춤법' 및 '표준어 규정'(1988), '표준어 모음'(1990)을 적용하였으나 혼란 이 있는 경우 출판사의 원칙을 따랐다.
- 외국어의 우리말 표기는 개정된 '외래어 표기법'(1986)을 원칙으로 하되, 그중 일부는 현지 발음 을 따랐다.
- 사용된 기호는 다음과 같다.

  영화, 그림, 시, 노래, 잡지, 논문, TV 프로그램 등: 〈 〉

  책 이름: 《 》

1965년. 한일 기본 조약. 모리카와 노부히데.

한국과 일본 양국 간의 문화 교류를 추진한다는 취지에 의해, 일본의 제일기획은 한국의 동양방송에 황금박쥐를, 아니 모리카와 노부히데 감독을 파견한다. 일본에게는 개발도상국의 값싼 노동력이, 한국에게는 만화 왕국의 선진 기술이 탐났던 게다. 전무후무한 두 나라 간 열정의 공유는 4년 동안 지속된다. 이 짧은 시간 동안의 땀과 피는 두 개의 결실로 이어졌다. 이름하야 〈황금박쥐〉, 그리고 〈요괴인간〉.

그런데 하필이면 '빛나는 해골'과 '숨어서 사는 요물'이라니. 일본의 상상과 한국의 손재주가 합작해 낸 혼합물은 일본이 소화하기에도, 한국이 소화하기에도, 어쩐지 의뭉스러웠다. 어린이를 위한 방송물이라면서 소스라칠 만큼 그로테스크했다. 만듦새에 모호하게 번져 있는 어눌함부터가 낯설기 그지없었다. 거칠고 비렸다. 차갑고도 눅진했다. 파렴치했다.

그들이 모호한 망각의 세계로 흩어진 것은 당연하다. 수줍은 이름들만을 남긴 것은 필연이다.

오늘날 그들의 이름은 누구나 기억한다. 하지만 아

무도 그 막막함의 세부적인 질감을, 그 어설픈 존재감의 습한 결을 정확히 떠올리지는 못한다. 어렴풋한 기억 속에는 '정의'나 '우주의 평화' 따위의 신성한 듯 고루한 사어들이 녹아 있다. 하지만, 기억이 깊어지면 이름 모를 정서가 돌출한다. 소외된 그늘 속에서 농후한 그림자가 섬광처럼 흘러나온다. 하늘을 노랗게 오염시키는 역겨움과 어둠을 그윽하게 집행하는 관능이 중첩된다. 욕망과 죽음이 교차한다. 환희로 가득 찬 지옥, 혹은 공포에 찌든 황홀경. 불온하고도 숭고한 혼재향.

도대체 그들은 누구였는가? 아니, 무엇이었는가? 사람도 짐승도 아니며, 생명도 송장도 아닌, 초자연의 서자들. 태생부터가 심상치 않은 중간자들. 재방영조차 되지 않은 안방극장의 영원한 타자들. 이성의 이면. 그들은 정녕 '정의의 사도'가 맞았던가? 분명 '영웅'으로 기억하는 것이 적절한 것인가?

이 책은 그들을 기억하고자 하지 않는다. 시청자 여러분의 향수를 호출하지도 않는다. 이 책이 바라보는 바는 기억된 것들이 아니라, 망각된 것들이다. 기념

되는 것들이 아니라, 소각된 것들이다.

관능적인 불투명함. 투박한 소름. 과잉의 간지러움. 주저하는 정서의 격발.

언어는 그것이 담을 수 없는 것을 지시하기 위해 필사적으로 항변한다. 항변의 수사는 그 장황한 만큼이나, 화려한 만큼이나, 처절해진다. 처절함은 희미한 기억 속의 텍스트로 역류한다. 역류된 수사적 처절함을 머금는 표상들은 끔찍하게 괴기스럽다. 그들의 괴팍한 결핍 속에는 욕동이 꿈틀거린다.

그들의 서늘하고 공허한 그림자 앞에서, 우리는 비장함으로 가장한 유아스런 질문을 입 안에 넣고 우물거릴 뿐이다. "어디, 어디에서 오는가?"

이 책은 침묵을 배반한다. 황금박쥐와 요괴인간은 이 책을 배반한다.

서현석

요괴인간

빨리 사람이 되고 싶다
동정도 혐오도 아닌 애석함
차라리 저주로 거듭날 것을

I.
더러운 피조물

 어둠의 자식들

때는 한밤중. 장소는 어둠 속에 묻힌, 정체를 알 수 없는 한 실험실. 음음 적막 속에서 쥐가 돌아다니다가 부주의하게도 유리 용기들을 떨어트린 다. 바닥에서 깨진 유리 파편 사이로 흐물흐물 이상한 덩어리들이 발기 하듯 솟아오른다. 그리고 스스로 괴물의 형상으로 만들어진다. 모두 세 개체. 부모도, 족보도, 교미도, 성욕도, 그들의 출생 배경에는 없다. 심지 어는 신의 권능을 탐했을 '미친 과학자'조차도 없다. '탄생'이라기보다는 '발생'이라 함이 낫겠다. 그것도 우연한 사고에 의한 발생이다. 그것도 쥐 따위의 사소한 둔함에 의한 사고다. 태어나자마자 '요괴인간'이라는 흉측한 기표가 운명처럼, 족쇄처럼, 저주처럼, 그들을 얽맨다. 탄생부터 죽음까지 인간의 영역에서 영원히 소외된 채로 남을, 추방된 이방인들의 서러운 삶이 시작된 것이다.

　〈황금박쥐〉에 이어 모리카와 한일 협력 체제 아래에서 태어난 두 번 째 영웅 이야기 〈요괴인간〉은 처음부터 음침하다. 매회 이야기는 주인공

들의 생성 경위를 짧게 요약하고 시작하는데, 에피소드마다 매번 되풀이 되는 이 서두의 분위기부터가 흉흉하고 휘휘하다. 일본에서는 〈요괴인간 베무妖怪人間ベム〉라는 제목으로 방영된 이 시리즈는 한국에서 방영된 어린이용 애니메이션의 역사를 통틀어 가장 독특한 탈장르적 작품이라 해도 과언이 아닐 정도로, 그 내용과 스타일이 심히 척척하고 칙칙하다. 극적 재미와 감동에 스며든 염세적 정서가 심상치 않게 음음하고 침침하다.

어둠에 숨어서 사는
우리들은 요괴인간들이다.
숨어서 사는 요괴인간
사람도 짐승도 아니다.
"빨리 사람이 되고 싶다."
어두운 운명을 차버리고
벰, 베라, 베로
요괴인간

주제가는 이들의 정체성을 "사람도 짐승도 아닌" 것으로 규정한다. 존재론적 기반이 이중적인 부정으로 설명된다는 점, 그러니까 사람이기도 하고 짐승이기도 한 게 아니라 사람도 짐승도 아니라는 설정부터가 요요한 아집을 드러낸다. 'both'나 'either/or'가 아니라 'neither'와 'nor'가 합작하는 고집스런 이중 부정의 수사적 논리가 이들의 삶을 이리저리 박대한다. 탁구공도 이보다는 소중하다.

'요괴인간'은 '요괴'도 '인간'도 아니다. 이들의 이름은 두 단어가 합하여 새로운 의미를 합성해 낼 수 없음을 드러낸다. 그로테스크한 충돌이 있을 뿐이다. 합쳐진 두 개체는 고유의 정체성을 상실한다. 변증법을 통한 변혁은 일어나지 않았다. 이중 부정이 있을 뿐이다. 혁명은 없었다. 불가능한 합이 곧 이들의 이름이다. 이름은 실패의 징표인 것이다. 이름에 포함된 '인간'이나 '요괴'나 모두 그들이 속하지 않는 타자성을 나타낸다. 자신이 아닌 것만을 지시하는 이름은 어쩔 수 없는 소외의 운명을 작명한 꼴이다. 이중의 모순은 그 어떤 것도 지시할 수 없다. 소외와 결핍밖에는.

요괴인간은 결국 모두의 절대적인 '타자'다. 영원한 추방의 대상이다. 아아 이런, '타자'라는 진부한 단어를 지면에 들이는 즉시 그것이 지시하는 바는 기표의 즉각적인 단호함을 거부하기 시작한다. 하지만 기표에 의해 지시되는 그것은 억울해도 억울함을 호소할 기회조차 갖지 못한다. 기표의 갱생력으로부터도 추방되어야 하는 것, 그것이 추방의 절대적 수사요, '타자'의 적대적 운명이다.

태어나기는 했습니다만……

비극의 근원은 그들의 착한 마음씨다. 참담하기 그지없는 흉상들이 악이 아닌 인간 공동체에 봉사를 하다니. 이들은 영웅도 악당도 아니다. 신도 괴물도 아니다. 어중간한 흉물들은 그들을 천대하는 인간 공동체의 질서와 규범에 대한 이상을 목숨처럼 중시 여긴다. 인간 공동체의 규범을 준수하면 그곳에 안주할 수 있다고 믿는 것이다. 이 믿음은 신앙적인 집중력과 철저함을 동반하기까지 한다. 그 어떤 어려움과 외로움이 닥치더라도 그들은 끊임없이 "이웃을 사랑한다." 윤리와 규범에 신경증적으로 맹종하고 집착한다. 이러한 사상적 견고함은 물론 시청자 어린이 여러분에게 매회 차분히 훈계되는 진득한 교훈이 된다.

시리즈의 마지막에 최후를 맞는 순간에도 그들은 자신의 생명보다 인간의 안전을 우선한다. 어쩌면 인간 사회의 규범에 대한 집착이 너무 지나치게 철저하기 때문에 이들은 인간이 될 수 없는 것은 아닐까. 프로이트가 《문명과 불만》에서 우려하던 초자아의 과잉이야말로 이들의 삶 그 자체가 아닌가.[1] 실질적으로 그들을 죽음으로 몰아넣는 것은 초자아의 권력이다.

그들의 초자아적 세계관에는 생명의 서열이 존재한다. 생활 철학의 기반에는 진화론의 선형적 시간이 흐른다. 그 최고선은 물론 인간이다.

---

1. Sigmund Freud, *Civilization and Its Discontents*, *The Standard Edition of the Complete Works of Sigmund Freud, Volume 21*, James Strachey et al. (eds.), London: The Hogart Press and the Institute of Psychoanalysis, 1953~1974, pp.59~145.

이 다원적 위계에서 하위를 차지하고 있다고 그들은 스스로를 저하한다.

"빨리 사람이 되고 싶다."

아아, 이 얼마나 처절한 욕망의 토로인가. 얼마나 처참한 망조의 자조인가. 수난과 역경 속에서 그들을 지탱하게 해주는 신앙적인 목적 의식은 바로 진화의 의지이다. 인간 공동체로의, '집'으로의 갈망이다.

비통하고 애절하다. 피노키오 같은 나무토막 따위도 감히 진보를 하는 판에. 인어공주나 개구리 왕자, 혹은 슈렉 등이 그리도 쉬이 누리는 마법이나 약품에 의한 둔갑은 이들에게 허락되지 않는다. 한 세대 안에서 파충류로부터 '만물의 영장'으로의 진화가 이루어질 리는 만무하다. 인간이 되기 위한 수행의 길은 손오공의 여정보다 길고 험하다. 삼장법사 같은 길잡이는 물론 없다. 피로를 녹여 줄 토토 같은 귀여운 반려 동물도 없다. 그들은 매회 악을 물리치며 소기의 목적을 달성하지만, 그래서 조금이나마 '사람'에 가까워진다고 자위하지만, 성취와 승리의 감격에는 항상 길고 습한 그림자가 드리워진다. 아무리 커다란 용기와 슬기가 그들에게 내려져도, 모험이 끝났을 때에는 아득하게 아리는 무언가가 아련한 지평에 아른거린다. 누군가에 대한 막연한 섭섭함이 안타까움이 되어 울컥 가슴을 억누른다. 토해 낼 수도 없는 불편한 서러움이 눈물마저도 빨아들인다. 차라리 시원하게 눈물을 쏟아내면 그나마 사람에 가까워지련만.

그들에게 '사람'은 갈망의 대상이자, 선망의 대상이다. 그들은 인간을 사랑하고, 바로 그 애정의 대상이 되고 싶어 한다. (아아, 그들은 불가능한 나르시시즘의 뒤틀린 표상이 아닌가.) 하지만 인간은 잔혹한 공격성을 집행하여 그

들을 소외시킨다. 인간은 이상한 이상적 타자이다. 거울을 통해 바라보고자 하는 이상적 자아ideal ego이자, 상징계의 지배 속에서 통일의 기쁨을 확장하는 자아 이상ego-ideal이다.[2] 그러면서도, 요구로써 배제된 타대상이다. 부당한 폭력적 권력을 누리는 대타자의 미끼이다. 이럴 수가 있단 말인가. 이들의 번뇌는 타대상을 대타자와 동일시함에 그 근원을 둔다.

　　욕망의 근원은 곧 소외의 근거이다. 자신의 결핍을 지시하면서도 그 결핍으로 스스로의 정체성을 지속시키게 하는 대타자는 이중 결핍의 행로에서 고통으로 그들을 유혹한다. 시청자 어린이 여러분의 물렁물렁한 기억 속에서 고통과 욕망은 새삼 다시 진득해진다. 그들의 울부짖음은 전후 일본 애니메이션의 대표적인 도상 '버려진 아이棄て子'의 부모에 대한 부름의 변주인 것이다. 측은하고 또 측은하다. 흉흉함 속에 꼭꼭 감춰진 소망이라 더욱 가엾다. 그들이 실행하는 대부분의 선행이 아이와 어머니의 관계를 회복시켜 주는 것, 특히 나쁜 마녀 어머니를 회개시키고 자식과의 통합을 성사시켜 주는 것이라는 점은 그래서 우연이 아니다. 시리즈에서 강박처럼 반복되는 마녀와 자녀의 재결합은 그들의 여행의 동기를 상징하는 주된 모티브이다. 물론 요괴인간은 마녀도 자녀도 아니다.

　　매회 엄마를 찾아 천 리를 걷고 큰 역경을 한 차례 넘어서도 엄마에 다다르지 못하는 마르코의 애처로운 고생길처럼, 요괴인간의 여정은 앞

---

2. 리캉은 '이상적 자아'와 '자아 이상'을 구분하여 사용하였지만, 둘의 차이는 문맥을 통해서만 파악될 뿐, 명료한 정립은 제공되지 않았다. 후자가 통일체의 이상화된 이미지에 무게를 실은 개념이라면, 전자는 그것을 바라보는 쪽에 치우친다. 휴게트 글로윈스키·지타 마크스·사라 머피 편저, 《라캉 정신분석의 핵심 용어》, 김종주 옮김, 하나의학사, 2003.

으로 다가올 역경의 기대만을 여운처럼 남겨 놓을 뿐이다. 마르코와 같은 다른 '버려진 아이'의 고생길에 그나마 냉혹한 세계의 냉기를 막아 주는 모닥불 같은 훈훈한 희망이 피워졌다면, 요괴인간의 수난은 이 같은 정서적 사치조차 떨군다. 괴물의 여정에는 그 어떤 허영도 허락되지 않는다. 목적지나 희망 따위는 물론 없다. 그들을 맞아 줄 대타자로서의 어머니, 'mOther'는 그 어디에도 없다. 막막한 방황만이 이어질 뿐이다. 침울의 밑바닥에서 막연하게 솟아나는 희망은 사실 알고 보면 희망이 아니다. 매회의 종결부에 성취감이 위조하는 뭔가의 막연한 애틋함은, 지독히도 씁쓸한 쓸쓸함의, 점증하는 불가능의, 투명한 결정체일 뿐이다. 궁핍함 속에 곰팡이처럼 피어오르는 극단적 결핍의 창망한 아우라를 희망으로 여기고 곱씹을 뿐이다. 배고픈 병사가 씹는 종이처럼 당장의 허기를 속이기는 하나, 밑도 없는 허망함까지 채울 수는 없다. 성냥팔이 소녀의 성냥처럼 허상의 끝없는 헛됨만을 우리에게 애달피 비춰 줄 뿐이다. 그것이 지시하는 미래는, 능력 없는 점쟁이가 아부하듯 아름아름 챙겨 주는 궁색하고 허줄한 기대감보다도 공허하다.

그럼에도 요괴인간은 기다린다. 기다리고 또 기다린다. 기다림밖에 할 수 있는 것이 없다. 기다림이 지나치면 욕망의 충족은 더 이상 목적의식이 되지 못한다. 고도Godot에 대한 블라디미르와 에스트라공의 무매한 기다림이 그러하듯, 기다림의 대상은 더 이상 중요하지 않게 된다. 기다림은 그 자체로서 생존이 가르치는 철학이자, 생존의 방식이다. 생존에 대한, 생존을 위한 수사이다. 기다림이 그 자체로서 철학이 되어 버리는 것이 곧 요괴인간의 철학이다. 아아, 그 끈질긴 기다림의 끝에 하나의 진리가 태양처럼 떠오른다. 이 기다림에는 끝이 없다는 지리한 진리다.

대타자와의 조우나 일체감을 조금이라도 기대한다면, 그건 자기 기

만이다. 이것이 요괴인간이 보여 주는 정신분석학의 진리이다. 미치도록, 맹렬하게, 그 누구보다도 절실하게 갈구해도 품에 흥건히 안길 수 없는 대상이 대타자이다. 갈망하고 집착해도 공백으로만 남는 것이 대타자의 자리이다. 요괴인간의 결핍은, 대타자의 부재는, 그들의 비린내 나는 발목을 끈질기게 잡고 늘어진다. 소망은 매회 주제가 퍼질 때마다 더욱 절실해지고, 절실한 만큼 좌절은 커진다. 좌절이 커지면 소망도 더욱 처절해진다.

의로우나 괴기스럽고, 괴기스럽기에 측은해지는, 이 의기소침한 '영웅'들의 모험은 결국 결핍을 기표화하는 과정이 된다. "빨리 사람이 되고 싶다"는 그들의 발화는 불가능에 대한 항변이자 직면이다. 아니, 불가능을 완성하는 언어의 제식이다. 불능의 수행이다. ('집'을 뜻하는 '우치ㅎㅊ'라는 일본어 단어는 때때로 발화자 자신을 지시하는 대명사로 기능하기도 한다.[3] "빨리 사람이 되고 싶다"고 울부짖는 요괴인간은 '집'을 갈망하는 것 같지만, 어쩌면 상징계에 봉합되지 않는 처절한 결핍의 '발화자'로만 남는 운명이 그들의 집일지도 모른다. 그것이 요괴인간이 밝히는 '우치'의 양면적 진리이다.)

다다를 수 없는 것에 대해서는 말할 수 없다. 완벽히 거부된 것을 지시하는 언어는 있을 수 없다. 질 들뢰즈Gilles Deleuze가 지적하듯, "절대적인 부정은 정신적 삶 속에 주어지지 않는다. 무의식에조차도."[4] 아아, 침묵만이 '그것'을 전할 수 있으려나. 하지만 그럼에도 불구하고 우리는 그것에 대해 말할 수밖에 없다. 그것을 담을 수 없는 언어의 한계를 보면서

---

3. 일본어상의 의미의 중복에 대해 알려준 미술 작가 사사키 아이佐ㅎ木愛에게 감사한다.

4. Gilles Deleuze, *Coldness and Cruelty*, Jean McNeil (trans.), New York: Zone Books, 1991.

도 무모한 실패를 자행할 수밖에 없다. '그것'은 우리의 삶을 조종하는 원칙이기 때문이다. 이것이 바로 프로이트가 밝힌 타나토스Thanatos의 모순적 진리이다. 모순을 향한 진리이다. 아니, 진리를 향한 모순이다.

그래서 요괴인간은 기다린다. 또 기다린다.

 ## 요괴인간의 굴레

요괴인간의 입장에서 본다면, 이 소모적인 기다림의 굴레에서 벗어나는 것이 '사람'이 되는 것이리라. 하지만 이 소모적인 굴레에 갇힌 것이 인간의 가장 인간다운 본연임을 상기한다면, 그들은 가장 인간적인 처절함을 인간보다 정확하게 파악하는 셈이다. 매회 영혼을 깎는 노력 끝에 겨우 남는 쓰린 여운이, 지극히 인간적인 그러나 인간의 영역에서 소외된 그 잉여적인 차이가, 바로 괴물성이다. '사람'이라는 신기루 같은 이상으로 인해 발생한 결핍의 부피가 그들의 끔찍함이다. 욕망의 대상이 부재하는 '환상'의 영역에서, 부재의 단상은 공포로 나타난다. 주제가는 이 열망이 이루어지지 못한 상태가, 대타자와의 차이가, 얼마나 철저하고 처절하게 황량한가를 단언한다. 저주를 내리듯 선언한다. 그들은 "어둠에 묻혀" 살아야 하는 것이다.

어둡다. 불가능을 전제로 하는 요괴인간의 여행지는, 타나토스로 인도되는 '어둠'이라는 결핍의 영역은, 미치도록 춥고 어둡다. 그 지리함마저 녹여 버리는 깊고 질긴 암흑이다. 그러나 그것은 언어를 넘어선 절대적인 암흑이 아니라, 참착한 암울이다. 리비도를 유혹하는 음흉하고 야릇한 울연鬱然이다. 결핍은 결국 어쨌거나 언어의 효과일 뿐이 아닌가.

그곳의 시간은 역사를 초월하고 문명을 초과한다. 동양도 아니고 서양도 아니다. 문명 이전의 잔상이자, 소멸 이후의 전조이다. 분명 현대이기는 하지만 근세가 통시적으로 공존하기도 한다. 문명의 합리성 속으로부터 지옥의 궁흉한 단상들이 파열한다. 흉험한 검은 마술이 이성을 지배하는 것은 통상적인 일이며, 망상과 일상의 경계는 아리송하기 짝이 없다. 이런 미친 침침함 속에서 생명의 자국은 그로테스크grotesque하고 언캐니uncanny하다. 왕왕 절단된 신체 부위가 하늘을 날고, 참학한 시체가 삶 속으로 걸어 들어오기도 한다. 요괴인간들은 의로움을 실천하지만, 불안정한 세계는 그들의 선의를 흡착시켜 주지 않는다. 정의에 대한 보상의 기제는 털도 보이지도 않으며, 카르마 제도도 그들의 운명을 외면한 듯하다. 탈언어적이고 원초적인 무질서가 블랙홀처럼 그들의 열망을 흡수한다. 어둠 속의 요괴인간은 인간을 위해 목숨을 걸고 봉사하면서 영웅성과 괴물성 사이에서 위태롭게 맴돈다. 보람과 희망을 잠식시키는 깊은 소외감과 위기감은 다행증적인 안방극장의 이념과 정서에 틈을 튼다. 그 구멍이 시청자 어린이 여러분을 암울한 정신의 심연으로 끌어들인다. 견디기 어려울 정도의 혼미한 정서의 소용돌이로 우리를 당긴다. "차버리고" 싶기에 차버려질 수 없는, 차버려질 수 없기에 더욱 차버리고 싶어지는, 검은 결핍은, 곧 영혼의 심장이다.

 괴로운 괴물

사람도 짐승도 아닌 요괴인간들의 중간적인 정체성은 그들의 모습에 그대로 형상화되어 있다. 그 전체적인 골격은 다분히 인간의 모습에 근접

해 있고 인간처럼 성 분리도 확실히 되어 있는 듯하다. 코나 입 등의 작은 부위들은 거의 인간과의 차이를 좁힌 꼴이지만, 눈동자를 결여한 찢어진 눈, 짐승처럼 뾰족한 귀, 맹수처럼 날카로운 손톱과 이빨, 그리고 손가락이 세 개뿐인 손 등은 사람됨을 강렬하게 부정한다. (아아, 하필이면 손가락이 왜 세 개뿐인가. 이 모진 결핍의 언캐니함은 어디에서 오는가. 세 개체뿐인 요괴인간 공동체의 구성을 반영하는 미장아빔mise-en-abyme으로 받아들이기 시작하면, '셋'이라는 구성원의 수가 도리어 언캐니해진다. 〈독수리 오형제〉의 균형과 조화가 아쉬워진다.)

그들에게 그나마 인간성의 희망을 주는 것은 각자의 개체성이다. '벰,' '베라,' '베로'라는, 기괴하기는 하지만 그래도 버젓한 고유 명사는 그들에게 잠정적으로나마 야생의 짐승이 일반적으로 갖지 못하는 상징적 개별성을 부여해 준다. 그러니까 그들이 갈망하는 바란 명백하게도 상징적 질서에 안주하는 것이다. 상징계 내에서 기표가 지시하는 결핍의 자리, 인간이라는 대타자의 자리에 다가가기 위해 이름이라는 매개를 취한 것은 일단은 지혜로운 것이었다. 다만, 이 자리에 대해 그들이 느끼는 절대적인 소외는, 대타자와의 좁혀지지 않는 간극은, 항상 욕망과 번뇌의 근원이 된다. 욕망이 곧 결핍이다. 상징계는 결핍의 '우치ぅち[집]'이다.

인간 공동체 안에서 그들이 가진 괴물성과 그를 희석시키려는 노력은 또 다른 상징적 층위에서도 충돌한다. 세 개체는 인간의 의복으로 엇비슷하게 위장하여 소꿉놀이라도 하듯 핵가족의 외형을 흉내 낸다. 성의 분리와 교접으로 인해 이루어지는 재생산의 미덕을 모방한다. 옷소매 아래로 세 개뿐인 손가락만 살짝 드러나도 금방 가혹하게 벗겨지는 가증스런 위선이다. 황금박쥐가 존재하는 어둠이 인간계의 외곽에 있는 것이었다면, 요괴인간들이 사는 어둠은 인간계에 깊숙이 스며들어 있다. 그래서 소외의 골은 더 깊다. 우주 소년 아톰처럼 인간계에서 태어나기

는 했지만, 문명 속의 어둠 속에서 끝없이 서성일 뿐이다. 그들은 문명 속에 있으면서도 철저하고도 처절하게 그것으로부터 단절되어 있다. 모든 사람들에게 혜택을 주는 '정의'를 실현하고도, 영웅적 행위를 행하고도, 그들이 돌아가는 곳은 안주할 수 있는 '우치'가 아니라, 혐오스러운 이방인의 서늘한 자리이다. 인간은 그들의 세 개뿐인 손가락을, 그 찢어진 눈과 뾰족한 귀를, 업신여기고 타박한다. 뱀파이어*vampire*를 무서워하듯, 날카로운 이빨을 경계한다. (그들의 수난은 인간 공동체가 얼마나 배타적인가를 나타내는 척도이다.) 인간 조력자는 단 한 명도 따르지 않는다. 동화의 의지가 강할수록 이화의 깊이는 더욱 큰 서러움을 부른다.

부정해 봐야 소용없는 하나의 정황적 사실을 이제는 말할 수 있다. 그들은 '괴물'이었다. 슈퍼히어로처럼 초자연적인 힘으로 인간 공동체에 봉사했지만, 태생적 어둠은 떨칠 수 없는 본질이자 운명이었다. 슈퍼히어로들의 이름으로 채워진 텔레비전의 방송 편성표에 이런 이질적 존재는 또 없었다. 배타적인 슈퍼히어로들의 장에서 이같이 거북이처럼 굼뜬 거북함 속에 숨는 타자는 또 없었다.

인간, 가정, 화목, 정의를 한 축으로 하는 이분법적 가치 체계는 짐승, 야만, 대립, 악의 등의 대립항들과 맞물려 작동한다. 요괴인간이 후자의 영역에서 벗어나지 못하는 이유는 전자의 메커니즘이 후자를 반드시 필요로 하기 때문이다. 부적절한 것들을 몰아넣은 불경스런 영역이 있어야 신성함이 유지될 수 있는 것이다. 죄악을 나타내는 상징이 공동체로부터 추방당해야, 죄를 짊어진 희생염소가 야훼의 제단에서 피를 흘려야, 인간의 순결함이 지속될 수 있는 것이다.

철학자 리처드 커니*Richard Kearney*는 이방인과 희생양과 괴물의 연관성을 설명하기 위해, 초기 그리스 로마 사회의 처형 관습으로부터 유대

그리스도 문화의 희생 제식, 그리고 식민주의 제국들에 의해 발견된 '신대륙'의 인간 희생 제식에 이르기까지 보편적으로 나타나는 '추방'의 계보를 좇는다.[5] 추방은 신적 권위의 효과이자 이면이다. 신성함과 사악함의 구분은 곧 내부와 외부의 경계로 작동했으며, 이방인이나 외지인은 사회를 위협하거나 성자를 유혹하는 악마와 같은 영역에 속했다. 즉 공동체의 내부로 침입하는 외부인을 추방하는 것은 악마를 떨쳐 버리는 것과 동일시되었다. 정화의 제식을 치른 민족은 신의 보살핌을 받을 자격을 확보했다. 유대 그리스도 문화에서 악에 대한 책임을 지고 외부로 추방되는 역할을 맡은 가장 두드러진 상징은 염소였다. "뿔, 두꺼운 모발, 수염, 보기 흉한 코, 튀어나온 배" 등 악마의 형상이 염소에 가깝게 묘사되는 것은 그들의 상징적 기능이 중복되기 때문이다.[6]

커니에 따르면, 이방인과 괴물의 이질성alterity은 곧 신의 영역이기도 하다. 고대의 신화 세계에서 괴물과 신은 종종 구분되지 않는다. "야성이 존재하는 바로 그곳"이 괴물과 이방인과 신이 출몰하는 공간이다. 20세기 미국의 출판 만화가 만들어 낸 '슈퍼히어로'라는 이상한 상상적 피조물들이 대부분 이방인의 이질성과 신적인 권능을 동시에 소유하는 것은 당연하다. 평범한 인간으로 공동체에 속하지 않고 각별한 능력을 지니게 되었음에 고민하는 그들의 모습은 소크라테스의 성찰적 태도를 재현한다. 그들은 괴물과 신의 모습을 동시에 갖는 것이다. 소크라테스가 인간의 야만성을 극복하고 자신을 철학적 주체로 성립시킨 것처럼, 미국의

---

5. 리처드 커니, 《이방인, 신, 괴물: 타자성 개념에 대한 도전적 고찰》, 이지영 옮김, 개마고원, 2004.

6. 같은 책, p.54.

무수한 슈퍼히어로들은 자신이 가진 괴물 같은 힘을 초자아의 권력으로 통제한다.

요괴인간은 '버려진 아이'일 뿐 아니라, '버려진 희생염소'이다. 추방당한 추악함이다. 고결한 신성함을 상실한 인간의 본성이다. 신의 보호를 원하는 인간들의 양면적 공동체가 절대적으로 필요로 하는 이방인이다. 그들 역시 소크라테스처럼 성찰한다. 하지만 자기 성찰의 결론은 불가능이다. 철학적 사유는 고통의 근원이 된다.

"빨리 사람이 되고 싶다."

결국 요괴인간의 철학은 소크라테스의 고귀함에 대한 어두운 모방이다. 인간 공동체의 이중성을 공략하는 어눌한 패러디다. 조롱 가득한 자조이다. 나 자신을 알아도, 고귀한 철학적 주체로 승격되어도, 형상이 인간에 미치지 못하면 인간 공동체에 귀속될 수 없다. 그들이 몸담고자 하는 공동체는 배제를 기반으로 한다. 전통을 수호하기 때문에 타자를 추방해야만 한다. 전통을 수호하기 위해서는 추방될 타자를 필요로 한다.

 희생의 희생

커니는 모든 종교가 괴물에 대해 배타적인 태도를 취하거나 박해의 서사들로 이루어지지는 않음을 강조한다. 이를테면 불교 전통은 "우리가 괴물을 인정해야 한다는 것뿐만 아니라 그들이 정념과 자비의 높은 지혜 안으로 동화돼야 함을 요청했다."[7] 요괴인간의 실수는 그들이 동경하는

인간 세계에 정념과 지혜가 존재한다고 믿은 것이다. 그들이 자신들을 박해하는 인간을 떠안으면 자비로운 공동체 의식이 가능하다고 기대한 것이다. 하지만 요괴인간을 만든 신화적 바탕은 유대 그리스도의 전통이었다. 그들의 생김새는 '추방된' 괴물의 형상이다. '버려졌다'는 것이 그들의 정체성이자 존립의 기반이다. 그들이 동경하는 세계는 희생염소의 경제학으로 존속되는 배타적 질서이다. 배타적 공동체가 행하는 추방은 영원한 추방이다. 박해의 대상으로 지목되면, 그 박해는 멈추지 않는다. 죄를 격리시킴으로써 사회의 질서를 유지하는 체제가 존속되는한, '버려진 희생염소'는 절대 인간 세상으로 돌아갈 수 없다. 인간에 미치지 못하는 저속하기만 한 요괴인간이 머물러야 하는 서식지는 죄를 뒤집어쓴 염소가 썩어 가고 악마적인 힘이 도사리는 황무지다. 문명 밖의 야만이자, '신성함'의 이면이다.

커니가 지적하듯, 한번 추방된 희생염소가 박해의 늪으로부터 빠져나오는 길이 아예 없었던 것은 물론 아니다. 오히려 희생적 운명을 순응적으로 받아들이는 희생염소에게는 신격화될 수 있는 기회가 주어지기도 한다. 커니가 열거하는 신격화된 희생염소의 명단은 프로메테우스로부터 "오시리스, 로물루스, 예수, 오르페우스, 소크라테스"[8] 등에 이른다. 모두 동시대에 배척을 당하거나 집단적 미움 혹은 폭력의 대상이 되었으나, 이후 공동체에 결정적인 기여를 한 것으로 인정되어 위인으로 추대된 경우들이다. 요괴인간들 역시 시리즈의 마지막 회에 그들에게

7. 같은 책, p.86.

8. 같은 책, p.71.

강요된 부당한 죽음을 겸허히 받아들인다.

하지만 엄격함을 적용하자면, 희생된 구세주들을 추대하는 서사는 희생염소를 필요로 하는 정화의 메커니즘과는 전혀 다른 구조를 갖는다는 사실을 간과할 수 없다. 이들을 죽음으로 내모는 것은 종교적 신성함을 강화하는 수사가 아닌 세속의 부수적 권력인 것이다. 죽음을 적극적으로 수용하는 이들의 용맹과 지혜가 미화의 대상이 된다는 것은 거꾸로 그들에게 부당한 희생을 강요했던 권력을 상징적 질서로부터 추방하는 의미를 갖는다. 신격화된 타자들은 '희생염소'가 아니라 추방의 주체가 되는 것이다. 자비와 지혜를 실현하는 것이 아니라, 추방과 희생의 서사를 강화하는 셈이다. 천국에 대한 약속이 유효하려면 자비를 불허하는 황무지와 불타는 지옥의 가능성이 유지되어야만 한다.

이러한 수난의 수사는 20세기 미국의 슈퍼히어로들의 서사에도 반영된다. 문명 밖 야만으로부터 신적인 위상으로 천선하기 위해서 슈퍼히어로들은 한 차례의 호된 수난을 겪어야 하는 것이다. 고행을 극복하지 않은 초인은 초자아의 권능과 가치를 홍보할 수 없다.

시리즈의 마지막에서 요괴인간은 그저 허망하게 죽기만 한다. 우아하게 구세주로 승격될 작은 단서조차 생기지 않는다. 신격화되기 위한 가장 기본적인 조건, 즉 인간이어야 한다는 점이 결여된 한, 타자의 죽음은 그저 사소하고 왜소한 개죽음일 뿐이다. 그 죽음을 지켜 본 가장 충실한 시청자 어린이 여러분조차 그들의 죽음을 의미 있는 것으로 기억하지 않는다. 아니, 아예 그들의 죽음 자체를 기억하지 못한다. 망각된 소멸. 사멸의 사멸.

아니, 요괴인간이 행한 궁극적 자기 부정은 배제의 체제에 동참하지 않기 위한 윤리적 궁극이었다. 이분법적 세계에서는 추방의 대상으로부

터 벗어나는 것이 곧 추방의 주체의 자리로 이동하는 것 이외의 의미를 지닐 수 없지 않은가. 요괴인간은 이러한 부조리를 거부한 것이다. 인간의 역사에 본질적인 변혁은 있을 수 없음을 겸허히 받아들인 것이다. 혁명에 대한 최종적 희망의 미세한 분자는 이상이 아닌 허상이었다. 결국 누군가를 신격화한다거나 죽음의 의미를 부여하는 담론의 권력으로부터, 절대적인 타자를 소외된 상태로 방치하는 문명의 횡포로부터, 권력의 원천과 비밀에 대한 자각과 회의로부터, 영원히 자유로워질 수 있는 유일한 길은 '의미 없는' 죽음이 아닌가. 상징계의 왜소함을 극복하는 '의미 없음'이 아닌가. '사멸'이라는 개념조차도 사멸시키는 사멸. 아아, '거부'라는 행위의 기반에는 지혜와 자긍심이 있다. 수리적인 속셈이나 소극적인 자기애를 넘어서는 깊은 혜안이 있다. 그들의 거부는 그 어떠한 세속적인 의미 부여조차도 거부하는 초월적 지점으로 자신의 위상을 이동시켰다. 더 이상 언어로 소화할 수 없는 지점. 인간적 가치로 헤아려지지 않는 영역. 노트르담의 꼽추의 억울한 원혼 정도라면 겨우 다가갈 수 있을까. '존엄'이란 단어 따위가 먼발치에서 요란스레 버둥대며 지시하는 흉내라도 낸다면, 그 끔찍한 덧없음으로 인해 모든 단어들이 덩달아 경련을 일으키며 신기루처럼 떠올릴 그런 공백.

 ## 괴물스런 계보

괴물은 어디에서 오는가? 이 문제에 대해 언어학은 묵언의 혜안으로 가장한 무안한 묵묵부답을 유지한다. '괴물monster'의 언어적 원형을 좇는 역사로의 여정은 여러 갈래의 모호함으로 유도된다. 'monstro,' 'monere,'

'monstrum' 등으로 갈라지는 라틴어 어원들은 모두 부정확함을 머금은 것들이다. '무언가 다가오는 것을 말이나 동작으로 지시하거나 선언하다'라는 의미를 가진 'monstro'나, '경고하다' 혹은 '앞으로 다가오는 그 무언가를 알리다'라는 의미의 'monere'가 지시하는 대상은 구체적이지 않다. '신의 상징'을 의미하는 'monstrum' 역시, 초자연적인 현상으로부터 경미한 종교적 기적에 이르기까지, 다양한 기의들과 결탁했다. 이들은 하나같이, 특정한 사물이나 형상으로부터 벗어난다. 어설픈 공백을 감싸고 돌 뿐이다. '괴물'의 어원적 역사를 따라 이 단어들에 당도하는 우리는 이들이 지시하는 현상계의 또 다른 기표들에 이끌리며, 결국 이중으로 지시되는 언어적 공백으로 미끄러진다. 〈금지된 세계*Forbidden Planet*〉(1956)의 보이지 않는 약탈자처럼, 이들 이중 기표들이 가리키는 바는 일정한 형태도 없고, 고정된 서식지도 없다. 미끄러운 이중 기표들이 가리키는 부재가 가시화된 것을 우리는 비로소 '괴물'이라 할 수 있다.

'요괴인간'은 이 모호한 기호적 부재의 위치로 회귀할 것을 선택한 '괴물'의 미끄러운 이름이다. 그들에게 중요한 문제는 '괴물은 어디에서 오는가?'가 아니라 '괴물은 어디로 사라지는가?'이다. 미끄러운 기표의 상징적 기반이 사멸하는 곳이야말로, 그 미끄러움이 수행적으로 지시하는 바가 아닌가.

 ## 소통의 불가능, 불가능의 소통

'monstro,' 'monere,' 'monstrum' 등 구체성을 결여하는 기표들이 언어질서 속에서 당당하게 지시적 기능을 수행할 수 있었던 것은 이들이 보

다 총체적인 질서에 봉사했기 때문이다. 창조주를 중심으로 하는 세계 관에서 미래는 이미 정해진 것이며, 이를 미리 알려주는 것을 의미하는 이 단어들은 개념적으로 신의 질서로부터 이탈하지 않는다.

　신을 중심으로 하는 종교관으로부터 탈피하게 되면 괴물은 비로소 진정으로 괴물스러워진다. 그 괴기한 공포에 대처하기 위한 개념적 도 구는 바로 '자연'이다. 서구의 사상적 계보에서 괴물은 항상 인간과 짐승 의 중간 영역에서 도사려 왔다. 문학사가 베아테 오슈너Beate Ochsner가 드 러내듯, 고대로부터 오늘날까지 이어지는 괴물에 대한 다양한 관점들은 자연에 대한 개념이 변화하면서 변신해 왔다.[9] 신의 피조물이건, 자연의 생성물이건, 괴물은 총체적 질서의 원리에 의거했고, 또 그에 대한 성찰 의 필요성을 불러 일으켰다. 이를테면, 초자연적인 영역이나 신비로운 미신을 괴물의 근원으로 파악하려면 이성적 사고와 논리적 수사를 포기 할 수밖에 없었던 것이다. 문제는 비정상적인 변형이나 변이가 신의 의 지나 자연의 과정에 대해 어떠한 관계를 갖는가였다. 이에 대한 해답은 다양하게 나타났다. 오슈너가 밝히듯, 로마 시대의 철학자 마르쿠스 툴 리우스 키케로Marcus Tullius Cicero는 괴물을 신과 인간의 소통을 위한 매개 로 규정하기는 했으나, 구체적인 어휘상의 문맥에 대해서는 일관성을 보 여 주지 못했다. 다른 고대의 철학자들의 관점들 역시 불분명함 속에서 진동했다. 아리스토텔레스Aristotles는 괴물을 자연 속에서 발생하는 비정 상적인 변형으로 규정함으로써, 미신이나 초자연적인 현상의 가능성을

---

9. Beate Ochsner, "Monster: More Than a Word… From Portent to Anomaly, the Extraordinary Career of Monsters," *Monsters and Philosophy*, Charles T. Wolfe (ed.), London: College Publications, 2005, pp.231~279.

배제하였는가 하면, 아구스티누스Augustinus는 인간이 알 수 없는 신의 의지로 인해 괴물이 나타난다고 보았다. 플리니Pliny에게는, 괴물은 자연이 만든 스스로를 위한 장난이자 인간의 경이감을 위한 기교였다.

괴물에 관한 괴론을 펼친 고대의 사상가들 중에서 신의 소통에 대한 의지와 이에 대한 인간의 절대적인 무지를 동시에 설정한 아우구스티누스의 관점은 특히나 괴물스럽다. 괴물은 신의 메시지를 담지만, 인간은 신이 주지하는 바를 이해할 수 없다. 지식의 차이가 곧 괴물이며, 괴물은 소통자로서의 신의 실패를 시사한다. 신의 실패로 인한 잉여가 곧 괴물인 것이다.

아우구스티누스의 말대로 괴물이 신의 알 수 없는 의지를 담은 전령이라면, 요괴인간은 "빨리 사람이 되고 싶다"는 불가능한 욕망을 발화함으로써, 스스로 실패의 운명을 실행함으로써, 신의 원래 의도의 불가지성을 홍보할 뿐 아니라, 신의 실패 그 자체를 수행적으로 체화한다. 〈미션 임파서블Mission: Impossible〉 시리즈에서 작전 대장에게 전달된 후 저절로 소각되는 대타자의 메시지처럼, 요괴인간은 인간에게, 시청자 어린이 여러분에게, 그들의 모습을 드러낸 후 자가적으로 스스로의 사멸을 집행한다. '불가능한 임무'라는 제목의 텍스트에서 메시지의 소멸이 제목에서 지시하는 '불가능'을 극복하기 위한 기능에 봉사한다면, 요괴인간이라는 메시지는 절대자와의 소통이 절대적으로 불가능함을 소통한다. "불가능한 임무"의 메시지가 소통의 완성을 전제로 하여 소멸한다면, 요괴인간은 소통의 소멸을 전제로 하여 불가능을 완성한다.

요괴 여성

장 콕토Jean Cocteau의 〈미녀와 야수La Belle et la Bête〉 (1946) 에서 '미녀'와 '야수'는 마술 거울을 통해 서로를 본다. 한 쌍의 거울은 바라보는 이의 모습을 대체, 미녀에게는 야수를, 야수에게는 미녀를 보여 준다. 야수는 미녀가 어디 있는지 궁금하면 거울의 전지적 시선에 의존하고, 미녀는 자신에게 다가오는 야수를 거울을 통해 경계한다. 이 놀라운 반사경의 마술은 물론 폐쇄 회로 비디오처럼 원격 지각을 실현, 전지적 관점에 대한 유아적 희망을 충족해 줌에 있다. 이러한 일차적 기능의 이면에서 또 다른 상상계적 현상이 중의적으로 작동함은 간과할 수 없는 사실이다. 자아와 타자 간의 간극을 상징적으로 소각하는 작용이 그것이다. 시선의 대상인 절대적인 타자를 시선의 주체의 자리로 불러들이는 것이다. 스토리상으로 야수와 미녀는 서로에 대한 이질성의 극한이 되지만, 거울이라는 상징은 이 대립적인 두 개체가 갖는 숨은 상징적 동질성을 들추어내는 셈이다. 결국 여성과 괴물은 가부장적 질서에서 추방된 타자의 두 가지 모습이 아닌가.

역사적으로 괴물과 여성의 인연은 깊고도 질기다. 아리스토텔레스에게 괴물은 자연의 질서에 저항하는 여성적 힘을 남성의 생식력이 극복하지 못할 때 나타나는 '과오'의 결과였다. 이러한 생각은 신과 자연을 분리된 것으로 보는 관점에 의거한 것으로, 괴물이란 신의 균질적 질서에 가까워지려는 자연의 노력이 실패했음을 상기시켜 주는 현상이었던 것이다. 그는 결국 인간을 제외한 모든 피조물들이 '실패'의 결과라는 결론에 이르렀으며, 그가 말하는 '인간'이란 남성만을 말하는 것이었다. 여성

가부장적 질서에서 추방된 타자. 혹은 이타성의 양면. 장 콕토 감독의 〈미녀와 야수〉에서 둘의 위협을 가부장적 질서로 통합하는 매개는 서로에 대한 이성애적 사랑이다.

은 한 마디로 "불구가 된 남성"[10]이었다. 줄리아 크리스테바Julia Kristeva가 말하듯, 인류 보편적인 '외인 공포증xenophobia'의 혐오적 대상 'xenos'로 치부되는 것들은 사악함, 여성, 그리고 죽음 따위의 불온한 것들이다.[11] 여성과 괴물은 서구 사회가 추방한 '타자'의 이름인 것이다.

10. 같은 책에서 재인용, p.232.

11. Julia Kristeva, *Strangers in Ourselves*, Leon S. Roudiez (trans.), New York: Columbia University Press, 1991.

종교적, 사회적으로 거부되고 공동체의 외곽으로 추방된 타자가 여성이나 괴물의 형태를 취하는 것은 오늘날까지 이어지는 가부장 문화의 병리적 단상이다. 여성과 괴물은 억압된 욕망과 혐오를 십자가처럼 떠맡고 과학의 존립과 위상을 지키기 위한 제식의 희생양이 되고 만다. 괴물의 형상이 왕왕 여성화되기도 하고, 여성이 짐승의 모습에 비유되기도 하는 것은 우연이 아니다. 괴물과 여성은 서로를 대체하며 불온함에 대한 가부장 제도의 경계심을 가시화한다. 물론 서구의 역사에서 작용해 온 남성/여성의 차이를 정상/비정상의 차이와 균등한 것으로 등식화할 수는 없다. 권력과 욕망, 진실 등이 이루는 거대한 상징적 망은 매우 복잡하고 다각적인 관계들을 형성한다. 그러나 그 결 속에서 괴물과 여성이 서로 상응하는 기호적 기능을 수행해 온 흔적은 너무나 짙다.[12]

괴물의 물신적 물성

요괴인간의 괴물성을 억압하는 문화의 징표들, 그러니까 의복이라든가 인간다운 몸가짐 따위는, 인간을 향한 동화나 진화에 도움이 되지 못한다. 오히려 억압을 증대시킬 뿐이다. 억압이 클수록 그에 대한 반립은 강렬해진다. 요괴인간의 억압된 괴물성이 표출되면 아예 겉모습이 바뀌어버린다. 인간의 조악한 허물을 벗고 요괴의 본성을 드러낸다. 아악, 변신

---

12. 여성성과 괴물성의 관계에 대한 정교한 논거를 편 연구는 다음과 같다. Margrit Shildrick, *Embodying the Monsters: Encounters with the Vulnerable Self*, London, Thousand Oaks, and New Delhi: Sage, 2002.

을 하는 것이다. 파충류에 가까운 흉물로 말이다.

　자본주의의 상상적 세계에서는 각종 비인간과 초인간들의 변신이 새삼스럽지 아니하다. 일상적인 모습에서 막강한 전투력을 갖춘 전사로 변하는 꼴만 하더라도 안방 극장에서는 일상적인 일이다. 하지만 대부분 외형의 무장이지, 내면으로부터의 변신은 아니다. 더구나 변장을 하더라도 몰골이 흉악해지는 '영웅'은 많지 않다. 변신이라는 행동 자체가 영웅의 영역에 안정적으로 편입될 만한 요소는 아니다. 요괴인간은 변신을 할 뿐 아니라, 그것도 괴팍하고 흉물스런 괴기체로 변한다. 그러고도 영웅의 반열에 끼려고 서성대다니. 나름 '정의'의 용사라 한다면, 의당 보편적인 미적 기준을 강화하는 임무에도 충실해야 하거늘, 요괴인간은 인간을 위해 목숨을 걸고 봉사를 해야 할 판에 겉모습에 연연할 여유가 없다. 그들의 전쟁터는 우아하고 화려한 문명의 하늘이 아니라, 바닥도 없는 깊은 어둠의 늪이다.

　히스테리처럼 파열하는 그들의 '본성'은 인간으로부터 아득하게 멀어진다. 제일 먼저 사라지는 인간의 징표는 의복이다. 보고 싶지 않은, 아니 어쩌면 은밀하게 절시증scopophilia을 작동시키고 있었을, 반인간적 육체는 비로소 적나라하게 드러난다. 드러나면서 최소한의 인간적 면모들을 가차 없이 떨쳐 버린다. (인간의 모습을 회복할 때 슬그머니 다시 돌아오는 의복은 그들의 인간성이 환상의 영역에서 맴돌고 있음을 시사한다. 물론 불완전한 환상이다.) 의복의 일상적 기호 작용에 편승하여 문명에 어눌하게 근접해 있던 평상시의 언캐니함은 구토처럼 역겹게 솟아오르는 그로테스크한 괴물성에 녹아 버린다. 규범과 절제, 미덕과 지혜는 순식간에 야만적인 공격성으로 대체된다. 괴물은 비대해진 근육으로 날카롭게 돌출된 발톱을 휘두른다. 뾰족한 이빨 사이에서는 괴성이 터져 나온다. 절규에 가까운 울부짖음

이다. 언어로 서술할 수 없을 모멸의 파장이다. 돌출한 이마는 자조와 울분으로 일그러지며 코끼리 인간의 비대한 머리처럼 얼굴 전체를 억누른다. 부풀어 오른 머리는 지적 능력을 초월하는 적분의 크기를 대변해 주는 듯하다. 찌그러지는 미간의 벡터는 중앙으로 수렴하며 공격성을 투사하는 대신, 위쪽으로 치켜 올라가면서 당혹스런 불만감을 분사한다. 그 아래에는 번득이는 살생의 의지를 발산하는 맹수의 눈빛이 아닌, 뭔가의 웅어리진 설움으로 빛을 잃은 공허한 눈동자가 부끄러운 듯 정서의 갈림길에서 서성인다. 포식자의 날카로운 송곳니를 살며시 드러내는 입은 코의 양쪽으로 찌그러지며 올라가서 분노가 아닌 숙분을, 영혼을 짓누르고 있는 그 끔찍한 원분을, 피 토하듯 게워 낸다. 자신을 만든, 아니 자신을 버린 절대자에 대한 의미 없는 항변이다. 창명하도다. 왜 나를 이 비통함의 추운 바닥에 방치해 두시는가. 진화의 시간을 줄여 나가도 갈 길이 머다랗거늘, 아으, 도리어 퇴행을 해버리다니.

욕망의 불가능을 나타내기에 그들의 의로운 변신은 처참하고 기괴하기 그지없다. 악당들을 응징하는 막강한 위력은 통렬하나, 그것이 절망에 찬 소망을 가차 없이 저버리기에 안타깝기 그지없다. 갈망하는 바를 좇자니 약자가 되어야 하고, 그러기에는 정의감이 너무 강렬하다. 할 수 없이 가장 절실하게 원하는 내면의 이상적 자아를 따르기 위해서, 그것이 먼저 떨쳐 버려야 하는 타자성을 취한다. 이런 모순 때문에 겹겹이 서럽기만 하다. 절대자가 서운하다 못해 속절없이 야속해진다. 그나마 직립 보행을 유지함으로 위안을 받아야 할까.

변신의 변신

변신은 사악함의 분신이다. 변경, 변심, 변신은 신용, 신의, 신임 등 인간 사회의 가장 보편적인 미덕으로부터 변절한다. 변하는 것들의 정체성은 불완전하고 유동적이다. 변신은 또한 변장, 전도, 환영, 착각, 속임수, 사기 등으로 변신한다. 현실의 영역으로부터 벗어나 환상과 상상과 망상의 간극들을 드나든다. 지조나 절개와 결별하고, 의혹이나 불신과 결탁한다. 변하는 것을 어떻게 믿으리. 선과 악이 대립할 때 변신이 악에 속하게 되는 것은, 그만큼 변신에 대한 기본적인 신뢰가 문화적으로 빈약함을 말해 준다. 변신은 야만적 세계에서 신성함과 괴물성의 간극을 넓히는 역할을 해왔다.

변신은 가부장을 중심으로 하는 자본주의 문화에서 여성과 괴물이 공유하는 불순한 전략이다. 가부장 사회로부터 추방당한 타자가 택할 수밖에 없는 타협의 처세술이자, 권력으로부터 자유로워지고자 하는 의지의 실천이다. 괴물이 변신을 하는 것은 필연적인 선택이다. "여자의 '변신'은 무죄"라는 자본주의의 속담은 여성이 이미 추방된 위치에 있음을 무의식적으로 드러낸다. '갈대 같은 마음,' '거꾸로 신는 고무신' 등 한국의 문화에서 유동성과 변화의 미학이 유독 여성의 존재감에 부당한 무거움으로 내려앉는 것도 타자화된 주체가 짊어지는 운명의 한 부분이다.

"문 크리스탈 파워 메이크 업!"

"루루팡 루루픽 루루얍"

"피라카 피리라라 포포리나 피피루뚜"

"뮤뮤 스타베리 메타호르호제스"

"밍키 밍키 밍키"

"웨딩피치 변신!"

"메리링 메리링 메리벨"

"파라레르 파라레르"

이 즐겁고도 지겨운 변신, 변신, 변신. 〈백설 공주〉의 왕비나 〈신데
렐라〉의 마법사 등 오늘날까지 인기를 누리는 서구의 상상에서 그러하
듯, 요즘 저패니메이션의 소녀 변신물 장르에서 파열하는 특수한 능력의
성은 여성이다.

한국의 설화에서도 마찬가지. 한국의 여귀女鬼는 여우, 지네, 구렁이,
우렁이 등의 가증스런 모습으로 나타난다. 아니, 정확히 말하자면, 대부
분의 경우 이들 동물들이 연륜을 축적하여 여성의 모습으로 둔갑한 것이
다. 실로 동물신과 여귀의 간극은 매우 모호하다. 동물신이나 여귀에 포
획된 남성 피해자는 눈앞의 타자의 원형이 짐승인지 여성인지 판단도 못
한다. 동물신이건, 여귀이건, 여성의 형태를 가진 귀신은 날카로운 손톱
이나 긴 머리털, 매서운 눈 등 다분히 동물적인 부위들을 통해 매력을 강
화한다. 페티시fetish는 역시 야성적인 것이며, 짐승과 여성의 애매한 간극
속에서 남성의 리비도는 방향을 잃고 표류한다.

여신과 동물은 상호적으로 대체하고 교차한다. 서로의 모습으로 변
신한다. 남성 중심 사회의 환상 속에서 사회의 외곽에 맴도는 변하는 것
들은 한통속이다. 물론 신과 괴물의 영역이 다르지 않기에 그 맴돎은 아
슬아슬하게 신성함과 불경함을 오간다. 단군 신화와 같은 고대 신화에
서만 하더라도 변신을 매개로 하는 여성과 동물의 결탁은 신성한 것이었

다. 단, 시시각각의 변형이 아니라 단 한 번의 영구적인 변화, 그것도 진화론적인 선형적 시간에서의 퇴행 없는 진일보이기에, 신성함이라는 인간의 가치에 가까울 수 있었다. 한 민족의 조상으로 여겨질 신성한 존재라면 밝은 모습이라 하더라도 원더우먼처럼 수시로 모습을 바꿔서는 아니 되었으리라.

계몽 시대 이후의 가부장 사회에서 초월적 신성함은 탈이성적 공포로 격하되기 일쑤이다. 뱀파이어나 늑대 인간 따위나 할 짓이 변신이다. 〈터미네이터〉 시리즈의 사이보그 T—1000, 〈나이트매어*A Nightmare on Elm Street*〉(1984) 시리즈의 프레디 등 최근의 할리우드의 상상 속에서도 변하는 것들은 인간의 이성과 질서를 위협하는 불온한 타자들이다. 지하 세계로 내쫓겨야 마땅할 잡것들이다.

20세기 미국의 '슈퍼히어로'들에게 변신이 금기시되는 것도 당연하다. 변장과 분장과 무장은 많아도, 변신은 거의 없다. 원더우먼은 태생부터가 야생에 가까운 문명의 외부이고 여성이기까지 하니, 변신은 낯설지 않다. 괴물성과 신성함 사이에서의 곡예는 매우 아슬아슬할 수 있지만, 실제로 한쪽으로 기울어지는 움직임에 정서적 설득력을 부여하는 것은 어렵지 않다. 원더우먼의 경우 우선 변신부터가 역시 고대 여신들의 경이로운 화려함과는 거리가 멀다. 본질의 변화가 아니라, 의상의 교체다. 게다가 성조기 문양의 수영복이라니. 더구나 미스 유니버스 출신의 팔등신 배우라니.

〈두 얼굴을 가진 사나이*The Incredible Hulk*〉(1978)라는 제목으로 한국에서 방영된 TV 시리즈는 그러한 면에서 특이하다. 주인공 헐크의 변신은 산업 재해로 인한 부작용이며, 의도에 따라 이루어지는 바도 아니다. 슈퍼히어로의 반열에 들기에는 늑대 인간의 저주가 너무 강하다. 그렇다.

이 이야기는 고전적인 슈퍼히어로 이야기보다는 어두운 공포물에 가깝다. 《지킬 박사와 하이드_The Strange Case of Dr. Jekyll and Mr. Hyde_》의 섬뜩함에 〈도망자_The Fugitive_〉(1963)의 절박함이 적절하게 혼합된 하이브리드다. 이야기 자체가 여러 꺼림칙한 원형들로부터의 거침없는 변신체이다.

　변신의 기미를 자각하는 배너 박사의 얼굴에 퍼지는 것은 영웅적 자신감이 아니라 공포다. 탈인간적인 공포다. 그가 변신을 억제하기 위해 쓰는 안간힘은 변신의 위협으로부터 슈퍼히어로의 성역을 수호하고자 하는 처절한 저항감이기도 하다. 물론 저항이 강할수록 내면의 괴물은 보다 강력한 힘을 발휘한다. 거역할 수 없는 운명처럼 그를 덮치는 야만성과 균형을 이루는 슈퍼히어로의 강력한 유전자가 희생염소의 비극을 가까스로 모면케 해준다. 뿐만 아니라 슈퍼히어로의 행렬에 가까스로 진입하게 만든다. 그 결정적 구성 요소란 바로 강력한 초자아다. 야만성을 극복한 슈퍼히어로의 '슈퍼에고'는 대중의 자아 이상이 되기를 자처한다. 결국 배너 박사의 위험한 실험은 슈퍼히어로에 섞이는 괴물의 순수한 야만성의 허용치가 어느 정도인가에 대한 것이었다. 괴물과 슈퍼히어로의 간극은 좁고도 넓다. 좁은 것은 야만성이라는 고향 때문이요, 넓은 것은 정의라는 흥행 요소 덕분이다.

 ## 변신의 여신의 변신

여성과 변신의 인연은 프랑스의 바로크Baroque 문학에서 예술적 상상력의 모태로 굳건히 자리 잡았다. 바로크 문학의 특성인 기괴함은 '바로크'라는 개념의 어원, 즉 '바로코_barroco_'라는 포르투갈어에 내포되어 있다. '바

로코'라는 말부터가 심상치 않다. 이는 원래 보석 세공업자들이 불규칙한 형태의 진주를 일컬어 사용했던 은어로, 예기치 않은 기괴한 것을 총체적으로 의미하기에 이르렀다. '불규칙한 진주'의 원령이 모든 변신의 원죄다.

일탈과 변형의 미학은 16세기에는 특정한 연극 형식으로 정형화되었다. 문학사가 장 루세Jean Rousset는 루이 13세 시대에 인기를 얻어 17세기 중반까지 계속된 궁정 발레와 17세기의 목가극과 같은 바로크 문학의 원류에서 변신의 계보를 밝힌다.[13] 궁정 발레와 목가극은 전통적 규범과 고전적 절제로부터 자유로운 상상적 세계를 펼쳤다. 궁정 발레의 세계는 뱀, 낙타, 거북이, 원숭이, 올빼미, 개구리 등 온갖 이색적인 동물들을 비롯하여, 각종 신, 마술사, 연금술사, 요정, 괴물, 목신, 광대, 유령, 미치광이, 자웅동체, 사냥꾼, 기형인, 그리고 지옥의 사자들로 우글거린다. 무대에는 광기와 익살이 넘쳐나고, 사랑과 우울, 열정과 질투가 혼재하며, 극의 구조는 등장 인물들만큼이나 변덕스럽고 불안정하다. 가면들이 노래를 하고, 땅에서 짐승들이 솟아오른다. 바위가 걸어 다니는가 하면, 꽃병은 올빼미와, 비올라는 풍차와 춤을 춘다. 고전주의의 균형과 안정은 신비로운 마법의 힘에 의해 와해된다. 정교한 무대 장치는 구름이 나타났다가 사라지게 만들고, 숲을 바위로, 산을 바다로 탈바꿈시킨다. 하늘이 열리고 성이 솟아오르며, 파도는 고원을 휩쓸어 버린다. 무대는 살아서 움직인다. 모든 것이 움직이고 변한다. 불변하는 것은 없다. 세상은 뒤바뀌고 뒤섞이고 뒤집어진다. 거꾸로 뒤집힌 세상에서 미치광이는 철

---

13. 장 루세, 《바로크 문학》, 조화림 옮김, 예림, 2001.

신화적 여귀들과 괴물적 여신들의 가장 수려한 귀환은 19세기의 회화를 통해서 이루어졌다. 존 윌리엄 워터하우스John William Waterhouse의 〈율리시스에게 컵을 선사하는 시르세*Circe Offering the Cup to Odysseus*〉(1981).

학자를 훈계하고, 학생이 선생을 매질하며, 장님이 눈 뜬 사람을 인도한다. 현실은 강처럼 흐른다. 삶은 일시적인 것들의 불균형적인 나열일 뿐이다. 인간의 본질과 가면의 경계는 구분할 수 없게 된다. 세상이 연극이고, 무대가 곧 현실이 된다. 궁정 발레라는 형식 자체가 무정형적으로 열려 있어서, "막간극, 비극, 기계극, 음악이 있는 희극"[14] 등의 다른 이름으로 변신하기도 하고, 이들의 형태를 자신의 요소로 취하기도 했다.

14. 같은 책, p.26.

루세는 묻는다. 이 일관성 없는 세계는 어떤 일관된 법칙을 숨기고 있는 것일까? 부조화의 배후에서 변화하는 모든 것들을 지배하는 주인은 누구인가? 아니나 다를까, 역시 변화의 배후에는 창조적 여성이 있다. 많은 궁정 발레 작품들에서 변화를 주도하는 인물은 여마법사 키르케, 혹은 (프랑스식 발음으로는) 시르세Circé이다. 시르세는 온갖 사람들에게 마법을 걸어 변하게 한다. 이 변덕스러운 조물주의 창의력은 사람뿐 아니라, 동물, 궁전, 숲, 산 등 세상의 모든 것들을 바꿔 버린다. 그녀가 손을 대면 그것은 더 이상 원래의 것이 아니다. 수만 가지 형상이 그녀의 손에서 나타나고 사라진다. 요정은 물론이고 바다의 신 트리톤이나 상업의 신 메르쿠리우스 등도 시르세의 마법으로부터 자유롭지 못하다. 변하지 않는 유일한 것은 시르세 자신이다. 시르세가 누리는 여성적 창의력은 공포와 경계의 대상이자, 고전과 전통을 뒤흔드는 매혹적 볼거리의 원천이다. 루세에 따르면, 시르세는 지금까지 완벽한 형태로 보존되어 있는 가장 오래된 발레 작품인 1581년의 《라 로완느의 희극 발레La Ballet comique de la Royne》 이래 축제와 연극 무대에 끊임없이 나타났다. 시르세뿐 아니라 시르세의 역할을 대행하는 수많은 남녀 마법사들이 불안정하고 부조리한 세계를 지배했다.

 ## 본질의 본질

루세가 시르세의 중요한 동료로 주목하는 변신의 신 프로테우스Proteus는 '정체성'이라든가 '원형,' '실체'와 같은 개념들에 일찌감치 검은 마법을 걸어 버린 선각적 인물이다. 〈밤의 발레Ballet de la Nuit〉(1653) 등 수편의 작

품에 등장하는 프로테우스는 '위선, 과시 혹은 허영, 인위의 왕국'의 총리 대신으로, 전체가 속임수인 이 도시에서 그의 은폐는 특히나 기괴하다. 그의 형태는 등을 돌린 채 거울을 통해서 봐야만 드러난다. 세상이 온통 거꾸로 되어 있기 때문에, 제대로 보려면 거울을 사용할 수밖에 없다.

프로테우스의 흥미로운 특징은 시르세적인 마법의 주체를 대상과 일치시킨 것에 있다. 그가 마법을 거는 것은 자신이다. 마법의 대상이 됨으로써 변신의 주체가 된다. 그는 시르세로 비롯된 변화의 고리를 자생적으로 실현하는 독립체이자, 변화하는 세상의 반영적 징표이다. 여성적 주체로 인해 성립된 세상의 원리는 하나의 중립적 신체에 상징적으로 함축되었다. 루세의 지적대로, 시르세는 세상을 거대한 프로테우스로 만들었고, 프로테우스는 자기 자신의 시르세가 된 셈이다. 이 둘의 관계는 그만큼 공생적이고 포괄적이다. 프로테우스의 정체성은 시르세의 변덕을 체화한 파생적인 것이다.

우리네 인생은 다만
우리를 훔쳐간 도둑이고 유괴이고 도망이네.
항상 새로이 나이를 먹으니,
결코 우리는 그대로의 우리가 아니네.[15]

프로테우스는 다양한 모습으로 나타난다. 작고도 크고, 젊고도 늙었으며, 사람이자 짐승이고, 여성이자 남성이기도 하다. 욕망의 고리처럼

---

15. 독일의 제수이트파 시인 발드Balde의 시. 같은 책에서 재인용, p.28.

자의적인 형태로 파생된다. '프로테우스'라고 인식할 수 있는 근거는 다양성뿐이다. 그가 취하는 다양한 모습들 중에서 한 가지만을 바라보면서 이를 '프로테우스'라고 지시할 수 없다. '프로테우스'라는 이름은 고정된 물질적 기의에 안착하지 못하고 항시 빗나가기만 한다. 그 끊임없는 빗나감을 '프로테우스'라 지칭할 뿐이다. 그는 언어의 기능을 공략하고, 인간의 정체성으로부터 일관성을 박탈한다.

문화 연구가 김예란이 지적하듯, 변신에는 두 가지 상반된 욕구가 작동한다. 자신의 육체를 유지하고 보존하고자 하는 자기 보존 욕구와 자신의 육체로부터 벗어나려는 자기 파괴 욕구이다. 그러한 의미에서 분명 "변신에 대한 욕구는 정체성 확보의 욕구에 모순적인 것이다."[16] 프로이트의 개념을 빌리자면, 변신은 에로스와 타나토스의 양립을 가장 극단적으로 추진하는 현상인 것이다. 프로테우스는 나르키소스이자, 동시에 샤를 보들레르Charles Baudelaire의 시에 등장하는 "스스로를 해하는 자Heautontimoroumenos"이다.[17] 자신을 파괴하는 자의 정체성은 파괴의 대상으로부터 비롯되어 주체에 남는 잉여적인 것이다.

"나는 어제와 다르다. 고로 존재한다." 불변성을 확보하기 위한 확고한 사유를 하기 때문에 고로 존재하는 것이 아니라, 항상 변화하기 때문에, 항상성을 부정하기 때문에, 프로테우스는 존재한다. 정체는 변화 속에서만 파악할 수 있는 것이다. 그는 '주체'로부터 항상 도망가는 주체

16. 김예란, "디지털 미디어와 영상 문화: 묻혀진 것과 드러나는 것," 중앙대학교 신문방송학부 국제 심포지움 〈디지털 미디어와 영상의 만남〉, 2008년 3월 14일, 중앙대학교, p.61.

17. Charles Baudelaire, "Heautontimoroumenos," *The Flowers of Evil*, James McGowan (trans.), Oxford and New York: Oxford University Press, 1993, pp.154~157.

이다. '원형'조차 더 이상 존재하지 않는다. 프로테우스가 궁극적으로 파괴한 것은 플라톤의 동굴에서 죄수들을 현혹시키던 실체와 그림자의 이분법적 양분이다. 프로테우스로 인해 실재와 허상, 원형과 복제의 대립은 와해된다. 내면과 가면의 간극은 소각되었다. 세상에는 본질이 없다는 사실이 세상의 본질이다.

요괴인간의 정체는 변화 속에서만 파악할 수 있다. 요괴인간은 항시 같은 모습에 머물지 못하기 때문에 요괴인간이다. 항상 변화하기 때문에, 항상성을 부정하기 때문에, 요괴인간은 존재한다.

하지만 요괴인간의 변신은 여전히 이분법적이다. 프로테우스의 무한한 형태의 증식을 통해 유동적으로 세계에 파생되는 것이 아니라, 요괴와 인간의 간극에서 모호하게 진동할 뿐이다. 무한한 파생을 거부하는 것은 그들 자신이다. "빨리 사람이 되고 싶은" 그들의 이상향은 변화의 영속이 아니라 영속적인 안주이다. 인간도 못 되고 프로테우스도 될 수 없는 것이 그들의 운명이다.

세상에는 본질이 없다는 것이 세상의 본질이다. 하지만 요괴인간은 그들의 행보를 끌어들이는 원심력의 중심에 원형이 있다고 믿는다. 그들의 여정은 '실체'로부터의 자유가 아닌 '실체'를 향한 귀환이다. 그러기에 요괴일 수밖에 없다. 완결될 수 없는 귀환이기에 요괴인간이라는 불가능한 이름을 가질 수밖에 없다.

변신의 진보

'본질'과 '원형'의 개념적 족쇄로부터, 이분법적 대립의 사유로부터 도 망가는 유동적 주체에는 자유의 날개가 달려 있다. 시르세의 타자에 대 한 권력과 프로테우스의 배타적인 자기애는 창공을 향한 날개로 변신한 다. 그것이 이 시대의 수사이다. 새로움을 추구하는 다원적 변화의 주체 는 역사적 변혁의 가능성을 향해 질주한다. 다나 J. 해러웨이Donna J. Haraway는 "자아 / 타자, 정신 / 몸, 문화 / 자연, 남성 / 여성, 문명 / 원시, 전체 / 부분, 행위자 / 자원, 제조자 / 제조물, 능동 / 수동, 옳은 / 그른, 진 리 / 환상, 총체 / 부분, 신 / 인간"[18] 등의 논리와 관습들을 공략하는 대안 적 존재론의 가능성들을 일컬어 '사이보그'라 칭한다. 《유인원, 사이보 그, 그리고 여자: 자연의 재발명Simians, Cyborgs, and Women: The Reinvention of Nature》에서 해러웨이가 제시하는 이러한 설정은 페미니스트의 새로운 정체성을 위한 사유의 방식으로, 페미니즘 이론의 분석적 지표인 인종, 젠더, 계급이 끊임없이 변형을 일으킨다는 점을 인지하고 수용하는 것이 다. 사이보그의 통상적인 의미는 현대의 과학 소설들을 가득 메우고 있 는 "모호하게 자연적이며 만들어진 세계들에 거주하는 동물이자 동시에 기계인 피조물들"[19]을 일컫지만, 해러웨이에 의해서 이러한 모호한 정체 성은 서구 중심의 지배 구조에 대한 저항의 가능성을 시사하는 상징적

---

18. 다나 해러웨이, 《유인원, 사이보그, 그리고 여자: 자연의 재발명》, 민경숙 옮김, 동문선, 2002, p.318.

19. 같은 책, p.267.

의미로 '변형'된다. 사이보그는 곧 특정한 형태나 이미지를 지니는 것이 아니라 항상 변형을 하며, 서구의 담론과 논리에 구애받지 않으며 유동적인 정체성을 갖는 프로테우스이다. 젠더가 정치적 논거의 중심이 되던 시대의 경직성을 초월하는 기계와 유기체의 잡종이자, 수사학적이자 정치적인 전략으로서의 가변적 존재론이 사이보그의 실체다.

이러한 진보적인 존재 형태는 대중 문화에서는 공포의 대상으로 둔갑한다. 시르세의 위협을 제거하고 균형과 조화의 세계로 회귀하려는 보수적 기운은 선과 악의 이분법을 매개로 스스로를 수호한다. 사이보그의 모호한 정체성은 편하게 '악'으로 편입된다. 〈터미네이터 2*Terminator 2: Judgment Day*〉(1991)와 〈터미네이터 3*Terminator 3: Rise of the Machines*〉(2003)의 변신하는 사이보그 T-1000는 디지털 시대의 프로테우스다. 레이첼 암스트롱Rachel Armstrong이 지적하듯, 인간과 기계, 여성과 남성의 간극을 오가는 이 유기적 사이보그는 해러웨이가 제안하는 비정형적인 정체성을 상징적으로 가시화한다.[20] 해러웨이의 설명에 의거한 암스트롱의 관찰에 따르면, 현대의 SF에 나타나는 유기적 사이보그는 이분법적 논리를 통해 작동하는 사회의 통제로부터 벗어나려는 의지를 소통한다. 유연한 외형의 사이보그는 사회의 규범*norm*으로부터 벗어나는 '부자연스러운' 주체이며, 그러한 의미에서 인간의 부동성으로부터 이탈하는 변혁의 가능성을 실행한다.

여성학자 로지 브래이도티Rosi Braidotti가 설명하듯, 여성의 몸은 "고정된 신체적 형태에 대한 개념, 그러니까 신체의 윤곽을 결정하는 요소로

---

20. Rachel Armstrong, "Cyborg Sex," *Body Probe: Mutating Physical Bodies*, David Wood T. G. (ed.), New York: Creation Books, 1999, pp.166~170.

서의 가시적이고 인지할 수 있으며 명료하고 뚜렷한 형태를 파기할 수 있는 능력"을 갖는다.[21] 가변적이고 의혹적인 여성의 신체는 기형이나 괴물이 아니라, 특수한 능력이자 권력이다. 이러한 사유로 인해 여성은 괴물의 족쇄로부터 벗어난다.

　　암스트롱은 이러한 유기체적인 주체가 기계적 특성을 가시적으로 드러내는 기존의 사이보그와는 극명하게 다른 인간의 욕망을 기표화함에 주목한다. 사이보그의 전형은 외형만 인간의 모습을 모방했을 뿐, 감성적으로는 인간과 먼, 비유기체적인 하드바디이다. 인간의 신체 부위와 융합되지 않은 딱딱한 기계이다. 인간의 다양한 리비도를 가지지 못하는 '틴맨'이다. 암스트롱이 주시하듯, 〈터미네이터〉 시리즈는 기계적 사이보그와 유기적 사이보그의 대립을 무대화한 대표적인 사례이다. 필연적인 대립이다. 아놀드 슈워제네거Arnold Schwarzenegger가 연기하는 T-800는 전자의 전형적 형태로, 인간의 모습과 행동에 근접해 있으면서도 인간의 근력을 대체하는 기계적 작용으로 기능하는 자동 인형automaton이다. 광물과 살의 융합은 이루어지지 않았다. 그것은 개별적인 부품들로 이루어진 포드주의Fordism 생산 체계의 조립품일 뿐이다. 반면, 부품조차 없는 T-1000는 미지의, 미래의 기술에 대한 상상으로 재포장한 바로크적 상상의 변형이다. 전자가 기능적 도구라면, 후자는 욕망의 주체에 근접해 있다. 불변의 수호자인 전자는 전기를 원동력으로 하는 프랑켄슈타인의 피조물에, 변화의 화신인 후자는 물리적 사멸을 부정하고 생명의

---

21. Rosi Braidotti, *Nomadic Subjects: Embodiment and Sexual Difference in Contemporary Feminist Theory*, New York: Columbia University Press, 1994, p.80.

영역을 벗어난 뱀파이어에 가깝다. 기계적 사이보그가 실존하는 배우에 물리적인 분장과 의상을 더하여 연출할 수 있는 하드바디라면, 유기적 사이보그는 컴퓨터 그래픽으로 처리되는 소프트바디이다. 내러티브 안에서의 둘의 기술적 차이는 이들을 재현하는 할리우드의 기술의 차이로 대체되고 반영된다. 바로크 문학의 미학은 디지털 시대에 시각적인 설득력을 넓힐 수 있게 된 셈이다.

할리우드의 상상에서 저항적 섹슈얼리티는 언캐니하고 그로테스크하게 나타난다. 불변하는 가치를 고수하는 문화에서 변하는 것들은 소외된다. 혼성과 혼합이 혼재하는 유기적 변형체는 가부장적 질서에 대한 위협으로 치부된다. 〈터미네이터〉 시리즈는 기계적 하드바디와 유기적 소프트바디에 대한 가치 판단을 내림에 서슴없다. 변신하는 사이보그 T-1000는 악의 표상이다. 해러웨이의 사이보그 정치학은 할리우드 스크린에서, 선과 악의 이분법적 대립에서, 평면적으로 압축된다. 중성적이고 무형적인, 실체 없는 복제의 위협을 제거하기 위해 가부장적 환상이 필요로 하는 매개체는 이분법적 논리에 충실한 놈이 될 것이다. 마징가 Z나 슈퍼맨 정도도 적절할 것이다. 그 민망함이 망각될 만하면 재림하곤 하는 막강한 과잉. 가변적인 중성체의 불온한 위협을 퇴치하기 위해 필요한 것은, 불변하는 남성적 주체인 것이다. 남성적 하드바디가 끊임없이 자신의 신체를 변형시키는 등의 무분별하고 경망스런 행위 따위를 절대 행하지 않음은 물론이다. 고정된 정체성을 가진 단순한 실체만이 할리우드의 망상에서 영웅이 된다. 부동의 남성이 변형적 중성을 퇴치하기 위해 발휘하는 힘의 크기는 해러웨이가 말하는 저항적 정체성의 위협의 크기에 상응한다. '터미네이터'라는 제목은 시리즈의 2편에 이르러 고정된 기의에 귀의하지 못하고 두 사이보그 간에 표류하게 되지

만, 영웅은 이러한 언어의 미끄러짐에 대해 무관심하고 무지하다. 영웅은 단순하다. 어쨌거나, 누가 뭐래도, 가족의 고전적인 수호자인 것만으로 충분하다.

남성적 하드바디와 중성적 소프트바디의 대비는 〈신세기 에반게리온新世紀 エヴァンゲリォン〉의 마무리를 장식하는 극장판 "제26화 진심을 그대에게まごころを、君に"에서도 재현된다. 기계적인 거대 로봇 에반게리온과 물리적인 기계성으로 제한되지 않는 무정형적 사이보그 레이 간의 대립이다. 에반게리온의 사유적 한계는 밀폐된 조종실의 물리적 압박감으로 상징된다. 반면, 레이의 여성적 신체는 물리적 세계의 한계를 극복하고 우주의 방대함을 향해 확장한다. 에반게리온은 십자가에 못 박히듯 신체적 구속에 귀속되는 운명을 맞는다. 무정형적인 레이의 신체는 지구라는 모성적 기반까지도 벗어나 에반게리온이 대항하여 싸우는 '사도'들이 말하는 인간의 생성과 사멸의 원점으로 회귀한다. 무정형적 주체의 정체성이 에로스와 타나토스의 긴장 관계로 나타나는 양상은 음경을 중심으로 하는 가부장적 환상으로부터 이탈하는 대안적 의미를 제안하면서도, 동시에 여성의 신체에 대한 남성적 상상력의 연장선상에서 남근적 욕망과 불안을 나타내는 양면적인 기호로 작용한다.

 혐오의 혐오

요괴인간을 이야기하면서 프로테우스로부터 디지털 사이보그로 이어지는 무한한 형태의 증식으로서의 변신의 역사를 짚어 본 이유는 요괴인간이 끊임없이 이어지는 이들의 역사적 퍼레이드에 참여하기 때문이 아니

라, 참여하지 못하기 때문이다. 요괴인간은 결국 불가능과 불완전에 관한 담론이다. 요괴인간은 사람도 짐승도 아니며, 시르세도 프로테우스도 아니다. T−800도 T−1000도 아니고, 에반게리온도 레이도 아니다. 변신은 하지만, 그 변신은 우주의 무한함을 지향하는 형태의 증식에 못 미친다. 그들은 해러웨이의 항변적 주체가 되지 못한다. 불안정하기는 하나 자유롭지는 못하고, 유동적이지만 사회적 변혁과는 거리가 멀다. 그렇다고 하드바디의 견고한 규범적 가치관으로 회귀할 수도 없다. 시계추처럼 두 고정적인 위치 사이에서 반복적으로 오락가락하기만 한다. 그들의 변신은 날개를 다는 대신 족쇄에 물렸다. 프로테우스의 창공에 미치지 못하고 땅으로 추락하기를 거듭한다. 지킬 박사와 같은, 억압된 것을 구토하듯 분출하는 히스테리적 주체나 다름없다. 그나마 그들이 갖춘 윤리적 우아함이 히스테리를 권력적 위상으로 포장한다. 그들의 히스테리적 변신은 변신의 히스토리로부터 이탈한다.

아아, 요괴인간은 이나저나 실패하는 주체이다. 그들은 실패하기에 아름다우며, 이 아름다움마저 실패하기에 언캐니하다. 그들은 이리저리 두 형태 사이에서 변신하기만 하지만, 그들이 실질적으로 지속시키는 'neither'와 'nor'의 수사학은 그들의 모호한 정체성을 무한대로 증식시킨다. 이도 저도 아닌 그들은 언어의 프로테우스인 것이다.

시청자 어린이 여러분은 요괴인간의 변신을, 아니 비통한 퇴행을 무서워한다. 그리고 그리워한다. 우우, 매번 우리가 보고자 하는 바는 이 참혹하고 괴기스러운 변신이 아닌가. 변신 장면이 없는 〈요괴인간〉은 시청할 필요도 없지 않은가. 사실은 희망적인 갈망을 잠시 접고, 그토록 서럽고 애달픈 결핍 속에, 고통의 소통 속에, 우수적으로 침잠하고 싶은 것이 우리의 속셈이 아닌가. 공포는 쾌락의 밀실이 된다. 안방 극장은 괴팍

한 '프릭 쇼*freak show*'로 둔갑한다. 매주 텔레비전 앞으로 두려운 마음을 앉혀 놓는 것은 그들이 발휘하는 정의의 의지가 아니라, 악을 멸하거나 사하는 권선징악의 권력이 아니라, 이 혐오스럽고 가혹한 자멸감이다. 요괴인간이 온전한 인간으로 완벽하게 진화하여 평범한 삶을 영위할 것을 간절하게 또 간절하게 바라는 동안, 그 간절함 못지않게 강렬한 어두운 바람이 도플갱어처럼 착한 마음의 이면에 피어오른다. 아아, 정의로운 의인들에 대한 경의 속에서 내출혈처럼 솟는 잔혹함이 영혼을 잠식한다. 동물원의 우리 너머 분노로 고통 받는 맹수를 우월감에 도취되어 즐거이 바라보듯, 흉물의 비극을 지켜보고자 하는 욕구가 어느덧 홍건히 은밀한 욕동을 발기시킨다. 당혹스런 욕망이 얼어붙은 눈동자를 뜨겁게 적신다. 동정심으로 가려진 인간의 사악함을 훔쳐보려는 사악한 관음증적 동경이 음란한 파장을 일으킨다. 깊이를 모르는 측은지심과 혐오의 늪이 탐미적 시선을 애무한다. 박애의 의기와 박해의 의지가 공모한다. 저항력은 어둠이 보낸 첩자일 뿐이다. 저항이 강할수록 거역할 수 없는 내면의 야만은 치열해진다. 그리하여 혐오스런 혐오가 우리에게 자기혐오의 족쇄를 씌운다. 아으, 우리마저도 괴물이 되고 마는 것이다. 요괴인간이라는 자화상이 우리의 정신적 심연을 비쳐 내고 있는 것이다.

II.
더러운 피

 프로메테우스의 그림자

때는 18세기 유럽. 이성의 새로운 권력 아래 기독교의 질서가 흔들리면서 성의 개방은 계몽주의Enlightenment라는 거대하고 복합적인 흐름의 중요한 일면이 되었다. E. 마이클 존스E. Michael Jones가 드러내듯, 성의 개방이야말로 계몽주의의 암묵적인 안건이자 숨은 원동력이었다. 과학과 이성을 추진력으로 하는 인간의 새로운 진보적 모습이란, 부당한 관습이나 도덕의 족쇄에 예속되지 않는, 자가적인 성찰의 실천적 독립체였던 것이다.

《이드로부터의 괴물Monsters from the Id》[1]에서 존스는 불안과 불온함이 이성과 이상을 잠식시키고 폭력과 파멸을 부른 과정을 좇기 위해 사립 탐정의 면밀함을 발휘, 영국에서 문학적 성과를 이룬 주요 인물들의 일

1. E. Michael Jones, *Monsters from the Id: The Rise of Horror in Fiction and Film*, Dallas: Spence Publishing Company, 2000.

기와 편지, 노트 등을 조합하여 미시적인 역사의 결을 드러낸다. 그에 따르면, 계몽주의의 변혁을 논리적으로 지원한 영국의 가장 중요한 사상가는 18세기 말 높은 명성을 얻었던 철학가 윌리엄 고드윈William Godwin이었다. 고드윈은 인간의 자유를 외쳤고, 프랑스 혁명이 추구하던 정치적 변혁을 지지하였다.

고드윈이 그의 사상을 몸소 실험하고 실천한 체화의 장은, 사랑이었다. 역시 진보적인 사상을 추진했던 여성주의자 메리 울스톤크래프트Mary Wollstonecraft와의 관계를 통해서였다. 울스톤크래프트는 프랑스 혁명 초기의 격동을 직접 체험하고자 파리에 머물다가 급격히 과격해진 파리의 분위기에 휩쓸려 극심한 공포와 좌절을 겪고 막 런던으로 돌아온 후였다. 자유 연애를 했으나, (아직 성의 개방을 과학적으로 지원해 줄 만큼 발달하지 않았던 피임법의 불완전함 때문에) 파리의 혼란 속에서 아이를 출산했었고, 직후 두 번의 자살 시도를 실패로 맞으며, 중첩된 상실감에 빠진 상태였다. 고드윈은 울스톤크래프트를 사상적 동반자이자 열정의 반려자로 맞는다. 역시 피임은 실패하고, 두 급진적인 연인은 결혼 제도의 보호 속으로 피

신한다. 자유 사상의 아버지는 한 아이의 '아버지'이자 '남편'이라는, 지극히 진부한 사회적 위치에 불시착하고 만 것이다. 결혼 제도는 곧 자유 사상의 무덤이라는 그의 기존의 믿음은 타협을 요구하는 현실이 내리는 저주가 되어 그의 삶 속에 둥지를 트고 말았다.

고드윈과 울스톤크래프트 사이에서 태어난 딸 메리는 아버지의 영향 아래 자연의 섭리를 이성적으로 이해하고 자유로써 실행하려는 철학적 태도를 삶 속에서 실천하게 된다. 자유 연애 사상을 실질적으로 실험하게 된 결정적 계기는 아버지의 철학을 신봉하던 청년 퍼시 셸리Percy Shelley와의 만남이었다. 셸리는 괴상한 화학 실험에 몰두하는가 하면, 화려한 필체로 사회적 금기의 부당함을 서슴없이 고발하였으며, 때로는 불같은 성격으로 이성을 불식하며 일상을 도발하기도 하는, 지적이고도 열정적인 괴짜였다. 시와 철학에 대한 사랑은 광기에 가까운 정열과 섞여 기이한 발작적 노여움으로 분출되기도 했다. 그가 젊어서 쓴 〈맵 여왕Queen Mab〉이라는 시는 일부일처 관습의 제도적 권력을 비판하고 자유와 시와 사랑을 예찬하여 지식인들의 관심을 끌기도 했다. 그의 혈기 넘치는 자유 사상에 가장 큰 영향을 준 정신적 지주가 바로 (이제 왕년의 명성은 닳았지만 아직 전설적인 위상을 잃지 않은) 고드윈이었고, 존경하는 원로 사상가와의 교류는 자연스럽게 그의 딸 메리와의 운명적 만남으로 이어졌다. 물론 셸리는 연애의 절정기에 〈맵 여왕〉을 써서 바쳤던 여인 해리엇과 결혼한 (모순적인) 상태였고, 그의 과감하고도 탐미적인 열정과 관심을 침상에서 지원해 주지 못한 그녀와의 결혼 생활은 이미 권태 속에서 표류하고 있었다. 권태와 불륜, 열정과 금기의 충돌은 메리와의 사랑에 절실함의 활기를 투여했고, 연인들은 (후에 그녀가 쓸 소설의 무대가 될) 스위스로의 애정의 도피를 기획하기에 이르렀다. 물론 자유와 금기 타파의 화신인 고드윈의 허락과 지원을

얻으리라 자신했기에 가능한 기획이었다. 하지만 고드윈은 더 이상 프랑스 혁명을 지지했던 과격한 진보적 사상가가 아니었다. 자유의 열정이 피로 번지는 과정을 지켜보았던 중년의 아버지는 더 이상 자신의 명성을 성립시켰던 사상 속에서 살고 있지 않았다. 딸의 '불륜'을 용납하지 않았던 것이다. 사랑에 빠진 다혈질적인 시인은 물론 자신의 정신적 지주이자 장래의 장인어른인 고드윈의 불허에 굴하지 않고 기획을 추진했다. 그것도 메리뿐 아니라, 울스턴크래프트의 죽음 이후 고드윈의 두 번째 아내에게서 태어났던 클래어까지 포함시킨 발칙한 발상이었다. 이제 아내를 버리고 다른 여자와 관계를 맺을 뿐 아니라 그 여자의 여동생과도 동시에 침대를 나눔으로써, 퍼시 셸리는 소설 같은 절박하고 아찔한 비도덕적 로맨스를 삶 속에서 실현하게 되었고, 이론적으로만 부르짖던 '개방된 공동체'를 본격적으로 성사시킬 수 있게 된 것이다. (셸리와 메리는 아내 해리엇도 이성적으로 '계몽된' 새로운 유토피아에 동참하도록 초대한 바 있었으나, 해리엇은 일부일처제의 미덕을 고집했고, 그것을 셸리의 '무책임함'에 대한 공격적 비방의 원천으로 삼았다.)

전통적인 물리학이 우주의 모든 사물들을 본질적으로 정적인 것으로 규정하고, 이들에게 활동성을 부여하는 보이지 않는 힘을 신의 은총으로 설정했다면, 뉴턴의 새로운 사상은 모든 사물들에 내재하는 활동성을 간파했고, 도리어 이들을 멈추게 하는 보이지 않는 힘이 억압적인 것임을 시사했다. 새로운 시대에서 반역insurrection은 인간의 잠재된 본성이자, 사회의 추진력이며, 우주의 섭리였다. 이 세 '혁명가'들의 혁신적인 파행은 새로운 삶을 개척하고 새로운 질서를 구체화하는 철학적이고도 시적인 운동이 되었다. 이상을 현실에서 실현시킨 스위스로의 여행은 숭고한 목적 의식의 날개를 거뜬히 짊어진 여정이었다. 물론 날개의 무게는 과다했다. 유럽 본토에서 그들을 맞은 빈곤과 해충과 질병과 불결

함까지 이겨 내기에는 과다한 무게였다.

현실은 유토피아를 향한 그들의 행보를 6주 만에 고향으로 되돌려 놓았다. 런던으로 돌아온 셸리의 여생은 그만의 철학적 삶을 연장하는 열정과 실패의 짧은 굴레 속에서 진행된다. 클래어와 추진한 개방된 공동체의 확장, 그러니까 당대의 유명한 시인 바이런도 포함시키는 계획이 수포로 돌아가면서, 그의 혁명적 진보는 쇠락을 맞는다. 또 다른 결혼 생활의 권태가 그의 사상에 날개를 달아 주기 전에, 메리 외의 다른 여자와 자유 혁명의 깃발을 휘날리게 되기 전에, 죽음이 '혁명적' 삶을 종결시킨다. (서술상의 모든 수사적 아이러니는 존스로부터 가져온 것임을 밝힌다.)

계몽주의가 신봉하는 '자연'은 기독교의 의미 체계를 전복시켰다. 자연이 지배하는 우주에 원죄original sin는 당연히 존재하지 않는다. 열정은 관습보다 신성하다. 반역은 순종보다 위대하다. 관습에 영입되지 않는 불온한 열정은 거룩하며, 절제는 위선이기 이전에 역행이자 억압이다. 문제는 사회적 현실이 이상의 실현보다 강력하게 삶을 지배했다는 사실이다. 그러니까, 열정의 이면에서 기다리는 파괴와 죽음의 함정은 계몽주의의 약속을 어둠으로 인도할 수밖에 없었다. 존스에 따르면, 울스톤크래프트는 프랑스 혁명 속에서 몸소 공포를 보았으며, 그와 결혼한 위대한 계몽주의자의 철학적 이상도 혁명의 실질적인 파괴력으로부터 몸을 사리게 되었다. 다음 세대에 퍼시와 메리 셸리는 한풀 꺾인 젊음의 철학에 젊은 활력을 불어넣으며 삶 속에서 그 에너지를 추진했으나, 결국 그들이 손에 넣을 듯했던 '자유'는 영구적인 것이 아니었다.

존스의 논거를 계속 좇자면, 자유 사상에 어둠의 깊은 그림자를 드리운 결정적 계기는 퍼시 셸리의 아내 해리엇의 자살이었다. 셸리가 자유의 대륙으로 진입한 후 홀로 남은 해리엇은 친정에서도 버림받고, 거

리에서 몸을 팔며 비속한 삶 속에서 허덕이다가, 약물 복용으로 생을 마감했다. 해리엇의 유령은 남편이 실천한 '고드윈 사상'을 쇠퇴시키기 시작했고, 자유라는 이상을 자유롭게 펼치고자 했던 셸리 부부의 여생은 죄책감의 무거운 족쇄가 옥죄었다. 퍼시 셸리는 메리를 자신과 주변의 모든 사람들을 파멸의 길로 유혹하는 팜므 파탈로 여기게 되었고, 메리는 자신의 이기심 때문에 한 정숙한 여인이 처참하게 파멸했다는 자책감에 사로잡혔다. 회오의 회오리가 두 사람의 '계몽'된 세계를 초토화했다. 결국 어쨌거나 자유의 날개를 지닌 그들이라 할지라도 빅토리아 시대의 정서와 도덕관으로부터 벗어날 수 없었던 것이다. 물론 그들의 사상이 종교적 회개를 허락할 정도로 허한 것은 아니었다. 반향의 에너지를 영구히 체화하기에 그들의 정신은 심히 유연하고 연약했으나, 그렇다고 기독교의 질서로 회귀할 뻔뻔함은 스스로에게 용납할 수 없었던 것이다. 단, 무덤 속 해리엇의 복수심이 '혁명'의 혁혁한 기세를 안으로부터 부패시켰을 뿐이다. 존스의 표현대로, 자유가 지체된 틈 속으로 율법의 여신 네메시스Nemesis가 은밀하게 침투하여 혁명가 가족의 변혁의 엔진을 경직시켜 버린 것이다. 속죄되지 않은 죄는, 언어로 명명되지 않은 과실은, 더욱 거세져 도도한 정신을 짓눌렀고, 진보를 불안으로 오염시켰다.

존스에 따르면, 네메시스의 권력은 곧 메리 셸리가 쓰게 되는 소설의 모태가 된다. 《프랑켄슈타인Frankenstein; or, The Modern Prometheus》이라는 작품이다. 1818년에 출간되어 수세대에 걸쳐 언어를 좌절시키고 "피를 응고시키는 공포"[2]를 일으킨 근대의 고전은 메리 셸리의 복합적인 정신세계의 거울이다. 과학과 자유에 대한 열정과 그 열정의 결과에 대한 불안과 회오의 복합적인 결정체이다. 계몽주의적 자유 사상의 논리적 귀결점은 곧 공포다. 공포는 계몽주의의 효과이자 수정된 진로이다. 존스

표현대로, "공포는 언캐니한 도플갱어*doppelganger*로서 계몽주의를 귀신처럼 점령한다."[3] 자유와 자연 과학을 '점령'하는 죄책감과 도덕적 불안이 공포의 원천인 것이다. 억압되어 있다가 귀환한 것은 괴물로 나타난다. 소설의 주인공 빅터 프랑켄슈타인은 계몽주의의 약속을 거꾸로 상징화한 인물이다. 계몽주의가 자유와 자연이 어두운 종국으로 이어지는 선형적 시간을 체계화했다면, 《프랑켄슈타인》은 반대로 파멸의 끝으로부터 이성과 과학의 언캐니함을 체화했다. 계몽주의가 이상의 지평을 향해 열어 놓은 망원경의 저편에서 괴물은 거꾸로 인간의 왜소함을 들추어냈다. 프랑켄슈타인이 만든 괴물은 "계몽주의가 왜 실패할 수밖에 없는가를 보여 주는"[4] 표상이다.

 ## 계몽의 계보

계몽주의는 분명 오늘날 나타나는 각종 괴물들의 역사적 근원지 중 하나이다. 서구의 역사에서 계몽주의는 창조주로서의 신의 권위를 이성과 과학적 지식으로 대체했다. 계몽주의 시대에 이르러 인간은 신의 의지로 만들어진 피조물로부터 물리적 에너지의 재구성으로 변신했다. 도덕대신 자연을, 영롱한 영혼의 영광 대신 전기 작용을, 우주의 섭리로 개정

---

2. Mary Shelley, *Frankenstein; or, the Modern Prometheus: The 1818 Text*, Oxford and New York: Oxford University Press, 1998, p.178.

3. Jones, *Monsters from the Id: The Rise of Horror in Fiction and Film*, p.260.

4. 같은 책, p.95.

했다. 루이지 갈바니Luigi Galvani가 전기를 통하여 움직이게 한 죽은 개구리처럼, 이제 인간은 일련의 전기적, 물리적, 화학적 연쇄 작용으로 움직이고 느끼는 '기계적 장치'일 뿐이다. 뉴턴이 발견한 중력이 재편성한 우주의 질서에 편승하여 사회의 질서를 이끌어 줄 자연의 새로운 중심은 인간이었다. 논리가 이끄는 계몽주의의 이념은 자연의 총체적인 질서 안에 욕망과 열정을 영입하였다. 과학적 지식에 입각한 이타적인 사상은 도덕을 이기적인 허상으로 격하시켰다. 이로 인해 도덕으로부터 해방된 욕망은 자연의 자연스러운 일부가 되었다.

괴물에 대한 관점의 변화는 이미 르네상스 시대부터 진행되어 오고 있던 것이다. 과학에 대한, 과학에 의한 필요성은 점증되었고, 괴물의 장은 자연과 신으로부터 과학적 질서로 넘어 오게 되었다.[5] 계몽주의 시대에 괴물은 이성과 지식의 질주가 미처 정복하지 못한 미지의 영역을 체화하는 표상이다. 과학적 진보가 남기는 불안의 단상이다. 신의 권위를 부정하고 자유의 의지를 따른 것에 대한 뉘우침의 표상이다.

《프랑켄슈타인》에는 계몽주의의 푸른 약속과 어두운 배신이 생생하게 그리고 속속들이 스며들어 있다. 제노바 출신의 과학자 프랑켄슈타인은 퍼시 셸리가 젊어서부터 신봉했던 프로메테우스Prometheus의 화신이다. 창조의 가능성을 신으로부터 훔친 영지주의 인간의 자화상이다. 프랑켄슈타인의 창조는 인간을 신의 피조물이 아닌 자연의 기계로 인식하는 과학 지상주의의 표상이다.

계몽주의의 새로운 우주관을 실질적으로 추진하도록 해주는 상징적

---

5. Ochsner, "Monster: More Than a Word, From Portent to Anomaly, the Extraordinary Career of Monsters."

도구는 전기였다. 프로메테우스적인 상징으로서의 전기는 신으로부터 훔쳐 낸 창조의 도구 그 자체였으며, 기계 장치로서의 인간이 자유를 획득하기 위해 필요한 열정의 징표였다. 자연의 생명이자 혁명의 성명이었다. 모든 생명력의 생명이었고, 모든 생명의 생명력이었다. 전기를 죽은 시체에 불어넣는 행위의 상징성은, 전기를 죽은 가치관에 관통시키는 변혁적 사유의 추진력은, 그 쏟아지는 전기량만큼이나 풍부하고 강력했다. 그리고 그 풍부함이 쇠퇴한 곳에서 회오와 죄책감이 파열한 것은 곧 메리 셸리가 몸소 체험한 계몽주의의 귀결이었다. 퍼시 셸리가 프로메테우스를 신봉할 때부터 예고될 수밖에 없던 네메시스의 복수가 곧 괴물인 것이다.

 ## 기계 + 여성 = 악마

1770년경 시계공 피에르 자크드로Pierre Jaquet-Droz는 사람처럼 정교하게 움직이는 인형을 만들어 선보인다. 언뜻 보면 진짜 사람인 것으로 착각할 수도 있을 만큼 정교한 이 인형의 내부에는 톱니바퀴로 이루어진 기계 장치가 장착되어 있다. 〈로보트 태권 V〉에서 ('버려진 아이'의 계보를 잇는) '메리'라는 아름다운 소녀가 로봇이었음이 밝혀질 때 주인공들이 받는 충격처럼, 이 귀여운 인형의 속내를 들여다 본 관람객은 흠칫 놀란다. 경악은 곧 기계 작용에 대한 신비감과 경이감으로 바뀐다. 오토마톤의 역사가 시작된 것이다.

자크드로의 자동 인형들은 말 그대로 '기계'와 '인형'의 개념적 조합이자 물리적 융합이다. 내면화된 기계적 장치로 인해 인형이 인간의 움

피에르 자크드로가 만든 '글 쓰는 사람L'ecrivain'의 겉과 속

직임을 모방하게 됨으로써 원래 인형이 갖고 있는 신비로움과 매혹을 배가시켜 주었다.

할 포스터Hal Foster에 따르면, 자동 인형이 인간의 삶을 위협하는 언캐니한 존재로 변화하기 시작한 계기는 산업적인 목적으로 사용되면서 형성되었다.[6] 계몽주의의 이상은 변질되었고, 19세기에는 기계를 지배함으로써 건설적인 미래를 바라본다는 자신감이 통제력을 상실할지도 모른다는 위기의식으로 대체되었다. 자동 인형은 에로틱하면서도 위험과 죽음, 혹은 거세를 암시하는 악마적인 대상으로 전락했다. 바로 이 시기의 인형에 여성이라는 젠더가 부착된다. 파멸을 부르는 여성적 힘은 자동 인형의 숨은 원동력이 된다. 기계적 생명력의 언캐니한 영혼은 여

6. 할 포스터, 《욕망, 죽음 그리고 아름다움: 포스트모던 시각으로 본 초현실주의와 프로이트》, 전영백과 현대미술연구팀 옮김, 아트북스, 2005.

성의 성을 갖게 된다.

1815~1816년경에 쓰였다고 추정되는 《모래 사나이Der Sandmann》에서 E. T. A. 호프만E. T. A. Hoffman은 자동 인형의 치명적인 매혹과 위협을 예리하게 포착한다. 주인공 나타나엘은 자동 인형 올림피아로부터 "소름끼치는 죽음의 냉기"를 느끼지만, 이러한 당혹스러움과 교차되는 수동적인 아름다움에 더욱 깊이 빠져들고, 결국 파멸에 이른다.7 프로이트가 '언캐니함'을 설명하기 위한 단서로 《모래 사나이》에 의존하는 이유 역시 모순적인 양면성에 있으며, 프로이트는 언캐니함의 정신적 뿌리에서 남근의 결핍을 발견한다. 생명과 무생명의 절묘한 교란을 통해 발생하는 공포와 매혹의 근원은 어머니라는 대타자의 몸에 내재하는 결여이다. 페티시즘fetishism이 음침한 결핍과 그에 대한 음밀한 은폐의 모순적인 역학에 의한 기제인 것과 마찬가지로, 언캐니 역시 생명력의 부재와 이에 대한 은폐의 대립에 의한 효과이다. 이 두 가지 기제는 여성의 몸에서 중첩되고 서로 교류한다. 이것이 가부장적인 자본주의 문화가 사이보그라는 표상에 투사하는 매혹과 공포이다.

프리츠 랑Fritz Lang 감독의 〈메트로폴리스Metropolis〉(1927)에서 사이보그는 호프만의 자동 인형 올림피아의 섬뜩한 원초적 공포에 자본주의에 대한 의구심을 결합시킨다. 미래주의Futurism가 기계와 속도에 대한 이상을 품었던 것과 대조적으로, 독일 영화의 중흥을 위한 전략으로 UFA(Universum Film Aktien Gesellschaft)가 표방한 표현주의Expressionism적 성향은 기계와 인간의 만남을 암울한 디스토피아dystopia로 떠올린다. 거대한 도시

---

7. E. T. A. 호프만, 《모래 사나이: E. T. A. 호프만 단편선》, 김현성 옮김, 문학과지성사, 2001.

표현주의의 어둠 속에 내리신 황금 여신. 프리츠 랑 감독의 〈메트로폴리스〉.

의 지하에 거주하는 노동자 계급과 지상에서 그들을 통제하는 지배자 계급 사이에 놓인 것은 테크놀로지이다. 노동자들은 도시를 움직이는 기계를 작동하고, 지배 계층은 그들을 조종함으로써 권력을 유지한다. 더 이상 인간의 노동에 의존하지 않아도 됨을 깨달은 지배 계층의 군주는 기계 인간을 만들어 노동자들의 지도자인 '마리아'라는 여인과 똑같은 모습으로 변형시킨 후 지하 세계에 투입한다. 마치 기독교의 이념과 사회주의 이념을 동일시하듯 다분히 기독교적인 이름과 사명감을 부여받은 마리아와 노동 계급의 파멸을 목표로 하는 기계 인간은 선과 악의 전쟁을 대행한다. 선과 악의 대립에 인간과 기계, 노동자와 권력층, 원형과 복

제, 성녀와 악녀라는 다른 대립항들이 조화롭게 교류하며, 충돌과 해소의 극 구조를 추진한다. 1인 2역을 맡아 인간과 기계를 모두 연기하는 배우 브리짓 헬름Brigitte Helm의 육체에 여성적 신체에 대한 이상적 탐미와 비인간적인 타자에 대한 공포가 중첩되고, 여성이 갖는 양가적인 사회적 의미들이 교차된다. 잔 다르크의 성스러운 구원 의식과 인간의 파멸을 부르는 마녀의 위협이 한 명의 여성의 몸에 나란히 투사된 것이다. 여성의 신체가 남성적 공포와 매혹을 지시하는 환상적 기호로 기능하는 서구 예술 문화에서의 전통은 20세기 전체에 걸쳐 연장되고 확장된다.

사이보그는 과학의 성과가 아니라, 먼저 공상의 산물로 나타난 사회적이고도 심리적인 표상이다. 오늘날 인간의 정체성은 테크놀로지로부터 분리할 수 없을 정도로 의존도가 심화되었고, 이러한 의존에 관한 기대와 불안을 표출하는 도상이 사이보그라 할 수 있다. 사이보그에는 이를 상상해 낸 시대가 과학에 대해 갖는 이상과 경계심이 내재한다. 또한 과학의 발전을 인간의 몸으로 나타내기 때문에 몸에 대한 문화적 인식과 리비도가 투사될 수밖에 없다. 사이보그는 한마디로 인간의 섹슈얼리티나 추상적인 개념들을 담아내는 그릇과 같다.

 신화와 과학 사이

초현실주의자들은 단어들의 우연한 조합으로 만들어진 '아름다운 시체 cadavre exquis'라는 개념으로부터 무한한 창조의 기쁨을 얻었다. 두 단어가 충돌하여 만들어 낸 즉흥적인 몽타주 효과는 통념적인 가치관을 전복시켰고, 무의식에 내재된 하나의 진실을 드러냈다.

프랑켄슈타인 역시 '아름다운 시체'를 만들어 창조의 기쁨을 얻고자 한다. 계몽주의 괴물의 신체 역시 여러 개체의 부위들을 조합하여 만든 하이브리드, 말하자면 일종의 콜라주이다. 초현실주의 운동의 정치적 지주 앙드레 브르통André Breton을 경탄케 한 창작의 원리가 시체성애necrophilia적으로 타나토스에 접근한다면, 프랑켄슈타인의 열정은 죽음을 극복하며 에로스를 좇는다. 전자의 생명이 우연성이라면, 후자의 천명은 자연의 원리이다. 전자는 유연성의 미학이고, 후자는 절대성의 비약이다. 초현실주의의 '아름다운 시체'는 봉합선을 초월하는 유기적인 이탈이요, 프랑켄슈타인의 유기체는 이탈된 시체들의 봉합 그 자체이다.

형태의 혼합에 대한 발칙한 상상은 계몽주의가 신화적 세계로부터 양도 받은 거북한 채무이다. 과학과 이상은 고대로부터 내려오던 자유로운 신화적 상상을 자연 현상의 원리에 따라 설명해야 하는 무거운 과제를 짊어진 셈이다. 메리 셸리의 소설을 계기로, 하이브리드의 미학은 신과 신화의 영역으로부터 인간의 실험실로 옮겨졌다. 프랑켄슈타인 괴물의 봉합선은 경직된 그의 정체성의 표상이다. 다른 신체 부위들을 결합한 자국, 자국들은 그를 옭아매는 물질적 불변성에 대한 상징이다. 괴물적 하드바디는 바로크의 상상적 혼합을 이어받으면서도 그 상상이 더 이상 지속될 수 없음을 알리는 과학의 견고한 경계선이다. 물리적 결합으로 각 신체 부위들 간의 봉합이 겨우 어렵게 지탱되고 있는 판에, 변신의 가능성은 말할 것도 없이 멀기만 하다. 봉합선은 변신의 가능성을 일축하는 물리적 세계의 한계선이다.

변신과 합체의 차이는 신화와 과학의 차이이기도 하다. 상상적 세계의 자유로운 피조물들을 과학이 길들인 이성으로 재해석할 때, 실험실은 끔찍한 지옥이 된다. 인간의 상상이 인간의 창조로 변하면서 신체 부위

의 결합은 일종의 존재론적 악몽이 된다. 그 악몽의 표상이 프랑켄슈타인의 괴물이다. 신화적 상상을 과학의 원리가 훔쳤고, 그에 대한 대가는 공포로 나타났다. 계몽주의 실험실의 실패 탓일까. 100년이 지난 시점에 초현실주의자들은 바로크적 상상의 자유를 기표들의 조합만으로 대행했다.

프랑켄슈타인의 문제는 그가 조합한 '시체'가 '아름다움'과 거리가 멀다는 것에 있다. 창조라는 권능의 부수적 효과에 대한 공포는, 윤리적인 성찰보다는 '아름다움'에 관한 미학적인 판단에 근거를 둔다. 프랑켄슈타인은 2년 동안 공을 들인 자신의 피조물이 드디어 완성되어 움직이기 시작했을 때 불과 몇 시간 만에 환희에서 절망으로 추락한다. 사실 그의 원래 의도란 생명과 죽음의 신비를 밝힘으로써 죽은 것에 생명을 불어넣는 것이었고, 그가 완벽하게 목적을 달성했다는 것은 누가 보더라도 명백한 사실이다. 어쨌거나 피조물은 완벽한 운동 능력과 언어 기능을 스스로 갖추게 되고 자아 성찰까지 하는 지적인 슈퍼맨으로 완성되지 않았는가. 그럼에도 프랑켄슈타인은 그의 성공적인 피조물을 '괴물'로 치부한다. 인류를 구원해 줄지도 모를 슈퍼히어로를 자신의 이성적 의식으로부터 추방하기에 이른다. 이유는 단순하다. 단지 몰골이 흉측하기 때문이다. 자신의 성과에 대한 판단 기준이 전적으로 미학적이기 때문이다. 그는 피조물이 움직이자마자 즉각적으로 반응한다. 한 점의 예술 작품을 감상하듯, 눈앞의 인조인간의 세밀한 디테일들을 면밀하게 관찰한다. 그동안의 지나친 고립과 몰두로 인해 그는 판단력을 상실한 것일까. 곳곳에서 엄습하는 것은 감탄이 아니라 혐오다. 끔찍한 혐오다. 놀랍게도, 이상하게도, 움직이고 소리를 내고 자신을 응시하는 피조물의 놀라운 신체적 기능에 대해서 과학자는 냉혹하리만큼 무관심하다. 그의

관심은 움직이는가의 여부가 아니라, 얼마나 아름답게 움직이는가에 집중된다. 이 순간만큼 그는 과학자가 아니라 예술가인 것이다. (셸리마저도 그를 '예술가artist'라 칭한다.) 그것도 너무나 고전적인 미의 범주에 종속된 '예술가'이다. 초현실주의자라면 무한한 '아름다움'을 체험했을지 모른다. 프랑켄슈타인에게 시체성애는 없다. 아니, 차라리 죽은 시체로 남았다면 그는 자신의 피조물에서 아름다움을 발견했을까? '생명'은 '아름다움'의 또 다른 이름일 뿐이다. 하긴, 《구약성서》도 창조주의 자기만족으로 창조 행위의 깔끔한 완성을 기록했다. "하나님이 보시기에 좋았더라God saw that it was good." 미학적인 만족 없이는 진정한 의미에서의 창조가 이루어졌다고 볼 수도 없는 것 아닌가. 창조의 권능을 모방한 데 대한 죄책감마저도 떨쳐 버릴 탐미적 만족감이야말로 창조의 목적이 아닌가.

DNA 복제가 화두로 떠오른 시기에 만들어진 〈에이리언 4Alien: Resurrection〉(1997)에서 프랑켄슈타인의 미학적 공포는 재현된다. 주인공 리플리는 인간과 외계인을 혼합하는 실험실을 우연히 발견하고 유리관 속에 보존되어 있는 결과물들에 경악한다. 생명의 창조에 관여하면 안 된다는 윤리적 금기는 이 피조물들의 모양새가 불러일으키는 혐오감과 즉각적으로 결탁한다. 리플리의 표정을 금세 일그러트리고 그녀의 비이성적인 파괴 행위를 합리화시키기까지 하는 것은 지극히 인간 중심적인 미의 기준이다.

DNA 복제에 대한 윤리적 저항감에 인간 중심의 미학적 판단 기준이 농후하게 녹아 있는 것은 사실이다. 바로크 시대의 상상적 하이브리드에 대한 공포는 오늘날에도 유효하다. 신화적 세계에서 인간과 다른 동물들과의 성적인 교접은 공공연한 것이었다. 인간의 생물학적, 영적 우월함을 기정사실로 규정하는 기독교의 질서가 서구 세계를 지배하게 된

이후, 하이브리드에 대한 미적 판단은 '하류 동물'과의 교접에 대한 혐오와 교접했다. 그러한 상상을 해버린 것만으로도 혐오는 충만해졌다. 그 오만한 충만함이 공포의 근원이다.

〈요괴인간〉은 인간의 절대적인 우월함을 설파하는 기독교의 가르침을 일부 수용한다. 하지만 인간에 못 미치는 흉측한 괴물들을 인간보다 선한 주체들로 설정함으로써, '생명'과 '아름다움'이 동의어가 될 수 없음을 처절하게 피력한다. 요괴인간의 항변은 물론 완전하게 성공하지 못한다. 실패는 죽음으로 상징된다. 그들의 '아름다운 시체'는 화면에 드러나지 않고 망각 속으로, 소멸의 절대성으로 사라졌다.

 ## 하이브리드 하드바디

하이브리드로서의 프랑켄슈타인 괴물의 정체성은 부동적인 하드바디로부터 슬그머니 이탈한다. 메리 셸리의 소설만 하더라도 괴물의 몸처럼 여러 구성 요소의 조합으로 이루어졌다. 텍스트를 이루는 부분들은 여러 인물들이 작성한 편지와 프랑켄슈타인의 일기 형식의 회상들이다. 소설은 북해로 항해중인 한 선박의 선장이 누이에게 쓴 일련의 편지로부터 시작하여, 선장이 기록한 프랑켄슈타인의 회고록으로 이어진다. 프랑켄슈타인의 진술은 그가 주고받은 편지들을 인용함으로써 이루어진다. 이야기는 수개월이 지난 후 선장의 추가적인 진술로 마무리된다. 화자 속에 화자가 있고, 일기 형식의 회고와 온전한 편지들이 나란히 열거된다. 텍스트는 다분히 다원적이고 이질적이다. 파렴치한 몽타주다. 언어의 형식은 그것이 묘사하는 괴물의 모습을 그대로 닮은 것이다.

셸리는 자신의 소설을 "넌더리나는 불행한 귀신 이야기*tiresome, unlucky ghost story*"[8]라 불렀다. 무수한 악몽의 근원은 텍스트의 혼령이 되었다. 그녀가 상상한 하나의 끔찍한 형상이 무수한 밤에 걸쳐 그녀의 침상을 점령한 것처럼, 아름답지 않은 시체가 살아서 과학적 주체를 경악에 빠트린 것처럼, 셸리는 자신의 텍스트가 독자를 공포 속으로 몰아넣기를 원했다. 소설은 그녀가 만든 괴물인 것이다.

셸리의 텍스트의 혼합적인 정체성 덕분일까. 《프랑켄슈타인》의 생명력은 셸리의 텍스트 속에 갇히지 않고 너무나 쉽게 무한한 변신과 증식을 거치며 확장해 왔다. 20세기 들어 프랑켄슈타인의 인기를 급상승시킨 매체는 출판 만화와 영화다. 소설가이자 영화 제작자인 도널드 F. 글럿Donald F. Glut은 무수한 프랑켄슈타인 관련 출판물 및 영화들을 관통하는 하나의 거대한 조합적인 이야기가 독자의 상상 속에 존재할 수밖에 없음을 밝힌다.[9] 모든 텍스트들이 재현하는 세계는 서로 연결되어 있다. 결국 글럿이 설정하는 독자는 폐쇄적이고 소극적인 소비자가 아니다. 그는 서로 독립적인 의도와 과정을 통해 제작된 여러 출판물이나 영화들을 순차적으로 해석하며 서로 간의 연관성을 만들고, 극명한 차이가 암시하는 텍스트 외부의 사건들에 대한 상상력을 가동하여 하나의 선험적이고 선형적인 거대 스토리를 완성해 간다. 오늘날 하나의 텍스트가 출판, 영화, 게임, 캐릭터 상품 등을 통해 유기적이고도 다각적인 방식으로 각색되어 전체적인 스토리 전개를 이루는 전략의 우연하고 기묘한 전례

8. Shelley, *Frankenstein; or, the Modern Prometheus: The 1818 Text*, p.196.

9. Donald F. Glut, *The Frankenstein Archive: Essays on the Monster, the Myth, the Movies, and More*, Jefferson, North Carolina, and London: McFarland & Company, 2002.

메리 셸리의 원작에서 프랑켄슈타인이 절대 수락하지 않았던 괴물의 욕구를 할리우드는 감히 상상하고 말았다. 욕구를 충족한 타자도 괴물로 남을까. 제임스 웨일 감독의 〈프랑켄슈타인의 신부〉.

가《프랑켄슈타인》인 셈이다. 요즘처럼 하나의 텍스트나 캐릭터에 대한 저작권을 확보한 제작사가 내용에 대한 통제를 통해 균질적인 이야기를 유통하는 것과는 전혀 다른 다원적 소통이 저작권으로부터 자유로운 셸리의 세계를 20세기로 끌어왔다.

글럿이 회상하는 대표적인 상호 인용적인 텍스트군은 유니버설 픽처스Universal Pictures와 영국의 해머Hammer사가 펼쳐 낸 무한한 '뒷이야기'들로 이루어진다. 〈프랑켄슈타인의 신부〉(1935), 〈프랑켄슈타인의 아들〉(1939), 〈프랑켄슈타인의 유령〉(1942), 〈프랑켄슈타인, 울프맨을 만나다〉(1943), 〈프랑켄슈타인의 집〉(1944), 〈프랑켄슈타인의 저주〉(1957), 〈프랑켄슈타인의 복수〉(1958) 등등 2차 대전을 전후하여 두 제작사가 쏟아 낸 밑도 끝도 없

는 이야기들은 한시적인 목적만을 염두에 두고 만들어졌으며, 하나의 일관된 흐름을 형성하기에는 각자의 이야기가 너무나 강했다. 그러나 글럿과 같은 호기심과 상상력이 왕성한 관객은 서로 맞지 않는 퍼즐 조각들을 맞추고 빈 공간을 채우기 위해 적극적인 해석의 권능을 스스로에게 부여했다. 심지어는 울프맨이나 드라큘라를 주인공으로 하는 무수한 공포물에도 프랑켄슈타인 괴물은 카메오 출연을 했고, 글럿과 같은 독자들의 세계에서는, 이를 통해 나타나는 단편적인 모습조차도 그의 '전체'적인 삶의 연보를 구성하는 요긴한 정보로 기능했음은 물론이다. 괴물의 겉모습이나 능력을 서로 다르게 묘사하는 영화들로 인해 발생한 내용상의 차이는 텍스트와 텍스트 사이의 시간을, 혹은 외화면 공간에서 일어난 미지의 사건들을, 괴물의 커리어의 일부로 끌어들였다. 서로 다른 배우가 연기하는 괴물의 모습은 영화들마다 차이가 날 수밖에 없었고, 글럿은 이러한 차이까지도 단지 제작자들 간의 소통의 단절이나 '오류'로 무시되지 않고 민감한 논리적 연관성을 제조함을 강조한다. 역시 오인은 정체성의 중요한 전제가 아닌가. 지난 영화에서 죽을 고생을 해서 체중이 줄었나? 그동안 착한 치과 의사나 미용사를 만나 용모가 단정해졌나? '정비'를 받아 더 강력해진 걸까? 주어지지 않은 퍼즐 조각이야말로 균질적 세계를 존립시켜 주는 중요한 요소이다. 분장상의 이탈적인 디테일만으로도 영화와 영화 사이에 발생한 묵언의 사건들을 암시하기에 충분하다. 결국 셸리가 만든 괴물의 몸이 그러했듯, 20세기로 연장된 그의 생명력은 다원적인 부분들이 조합된 형태로 이루어진 콜라주이다.

텍스트 간에 존재하는 유동적 세계는 논리와 상상, 고정된 의미와 무한한 가능성 사이에서 기묘하게 진동한다. 괴물이 만들어진 마을은 원래 틀림없이 '골드스타트Goldstadt'였으나, 언제부턴가 이보다는 조금 낙후된

제2의 마을이 나타나기 시작했고, (그러니까, 같은 마을로 보기에는 차이가 너무 현격하게 두드러지는 배경이 묘사되었고) 급기야 〈프랑켄슈타인의 아들〉에서 이 이상한 유령 마을은 '프랑켄슈타인'이라는 이름으로 호명되기에 이른다.[10] 궁정 발레에서처럼 느닷없이 마을 하나가 통째로 생성된 것이다.

프랑켄슈타인의 세계는 미끄러운 기표들로 이루어진 유기적인 변형체이다. 여기에서는 빅토리아 시대의 의복과 자동차가 공존하고, 신화적 상상 깊은 곳에서 히틀러의 보이지 않는 그림자를 만난다. 비선형적 시간의 무정형적 결정체가 따로 없다. 선형적 시간을 망각하는 〈요괴인간〉의 세계처럼 말이다.

텍스트 사이에 존재하는 이 부정형적 중간계는 텍스트의 질서 밖으로 '추방'된 희생염소의 영역이다. 그러면서도 죽음을 부정하게 해주는 역설적인 기능을 갖는다. 많은 프랑켄슈타인 관련 영화들은 괴물의 최후를 묘사하며 결말을 맺지만, 다음 나오는 새로운 영화에서 그는 버젓이 다시 나타난다. 불타는 성으로부터, 과다한 전기 충격으로부터, 다이너마이트 폭발이나 끓는 유황으로부터, 괴물은 살아서 텍스트로 회귀한다. 그가 겪었을 구사일생의 수난에 대한 풍성한 상상을 자극하면서. 심지어 괴물이 언제부턴가 언어 능력을 완전히 상실하게 된 사실조차 논리적인 인과 관계를 시사한다. 너무 오래 고립되어서? 혹은 부상으로 뇌손상을 입어서? 불멸의 괴물의 진짜 외로운 고행은 외화면 공간에서 진행된 것이다.

텍스트 간의 차이가 허용하는 자유의 원심력은 하나의 상충하는 벡

---

10. 같은 책, p.13.

터에 의해 제한된다. 인간의 배타적인 공동체 의식이다. 글럿이 시사하는 중요한 사실은 텍스트 간에 존재하는 유동적인 의미의 층위가 결국은 인간 공동체의 폭력적인 배타성을 양산하는 가장 끔찍한 지옥을 일으킨다는 점이 아닌가. 이로 인해 괴물의 수난의 운명은 본질적인 변형을 이루지 못한다. 희생염소는 끝까지 구원받지 못한다. 결국 텍스트 사이의 틈은 가변적인 상상계적 영역이면서도, 동시에 불변하는 가치관에 의해 지배되는 괴물 공간이다. 끝없이 변형될 수 있는 듯하면서도, 인간의 편협과 불관용에 영원히 속박된, 자아의 자기 본능을 위한 견고한 은둔처이다. 시간을 망각하고도 포용을 불허하는 〈요괴인간〉의 세계처럼 말이다.

진정한 변혁은 일어나지 않는다. 괴물은 괴물이다. 거듭해서 부활하는 이유는 거듭해서 추방당하기 위해서이다. 괴물의 카르마의 악순환으로부터 벗어나는 길을 택한 요괴인간은 인간이 획득하지 못한 성스러운 지혜를 터득한 현자일지 모른다. "사람이 되고 싶다"는 노래는 절대적인 인류애와 구원의 의지를 담은 성자의 성스러운 기도문일지도 모른다.

 ## 피는 이성보다 진하다

19세기에 걸쳐 셸리가 짊어졌던 신에 대한 도전 의식과 창조에 대한 열정은 충만히 충전되었던 원동력을 잃게 된다. 프로메테우스의 활기에 찬 창조력은 진득한 진부함 속으로 해체되고, 프랑켄슈타인이 쏟았던 혁명의 원기는 설득력조차 갖지 못하는 낡은 기계로 전락한다. 전기 혁명의 실패를 드러내는 반혁명적인 담론의 중심은 다윈의 진화론이었다. 기독교의 권위가 쇠퇴하면서 생긴 조물주의 자리의 공백에 가장 근접한

것은 자연의 질서였던 것이다. 이제 창조주 없는 창조가 인간을 설명하였고, 신의 의지가 없는 피조물들이 시간을 점령했다. 영지주의가 약속했었던 물질적인 우주관은 진화론을 통해 완성의 기미를 보이기 시작했다. 다윈은 조물주로서의 신의 권위를 부정하면서도, 과학을 방패로 삼아 프로메테우스의 불행은 면할 수 있었다. 물론 프랑스에서의 전반적인 미지근한 반응으로도 나타나듯, 다윈의 이론이 확고한 논증적, 사회적 기반을 순식간에 확보할 수는 없었다. 사실, 이 '악마의 궤변'에 대한 유럽 사회의 반응은 극단적인 충격과 비판까지 아우르는 다양한 스펙트럼으로 나타났다.

계몽주의 이상의 추락은 또 하나의 근대 서구의 대표적인 괴물의 전형을 생성시켰다. 드라큘라다. 관습의 억압과 자유 의지의 충돌에서 솟아난 문학적 상상력이 이성과 과학적 진보에 드리워진 가장 어두운 그림자를 구체화한 것이다. 《프랑켄슈타인》에서 메리 셸리가 묘사하는 공포가 과학과 이성을 좇았던 계몽주의의 어두운 그림자라면, 그 어둠은 더욱 깊어져 과학과 이성의 처참한 실패를 공표하는 계몽주의의 두 번째 산물을 잉태한 것이다. 프랑켄슈타인의 피조물과 뱀파이어는 계몽주의가 쇠퇴하는 두 단계의 정서를 대표적으로 대변한다. 전자가 이타적이면서도 건설적인 초기 계몽주의의 기대감을 모태로 태어났다면, 후자는 초기의 푸른 이상의 모멸적인 추락을 나타낸다. 셸리 부부가 추구했다가 결국은 회오의 렌즈를 통해 바라보았던 자연과 자유는 뱀파이어에 이르러서는 이성과 과학을 변절하고 골이 깊은 침울한 불안의 늪으로 변질되고 만 것이다. 과학이 누린 승리의 가능성과 실패의 증후군이 두 괴물을 낳은 것이다.

뱀파이어의 세계에서 생명의 근원은 더 이상 프로메테우스의 전기

필립 번존스Philip Burne-Jones의 〈뱀파이어The Vampire〉(1897). 브램 스토커의 《드라큘라》가 출간된 같은 해에 그렸다.

가 아니다. 피, 피다. 새빨간 피다.

'드라큘라'라는 이름의 기원인 15세기의 왕자 블라드 드라큘라Vlad Dracula로부터 이미 피의 줄기는 시작되고 있었다. 통치 권력과 왕족의 폭력과 횡포를 경계하여 가리키는 은유였으며, 드라큘라 왕자는 '피에 굶주린' 폭군으로 묘사되었다. 특히 그가 즐겨 행한 사형 집행, 그러니까 긴 창으로 죄수를 찌르는 등의 잔혹한 행위는 출판물을 통해 많은 독자들의 치를 떨게 했다.

피의 역사는 깊고 진하다. 초기 뱀파이어가 그러하듯, 서구의 역사에서 흡혈의 주체는 여성 혹은 여성화된 남성적 주체이다. 할리우드 영화에 나타나는 팜므 파탈들의 문화적 의미를 추적한 팸 키시Pam Keesey가

밝히듯, 흡혈과 여신의 인연은 고대 종교로 거슬러 올라간다.[11] 보편적으로, 고대의 종교에서 여신과 괴물의 경계는 모호하다. 피나 생명력을 흡입하는 행위는 주로 변형을 하거나 혹은 반인반수의 기형적 모습을 한 여성에 의해 이루어진다. 힌두의 창조주이자 파멸의 신인 '칼리'부터가 뱀파이어의 전형이라 할 만하다. 네 개의 팔을 갖고 날카로운 이빨과 손톱을 갖춘 것으로 묘사되곤 하는 이 반인반수의 여신은 괴물인 락타비자를 물리치기 위해 피를 빨아먹기도 한다. 파멸과 성, 구원과 세속적 쾌락이 하나임을 가르치는 신이 빨아먹은 피는 삶과 죽음을 소통하는 상징적 체계의 통감각적인 의미들을 원활하게 소통한다. 칼리는 에로스가 타나토스와 맺는 긴밀한 관계를 밝히는 것이 어려운 일도 아님을 교훈처럼 알린다.

서구 신화에서 흡혈녀의 원형으로 가장 잘 알려진 도상은 아담의 첫 부인 릴리스Lilith이다. 탈무드에 의하면, 릴리스는 아담과의 결혼을 거부하고 마귀들이 거주하는 홍해로 도주하여 동굴에서 살면서, 수천 명, 아니 수천 마리의 아기 마귀들을 낳는다. 윤이 나는 피부에 검은 머리와 검은 눈동자, 그리고 뱀의 하반신을 가진 아름다운 릴리스는 짐승이든 사람이든 원하는 모습으로 변신, 남자들을 유혹하고 생기를 빼앗아 괴물을 임신하는가 하면, 산 자의 피를 빨아먹기도 했다. 하나님이 보낸 천사까지도 거역한 릴리스는 가히 추방된 타자의 전형이라 할 만하다. 기독교의 신성한 족보로부터도 제명될 정도였으니.

한때 제우스Jeus의 사랑을 받았다가 헤라의 질투를 받아 요마가 된

---

11. Pam Keesey, *Vamps: An Illustrated History of the Femme Fatale*, San Francisco: Cleis Press, 1997.

존 콜리에(John Collier)의 〈릴리스Lilith〉(1887). 콜
리에나 워터하우스 등 19세기의 영국 화가들이
고대의 여귀와 여신들을 묘사함에 있어서 집중한
가냘픈 여성적 미모는 괴물성을 은폐함과 동시에
에로틱하게 불러일으킨다.

리비아의 여왕 라미아Lamia 역시 아이들의 피를 빨아 죽이는 흡혈신이었
다. 역시 그리스 신화에 등장하는 엠푸사Empusa는 당나귀의 엉덩이와 넓
적다리를 가진 괴물로, 디오니소스를 비롯, 자신의 영역을 지나가는 여
행객들을 혼내 주거나 남자들의 생명력을 빨아먹기도 했다.

　키시가 열거하듯, 냉혹한 흡혈 여신은 말레이시아의 랑수야, 인도네
이아의 폰티아낙, 아즈텍의 시후아피피틴 등 전 세계에 걸쳐 광범위하게

나타난다. 멕시코의 료로나Llorona, 아일랜드의 밴시Banshee, 유럽에서 일반화된 백여귀White Lady는 보다 현대적인 모습에 가깝다. 상반신이 새인 사이렌, 그리고 사이렌의 자매인 인어나 요정 등은 19세기 인기 있는 문학적 모티브가 되면서 다시 한 번 많은 매혹과 관심의 대상이 된다.

19세기 짐승의 모습에 비유되거나 투영되는 여성의 신체는 다분히 여성 혐오증적인 절하와 경계의 대상이 된다. 릴리스에 대한 유태인들의 오랜 경계심은 여전히 작동한다.

 ## 피의 과학

인간의 것이면서도 의지에 통제되지 않는 피야말로 인간을 규정할 뿐 아니라, 인간의 연약함을 입증한다. 19세기의 피는 예수가 설법을 전파하기 위해 사용했던 구원의 상징적 매개가 아니다. 기독교의 이면으로부터 오랫동안 유럽을 사로잡았던 실질적인 공포가 피의 의미를 확장시킨다. 이 새로운 피의 증상은 바로 '오염contamination'이다.

중세부터 유럽은 각종 전염병에 시달리며 공동체를 송두리째 위험에 빠트린 치명적 악에 대한 두려움으로부터 자유롭지 못했고, 피가 오염된다는 과학적 개념은 이러한 두려움에 새로운 의미들을 부여했다. 피야말로 영지주의 우주관을 완성하는 인간의 핵심 요소이자, 공동체를 위협하는 질병에 대한 공포를 심화시키는 상징적이고도 실질적인 물질이었다. 그러면서도 악에 대한 종교적 방어 체계를 대체하는 사유의 매개였다. 계몽주의 철학의 정점과 그에 대한 위기감의 절정이 피로 인해 중첩되었다. 이제 오염의 가능성은 종교적 상징으로서의 피를 오염시켰

다. 과학과 이성의 새로운 주인공이 등극함과 동시에 어둠에 감염되었다. '오염'이 19세기 사상의 주된 모티브로서 피를 등극시켰다.

뱀파이어는 피에 부여된 양가적 의미들을 극단적으로 확장한 문학적 상상이다. 피의 상징적 중요성과 그 상징성의 연약함을 함께 담은 상징이다. 자연은 이제 신의 권리를 대체하는 과학적 질서의 총체이면서도, 인간의 지식이 완전하게 길들일 수 없는 과학의 이면이기도 하다. 뱀파이어에 내재된 공포에는 자연에 대한 공포 외에 프랑스 혁명을 계기로 더욱 보편화된 사회적 불안이 함께 녹아 있다. 성 개방에 대한 불안이다. 그 치명적 매개는 매춘과 매독이었다.

19세기의 유럽은 매독의 심각한 위협에 노출되어 있었다. 완치를 가능케 하는 치료법이 없는 상태에서 매독은 생명까지 앗아갈 수 있는 치명적인 질병이었다. 《드라큘라Dracula》(1897)의 저자인 브램 스토커Bram Stoker의 생명을 포함해서 말이다. 흑사병이 수그러들자 매독이 공포의 계보를 이은 것이다.

매독은 곧 성에 대한 절제를 상실한 것에 대한 응징으로 여겨졌다. 그 공포는 러시아의 혁명 사회와 1차 대전에 패전한 독일로까지 이어졌다. 성에 대한 금기와 응징에 대한 공포는 심지어는 성 해방 이후의 할리우드에서도 재현된다. 난도질 영화slasher film에서도 자유로운 성에 대한 금기는 작동한다. 주로 살인마의 무작위적인 횡포에 덧없이 목숨을 잃는 희생양들은 결혼 제도에 얽매이지 않고 자유롭게 섹스를 즐기는 젊은이들이다.

결국 뱀파이어가 자극하는 공포는 성 도덕의 몰락과 기독교적 가치관의 추락에 대한 위기감이다. 오염은 생물학적 현상이자 사회적 상징이 되었다. 신체에 대한 위협이자 가치관의 붕괴에 대한 응징이 되었다. 뱀피리즘Vampirism은 재생산을 목적으로 하지 않는 체액의 교환, 그것이 동반

하는 말초적 환희와 도덕적 역겨움을 소통한다. 뱀파이어는 다윈의 원칙에 따라 기독교의 질서와 정서를 뒤집는다. 존스가 말하듯, "예수도, 뱀파이어도, 피와 영생을 다룬다. 뱀파이어는 예수의 반립antithesis이다." [12]

어둠은 반립을 반려한다. 반대로 말하면, 빛은 회개를 상징한다. '계몽주의Enlightenment'의 '빛light'이 뱀파이어를 계몽하면 어둠의 영생은 끝난다. 뱀파이어는 계몽될 것을 모질게 거부한다. 회개가 약속해 주는 기독교적 영생을 좇기에 뱀파이어를 붙잡는 난혼의 은밀한 쾌락은, 피의 맛은, 너무나 짜릿하다. 혈의 황홀한 환몽은 계몽의 환상을 개명했다.

 ## 뱀파이어의 전파

뱀파이어의 전파는 유럽을 휩쓸었던 다른 여러 특이한 현상들과 맞물리며 이루어졌다. 17세기 중반에는 마녀 재판이 절정에 달했고, 14세기부터 퍼졌던 흑사병은 한 풀 꺾이기는 했으나 여전히 그 공포는 남아 있었다. 뱀파이어는 (마녀의) 검은 마술과 (전염되는) 검은 죽음을 교합하여 그 응집된 공포를 유럽 전역으로 확산시켰다. 죽은 줄 알았던 사람이 마을에서 목격되어 그 사람의 무덤을 파보면 시체는 부패하지 않고 온전하게 보존되어 있었다. (이러한 기괴한 상황은 오늘날에도 동유럽의 마을에서 지속적으로 발생하고 있으며, 사체를 훼손하고 종교 의식을 행함으로써 산 자들은 평온을 되찾는다.) 유럽인은 이 죽다가 만 자들이 산 자의 피를 빨아 죽음을 극복하는 것이라고 여

---

12. Jones, *Monsters from the Id: The Rise of Horror in Fiction and Film*, p.124.

겼고, 흑사병을 퍼트리는 주범으로 지목했다. (뱀파이어를 지칭하는 '노스페라투 nosferatu'라는 단어의 그리스어 원형인 '노소포로스nosophoros'는 '흑사병의 전파자'라는 의미를 갖는다.)

뱀피리즘이 퍼트린 미신 같은 믿음은 사람의 피를 마시면 죽음을 극복할 수 있다는 것이었다. 17세기 초 젊음을 유지하기 위해 처녀들을 살해하여 피로 목욕을 했다는 괴담의 주인공 엘리자베스 베이토리Elizabeth Bathory에 관한 무성한 이야기들은 인쇄물을 통해 널리 전파되었으며, 피의 미용 기능에 대한 믿음을 대중화하는 데에 한몫을 하였다.[13] 헝가리의 왕족이었던 베이토리는 한 하녀를 구타하다가 하녀가 흘린 코피가 묻었던 자신의 피부가 생기를 되찾은 것을 보고 기괴한 목욕 습관을 습득하게 된 것으로 알려졌다. 정확한 사실은 확인할 수 없지만, 베이토리가 죽인 처녀들의 수는 적게는 150명에서 많게는 600여 명에 이르렀던 것으로 알려졌다. 왕족과 귀족의 탐욕과 착취를 나타내는 상징적 행위로서의 흡혈은 스토커의 《드라큘라》로까지 이어진다.

키시에 따르면, 뱀파이어의 확산을 부추긴 결정적 매개는 인쇄술이었다.[14] 흑사병이 그러했듯, 인쇄물은 빠르고 광범위한 '전파'를 의미했다. 인쇄 비용이 저렴해진 이 시기에 기괴한 뱀파이어에 관한 소식은 전단지나 경찰 수사 보고서, 신문 등을 통해 대량으로 유통되었고, 공신력 있는 정보의 출처는 신화적 내용에 신빙성을 부여했다. 키시가 추적하듯, 동유럽과 독일 지역의 뱀파이어 일화들을 집대성하여 1746년에 출간

---

13. Keesey, *Vamps: An Illustrated History of the Femme Fatale*.

14. 같은 책.

한 동 오귀스탱 칼메Dom Augustin Calmet의 저서《악마와 영력의 처녀의 출현에 대한, 유령 그리고 헝가리와 보헤미아와 모라비아와 실레지아의 흡혈귀에 대한 논고Dissertations sur les Apparitions des Agnes des Démons et des Esprits, et sur les Revenants, et Vampires de Hongrie, de Bohème, de Moravie, et de Silésie》는 '베스트셀러'가 되기까지 했다. 3판까지 인쇄되고 영어와 독일어로도 번역이 된 이 책은 그 학술적 가치를 인정받지는 못했으나, 적어도 18세기의 여러 사건과 소문과 이야기들을 기록한 성과만은 중요한 것이었다.

텔레비전 방송이 막 시작된 한국의 하늘을 뱀파이어를 전형으로 하는 계몽주의의 생성물이 전파를 타고 퍼져나간 것도 이미 200여 년 전에 시작된 핏줄기의 연속선상에 있는 줄기이다.

 ## 치명적 매혹

나의 입술은 촉촉하고, 나의 침상은

진부한 의지를 깊숙이 생매장하며

(……)

나의 나체를 바라보는 남성에게 나는

달이자 태양이며 하늘의 모든 별이 된다네

보들레르의 시 〈뱀파이어의 변신Les Métamorphoses du vampire〉[15]은 매혹적이

15. Baudelaire, "The Metamorphoses of the Vampire," *The Flowers of Evil*, 115a.

여자는 약하다 그러나 베라는 독하다. 채찍을 들었
을 때는 특히나.

고도 냉혹한 신화적 / 신적 여성에 대한 근대적 남성의 집착과 혐오를 관능적인 언어로 묘사한다. 화자를 유혹하는 것은 붉은 입과 굵은 목소리를 갖고 뱀처럼 움직이는 근대의 릴리스이다. 여인은 해와 달, 그리고 하늘의 모든 별들을 대체하며, 성불구인 천사도 파멸시킨다고 과장하며 화자를 유혹한다. 과장은 농담이 아니었다. 부끄럽고도 부드러운 하얀 젖가슴은 화자의 모든 슬픔을 녹여 버리고, 침대는 관능적인 신음과 탄식을 내뱉는다. 골수까지 빨린 시인은 또 한 번의 키스를 위해 쇠약해진 몸을 기울인다. 그리고 그가 곁에서 발견하는 것은 고름으로 참혹하게 일그러진 부패한 살덩어리다. 졸도한 시인이 아침이 되어서야 정신을 차리고 바라보는 지난밤의 냉혈한 약탈자는 해골로 변해 있다. 자신으로부터 빼앗은 동맥을 꿰차고 풍향계처럼 흔들거리면서.

　시 속의 화자는 엠푸사의 희생자처럼 생명력을 잃고 몽환적 경악 속에서 허우적대지만, 보들레르의 시적인 언어는 유혹의 설레는 감흥과 통제를 불허하는 육체의 짜릿함을 묘사하는 언어를 2차적인 관능적 매혹의 영역으로 입체화한다. 냉혹한 팜므 파탈femme fatale은 한 차원에서는 해골로, 또 다른 차원에서는 언어의 화려함으로 변신한 셈이다.

키시가 지적하듯, 초기 문헌 속의 뱀파이어는 여성이었다.[16] (보들레르의 뱀파이어는 그러한 계보에 충실하다.) 마녀가 그러했듯, 매춘부가 그러했듯, 남성 중심 사회의 미지에 대한 공포와 불안을 다시 한 번 여성의 신체가 희생양처럼 부당하게 떠맡은 것이다. 사실 뱀파이어야말로 여성성과 괴물성의 중첩을 여실히 나타내는 최근의 도상이다.

1819년에 존 윌리엄 폴리도리John William Polidori가 선보인 단편《뱀파이어The Vampyre》의 주인공 루트벤 경이나, 제임스 말콤 라이머James Malcolm Rymer의 1847년 작《뱀파이어 바니Varney the Vampire》의 주인공 프랜시스 바니 경, 혹은 브램 스토커의 드라큘라 등 문학 작품 속에 남아 오늘날 가장 널리 알려지게 된 뱀파이어들은 남성이다. 하지만 이들 남성 뱀파이어는 폴리도리가 표현하듯 "초자연적인 기운"을 통해 남성의 사회적 기능으로부터 이미 빗겨난 중성적 이방인이다. 부자연스러운 남성성 뒤에 자연스럽게 결핍을 내포하는 '아보지'이다. 실패와 상실을 전람하는 사악한 희생염소다. 변신하는 여신의 분신이자, 생명의 결핍을 생명력으로 하는 항문 아버지이다. 항문의 수준으로 퇴행하다가 아예 구순기로까지 미끄러져 버린, 그러니까 남근기 이전의 감흥으로부터 벗어나지도 못하는, 중성적이고 유아적인 욕구 덩어리다. 뱀파이어를 남성화한《드라큘라》로부터 독일의 표현주의 영화들을 거쳐 오늘날의 할리우드에 이르기까지, 동성애가 짙게 뱀파이어 이야기를 장악하는 것도 우연이 아니다.

16. Keesey, *Vamps: An Illustrated History of the Femme Fatale*.

어두운 거울

요괴인간은 계몽주의의 어두운 거울이다. 《프랑켄슈타인》의 과학 지상주의가 남긴 부패한 분비물의 표상이다. 뱀파이어 시대의 부수물이며, 이성과 과학의 잉여이자 반립이다. 그들의 근원지는 길들여진 자연이 아닌, 미지의 거친 황야이다.

〈우주 소년 아톰〉은 프로메테우스의 창조의 힘을 빌려 계몽주의 초기의 이상을 실천한다. 이 작은 하드바디의 출생을 위해서는 엄청난 양의 전기가 필요했다. 아톰이라는 작은 대상이야말로 《프랑켄슈타인》의 어둠을 정복하고 계몽주의의 이상을 갱신한 거대한 도상이다. (후에 저패니메이션에서 전기의 위용과 가치는 거대 로봇들의 탄생 신화를 통해 더욱 거대해진다.) 창조 행위를 완성하기 위해 과학청은 도시 전체의 전기를 끌어 써야만 한다. 아톰의 탄생을 위해서 메트로폴리스 전체가 정전의 어둠에 묻혀야 한다. (전기량이 모자라거나 절차상의 부주의로 인해 의도하지 않았던 요소들이 기형적으로 추가되었다면, 아톰은 물론 '우주 소년'이 아닌 '괴물'이 되었을 것이다.) 바로 그 어둠 속에 사는 것이 요괴인간이다. 계몽주의의 추진력인 전기의 이면에서 결핍을 나타내는 것이 괴물이다. 어둠을 쫓아 버린 우주 소년 아톰은 프랑켄슈타인의 피조물의 염세적 운명의 이면에서 계몽주의의 잊힌 우주관을 완성한다. 과학과 이성이 선사하는 최선의 미덕은 가족적 공동체이며, 그곳이 아톰의 둥지이다.

요괴인간이 "묻혀서 사는" 어둠은 계몽주의의 억압된 것이다. 어둠속의 요괴인간은, 아톰이 개활한 질서에서 전기의 희망을 부정하는 이 괴물은, 계몽주의의 서자이고, 그렇기에 '계몽enlighten'될 것을 갈망한다.

어둠 이면의 계몽된 것들을 열망한다. 아톰처럼 '빛light'의 세계에서 사람으로 소박하게 살 것을 소망한다. 프랑켄슈타인의 괴물이 그러했듯 말이다. 이미 계몽주의로부터 추방되었지만, 뱀파이어의 자리로까지 추락하지는 않으려고 발버둥 친다. 발버둥 칠수록 그들을 덮은 어둠의 늪은 깊어진다. 그들의 참담한 갈망은 계몽된 세계의 뒤틀린 음영을 투영한다.

요괴인간이 그토록 벗어나고자 하는 바는 가부장 제도가 제조한 여성과 괴물의 기호학이다. 여성화된 신체에 부당하게 투하된 이성의 잔여물이다. 그들은 그저 기표로서의 남성도 여성도 아닌, '사람'이 되고플 뿐이다. '사람'의 공동체가 상징의 망으로부터 자유로울 수 없음을 모르기에, 그들의 수난은 클 수밖에 없다.

 ## 이상한 이동

계몽주의의 철학적 이상에서 운동성은 핵심적인 요소이자 정신이다. 뉴턴의 물리학이 부여한 움직임의 미덕은 진보적 사유의 또 다른 이름이었다. 정적인 경직성이야말로 새로운 질서가 극복해야 할 타성이었다. 파격, 격동, 동작, 작변, 변혁, 혁명…… 전기와 모터가 그토록 큰 희망을 담았던 것도 변화에 대한 열정 때문이었다. 움직임의 미학은 19세기 아방가르드 예술과 정치의 생명이 되었다. 20세기 초반까지 이어질 변화의 추진력이었다. 후에 혁명 러시아의 혁신적인 영화 감독 지가 베르토프 Dziga Vertov는 움직이는 기계가 인간의 지각과 사유를 확장하고 "인간의 부동성으로부터 영원히 해방시킨다"고 확신하기에 이른다.[17] 계몽주의

의 기계에 대한 관심은 미래에 대한 이상의 원동력이 되어 왔다.

계몽주의의 이동성의 미학을 가장 충실하게 추진한 것은 역설적이게도 다름 아닌 괴물들이다. '우치'가 없어서 가정에 안주하지 못하는 것이 바로 괴물이기도 하다. 근대적 괴물의 아버지, 프랑켄슈타인의 피조물부터 이미 유목민적인 전통은 시작되었다.[18] 그는 생겨나자마자 바쁘게 돌아다닌다. (그러다 보니 목적지도 생긴다. 제네바라는, 자신을 만든 아버지의 도시이다.) 바다를 건너는 행위는 국경을 불사하는 이질성의 초월성을 공표한다. 흑사병이 전염되듯, 매독이 퍼져 나가듯, 괴물은 단계적으로 장소를 옮긴다. 혁명이 번지듯, 괴물의 매진은 계속된다.

뱀파이어 역시 항상 어디로부턴가 옮겨온다. 주로 배를 타고서이다. 그가 일으키는 공포는 미지의 장소에 대한 막연한 두려움이기도 하다. 변혁을 의미했던 운동성은, 뱀파이어에 이르러서는 변혁의 실패를 실어 나르는 매개가 되었다.

20세기에도 괴물의 이동은 계속된다. 아니, 괴물의 이동이라는 시대적 주제는 시간을 타고 20세기까지 번졌다. 영국에서 스위스로, 독일로, 1970년대의 할리우드로, 일파만파 퍼져나갔다. 계몽주의의 모티브가 매독처럼 전파되었다. 성의 개방은 공포에 대한 상상의 모태가 되었다. 억압된 죄책감과 불안은 괴물이 되어 나타났다. 기독교를 대신하여 방종과 난혼을 응징했다. (괴물은 도덕적 가치관이 붕괴되고 경제적 불안정마저 혼란에 가세

---

17. Dziga Vertov, "The Cine-Eyes. A Revolution," *The Film Factory: Russian and Soviet Cinema in Documents 1898~1939*, Richard Taylor (trans.), Richard Taylor and Ian Christie (eds.), Cambridge: Harvard University Press, 1988, p.93.

18. Jones, *Monsters from the Id: The Rise of Horror in Fiction and Film*.

한, 흉흉한 서울의 한강에까지 흘러들어 왔다.)

요괴인간들은 대도시에서 작은 마을로, 황야에서 문명으로, 한 은둔지에서 또 다른 은둔지로, 끊임없이 옮겨 다닌다. 한 장소에 도착하면 각자의 취향과 관심을 좇아 뿔뿔이 흩어진다. 이들의 인간적 미덕이 극대화되는 순간은 다시 모일 때이다. 다시 만나면 서로 간의 유대 관계를 확인한다. 위기에서 서로를 구출해 주거나, 인간에 대한 의견을 교환하기도 하고, 아무 일도 없으면 최소한 인간이 빨리 되지 못하는 것에 대한 불만을 나누기라도 한다. 이들이 지향하는 가장 인간다운 특징은 혈연적 공동체 의식인 것이다. 물론 그들이 절대 가지지 못하는 것이 가족이다. 프랑켄슈타인이 유일하게 갈망했던, 그러나 결코 가질 수 없었던, 바로 그 성적 결합을 기반으로 하는 유대 관계이다. 계몽주의가 빠져나온 기독교적 질서의 안식처이다. 이 괴상한 괴물들은 혁명을 응징하는 역할을 실행하기보는, 혁명 이전의 상태로 되돌리는 것이 아직도 가능하다고 믿으며 그 믿음을 실천하는 듯하다.

요괴인간이 설파하는 담론의 중심은 항상 진화에 대한 신념과 그것의 어두운 뒤틀림이다. 그들은 수시로 기대와 실망을 서로에게 토로한다. 발화의 대상은 항상 서로이지만, 궁극적인 불평의 대상은 정확하게 호명되지 않는, 절대적 권능의 권위자이다. 창조주 없는 창조된 세계에서 발생과 소멸을 이끄는 보이지 않는 자연의 힘이다. 계몽주의에서 태어난, 부재하는 대타자이다.

대타자의 부재는 죽음으로 귀결된다.

도망과 절망 사이

요괴인간의 이동은 도망이다. 그들은 무언가로부터 쫓기듯 옮겨 다닌다.

도망 다니는 것을 쫓는 타자를 구체적으로 형상화하면 장르 영화가 된다. 텔레비전 시리즈로 제작되어 한국에서도 인기를 끌었고 영화로도 리메이크된 바 있는 〈도망자〉에서 리처드 킴블은 한 형사로부터 집요한 추격을 당한다. 추격의 주체와 대상이 명확하게 구체화되고, 교차 편집 *cross-cutting*이라는 고전적인 할리우드 장치가 극의 구조를 지배하게 된다. 교차 편집의 마력에 따라 만기 시한이 설정되기도 하고, 교차 편집으로 분리되었던 두 인물이 스크린 안에 공존하게 되면서 극적 긴장이 극단적으로 고조되기도 한다.

반면, 요괴인간들을 쫓는 추격의 주체는 불분명하다. 법과 규범일 수도 있고, 시간의 압박일 수도 있다. 악당들을 물리치자마자 자신이 수호해 준 소공동체를 뒤로 하고 쉬지도 않고 발걸음 아니 말 걸음을 재촉하는 고전적 영웅 셰인의, 혹은 와해된 가족을 재구성하고 황야로 시선을 돌리는 〈수색자*The Searchers*〉의 이단의, 무의식에서 서성이듯 맴도는, 가족적 유대 관계에 대한 학습된 저항감일 수도 있다. 가족을 그리면서도 그에 안주할 수 없는 버려진 아이의 방황 심리일 수도 있다.

프랑켄슈타인의 괴물의 여정이 그러하듯, 요괴인간의 도망은 인간으로부터의 도망이자 인간으로의 도망이다. 요괴인간은 모든 피조물들의 질서를 규정하는 진화론적 사유로부터 도망간다. 진화의 불가능으로부터 도망간다. 이는 진화의 가능성으로부터의 도망이기도 하다.

도망은 욕망과 절망을 절충한다. 욕망으로부터의 도망이자, 절망으

로부터의 도망이다. 욕망으로의 도망이자, 절망으로의 도망이다. 도망과 절망 사이에서는 욕망이 꿈틀댄다.

요괴인간을 쫓는 부재하는 추적자의 들리지 않는 외침은 안겔루스 질레시우스Angelus Silesius의 〈정신적 목가극〉의 화자가 외치는 바이기도 하다.

날아라 나의 애인아, 언덕 위로,

계속 날아라 그리고 기다리지 마라,

어린 노루처럼 그렇게 날아라······

네가 날아서 나에게서 도망가면 도망갈수록,

나는 너를 더 나의 쪽으로 쫓아오게 만들 것이니······

산과 언덕을 날아서 넘어라,

사막 끝없이 날아라······

모든 피조물들 저편으로 날아라······[19]

욕망의 대상이 포획되면 도망은 더 이상 없다. 추격의 박진감도 사멸한다. 삶의 목적 의식과 함께 모든 가능성들은 소진된다. 안주하는 것은 유동적인 삶의 종말을 의미한다. 요괴인간이 추구하는 규범적 삶의 이면에서 진실처럼 도사리는 것은 덧없음, 망각, 불성실, 혼란, 광적인 욕망, 그리고 거짓 맹세들이다. 그들이 방랑하는 황량한 세계에서 항시 휘몰아치는 모래바람은 공허를 노래한다.

아니다. 요괴인간은 누가 뭐라 하여도 빨리 사람이 되고 싶어 한다.

---

19. 루세, 《바로크 문학》, p.64에서 재인용.

인간 공동체에 안정적으로 속하는 것이야말로 궁극적인 삶의 목적이며, 이것이 실현될 때 최선의 행복은 손에 쥐어진다. 바람은 희망이다.

아니, 아니다. 그것도 아니다. 요괴인간의 바람wish은 바람wind처럼 변덕스럽다. 요괴인간의 미덕은 변덕이다. 페롱Perron의 노래에서 묘사되듯, 도망자의 사원은 변덕 위에 있다. 방켈렝 데 이브토Vanquelin des Yvetaux의 시구에서처럼, 그들은 "어디에고 존재하지만 어디에도 존재하지 않는다."[20]

---

20. 같은 책, p.59에서 재인용.

III.
서러운 자아

 ## 괴상한 가족

세 요괴인간들의 유목민적 집단 생활은 근대적 가족의 형태를 부분적으로 모방한다. 어디까지나 흉내에 불과한 모사다. 아니, 이들은 결혼 제도에 대한 대안적 공동체를 실험하고 있는지도 모른다. (1960년대에) 결혼이라는 형식을 취하지 않고 동거라도 했다면 은근하게 솟아날 수도 있었을 불안이 그들이 은유하는 어둠의 실체일지도 모른다. 전통적인 가족 제도에 대한 1960년대 일본의 진보적 젊은이들의 반항적인 정서와 그에 대한 보수적인 위기의식이 어둡게 드리워져 있을 수도 있다.

세 명 / 마리의 적은 개체 수의 가족적 구성원들 간에 성의 분리와 세대 간 차별이 명확히 설정되어 있는 듯 보이면서도, 그러한 구성이 정상적 교미에 의한 재생산의 결과가 아니라는 사실은 텍스트 안에서 명확히 제시된다. 텅 빈 어둠, 차가운 적막, 그리고 쥐 따위의 사소한 부주의가 이들 생명의 기원인 것이다. 설사 시험관에 담긴 물질이 생물학적 발생의 원천이었다 하더라도, 성욕의 지지나 재생산의 의지는 극명하게 배제

되어 있다. 한 번도 부족해서 매회 시작마다 그들의 성은 소거된다. 일말의 성행위의 가능성이 단호하게, 거듭, 반박의 여지없이, 결벽증적으로, 부인되는 것이다. 그 어떤 이야기가 시리즈 안에서 펼쳐지든 간에, 그들의 ('정상적'인) 성행위는 이야기로부터 소외될 수밖에 없다.

그들의 사람에 대한 절실한 열망을 이끄는 미끼는 다양한 형태의 성행위와 그에 의한 재생산의 기쁨일지 모른다. 그를 위해서라면 사람이 되기 전까지는 그 어떤 사소한 순간적 쾌락이라도 좇으면 아니 된다. 항상 회개하는 마음으로 도덕적 청결함을 고집스레 유지해야만 한다. 그것이 자유로운 성을 부정하는 계몽적 대담론이 요구하는 바이다. 뱀파이어가 회개와 구원의 불가능 속으로 추락한다면, 요괴인간은 회개의 정서로써 불가능한 구원을 얻고자 한다. 물론 불가능이라는 절대적인 운명은 두 괴물 모두의 것이다. 불가능에 대한 태도로 말하자면, 전자는 철저함의 수사이고, 후자는 처절함의 서사이다. 요괴인간은 뱀파이어가 망각하려는 가치를 추구한다. 그러기에 더 우매하고 애매하다. 우매하고 애매하기에 더 불행하다.

요괴인간들 간의 혈연 관계는, 가족에 대한 갈망의 단상은, 묵시적으로 신기루처럼 아른거린다. 잔혹하게 아른거린다. 많은 에피소드들이 부모나 다른 어른으로부터 학대를 받는 어린 아이를 등장시키는데, 요괴인간들이 가학적인 부모를 응징하고 가족적인 사랑을 회복시켜 주는 결말에 다다르면, 상징적인 기표의 미끄러짐이 발생한다. 벰과 베라가 나쁜 부모를 처벌한 후 자신들의 성과를 자체 평가하며 떠날 채비를 하는 동안, 외화면 음향*off-screen sound*으로 어린 외마디 음성이 들린다. "엄마"라는 부름이다. 아아, 설마 베로가 베라를 '엄마'라고 부른 것은 아닐까? 음원이 정확하게 화면에 나타나지 않기에 그럴 가능성은 충만하게 텍스트를 점령한다. 우리는 귀를 의심한다. 베로의 염원이 성사되는 것인가. 그의 발화가 마치 마법처럼 이 세 괴물을 인간으로 진화시킬 것인가. 언어의 수행적 기능이 구원의 빛을 선사할 것인가. 아아, 하지만 역시나 그럴 리는 없다. 희망적 의심은 오래가지도 않는다. 실망스럽게도, 하지만 당연하게도, 그 기대에 찬 소리는 단역인 인간 아이가 현장으로 달려오며 속죄한 엄마를 간절하게 부르는 외침이었다. 이 기묘한 순간적 자리바꿈은, 찰나 동안 베라와 베로의 혈연 관계를 떠올리는 괴팍한 미끄러짐은, 한 번에 그치지 않고 시리즈를 통해 수차례 반복된다. 'mOther'의 간절한 이름은 직접 발화하지 못하고 애절하게 다른 입으로 빗겨나서 담긴다. 베로의 욕망을 대행적으로 발화하는 인간 아이의 자리는 수없이 교체되며 베로의 욕망을 억압한다. 회개와 용서로 다시 맺어져 기쁨의 눈물을 흘리는 두 인간 모자의 모습은 도플갱어처럼 베라와 베로의 숨은 욕망을 무대화한다. 그것도 그들이 지켜보는 바로 앞에서 그림자처럼 보여 준다. 두 괴물은 이 괴롭고도 감동스런 연극의 작가이자 관객이 된다. 반복은 'mOther'의 절대적 모호함을 더욱 견고히 한다.

이 불가능을 집행하는 힘은, 연극적인 성취의 순산을 요괴인간이 직접 체화하지 못하도록 막는 힘은, 도대체 어디에서 오는가. 성을 억압하는 금기의 이면에서 작동하는 이 괴물 같은 권력은 또 무엇이란 말인가. 성의 금기를 지켰음에도 이에 대한 보상을 거부하는 이 보이지 않는 힘의 실체는 무엇이란 말인가.

그것이 무엇이든, 이에 노예처럼 말없이 묶여 있는 불쌍한 피조물들을 우리는 '요괴인간'이라 한다.

 ## 모난 결격

가족의 유령인 요괴 가족에는 아버지의 유령이 있다. 집도 없는 가짜 가정에 진짜 가장이 있다. '벰'이라 한다. 기괴하기만 한 이 그림자 가족의 가장은 역시 가장 기괴하다. 벰은 인간 사회의 질서와 미덕을 가족 안으로 불러들이는 초자아의 화신이다. 절제의 철학을 과묵하게 집행하며, 진화의 여정을 버거워하는 베라와 베로를 훈계하고 독려한다. 참기 힘든 좌절의 고통을 동물적으로 표출하기 시작하면 도리어 목표는 멀어지고 더욱 깊은 좌절의 악순환에 빠지게 되니, 그저 끝없이 인내하는 것이 최고의 선이다. 이것이 그의 가르침이다. 요괴 가족이 손오공의 아둔함으로 빨려 들어가지 않도록 야성을 통제해 주는 삼장법사의 역할이 그의 맡은 바이다. 냉혈한 파충류를 닮은 그의 냉철한 이성은 곧 계몽주의의 희망의 잔재이다. 그만큼 그의 인간에 대한 열망은, 사유하는 이성적 주체를 향한 그의 노력은, 절박한 것이다. 절제의 지혜는 약속으로 가장하지만, 이는 보장되지 않는 가능성일 뿐이다. 그러기에 그 지혜는 그들의

벰의 의로운 변신

운명적 처절함을 더욱 처절하게 만드는 덫이기도 하다.

　그의 이상적 이성은, 그 허망한 약속은, 그의 이상한 결핍과 짝을 이룬다. 결핍이 있기에 그의 이성은 원대하며, 이성의 냉철함이 깔려 있어서 그의 결핍은 더더욱 황량하다. 웨스턴과 느와르의 중간적 도상인 중절모, 그리고 귀족적인 느낌의 콤비 정장이 그나마 그럴싸한 남성적 위상을 부여하지만, 이러한 도상적 특징은 그의 실체가 아닌 위장일 뿐이다. 그가 집착하고 요괴로 변할 때마다 잃는, 욕망과 상실의 굴레 속에서 맴도는, 타대상이다. 획득하기도 전에 영원히 상실한 남근이다. 이것이 그가 가진 모두이다. 황금박쥐와 마찬가지로, 결핍이 곧 그의 정체이다. (벰이 휘두르는 무기마저도 황금박쥐의 막대기를 그대로 물려받은 페티시이다.)

　'벰'이라는 이름은 '뱀파이어'의 온전함을 부정하며 약자로 남은 잔재이다. '남자'의 '남'이라는, 다분히 남성적으로 모난 기표에 근접하나, '남'의 강인한 단순함을 지나쳐 '뱀'의 사악함으로 미끄러진다. '요부'라는 뜻의 '뱀프vamp'라는 단어에 이끌린다. '뱀프'에도 못 미치는, 덩그러니 외로운 글자 하나가 아버지의 성함이다. 에덴의 '뱀'에 유혹당하기 위

해 존재하는 '뱀프'의 존재감이 존함에 깃들어 있다. 그것의 구조적 결속은 도리어 그것이 추방하려는 것의 닉네임이 되어 유령처럼 이름의 주변을 맴돈다. 거세하는 아버지의 존함은 거세된 외자일 뿐이다. 뿐만 아니라, 우리말 외자 존함은, 그 하부에 마치 여성적 상징같이 모난 윤곽의 구멍을 지니며, 그의 불완전성을 은어처럼 소통한다. 이름이 지시하는 공백을 역수입하여 체화한다. 거세된 자리이자 거세를 명명하는 글자이다. 이름의 구멍에서 피가 흐른다. 주체의 결핍은 뱀같이 밋밋한 기표의 표피에서 미끄러진다.

세 개뿐인 손가락은 남근의 결여를 신빙성 있게 지지한다. 그가 남성성을 확보하려 하면 할수록 그의 결여의 구멍은 커질 수밖에 없다. 황금박쥐가 생물학적 의미의 생명을 결여함으로써 하늘을 나는 특권을 갖게 된, 거세의 무게를 시적으로 반증하는 우아한 '아보지'시라면, 뱀은 생물학적 의미의 진화를 갈망함으로써 영구히 바닥에서 거세와 번뇌의 멍에를 몸소 져야 하는 우매한 '아보지'이다. 부정된 성기는 혈연의 부정을 효과적으로 지지해 준다.

 ## 구순기의 순수

소년 같은 외형을 가진 베로의 성 정체성은 가장 두드러지는 특징에서부터 불분명하게 진동한다. 변성기 이전의 유아적 목소리, 아마도 여성 성우가 대신했을 이 중성적 목소리는, 아이의 순진한 모호함만을 순진하게 묘사해 주지는 않는다. 그의 사뿐사뿐 조심스런 걸음걸이는 아직 그가 짊어지지 않은 남성의 무게를 결핍으로 나타낸다. 몸에 짝 달라붙은 붉

베로의 외로운 변신

은 의상은 활동을 위한 기능성보다는 미성숙한 육체의 윤곽을 드러내는 시각적 효과에 더 충실하다. 성장을 거부하는 피터 팬의 중성적 모습, 특히 디즈니사가 입혀 놓은 타이츠와 치마의 경쾌한 사뿐함이 베로를 통해서도 소통된다. 하지만 베로에게는 피터 팬의 환상적 권력이 없다. 유연함과 연약함만이 강하게 베로의 존재감을 장악한다.

일본어로 그의 이름은 '혀'이다.[1] 붉고 밋밋한 의상과 그것이 감싸는 아담한 몸, 왕성한 호기심과 피할 수 없는 연약함이 주는 즉물적인 감각…… 이들의 응집을 '혀'라는 이름만큼 맛깔스럽게 나타내고 음미하는 글자가 또 있을까. '혀'의 탐미적인 소극성은 이빨의 집행적인 과격함의 이면에서 부끄럽게 도사린다. 뱀파이어라 할지라도 '혀'는 혈을 스스로 취하지 못한다. 기껏해야 이빨의 집행에 따라 스며드는 홍건함에 젖을 뿐이다. 보호 구역 속에 자폐적으로 은닉하며, 구멍으로 들어오는 외

1. 어린 시절 일본에서 이 시리즈를 시청하면서 가졌던 느낌을 기억하며 '베로' 라는 이름의 뉘앙스에 대해 알려준 일본의 미디어 아티스트 타키 켄타로瀧健太郎에게 감사한다.

부의 작은 단서들만 감지할 뿐이다. '혀'를 온통 연하게 감싼 섬세하고 정교한 감각 세포가 곧 '혀'의 의미이자 기능이자 정체성이다. 부드럽고 부끄러운 '혀'는 남근기의 다사다난한 화려함보다는, 구순기의 원초적인 은밀함에 충실하다. 리비도의 창의적인 변조보다는 'mOther'에 의존한 탐미적인 탐구력이 '혀'의 미학이다. '혀'는 남근기의 막연한 자신감과 망연한 상실감을 선행하는 유아적 감흥과 욕구를 복원하는 기표이다.

남근기 이전의 유아적 자아의 주변에는 악한 팜므 파탈들이 도사린다. '혀'의 요구는 나쁜 어머니들의 박해만 부를 뿐이다. 악하디악한 여성들은 젖의 감미로움 대신 총탄의 날카로운 독기를 '혀'의 연약한 몸속에 박아 넣기만 한다. '혀'는 나쁜 모유의 독으로 인해 혈을 흘린다. 어쩌다 부주의한 어금니의 무게에 찔려 눈물을 자극하는 부드럽고 민감한 감성체처럼 고통으로 몸부림친다. 남근기로 들어서기 이전에도 벌써 거세가 이루어진다. 요구하는 자아는 자신의 결핍에 대해 처벌을 받는다. 위기에 빠질 때마다 벰이나 베라에 의해 구출되지만, 죽음을 면하는 것은 다음 회에 또 다시 학대를 받기 위한 것이다. 외상의 반복은 불쾌 속에서 쾌락을 취하는 방식이 된다.

 ## 가혹과 매혹 사이

베로의 자학적 정체성과 절묘한 짝을 이루는 것은 베라의 복합적인 모성적 권력이다. 베라의 생김새는 순진하게 '성인'임을 나타내기만 하는 그림이 아니다. 성인 남성의 눈으로 바라보는 여성이다. 짙은 화장과 긴 머리, 큰 젖가슴, 몸에 밀착된 상의, 노출된 어깨 등, 어린이용 그림에 담기

베라의 외설스런 변신

지 않아도 좋을 구체적인 신체적 특징들이 정확하게 묘사된다. 베라는 다분히 관능적인 여성인 것이다. 베라를 통해 시청자 어린이 여러분은 성인의 관점을 황급하게 부여받는다. 빨리 어른이 되고 싶어 하는 어린 이도 이 선물 앞에서는 당혹스럽다.

요괴인간을 기억하는 당시의 많은 시청자 어린이 여러분은 공중을 날아다니는 목 잘린 머리나 흉물스런 괴물의 절규와 더불어 〈요괴인간〉 시리즈의 정체성을 대표하는 구성적 요소로 베라의 풍만한 젖가슴을 꼽 으실 것이다. 고상한 학술적 의도를 가진 문화 연구가의 냉담한 시선마 저도 어쩔 수 없이 머무르도록 큰소리로 버티고 있는 것이 베라의 젖가 슴이 아닌가. 베라의 젖가슴은 시청자 어린이 여러분의 리비도를 구순 기의 추억으로 적셔 버린다. 베로와 함께 이 시리즈의 기호학적 기반을 구순기로 퇴행시킨다.

하지만 베라는 "젖 주는 엄마"는 아니다. 멜라니 클라인Melanie Klein 이 말하는 '좋은 외적 대상'은 베라와 거리가 멀다. 클라인은 프로이트의 이론에 근거를 두면서도 인간의 보편적인 욕망의 대상을 남근이 아닌 어 머니의 젖가슴으로 규정하는 수정적인 이론을 편 바 있다.[2] 프로이트와

는 달리 딸 혹은 어머니의 관점에서 인간의 리비도에 대해 통찰한 클라인은 어머니의 사랑을 상징하는 젖에 대한 갈망을 인간의 욕망과 불안의 원천으로 보았다. 어머니의 사랑에 대한 갈망을 충족시키지 못한 유아는 박해적인*persecutory* 타자로서의 어머니상을 내면화시키며, 어머니의 '나쁜 젖'을 대체하는 외부의 대상에 대해 공격성을 보이기도 한다. 어머니의 사랑을 풍족하게 체험한 유아는 '좋은 대상*good object*'을 내면화하여 이를 기반으로 외부 세계와의 교류를 진행한다. 성인의 인격과 정서는 이 두 내면화된 타자의 균형에 따라 결정된다.

베라의 젖가슴은 클라인이 말하는 '좋은 대상'의 형상으로 굳어지지 않는다. 결국 '요괴인간' 아닌가. 그렇다고 '나쁜 대상'에 대한 부당한 응징을 기꺼이 짊어지는 것도 아니다. 감히 내면의 '나쁜 대상'을 베라에 투사하여 응징을 한다는 것은 상상할 수 없다. 구순기로 퇴행하는 모든 리비도의 주체는 베라가 발산하는 박애와 박해의 양면적 포용력에 굴복할 뿐이다. 그저 베라가 허락하는 사랑과 처벌에 소극적으로 응할 뿐이다. 클라인의 모델에서 리비도의 주체보다는 어머니 쪽이 인성을 결정하는 영향력을 갖는 것처럼, 권력은 베라라는 모성적 도상 쪽에 있다.

베라의 관능미는 할리우드 여배우의 길들여진 글래머의 외곽에서 맴돈다. 긴 망토와 긴 치마가 즉각적으로 남성적 시각에 타협하지 않는 마녀의 위상을 마법처럼 불러들인다. 여기에 굵은 목소리와 넓은 어깨, 긴 손톱이 첨가되면, 이 기이한 팜므 파탈의 매혹은 모든 여성적 슈퍼히

---

2. Melanie Klein, "A Contribution to the Psychogenesis of Manic-Depressive States," *Love, Guilt and Reparation and Other Works 1921~1945*, New York: The Free Press, 1975, pp.262~289.

어로들이 자처하는 남성의 시각적 쾌락에 대한 봉사를 단호히 망각한다. 심지어 당당하게 금기를 깨고 텔레비전 화면 너머를 응시하기까지 하는 베라의 뻔뻔하리만큼 날카로운 시선은 가부장의 권력적 시선이 탐욕스럽게 머무는 곳에서 다소곳하게 아래로 깔려 있을 것을 거부하고, 가부장 제도의 안방을 꿰뚫으며 불온하게 활개 친다. 베라는 인자한 '젖엄마'가 아니라, 매를 든 냉혹하고 가혹한 'mOther'이다. 욕망을 충족시키는 기제가 아니라, 욕망의 주체를 처벌하는 대타자이시다.

베라가 가장 많이 읊으시는 대사는 "칙쇼"이다. 이 날카롭고 꺼칠한 언표가 'mOther'의 입에서 통렬하게 파열하면, 베로의 연한 자태를 통해 미약하게나마 기대하던 모성애적 관용과 포용은 흔적도 없이 흩어진다. 욕하는 어머니로부터 젖을 기대할 수 없는 아이의 당혹을 우리는 말없이 삼킬 수밖에 없다. 뿐만 아니라, 이 경박한 불만의 발화는 대타자 역시 불가능한 욕망의 주체임을 알린다. 베라의 욕망의 화살은 미지의 불온한 장소로 날아들며 불가능으로 메아리치는 것이다. 대타자의 욕망은, 실패의 가능성을 짊어진 남근은, 시청자 어린이 여러분의 자아의 분열을 부추긴다. 대타자의 욕망이라는 남근의 미지의 도래지와 대타자의 남근을 열망하는 주체의 자리 사이에서, 우리는 나침반 없이 표류한다.

독립적인 여성의 독보적인 권위와 독설적인 결핍은 하나의 무기에 응집된다. 베라를 기억하는 시청자 어린이 여러분이 꼽는 또 하나의 중요한 소도구가 젖가슴과 기묘하게 충돌한다. 채찍이다.[3] 칙쇼, 하필이면

---

3. 베라의 가학적 자태와 채찍의 위상에 대해 오랜 기억 속의 충격과 감흥을 공유해 준 문화 연구가 안이영노에게 감사한다.

채찍이라니!

베라는, 가슴에는 당당한 풍족함을 머금고 손에는 채찍을 든, 애정과 처벌의 복합적인 주체이시다. 풍만한 모성적 기표와 발기된 남근이 서로의 위상을 보조한다. 박애와 박해의 균형이 우리를 쳇바퀴에 올려 놓고 채찍질한다. 채찍이 있기에 당근의 구순기적 매혹은 더욱 치명적이며, 당근이 있기에 채찍의 위협도 리비도의 철회를 결정짓지 않는다.

평소에 채찍은 팔에 팔찌처럼 감겨 있다가 힘을 발휘해야 할 때가 오면 그 장엄한 길이를 펼쳐 보인다. 능숙한 채찍은 남성적 흉물들과 어수룩한 팜므 파탈들을 능욕한다. 거센 가부장의 환영들을 거세한다. 기고만장한 괴물들은 베라의 가혹함 아래에서 무릎을 꿇는다. 베라는 벌을 주고 숭배 받는 도미나트릭스*dominatrix*, 즉 주사마女王樣이신 것이다.

주사마는 마조히즘*masochism*과 페티시즘의 여신이다. 숭고한 숭배의 대상이며, 단호한 처벌의 집행자이다. 장엄한 남근 어머니*mere phallique*이시다. 주사마 베라는 풍부한 사랑을 약속하고서, 이에 대한 욕망을 처벌함으로써 욕망을 영속시킨다. 베라의 위대한 위상은 이른바 '펨돔*femdom*'이라 약칭되는, '여성 지배*female domination*'의 문화적 파괴력을 안방 극장으로 불러들인다. 저항 문화로서의 펨돔은 가부장 제도의 틈새에서 남녀 간의 통상적 권력 관계를 전복시키고, 음경을 중심으로 하는 ('정상적'인) 섹슈얼리티의 기반을 위협한다.

물론 가부장적 자본주의에서 도미나가 온전하게 대중 문화의 도상으로 출현하여 지배적 권력을 집행하는 일은 극히 드물다. 〈미녀 삼총사*Charlie's Angels*〉(2000), 〈툼 레이더*Lara Croft: Tomb Raider*〉(2001), 〈레지던트 이블*Resident Evil*〉(2002) 등 최근 할리우드의 길들여진 글래머 여전사 따위들은 물론이거니와, 한물간 페티시 패션을 재활용한 〈배트맨〉 시리즈의 '캣우

먼'조차도 미처 갖추지 못하는 원초적 매서움이, 베라의 권력이자 매력이다. 베라의 페티시는 남근의 결핍을 제안하기에 더욱 매혹적이며, 결핍의 유혹이 깊기에 채찍의 남근적 냉혹함은 더욱 가혹해진다. 주사마의 무정한 무기가 무모한 가부장들과 가부장주의에 안주하는 우매한 여성들을 모두 응징할 수 있는 것은 이러한 양면성 때문이리라.

군사 정권이 장악한 한국의 하늘에서 '주사마'가 방송 전파를 타고 안방으로 훌쩍 들어온 것은, 황금박쥐라는 '아보지'가 맘대로 날아다닌 것만큼이나 특이한 역사적 사건이 아닐 수 없다.

 ## 결핍의 발기

거세된 항문적 아버지와 발기한 구순적 어머니, 그리고 남근기 이전에 이미 거세의 위협에 노출된 소년…… 리비도의 통시적인 떨림을 무심한 듯 체화한 '요괴 가족'은 공통적인 욕망과 동기로 결속된 핵가족적 공동체이면서도, 그 공동체 의식을 성립, 유지시키는 성의 지배적 이데올로기의 결을 불안하게 뒤흔드는 불온한 도상들의 집합체이다. 스스로가 가질 수 없는 혈연 공동체의 미덕과 가치를 반증해 주는 희생양 모임이다. 그들은 숨어서 산다. 가부장 제도의 상징적 질서를 집단적으로 위협한 심각한 괘씸죄가 용서받을 리는 만무하다. 물론 은폐와 은밀은 저항의 저주파수 파장을 증폭시키는 기능을 수행한다.

이 진동의 파장은 그들의 인간적 허물이 벗겨졌을 때 무섭게 커진다. 그들이 지시하는 성적인 모호함은 괴물처럼 파열한다. 그들의 그렇지 않아도 흉한 모습은 더욱 극단적인 흉물로 전락하고 마는 것이다.

그들이 모든 인간적인 외형을 떨쳐 버리고 흉측한 괴물로 변할 때, 아니 '본래'의 모습으로 돌아갈 때, 놀랍게도 감쪽같이 사라지는 인간적 신체 부위들에는 성기도 포함된다. 아니, 정확히 말하자면, 폐기되는 것은, 그들이 인간의 모습일 때에 의복 속에 성기가 언제나 존재하고 있으리라는 막연한 묵언의 동의다. 괜히 알몸이 드러남으로 인해 성기의 불확실성이 가시화되는 것이다. 괴물로 외형은 변했지만 인간처럼 여전히 직립 보행을 하기에 부풀어 오른 아랫배 밑쪽의 성기 부위는 적나라하게 노출되고, 여기에서 성기는 작은 흔적도 나타나지 않는다.

뱀, 베라, 베로와 비슷한 진화 과정상의 퇴행을 보이는 미국적 요괴 인간 헐크는 잠재된 공격적 원시성을 히스테리적으로 드러내도, 문명의 금기에만큼은 충실하다. 그가 지키는 금기는 성과 성기의 묘사에 대한 청교도적 규범이며, 성의 모호함에 대한 가부장 제도의 금제이다. 신축성 강한 바지 속에 감춰져 있을 헐크의 음경은 거세 불안으로부터 자유로운 것이다. 가부장 제도의 질서에 그토록 충실하니, 그에게 잠재된 괴물성은 '원초적'이라고 할 수도 없다.

일본과 한국의 영상 문화 역시 대체적으로 성기의 묘사에 대한 금기로써 거세 불안의 진동을 잘 무마한다. 요괴인간은 이 금기의 부당함을 고발하는 검은 양들이다. 요괴인간의 변신은 그들이 지닌 성적 모호함을 절묘하게 파헤친다. 그 파헤쳐짐이, 그 끈질긴 절묘함이, 곧 그들의 정체이다.

그들이 파헤친 금기의 구멍은 다른 모든 어린이용 캐릭터들까지도 위태롭게 한다. 요괴인간의 가차 없는 벌거벗겨짐은 성의 금기에 안일하게 안주했던 다른 괴물들의 성적인 정체성마저 뒤흔들어 버린다. 수많은 시청자 어린이 여러분들의 오이디푸스기에 출몰하는 미키마우스

나 E.T., 아기공룡 둘리며, 방귀대장 뿡뿡이, 텔레토비 등에 이르는 수많은 그로테스크한 나체의 직립 보행자들에 하나의 의문이 선문처럼 던져질 수밖에 없지 않은가. "너의 성적 정체성은 무엇인가?" 묵시적으로 합의되어 온 담론적 침묵은 더 이상 친숙함의 가장행렬 속에 숨었던 외계인과 짐승과 신화적 괴물들을 보호하지 못한다. 감히 남근기를 지나는 시청자 어린이 여러분의 리비도의 여정을 무사하게 견뎌 내기에는 그 침묵이 가증스러울 뿐이다. 그들의 성별에 대해서, 꼬추의 있고 없음에 대해서, 어린 시청자가 지식의 권리를 청구하는 것처럼 당연하고 자연스러운 안방 풍경도 없으리라.

요괴인간이 자신의 원형적인 본성을 억압하며 산다는 설정 자체가, 이 내러티브가 억압된 중간적 정체성에 대한 지대한 관심을 내포하고 있음을 반증한다. 억압이 유지되는 인간의 상태에서는 명확하게 남성성과 여성성을 지니고 있다는 사실이 성기의 존재 여부를 다른 캐릭터들보다 더 적극적으로 무대화한다. 억압된 요괴의 모습이 우러난다는 사실 자체가 공포이고, 억압된 모습을 바라보는 것이 또한 공포라면, 이러한 공포에 남근기의 리비도가 투자되어 있음을 발견하는 것은 더욱 소름끼치는 공포다. 성기의 묘사에 대한 금기를 알리바이로 하는 원초적인 정체성의 위기는 곧 남근기의 위기의 변조인 것이다. 눈에 보이지 않는 그들의 성기만큼이나 교미의 기대는 미미하다. 미미한 교미의 가능성만큼 음경 중심적인 가부장적 질서의 권력은 소소하다.

시각의 진화

자연계에서 가장 위협적인 공포의 대상은 단연코 고양잇과의 맹수들이다. 날카롭고 강한 이빨과 발톱도 압도적이지만, 견고한 근육의 빠른 긴장과 이완에 의한 순발력은 인간을 포함한 다른 동물들을 상대적으로 둔하기 그지없는 피조물로 격하시킨다. 이들은 분명 시대와 문화를 초월하여 인간의 경이, 존경, 숭배의 대상이 되어 왔다. '동물의 왕'이라는 수식어는 그들에 대한 인간의 상상과 예찬의 폭을 말해 준다. 물론 이러한 언어적인 지시를 통해 정작 인간 자신은 '동물'의 왕국에서 빠져 나와 있음을 확인하고, '만물의 영장'이라는 이데올로기로 스스로의 존엄성을 구축하기는 하지만 말이다.

다윈의 진화론 이후 인간에게 이러한 우월성을 부여한 결정적 조건, 동물의 왕국으로부터의 탈출을 가능하게 한 원동력은 심장이다. 고양잇과 맹수들은 우리의 통념과 달리 체력이 약하다. 동물의 왕국에서 가장 빠른 속력을 낼 수 있는 것은 사실이지만, 결코 그 속력을 오랜 시간 동안 유지시키지는 못한다. 심장이 약해서이다. 그러기에 사냥은 항상 거리와 시간과의 싸움이 될 수밖에 없다. 우리가 표범에 쫓기더라도 800m만 잡히지 않고 도망갈 수 있다면, 표범은 더 이상 쫓아오지 못하고 탈진하여 입맛만 다실 것이다. 한번 전력 질주를 하고 나면 회복을 위해 오랫동안 휴식을 취해야 한다. 그렇기에 한 번 추격을 할 때마다 신중을 기해야 하며, 실패가 반복되면 생존이 위태로워진다.

인간의 심장은 강하다. 중력을 거슬러 피를 수직으로 공급해 줄 만큼 튼튼하다. 서서 걷는 동물로서 얻는 이익은 매우 많다. 토마스 아퀴나

스Thomas Aquinas의 지적대로, 두 발로 서면 심장보다 높아지는 뇌의 피가 중력으로 인해 밑으로 내려오게 되어, 두뇌의 온도가 떨어지게 되면서 졸음도 덜 오고 두뇌 활동도 활발해진다. 직립 보행이 주는 혜택은 이외에도 무궁무진하다. 머리끝의 숨구멍은 하늘을 향해 기의 수직적인 흐름을 터놓는다. 이동의 기능으로부터 해방된 두 손은 보다 세밀한 동작을 수행한다. 주둥이는 먹을 것을 향해 공격하는 임무로부터 해방되어 미각에 탐닉할 수 있게 된다. 그에 따라 문화적 선별력이 강화되고, 개성의 창조적 기반이 된다. ('거부'한다는 것은 개인적 성향을 가꾸는 활동의 기본이다.) 자신의 여러 신체 부위에 대한 촉각적인 교감 역시 정교해지고, 성기를 포함한 신체에 대한 인식과 사용의 폭도 넓어진다.

프로이트의 관점을 빌리자면, 무엇보다도 벌떡 일어섬으로 인해서 중요해지는 것은 눈의 성적인 기능이다.[4] 네 발로 기는 짐승들은 극히 짧은 순간 동안에만, 예를 들면 수놈의 경우 성교를 할 때, 두 발로 선다. 배 밑에 숨겨진 성기를 사용하기 위해서이다. 성교를 하지 않을 때에 성기는 항상 밑에 숨어 있다. 그러다 보니, 보이지 않는 성기에 대한 인식은 주로 냄새 맡기로 해낸다. 시각은 교미와 멀기만 하다. 실상 그들의 성행위에서 시각이 차지하는 중요성은 거의 없다. (성행위 중에도 엉뚱한 곳만 바라볼 수밖에 없다.) 반면, 서서 걷는 인간은 몸통이 곧게 서면서 (남성) 성기를 앞으로 내밀게 된다. 자연스럽게 서 있는 인간의 성기는 당당하다. 당당하게 앞으로 돌출하는 성기는 시선과 깊은 인연을 맺는다. 가까이 얼굴을 들이대어 냄새를 맡지 않아도, 원격적으로 성적 자극을 누릴 수 있다.

---

4. Freud, *Civilization and Its Discontents*.

더구나 성장 과정에서 직립 보행을 시작할 무렵 시야의 가운데에 들어오는 것 역시 성인의 성기 부근이다. 이로써 인간은 절시증*scopophilia*의 절대자가 된다.

시각과 리비도의 교미는 화려하다. 성교 중에 상대의 얼굴을 바라보거나 시선을 마주치는 선택은 생물학적 접합에 숭고미를 부여해 준다. 자신의 흥분보다 상대의 얼굴에 나타나는 흥분의 증거를 시각적으로 확인함으로써 더 큰 심리적 만족을 얻는 것 역시 인간만이 누리는 특혜이다. 접합된 성기를 직접 묘사하는 성인 영화가 얼굴 표정으로 교미의 기쁨을 표현하는 것도 직립 보행의 혜택이다. 물론 포르노그래피 영화의 발전 그 자체가 기본적으로 바라보는 리비도의 전통을 연장한 것이다. 심지어는 보는 행위가 리비도의 목적지가 되기도 한다. 1970년대의 영화 기호학자들은 모든 영화 관객들을 관음증과 같은 '비정상적'인 쾌락의 향유자로 만듦에 서슴없었다.

결국 번식을 원래의 목적으로 했던 기본 활동의 변화, 그리고 그와 연관된 시각 문화의 정교한 발달에는 강한 심장이라는 강한 전제 조건이 깔려 있다. 심장을 의미하는 상징 '♡'로 사랑함을 간단하게 표현하는 것은 '보는 성욕'을 누리게 된 직립 보행을 하는 피조물만의 은밀한 소통인 셈이다.

그렇다면 심장의 힘으로부터의 혜택에서 소외된 요괴인간의 심장은, 결핍을 짊어진 불우한 직립 보행의 미학은, '♡'으로 표시함 직하다.

시선의 탈선

자아 형성기에 촉발되는 신체 절단에 대한 공포와 거세 불안은 모두 신체의 연약함을 노출시키는 '오인'의 효과지만, 프로이트와 라캉에 따르면, 형성 시기도 다르며 심리적 동기와 발전 양상 역시 판이하다. 전자는 자아의 초기 형성기에 발생하며, 후자는 남근기에 나타난다. 전자가 비선형적인 소급의 효과라면, 후자는 통시적 혼란으로 파급된다. 전자가 필멸에 대한 보편적인 불안으로 엎질러진다면, 후자는 대체물에 대한 집착으로 집약된다. 전자는 에로스의 보호와 통제 아래 문화적으로 소통되며, 후자는 에로스의 몰락에 따른 모순적인 양가성으로 문화의 그늘에서 작동한다.

〈요괴인간〉에서는 시리즈 내내 신체의 절단에 대한 공포가 악몽처럼 반복된다. 목만 남아 날아다니는 요괴가 수시로 등장하며, 손이나 눈알, 입 등의 특정 부위가 신체로부터 분리된 상태로 공중에서 부유하는 광경은 예삿일이다. 탈육체화된 부위나 기관들은 나름대로의 자가적인 운동성을 갖고 이동한다. 가끔은 해골이나 뼈들이 돌아다니는 것도 목격된다. (절단된 손은 〈황금박쥐〉의 파이브 핑거 로봇을 연상시키고, 해골은 황금박쥐 캐스팅에 탈락한 해골들이 등장하는 듯싶을 정도로, 이들은 모리카와 감독이 즐겨 쓴 반복적 모티브이기도 하다.) 절단된 신체 부위의 부유는 베라가 악한을 골탕 먹이기 위해 종종 전략으로 연출하는 광경일 때도 있지만, 악귀가 그러한 모습으로 나타날 때에는 원한이나 외상적인 과거를 암시하기도 한다.

이러한 이미지들은 다분히 히에로니무스 보슈Hieronymus Bosch의 그림처럼 신체의 절단에 대한 소급된 공포를 소통하면서도, 동시에 거세에

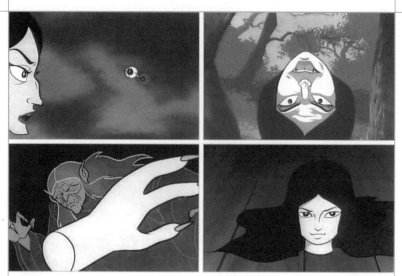

〈요괴인간〉에서의 절단된 신체 부위들의 행렬. 잘린 부위들의 끝선이 프레임의 끝선 안으로 침입할 때 터지는 파동은 욕동인가, 상실감인가.

대한 불안을 유통하기도 한다. 라캉에 따르면, 신체의 파편화에 대한 환상은, 보다 구체적인 형태인 거세 불안의 기반에 깔려 있을 수 있다. 두 형태의 파괴적 환상의 간극은 매우 모호해질 수 있는 것이다. 요괴인간의 변신이 야기하는 거세 불안은 환유적으로 무수한 신체의 파편화로 이어진다. 결핍의 행렬은 운동장의 파도타기처럼 이질적인 근원의 공포들을 하나의 연속적인 고리로 엮는다. 인간성을 결여하는 괴물들은 남근을 결여하는 것이기도 하며, 거세 불안을 야기하는 속물들은 자아의 고질적인 실존적 불안을 건드리기도 한다. 무수한 결핍의 파편들은 요괴인간이 결여한 음경의 재림을 다층적으로 봉쇄한다. 이러한 봉쇄의 전략에 어두운 매혹이 숨어 있다. 요괴인간은 "어두운 운명을 차버리고" 싶어 하지만, 매혹은 상충되는 두 개의 힘이 서로 끄는 상태에서 발생하

는 역학임을 그들은 알고 있는 듯하다.

　부유하는 탈육체화된 부위들 중에서 유난스레 남근의 기호적 기능을 교란하는 특별한 기관이 있다. 눈알이다. 물론 눈알이야말로 가장 고전적인 남근의 대체물이다. 프로이트가 분석하는 호프만의 《모래 사나이》에서, 눈알을 파내는 행위는 거세를 상징한다.[5] 이러한 눈의 '남근화'는 소설 속 남자 아이가 겪는 남근기의 다사다난함을 설명하기 위한 것이다. 그러니까 모든 눈이 남근을 의미할 리는 없는 것이다.

　조르주 바타이유Georges Bataille의 《눈 이야기Histoire de l'oeil》에서 사춘기의 주인공인 화자와 파트너인 시몬이 펼치는 성적인 무용담은 눈과 그로부터 파생되는 모티브들을 매개로 펼쳐진다. 달걀을 깔고 앉는다거나 하는 그들의 음란하고도 귀여운 유희는 세비아의 투우장에서 소의 뿔에 투우사의 눈이 꽂혀 매달리는 광경을 목격하는 것을 계기로 극단적인 타나토스의 제전으로 치닫는다. 결국에 그들은 한 즉흥적인 에로스와 타나토스의 교접 속에서 한 신부를 능욕시키고, 그의 눈을 제거하여 시몬의 질 안에 삽입한다. 성적 에너지의 완전한 방전, 그러니까 '작은 죽음la petite mort'[6]을 맞은 일인칭의 화자가 시몬의 다리 사이에서 맞는 몽환적 광경은 피와 정액의 질퍽함 속에서 흐느끼며 자신을 바라보고 있는, 처참하게 슬픈 눈이다. 외설의 끝에서 '신체 없는 기관'이 던지는 우수 어린 응시는, 우주의 부조리와 생성을 향한 문을 열어 준다. '주이상스jouissance'[7]의 정점은 '찰나'지만, 그 여파는 시간을 통째로 부정한다. 루

---

5. Freud, "The Uncanny," *SE 17*, pp.217~256.

6. 오르가즘 후에 이르는 정신적 이완 상태를 일컫는 프랑스어 표현이다.

이스 부뉴엘Luis Buñuel과 살바도르 달리Salvador Dali의 〈안달루시아의 개Un chien Andalou〉(1929)에서 면도날에 의해 갈라지는 눈알이 그러하듯, 신체와 상징의 에로틱한 경계에 던져지는 눈알은 야만을 직시한다. 바타이유가 말하는 '에로티즘érotisme'의 영역에서 상실과 쾌락, 죽음과 창조는 더 이상 상반되지 않는다.

롤랑 바르트Roland Barthes는 《눈 이야기》를 분석하면서, '눈'이라는 이소설의 주된 모티브가 남근적 상징성으로부터 출발하면서도, 이로부터 파생되는 다른 기표들로의 확장을 통해 음경으로 소급되는 일차적 관계로부터 벗어남을 강조한다.[8] 시몬이 음희를 위해 사용하는 여러 노리개들, 그러니까 달걀, 투우사의 눈알, 신부의 눈알 등이 여성의 질과의 접촉이나 삽입을 위해 사용될지라도, 텍스트의 의미 층위는 이들을 단순한 음경의 대체물들로 평면화시키지 않는다는 것이다. 특히 출산을 상징하는 달걀과의 상호적 의미 교환이 이루어질 때부터 음경의 중심적 역할은 일찌감치 소각된다. 몰락한 신부의 눈을 파내는 행위에 이르러서는, 그것을 거세로 좁게 해석할 수 없을 정도로, 상징의 파행적 고리들이 음경으로부터 아득히 멀어져 있다. 음경의 상징화가 은유적인 수직 관계를 갖는다면, 연상적으로 증식되는 기표의 고리들은 환유적인 구조를 갖는다. 바르트가 시사하는 바에 따르면, 페티시즘은 기본적으로 무한한 욕망의 증식을 전제로 한다는 점에서, 로라 멀비Laura Mulvey 등의 페미니스

---

7. 영어로 'bliss,' 우리말로 '희열'로 번역되기도 하는 이 단어의 중요한 중의적 의미는 '사정'이다. 번역되면서 사라지는 성적인 층위를 보존하기 위해 프랑스어를 그대로 사용하기도 한다.

8. Roland Barthes, "Metaphor of the Eye," *Critical Essays*, Evanston: Northwestern University Press, 1972, pp.239~248.

트들이 말하는 '남근 중심주의phallocentrism'에 종속되는 일차적 상징이 아니다. 기호의 유기적인 유희이자 유동적인 증식이다. 유연한 연상의 연속이다. 아버지의 권위가 조종하는 음특한 유령선의 항진이 아니라, 조타수 없는 유람선의 자유로운 항해이다.

배유하는 눈알이 바라보는 방향은 분산된다. 안공에 안주하여 눈꺼풀의 보호를 받는 눈알은 그것이 향하는 방향을 언제나 드러내지만, 이로부터 이탈한 눈알이 도대체 어디를 바라보는지는 아무도 모른다. 얼굴 없는 눈은 모든 곳을 바라보고 있기도 하며, 아무 곳도 바라보지 않고 있기도 하다. 원근법의 질서로 담지 못하는 일탈의 징표는 우리의 내면을 날카롭게 꽂는다. 고정된 하나의 관점을 부정하는 눈알은 탈중심적이고 분산된 시선의 징표이다. 부유하는 눈알의 경이는 홀바인의 일그러진 해골이 유도하는 왜상anamorphosis의 충격만큼 격렬하다. 왜상적 시선은 욕망의 망으로부터 빠져나가 인간의 소유욕을 배반하고 질타하는 타대상이다. 욕망의 행로에 버틴 죽음의 진리를 설파하는 어둠의 사신이다. 〈황금박쥐〉에서 보이듯, 해골이 결여하는 눈동자의 공포는 죽음을 지시한다. 〈요괴인간〉의 이탈한 눈알은 텅 빈 안공의 지시 작용을 허공으로 확장한다. 검은 구멍의 공포는 눈알에 응집되어 우리를 쏘아본다. 탈원적 응시가 우리의 우울한 울타리를 허문다.

 ## 외상적 주체, 왜상적 시선

왜상의 파동은 신체에도 깃든다. 시점의 사진적 현현에 의해서이다. 극영화에서 특정한 인물의 위상을 강조하기 위해 왕왕 사용되는 기법들,

베라의 왜상적 위상, 아니 위상적 왜상

그러니까 촬영 각도*camera angle*를 낮추어 우러러보거나 초점 길이*focal distance*가 짧은 렌즈로 입체감을 부각시키는 방식 따위를 통해서이다. 〈터미네이터*The Terminator*〉(1984)에서처럼 그리 거대하지는 않은 배우에 위압적인 권력을 부여하고 키와 다리 길이를 늘여 주는 앙각*low angle* 촬영은, 애니메이션인 〈요괴인간〉에서도 효과를 발휘한다.

　광각 렌즈*wide angle lens*와 앙각의 기교로 인해 격상되는 인물은 물론 베라이다. 거의 한 회씩 건너가며 등장하는 다른 팜므 파탈들 역시 광학적 공경의 대상이 된다. 이 위대한 주사마들은 종종 우리를 내려 볼 뿐 아니라, 크게 왜곡된 다리를 우리를 향해 뻗기도 한다. 그러니까, 발 바로 아래에서 무릎을 꿇고 베라를 올려본다면 바로 이렇게 보일 것이다. 화면은 시청자 어린이 여러분에게 이 숭고한 여전사들을 숭배할 것을 종용하는 것이다. 초광각 렌즈를 사용하여 여성의 신체를 왜곡한 빌 브랜트*Bill Brandt*의 사진들이 여성을 소극적인 위치로 격하한다면, 〈요괴인간〉의 이미지는 여성을 우월함으로 승격시킨다.

　왜곡은 도를 지나친다. 신체를 묘사하는 사실주의는 상상계적 환상에 자리를 내어 준다. 치마를 팽팽하게 당기며 앞으로 튀어나온 그녀의

황금박쥐 역시 왜상적이다. 이 그림의 경우, 황금박
쥐 몸의 오른쪽은 훨씬 더 가까운 것처럼 보이고
이는 마치 카메라가 그의 몸 오른쪽에 근접했을 때
나타나는 모습 같지만, 실제로 그를 바라보는 관점
은 그의 정면에 가깝다. 거리감과 관점이 일치하지
않는 것이다.

허벅지는 기형적으로 커 보인다. 비율을 배반하는 크기와 질량감은 애
니메이터들의 미숙함이 만든 원초적인 부자연스러움과 교접한다. 원근
법의 지나친 과장은 원근법의 미덕을 와해시킨다. 왜상적 신체는 채찍
이나 진한 화장과 긴 손톱 등 베라가 지닌 페티시적인 기표들보다도 노
골적으로 화면을 지배한다. 발아래 조아린 미물에게 왜상의 불온한 숭
고함이 집행하는 권능은 물론 홀바인의 해골과 마찬가지로 죽음의 절대
성이다. 불가능한 시선은 죽음을 향한 벡터이다.

 필터를 이용하거나 고르지 못한 면에 반사된 피사체를 촬영하여 이
미지를 왜곡시키는 기법은 1920년대와 1930년대에 사진과 영화에서 널
리 사용되었다.

여신의 유산

여성을 신격화하거나 숭배하는 것은 가장 오래된, 어쩌면 가장 보편적이
라 할 수밖에 없는, 정신 문명의 원형이다. 선사 시대로부터 남아 있는

오래된 인류의 정신 활동의 흔적들은 하나같이 우주를 다스리는 여신의 중요성을 시사한다. 인간의 가장 오래된 신앙에 따르면, 하늘과 땅을 창조하고 인간을 만드신 절대적 존재는 여성이었다. 여신은 단지 우주의 중심이 아니라, 우주 그 자체였다.

만물의 어머니는 종종 크게 세 모습으로 나타났다. 인디아의 파르티, 두르가, 우마, 그리스의 헤베, 헤라, 헤카테, 아일랜드의 아나, 밥드, 마카 등이 그러하듯, 처녀, 어머니, 죽음의 사신이 삼위일체*Trinity*를 이루었다. 혹은 하늘과 땅과 지하의 세 영역을 관장하기도 했다. 후에 기독교의 성부, 성자, 성신의 삼위일체로 대체되는 신적 권능의 세 요소이다.[9]
(기독교 신화가 그러하듯, 〈매트릭스*The Matrix*〉와 같은 가부장적 공상은 '트리니티'라는 여신의 이름의 원형적 기원을 거세하고 남성적 영웅에 대한 헌신적 보조와 집착을 의미하는 기표로 격하시킴에 전혀 서슴없다.)

20세기의 도미나들은 스스로에 의해, 혹은 그들을 숭배하는 노예들에 의해, 종종 '여신'으로 칭해진다. 기독교 이후의 남성 중심 문화에서 잊힌 여신의 위상은 미미하게나마 오늘날의 상징 질서의 틈으로 침투한다. 여신의 계보가 오늘날 그나마 희미하게 이어지는 영역은 종교가 아니라 대중 문화이다. 할리우드조차도 여러 형태의 신적인 위엄과 매혹을 지닌 여신들에 매혹된다. 물론 여신을 상상하는 남성적 주체들이 그 위협에 대한 응징을 잊지 않는다는 점이 할리우드의 한계다. 이를 연기하는 여배우의 매력에 대한 시각적 탐닉이야말로 할리우드가 제조하는 주된 서비스임은 물론이다.

---

9. Keesey, *Vamps: An Illustrated History of the Femme Fatale*.

여성에 대한 남성의 숭배는 가부장 제도의 권력 아래에서 '비정상적'인 것으로 나타나고 치부된다. 남성의 마조히즘이나 여성의 사디즘 등, 남녀 관계에 관한 일탈적 대안은 가부장 제도의 성 이데올로기와 충돌한다. 여신의 복권은 용납되지 않는다. 마조히즘의 짧은 역사에서 가장 중요한 역할을 한 정신 병리학자 리하르트 폰 크라프트에빙Richard von Krafft-Ebing만 하더라도 1886년 출간한 《성적 정신 질환Psychopathia Sexualis》[10]에서 마조히즘을 '이상 감각paraesthesia'으로 규정했다. 재생산이라는 숭고한 목적을 실행하지 않는 모든 성행위와 함께 여성을 숭배하는 행위는 이성애의 헤게모니에 의해 추방되었다.

 ## 퇴폐적 욕망, 숭고한 여신

마조히즘의 역사는 항상 사디즘과 쌍을 이루며 진행되어 왔다. 《성적 정신 질환》이 출간될 당시 '사디즘'은 이미 1930년대부터 사용되고 있던 보편적인 용어였으며, '마조히즘'은 이에 대한 짝으로 크라프트에빙이 새롭게 탄생시킨 개념이다. 잘 알려진 바대로, 둘의 원천은 문학적 상상이다. 마르퀴 드 사드Marquis de Sade와 레오폴트 리터 폰 자허마조흐Leopold Ritter von Sacher-Masoch의 작품 세계이다. 크라프트에빙의 정의에 따르면, 사디즘은 타자의 고통을 야기하거나 타자에게 무력을 행세하는 행위이며, 마조히즘은 이와는 반대로 권력에 복종하거나 고통을 받는 상태에서 쾌

10. Keesey, 같은 책.

락을 느끼는 경우이다. 이와 같이 사디즘과 마조히즘을 상호 보완적인 '반대'의 성향으로 인식하는 관점은 오늘날 보편화된 '사도마조히즘 sadomasochism'이라는 합성어로 이어지기도 한다.

사디즘과 마조히즘에 대한 연구는 20세기 중반까지만 하더라도 사디즘에 치중되어 진행된 것이 사실이다. 특히 20세기 초반 프랑스의 평론가 피에르 클로소프스키Pierre Klossowski[11] 등에 의해 사드의 '복권'이 이루어지면서, 사디즘이 제기하는 문제는 문학 이론을 넘어 철학, 윤리학, 종교학으로 퍼졌다. 반면, 1960년대 말에 들뢰즈가 지적한 대로, 마조히즘은 사디즘의 부수적인 현상으로 이해되어 온 것이 사실이었고, 이에 상응하듯 자허마조흐의 작품 세계는 사드의 그늘에 가려 제대로 조명되지 않았었다.[12] 하지만 이후 자허마조흐와 마조히즘은 집중적으로 학문적인 연구의 영역으로 떠올랐다. 특히 20세기 말에 이르러 마조히즘은 단지 정신 병리학적 증상에 머물지 않는 보편적 현상으로 확장되었다. 언어학자 수잔 R. 스튜어트Suzanne R. Stewart의 주장은 이러한 반전을 충실히 드러낸다. 존재론적 공허와 수사적 무기력으로 특징지을 수 있는 20세기의 남성성을 함축해 주는 하나의 단어가 있다면, 그것은 '마조히즘'이라는 것이다.[13]

---

11. 클로소프스키는 사드와 니체에 관한 방대한 연구를 남겼으며, 초현실주의의 영향을 강하게 받은 문학 작품과 사진집 등을 통한 창작 활동으로도 자신의 연구 영역을 확장했다. 피에르 파올로 파졸리니Pier Paolo Pasolini가 감독한 〈살로, 소돔의 120일Saló o le 120 giornate di Sodoma〉(1975)의 시나리오에도 참여한 바 있으며, 최근에는 아르헨티나 출신의 초현실주의적인 감독 라울 루이즈Raoul Ruiz와 공동 작업하기도 하였다. 또한 초현실주의의 문맥에서 자주 거론되는 화가 발투스Balthus의 형이기도 하다.

12. Deleuze, *Coldness and Cruelty*.

사실 사디즘과 마조히즘의 차이에 대하여 논한 대표적인 학자들은 전자보다는 후자에서 더 많은 고민의 단서들을 발견했다. 공격성을 집행하는 행위가 그만큼 인간의 보편적인 어둠을 지시하는 것이라면, 고통을 쾌락으로 전환하는 기제야말로 그러한 보편성에 문제를 야기하는 난제로 여겨졌다.

크라프트에빙만 하더라도, 다른 비정상적인 '이상 감각'과는 차별되는 각별한 관심을 마조히즘에 쏟았다. 그는 마조히즘을 "타자에 의해 주어지는 잔혹이나 폭력을 수동적으로 받아들이며 욕정과 결합하는 상태 association of passively endured cruelty and violence with lust" [14]라고 명료하게 정의 내리는데, 이러한 피동적인 상태로부터 쾌락을 구하는 심리적 동기가 무엇인가에 대해서는 설명을 하지 못한다. 단지 '비정상적'인 현상으로 규정할 뿐이다. 그는 동시대 사람인 자허마조흐가 문학 작품뿐 아니라 실생활에서도 '정신적 장애'를 겪고 있음을 밝히고, 비정상적인 상태가 그의 문학적 재능에도 치명적인 '악영향'을 끼쳤다고 주장한다. 크라프트에빙에게 '비정상'이라 함은 남녀 간의 성기 결합을 목적으로 하지 않는 욕망이나 행위들로, 마조히즘의 경우 이성의 매력에 '정상적'으로 반응하지 못하는 발기 불능impotence이 연관됨을 강조한다.

마조히즘에 대한 크라프트에빙의 연구가 남긴 중요한 성과라면, 마조히즘을 신체적인 증상으로만 이해한 것이 아니라, 매우 정교하고 구체적인 심리적 장치로 파악했다는 것이다. 그에게 마조히즘은 단지 고통

---

13. Suzanne R. Stewart, *Sublime Surrender: Male Masochism at the Fin-De-Siecle*, Ithaca: Cornell University Press, 1998.

14. Krafft-Ebing, *Psychopathia Sexualis: A Medico-Forensic Study*, p.131.

과 쾌락의 중첩으로만 나타나는 현상이 아니었던 것이다. 그에 따르면, 마조히즘을 성립시키는 정신적 속성은 상대의 의지에 조건 없이 복종하겠다는 생각에 조종당한다는 점이다. 이러한 생각에 조종당하면, 굴욕, 혹사, 학대를 감당함으로써 이를 행하는 상대에게 절대적인 지배자로서의 권능을 부여한다. 크라프트에빙은 이러한 정신적 장애가 세인들이 인정하는 것보다 훨씬 더 광범위하고도 미묘하게, 특히 상상과 창작의 영역에서 활발하게 나타남을 강조한다. 보들레르의 시적 세계를 비롯하여, 장 자크 루소Jean-Jacques Rousseau의 《고백록Les Confessions》(1762), 에밀 졸라Émile Zola의 《유진 루공Son Excellence Eugène Rougon》(1876)과 《나나Nana》(1880), 토머스 오트웨이Thomas Otway의 《수호된 베니스Venice Preserved》(1682), 옌스 페터 야콥센Jens Peter Jacobsen의 《닐스 뤼네Niels Lyhne》(1880) 등이 문학의 영역에서 마조히즘의 굵직한 계보를 이룬다. 크라프트에빙은 또한 유럽의 문학 작품들뿐 아니라, 러시아와 인도의 신화, 심지어는 부처의 일화에서도 마조히즘의 뿌리를 찾는다. 이로써 그는 매우 특정하면서도 동시에 지극히 일반적인 정신적 상태를 마조히즘의 특징으로 부각시켰고, 이는 훗날 프로이트의 연구에도 영향으로 이어진다.

 ## 신비의 본능

1920년에 출간한 《쾌락 원칙을 넘어서Jenseits des Lustprinzips》[15]에서 프로이트는 기존에 자신이 발전시켰던 '쾌락 원칙Pleasure Principle'과 그 변형인 '현실 원칙Reality Principle,' 즉 이드는 본능적으로 쾌락을 추구하고, 자아는 외부의 여건을 고려하여 이러한 원시적 욕구를 타협해 간다는 이론에 스

스로 문제를 제기한다. 프로이트는 물론 조심스럽기 그지없다. 자신이 구축한 이론의 아성을 위협하는 이 어둠에 대해 함부로 말할 수는 없다. 말할 수 없게 만드는 것이 그 어둠의 특징이 된다. 책은 음음적막에 덮인다. 침묵 속에 고요한 폭력성이 뜨겁게 흐르기 시작한다. 뒷구멍으로 살며시 들어오는 못된 강아지 따위려니 했다. 그저 사소한 먹구름이려니 했다. 이걸 알아챈 것부터가 이것이 생명을 갖게 된 계기가 되었을지도 모른다. 한번 드러나기 시작한 검은 기운은 어느덧 쾌락 원칙을 오염시키고, 현실 원칙을 타락시키고 만다. 견고했던 이론들이 송두리째 결핍을 안게 된다. 이 어둠이 있는 한, 이제 더 이상 인간의 리비도는 일률적이고 일방적인 화살이 아니다. 당혹스럽다. 프로이트는 이 보이지 않는 음음적막에 허겁지겁 이름을 붙여 본다. '타나토스Thanatos'라고. 아뿔싸, 이것을 이야기하기 시작할 순간, 프로이트의 텍스트는 자가적인 파멸의 길을 걸었던 것이다. '타나토스'를 말하는 언어부터가 '타나토스'에 감염되는 것이다.

이 원대한 파멸의 근원적 시발점은 그저 시시하고 사소한 어린 아이의 놀음이었다. 한 살 반밖에 안 된 프로이트의 손자가 홀로 달래는 외로움과 상실감이 시작이었다. 훗날 유명해지는 '포르트 / 다Fort/Da' 일화가 그것이다. 여기에서 불쌍하게도 혼자인 꼬마는 곁에 없는 어머니를 대체하는 실패를 던지기도 하고 실패에 연결된 실을 다시 잡아당겨 다시 가져오기도 하면서, 상실과 회복을 재현한다. 괜한 장난감이 화풀이와 충족의 대리 역할을 도맡은 게다. 하긴 자신을 돌보지 않는 어머니가 그

15. Freud, "Beyond the Pleasure Principle," SE 18, pp.7~64.

립고도 미웠으리라. 두 극단적인 극적 상황을 재현하는 아이는 옹알이에 가까운 비명을 지른다. 이는 그럭저럭 의미를 가진 언어로 들린다. '없다Fort('gone')'와 '있다Da('there')' 정도로 말이다. 한국어라면 발음이 어렵지만, '오―'와 '아―' 정도로 들리는 소리는 의미를 갖춘 독일어 단어들과 대강 발음도 비슷하고 소리에 담긴 정서도 얼추 맞는다. 결핍의 생성은 상징계로의 편승과 동시에 이루어지는 것이다.

그런데 프로이트가 특이하게 여기는 점은 욕망의 대상에 대한 대체물을 회복하는 감격의 행위보다 이를 던져 버리는 행위가 양적으로 더 빈번할 뿐 아니라, 질적으로도 더 정교하고 창의적이라는 점이다. 장난감은 상실감을 극복하고 불안감을 통제하게 해주는 대체물로부터 결핍을 충실하게 재현하도록 해주는 수행적 장치로 기능을 바꾼 것이다. 이제 아이는 대상이 자신으로부터 멀어져 가는 형국에 집중한다. 이럴 수가! 어머니가 그리운 존재라면 당연히 실패를 품속으로 가져오는 순간으로부터 무한한 쾌를 취해야 할 것을. 실패는 대용품으로서 '실패'한 걸까.

이 기괴한 반복에 대해 프로이트는 두 가지 심리적 동기를 제안한다. 첫 번째는 어머니에 대한 복수, 즉 본능적인 공격성의 표출이다. 이와 같은 설명은 이미 프로이트가 자아 이론을 발전시키면서 설명해 온 원칙들에 의한 것으로, 이에 대한 그의 설명은 몇 줄에 지나지 않을 정도로 간단하고 미지근하다. 앙갚음의 의지를 던지는 동작으로 발설하는 모습은 진부하기까지 하다. 프로이트는 우선 이를 통해 아이의 행동을 아주 간단하게 분석할 수 있음을 보여 주지만, 이 설명으로 스스로를 만족시키지 못한다. 사디즘적인 본능으로 해석하기에는 분명 석연치 않은 문제점들이 도사린다. 아주 오랫동안 자신을 곤혹스럽게 했던 문제를 프로이트는 더 이상 피할 수 없다. 인간은 왜 불쾌한 체험을 반복적으로

재현하는가? 왜 정신적 외상은 반복되어 나타나는가? 자아에 가해지는 불합리한 힘을 거듭 느끼고자 하는 것은 어떤 흉흉한 의지나 근거에 의한 것이란 말인가?

지금까지 고려하지 못했던 보다 정교하고 미묘한 정신 기제가 존재할 것이라는 의심은 또 다른 방향의 탐구로 이어진다. 정신적 외상을 강박적으로 반복하는 동기에는 충격을 계속 체험해야 하는 필요성이 내재해 있으며, 심지어는 불쾌를 쾌락으로 받아들이게 하는 뭔가 '악마 같은' 불온한 동기가 작동하고 있으리라는 것이다. 아아, 알 수 없는 아련한 상실감이 내출혈처럼 내면을 흥건히 적시는 것이다. 이러한 의심은 결국 주체가 무기적인 상태로의 회귀를 지향한다는 이론적 가설로 발전하고, 프로이트는 이와 같은 어눌하나 생생한 성향을 '죽음의 본능*Death Instinct*'이라 조심스럽게 일컫기에 이른다.

아아, 죽음의 본능…… 그것을 말함으로 인해 더 이상 세계는 단조로운 이분법적 세계에 머물지 않게 되었다. 가치는 붕괴되었다. 실은, 기쁨을 좇는 문화인들의 핏줄 속에 그것의 믿음을 교란시키는 암흑의 첩자가, 악마의 괴팍한 장난질이, 불온하게 섞여 있었던 것이다. 아니, 쾌와 불쾌를 구분해 온 문명의 기제야말로 지독한 편협이었던가. 본능이라 믿었던 인간의 가장 기본적인 분별력이야말로 가증스런 문명의 가식이었던가. 누가 이제 추함을 추하다 하고 아름다움을 아름답다 할 수 있단 말인가. 어둠은 밝음의 또 다른 면에 불과한 것을. 고통과 쾌락은 그저 빗나가기만 하는 한 쌍의 가련한 쌍둥이 기표들일 뿐인 것을. 서로를 향해 미끄러지는 부정확한 이름들인 것을. 차가운 고통의 깊이 속에서 솟아나는 은근한 뜨거움을 '기쁨'으로 받아들인들, 충만한 즐거움의 정점에 섞인 몸부림을 '공격성'이라 한들, 그 누가 아니라고 말할 수 있단 말

인가. 안일한 쾌락의 시대는 가버렸으니('fort')……

　이 뒤집어진 세상의 원리를 말할 수 있는 언어는 없다. 그 언어적 도구를 그것이 와해시켰으니까. 더 이상 세계는 안정적인 기표들의 조합으로 이루어지지 않았으니까. 이제 그 누가 쾌를 '쾌'라 하고 부不를 '부不'라 할 수 있겠는가. 프로이트는 그래서 이 모호하고 미끄러운 어둠의 영역을 '본능'이라 칭할 수밖에 없다. 과학적인 명증으로 설명되지 않는 본래의 특성이라 치부하고 이 괴팍한 언어의 판도라 상자를 다시 덮을 수밖에 없다.

　타나토스의 발견으로 뒤바뀌어 버린 세상의 원리를 따르는 리비도의 형국이 '마조히즘'이다. 타나토스의 능수능란한 지배력 아래에서 다시 쓰는 영속의 의미. 나태한 자기 소멸의 재현. 지루함에 물든 폐쇄적인 쾌락의 제국. 육감적인 혼란 속의 확신적인 수사학.

　프로이트는 한번 완성해 놓은 자신의 건축물에 뒤늦게야 슬그머니 마조히즘의 이름을 적어 놓는다. 초판이 다 떨어지고 2판이 나와서야, 밤에 남몰래 묘비에 낙서를 하는 괴팍한 몽유병 환자처럼, 추방되어 마땅한 타자의 집에 몰래 표식을 남기는 소심한 정의의 사도처럼, 프리츠 랑의 〈M〉(1931)에서 겁에 질린 유괴 살인범의 등에 은밀히 'M' 자를 찍어 놓는 분노와 비겁에 찬 시민처럼, 프로이트는 자신의 글에 하나의 짧은 구절을 삽입해 놓는다. 1921년에 출간된 2판에서 자신이 지켜본 아이의 행위를 설명하는 문장에 "자아의 신비로운 마조히즘적 성향mysterious masochistic trends of the ego"[16]이라는 문구를 끼워 넣은 것이다. 프로이트의

---

16. 같은 책, p.12.

이러한 '신비로운' 행위로 인해, 마조히즘은 크라프트에빙이 분류한 '이상 감각'의 영역으로부터 인간의 보편적인 본능으로 홀연하고도 유연하게 넘어오게 되었다. 지하수처럼 은은한 자태로 온 세상 밑에 깔리게 되었다. 이 신비한 첨가로써, 마조히즘은 거대한 죽음의 본능이 지나간 자리에 짙게 남는 잉여물로 거듭나게 되었다.

 ## 초자아의 시대

프로이트는 이미 1915년 "본능과 변화Instincts and Their Vicissitudes"라는 논문에서 마조히즘을 "자신의 자아로 방향이 수정된 사디즘"[17]이라 간단하게 설명한 바 있다. 인간에게 본능적인 폭력성이 내재하며, 이 파괴 본능이 스스로를 향해 내투사introjection될 수 있다는 것이다. 이러한 관점은 마조히즘이 사디즘의 반대되는 현상이라는 크라프트에빙의 구분으로부터 크게 벗어나지 않는 것으로, 사디즘이 인간의 본능적인 성향이라면 마조히즘은 사디즘의 부수적이면서도 국부적인 효과라는 것이다. 이로써 프로이트의 세계에서 마조히즘은 단역으로서의 짧은 출연을 마치고 퇴장하는 듯했다.

그런데 《쾌락 원칙을 넘어서》를 계기로 마조히즘의 중요성은 급부상한다. 바버라 로Barbara Low가 제안했던 '열반 원칙Nirvana Principle'은 이 새로운 질서의 기반이 된다. 인간에게는 불안정한 삶의 상태로부터 안

17. Freud, "Instincts and Their Vicissitudes," *SE 14*, p.127.

정적인 무생물의 상태로 환원하고자 하는 본능이 잠재되어 있다는 것이다. 프로이트의 조심스런 제안에 따르면, 열반 원칙은 쾌락 원칙 및 현실 원칙과 어울려 삶을 구성하는 주요 원리가 된다.

본능으로서의 마조히즘적 성향에 대한 믿음은 이후 구체적으로 이론화된다. "마조히즘의 경제적 문제The Economic Problem of Masochism"[18]라는 1923년의 논문에 이르게 되면, 열반 원칙에 대한 마지막 의구심은 하나의 확고한 전제로 대체된다. "자아의 신비로운 마조히즘적 성향"은 이제 인간의 중요한 본능으로 자리 잡고, 마조히즘은 죽음 본능과 에로스의 유착을 입증하는 중요한 사례가 된다. 더구나 프로이트는 고통을 쾌락으로 받아들이는 반응이 생물학적 차원에서도 분명히 존재함을 인정한다. 이유가 어떻든 간에, 피부에 가해지는 경미한 아픔이 그저 그 자체로서 아련히 좋을 수도 있다는 것이다. 프로이트는 마조히즘의 가장 기본적인 형태가 되는 이러한 현상을 '성감 발생적 마조히즘erotogenic masochism'이라 부른다. 성감 발생적 마조히즘의 발원은 심리학의 연구 영역이 미치지 않는 신경학적인 것으로, 여기에 부여되는 심리적인 동기만이 정신분석의 연구 대상이 될 수 있다고 말한다. 이러한 심리적 동기를 설명하는 개념들이 '여성적 마조히즘feminine masochism'과 '도덕적 마조히즘moral masochism'이다. 프로이트는 이 논문에서 밝히는 마조히즘의 모든 형태들이 전적으로 남성들의 사례들임을 밝히며, 크라프트에빙이 관찰할 것과 마찬가지로 성 불능인 환자들에게서 파괴 본능이 마조히즘으로 발달해 있는 것을 볼 수 있다고 덧붙인다.

---

18. Freud, "The Economic Problem of Masochism," *SE 19*, pp.157~170.

8년 전의 연구에서 마조히즘이 사디즘의 큰 그늘 속에 있었다면, 이제 마조히즘은 사디즘의 권력을 초월하기 시작한다. 마조히즘과 사디즘의 연관성에 대한 프로이트의 기존의 기본적인 입장이 송두리째 뒤집힌 것은 아니지만, 열반 원칙에 따라 파괴 본능이 이미 유기체 내부에서 작동한다는 설정은 사유와 수사의 커다란 전환을 이룬다. 열반 원칙에 따르는 파괴 본능이 유기체를 무기체 상태로 만들려 하면, 리비도는 이를 해롭지 않은 것으로 만들기 위해 파괴적 힘이 외부 세계의 대상을 향하도록 투사_projection_하며, 프로이트는 이러한 이차적인 현상이 기존에 설명한 바 있는 사디즘이라고 정리한다. 그리고 외부로 향하지 않고 유기체의 내부에 남은 잔여의 폭력성이 리비도와 결탁하는 현상이 성감 발생적 마조히즘이다. "약간의 부정확성만 간과해 줄 수 있다면"[19] 잔여 파괴 본능이 리비도와 묶이는 경우인 원초적 사디즘이 곧 마조히즘과 동일하다고 볼 수 있다고 지적하며, 이로써 사디즘과 마조히즘이 같은 기원을 갖는다는 기존의 입장을 고수한다. (이러한 "약간의 부정확성" 이 허락하는 설정은 거울기 이전의 아이가 자신의 물리적 경계를 인식하지 못함에 따라 파괴적 행위의 주체와 대상을 구분하지 못한다는 라캉의 지적에도 메아리친다.) 이는 사디즘이라는 외부를 향한 본능적 폭력성을 우선적으로 전제하고 이것이 내면화되는 형태로 마조히즘의 발생을 설명했던 기존의 입장을 보다 정교하게 보완하면서도 자가적인 파괴 본능이 우선한다는 생각을 구체화한 것이다. 이제 유기체의 내면에서 발생한 원초적인 파괴 본능은 대상으로 투사되기에 앞서 이미 자가적으로도 작동하는 정교한 장치로 발전할 수 있으며, 이러한 자가성

19. 같은 책, p.164.

이 글의 주인공 역을 마조히즘으로 이동시킨다. 이로써 마조히즘은 외부에 의존하는 사디즘의 식상함을 넘어 삶의 중심에 선다. 마치 사디스트에게 길들여진 마조히스트가 궁극적으로 자신의 세계를 확립하고 자아를 완성하는 것처럼, 폴린 레아주Pauline Réage의 《O의 이야기Histoire d'O》(1954)에서 주인공 O가 사디스트의 공허함을 넘어 자기 성취를 이루는 것처럼 말이다.

물론 여기에서 프로이트는 사디즘과 마조히즘이 모두 죽음 본능을 기원으로 하지 않으며, 사디즘으로 발전하는 경우 마조히즘과는 전혀 다른 방향성, 즉 '권력을 향한 의지the will to power'를 갖게 됨을 강조한다. 마조히스트가 감당하는 신체적 고통은 사디스트가 갖는 극단적인 잔인성과는 별개인 것이다. 성감 발생적 마조히즘은 불쾌한 자극에 리비도가 적용되는 생물학적 현상이지만, 환상이건 실제이건 사디스트가 행하는 극단적인 파괴까지 감수하지는 않는다. (이러한 차이점은 후에 들뢰즈가 프로이트를 비판할 때 간과하여, 인용도 없이 마치 자신의 생각인 양 반복하게 되는 부분이기도 하다.)

새로 정리된 배치도에 따르면, 이미 1915년에 설명했던 "사디즘의 회귀"로서의 마조히즘은 외부로 투사된 사디즘이 다시 내투사되는 '2차적 마조히즘'이다. 이 경우 원래의 성감 발생적 마조히즘과 결탁하여 신체적 자극과 심리적 기제가 같은 목적을 가지게 되고, 남성 주체는 스스로를 유아적이기도 하며 여성적이기도 한 자리에 위치시킨다. 거세를 당했고 강압적으로 성교를 당한다는 환상이 일반적으로 나타나기도 한다. 프로이트는 남성들에게 나타나는 이러한 경우를 가리켜 '여성적 마조히즘'이라는 용어를 부여한다. 프로이트에게 여성적 마조히즘은 매우 보편적일 뿐 아니라 이론적으로도 문제를 제기할 만한 여지가 없는, 명료하게 이해되는 현상이다. 사회적 역할 간의 자리 바꿈, 상징계에서의

주체의 위치 이동은, 특이할 것이 없는 통상적인 작용인 것이다.

　프로이트가 이 논문에서 집중적인 관심을 보이는 영역은 세 번째 유형인 '도덕적 마조히즘'이다. 도덕적 마조히즘은 규범적인 부모의 역할이 내면화되어 규제와 처벌을 대행하는 '초자아'의 통제적 권력에게 자아가 복종하는 정신 기제를 일컫는다. 즉 처벌에 대한 무의식적 소망이 도덕적 마조히즘의 추진력이다. 사실 1920년대에 프로이트에게 마조히즘이 중요해진 경위도 타나토스와 더불어 '초자아'의 중요성이 부각되면서이고, 이 논문 역시 초자아의 기능에 대한 구체적인 생각들을 풀어내고 있다. 이에 따르면, 양심이나 도덕과 같은 가치들은 오이디푸스 콤플렉스를 극복하면서 탈성화de-sexualization되지만, 도덕적 마조히즘은 이를 다시 성적인 것으로 환원, 성화sexualization시킨다. 도덕적 마조히즘 역시 성감 발생적 마조히즘의 생물학적이고 체질적인 노선에 의존하여 신체적 쾌락을 가능케 하지만, 이 경우 여성적 마조히즘과 달리 처벌을 받을 만한 행위를 하고 싶은 유혹을 만들어 낸다는 특징을 갖는다. 나쁜 일을 저질러 스스로 자책하고 반성하는 것이 아니라, 처벌을 받기 위해 죄를 범하는 것이다. 자신의 이익에 반하는 행동을 하거나 심지어는 자신의 인생 전체에 해가 되는 결정적 행위를 하기도 한다. 프로이트에게 이러한 논거의 전개는 정신 기제를 의식, 무의식, 전의식의 기능으로 설명한 기존의 지형도로부터 자아, 이드, 초자아로 형성되는 새로운 지형도로 옮기는 경로가 된다. 이로써 초자아는 1920년대 프로이트의 가장 중요한 연구 영역이 된다.

　무라카미 류村上龍가 자신의 소설 《토파주》를 원작으로 직접 연출한 〈도쿄 데카당스墮落東京〉(1992)에서 대기업의 사장을 주 고객으로 하는 '고급' 도미나트릭스는, 전후 일본 사회에서 도미나트릭스가 인기인 이유를

불균형적인 경제 성장으로 진단한다. 남성들은 부를 축적했지만 자랑스러운 돈이 아니라는 불안감 때문에 마조히스트가 된다는 것이다. 초자아의 달콤한 집권을 대행해 주는 직업이 도미나트릭스인 것이다.

 ## 마조히스트의 시간

프로이트는 초자아의 사디즘과 자아의 마조히즘이 상호 보완적임을 밝히면서도, 동시에 도덕이 무의식적으로 연장되는 경우와 도덕적 마조히즘으로 발달하는 경우를 엄격하게 구분한다. (성화와 탈성화 과정이 정밀하게 구분되어야 한다는 들뢰즈의 주장은 이러한 프로이트의 선행 연구에 대한 정확한 설명도 없이 전개된다.) 두 경우 모두 초자아와 자아의 관계에 관한 문제이지만, 전자의 경우 초자아의 고조된 사디즘이 강조된다면, 후자는 처벌을 요구하는 자아 자신의 마조히즘이 주가 되는 경우이다. 초자아의 사디즘은 의식적인 것인 반면, 자아의 마조히즘은 은폐되어 잘 나타나지 않는 특징을 일반적으로 보인다.

뱀과 베라는 의식적인 사디즘의 발현에 충실한 초자아의 표상이 아니라 처벌을 받고자 하는 자아의 은폐된 요구에 응하는 표상들이다. 탈성화된 초자아의 권위로 보기에는 그들의 형상이 이미 구순기로부터 오이디푸스기에 이르는 다양한 시기의 리비도와 너무나 긴밀하게 결탁하고 있다. 그러니까, 요괴인간의 흔들리는 정체성은 강한 성애적 기반을 갖는 것이다. 구순기의 상실감과 거세에 대한 공포로 대표되는 상상계적 불안은 물론이고, 자아 형성 이전의 단계로 소급되는 왜상적 시선, 그와 연관된 신체의 파편화에 대한 공포로부터 탈성화된 초자아의 규범에

가족도 동지도 아닌 요괴 관계. 피보다 진하게 그
들을 묶는 것이 해소되지 않는 소외감이라니.

이르기까지, 여기에 불가능을 표출하는 언술 행위가 나타내는 상징계에
서의 소외까지 포함하여, 〈요괴인간〉에서 전람되는 욕망과 불안의 단상
들은 리비도 발달 과정의 여러 단계에서 발생된 것들이며, 기원 역시 다
원적이다. 요괴인간이 짊어지는 많은 문제들이 텍스트의 표면에 떠오르
지 않고 은밀하게 소통되는 이유는 그것들이 초자아에 억눌린 자아의 문
제들이기 때문이다. 초자아의 권력이 고조되지는 않았지만 분명 작동하
기 시작했기에 은밀함은 절정에 이른다.

　리비도 발달 과정의 순차적인 시간성을 무시하고 여러 단계의 단상
들이 비선형적으로 혼재하는 상태야말로 이들의 정체성을 규정하는 중
요한 속성이자, 프로이트가 말하는 도덕적 마조히즘의 특징이기도 하다.
프로이트에 따르면, 마조히즘에서 구순기에 부각된 젖가슴이 숭배의 대
상이 되거나 항문기에서의 역할이 두드러졌던 엉덩이 등이 공격성을 받
아들이는 주된 부위라는 점은, 처음부터 결성된 리비도와 나중에 이차적
으로 내면화되는 공격성이 다각적으로 교류할 수 있다는 가능성을 나타
낸다. 결국 도덕적 마조히즘은 시간의 질서를 비선형적으로 재구성하는
무의식의 메커니즘이라 할 수 있다. 구세주의 도래를 최종으로 설정하

는 기독교의 선행적 흐름이 아닌, 파편화된 단상들의 무질서한 혼재와 조합이, 요괴인간의 시간인 것이다.

인간들에게 냉대를 받음에도 불구하고 인간 사회의 규범을 철저히 신봉하고 인간 사회의 이익을 위해 봉사하는 뱀과 베라는 분명 초자아의 분신이다. 하지만 그들이 실행하는 '정의'는 어린이들이 본받을 만한 사회적 가치로 포장될 수만은 없다. 어린이를 위한 방송 프로그램으로서 공동체의 이익과 인간애 등을 교훈적 여운으로 남긴다 할지라도, 군사 정권이 원하던 인성 교육의 청결한 자료로서 〈요괴인간〉이 온전히 기능할 수는 없었다. 뱀과 베라가 규범을 존중하고자 그토록 애를 쓰는 모습은 규범을 탈성화해야 하는 오이디푸스기 이후의 시청자 어린이 여러분의 숙제를 도와주는 것처럼 보이지만, 실상은 그러기에는 그들이 체현하는 초자아와 자아가 너무나 광범위한 리비도의 동기와 과정들을 끌어들인다. 그들이 집행하는 초자아의 질서는 오히려 리비도와의 절묘한 접합점들을 형성하는 부분적 요소이자, 마조히즘의 발현을 자극하는 매개일 뿐이다. 규범을 집행하는 가장 모범적인 순간에도 초자아와 자아는 탈선형적 불안과 갈등으로부터 자유롭지 못하다. 규범과 리비도가 만나는 접점에 뱀과 베라는 존재하며, 이 접점이 바로 도덕적 마조히즘의 자리이다. 탈성화된 규범이 다시 초자아의 기능을 통해 성화되고 만 것이다. "빨리 사람이 되고 싶다"는 바람은 탈성화된 규범에 충실한 삶에 대한 갈망일지도 모른다. 물론 이미 성화된 초자아의 규범 밑에서는 이루어질 수 없는, 불가능한 갈망이다. 불가능하기에 마조히스트의 욕망은 증대된다.

이러한 불완전함을 완성하는 표상이 베로다. 베로가 나타내는 진정한 무의식은 베라의 채찍에 의해 처벌을 받고자 하는 욕망이다. 아니, 실제로 베라가 베로를 채찍으로 채벌한 적이 있지 않았던가.

'원조' 마조히즘

《냉혹과 잔혹Le Froid et le Cruel》[20]에서 들뢰즈는 마조히즘과 사디즘의 관계에 대한 프로이트 정신분석학의 관점을 비판하고 수정, 확장한다. 들뢰즈는 마조히즘에 대한 통상적인 오해와 몰이해를 통탄해하며, 마조히즘의 본질을 제대로 이해하기 위해서는 '마조히즘'이라는 개념의 원형적 근원, 그러니까 자허마조흐의 작품 세계로 돌아가야 한다고 피력한다. 자허마조흐의 많은 글들 중에서도 들뢰즈가 각별한 중요성을 부여하는 작품은 1870년에 발표된 《모피를 입은 비너스Venus im Pelz》로, 들뢰즈는 이를 근거로 마조히즘을 정신 병리학이 독점한 병리 현상으로부터 문학 비평의 영역으로 끌어 온다. 정신분석과 문학 비평의 대결처럼 전개되기도 하는 이 비평서에서, 들뢰즈가 말하는 '마조히즘'이란 일반적인 통념으로 유통되는 '변태적 행위' 혹은 정신적 병리 현상이 아니라, 서술과 수사의 방법론이자 미학적 범주이다. 자허마조흐의 작품 세계에 나타나는 총체적인 특징들을 어우르는 비평적 개념이다.

이를 기반으로 들뢰즈는 사디즘과 마조히즘에 대한 여러 잘못된 통념들을 공략한다. 흔히 '사도마조히즘'이라는 용어로 설파되는 둘의 궁합을 잘못된 미신으로 내몰고, 사드와 자허마조흐의 작품 세계는 서로 전혀 상관이 없는 동기와 과정을 통해 진행됨을 강조한다. 사디스트가 얻는 쾌락은 상대가 마조히스트라는 사실과 전혀 상관없이 형성되는 자

---

20. Deleuze, *Coldness and Cruelty*.

의적이고 자가적인 것이며, 마조히스트의 쾌락 역시 사디스트인 '상대'의 의지에 좌우되는 것이 아닌, 독립적인 것이라는 입장이다.

마조히즘의 독립적인 특성에 대한 들뢰즈의 통찰은 상당 부분 프로이트의 제자인 정신분석가 테오도르 라이크Theodore Reik로부터 가져온 것이다. 들뢰즈는 라이크가 말하는 마조히즘의 네 가지 특성, 그러니까 환상의 중심 역할, 지속적인 긴장감, 설득적인 수사, 그리고 자극적인 공포의 역할을 그대로 수용하면서 여기에 다섯 번째의 특징을 추가해야 함을 피력한다. 라이크가 자신의 임상 사례들에서 이런 명백한 특징을 간과했음을 경악과 경멸에 가까운 태도로 비아냥거리면서 말이다. 들뢰즈가 마조히즘의 중요한 특징으로 꼽는 바는 '계약적 관계'의 성립이다. (크라프트에빙으로부터 라이크에 이르기까지 마조히즘은 내면의 문제로 파악되었고, 들뢰즈는 분명 심리적 특징을 파악하는 연구의 문맥에서 마조히즘에 대한 논거를 시작한다. 그러다가 느닷없이 내면으로부터 외부의 타자와의 관계에 관한 특징으로 논거의 중심을 옮기면서 선행 연구로서의 정신분석의 미흡함을 꼬집기 시작한다. 물론 마조히즘이 내면적 갈등이 외부로 투사되는 것과 관련이 깊다는 프로이트의 논거를 수행적으로 보여 주는 것은 아닌 태도로 말이다.) 이로써 들뢰즈는 마조히스트가 외부로부터의 임의적인 자극에 대해 전적으로 소극적인 태도로써 쾌락을 취한다는 통설을 와해시키고, 자신에게 가해질 가학적 행위를 연극적으로 무대화하고 파트너와의 주종 관계를 성립시키기 위해 노력하는 능동적 주체로서 마조히스트를 재구성한다. 들뢰즈에게 계약의 주체는 어디까지나 가학적 타자가 아니라 마조히스트 자신이며, 상대방 여성이 가학적 행위를 수행하겠다고 응하지 않을 경우 남성 마조히스트는 그녀를 교육시켜야 할 필요성에 직면한다. 그만큼 마조히스트의 언어는 설득적이어야 하며, 이러한 수사적 정교함이 동반되지 않는 한 마조히즘은 성립될 수 없다. 들뢰즈에게 '의식'은 그만큼

신성한 개념이다.

들뢰즈 자신이, 아니 자허마조흐 자신이 실제로 그러했고, 그가 창조한 《모피를 입은 비너스》의 주인공 레오폴트가 그러했던 것처럼, 들뢰즈가 설정하는 '원형적' 마조히스트는, 자신이 매혹을 느끼는 상대가 학대를 가할 의도가 전혀 없다는 불리한 상황에서 전략적으로 접근할 필요를 느낀다. 레오폴트는 그가 숭배한 완다가 자신의 게임에 동참할 약간의 의도를 보이기 시작하자 계약서를 통해 두 관계를 고정시키려 한다. 언어적 행위가 수행적으로 현실을 지배하도록 기획하는 것이다. 들뢰즈에 따르면, '설득persuasion'의 필요성과 언어적 규정은 사디즘에서는 나타나지 않는 마조히즘만의 특징이다. 사디스트는 자신의 논거를 '설득'하지 않고 '집행demonstration'만 할 뿐이다. 학대하는 이유를 주절주절 설명한다면, 이미 그는 사디스트가 아니다. 사드가 묘사하는 사디스트 주인공들의 언어가 집행적이고, 사드의 텍스트 자체가 독자들에 대해 그러하다. 사디스트가 자신의 행동을 언어적으로 설명하지 않고 자신의 욕망을 집행하기만 하는 냉철한 묵언의 주체라면, 마조히스트는 상대가 자신을 학대하도록 끊임없이 유도해야 할 뿐 아니라 학대가 지속되도록 계약으로 상대를 제약해야 하는 책략가이다. 사디스트가 행동주의자라면, 마조히스트는 언어와 논리의 전략가인 것이다. 이러한 차이를 부각시킴으로써 들뢰즈는 마조히즘적인 자아가 은폐된다는 프로이트 정신분석학의 관찰에 대한 반향적인 관점을 제시한다.

모피를 입은 베라

프로이트가 양해를 구했던 "약간의 부정확성"은 들뢰즈가 세밀하게 문제시하는 부분이다. 들뢰즈가 항변하는 프로이트—라이크의 관점 중 가장 결정적인 부분은 남성 마조히스트들이 숭배하는 가학적인 여성 속에서 아버지의 권위를 발견할 수 있다는 '임상적' 연구 결과이다. 이에 대해 들뢰즈가 제안하는 '문학적' 관점은, 마조히스트들이 자처하는 신체의 고통이 어머니의 수동적 자세를 모방하는 것이 아니라 아버지에 대한 응징을 대행하는 것이라는 점이다. 마조히스트가 숭배하는 여성의 실체는 아버지가 아니라 어머니이며, 마조히즘은 초자아의 몰락이 어떻게 이루어지는가를 보여 주는 서사라는 것이다.

들뢰즈는 자허마조흐의 텍스트에 나타나는 권위적 여성상을 세 유형으로 분류한다. 첫 유형은 관능적이고 즉흥적인 무질서의 근원이다. 도덕에 얽매이지 않고 자유와 사랑을 위해 사는 '그리스풍'의 차가운 여인이다. 헤르마프로디테Hermophrodite이자, 아프로디테의 분신이다. 그녀에게 아름다움과 사랑은 절대적인 가치를 지니는 것이지만, 이는 영속되는 것이 아니라 덧없이 순간적으로 지나가는 것임을 너무나 잘 알고 있다. 사랑을 사랑하지만, 남성에 종속되지 않으며, 남성과 동등한 위치에서 즉흥적으로 살아가는 냉철한 쾌락주의자이다. 〈킬러 퀸Killer Queen〉(1974)이라는 노래에서 록그룹 퀸Queen이 예찬하는, 차가운 열정과 치명적 권태를 동시에 발산하며 남성을 무기력하게 만드는 '고급' 매춘부의 전형이다. 우아하면서도 우매하고, 대담하면서도 담담하며, 관능적이면서도 무관심한 양면적 태도는 치명적인 매력의 원천이다.

이와 반대로 나타나는 두 번째 유형의 여성은 처벌을 즐거이 수행하는 잔혹한 사디스트이시다. 그녀의 욕망이 진정으로 무엇인지는 알 수 없다. 다만 남성에게 기꺼이 고통을 선사하고 권력을 즐기는 것만으로 마조히스트로서는 감지덕지다. 하지만 들뢰즈가 강조하는 이 여성 사디스트 님의 중요한 특징이란, 고통을 집행하는 역할의 시초가 남성이라는 점이다. 자허마조흐의 적지 않은 작품들에서 여성 사디스트는 타고난 본성을 이미 처음부터 발휘하고 있지 아니하다. 제3의 남성 등장 인물의 자극이나 교육 혹은 협조로 인해 자신의 역할을 묵묵히 수행하게 될 뿐이다. 자허마조흐가 실제로 자신이 필요로 하는 여성 사디스트를 확보하기 위해 아내나 가정부 등 의향이 없는 여성들을 집요하게 설득해야만 했던 것처럼, 그의 소설은 쉽사리 여성 사디스트의 등장을 설정하지 못하고 일련의 어려운 절차를 거쳐야만 한다. 결국 절대적인 처벌자의 본래 의지에 대한 의혹은 이상에 손상을 가할 수밖에 없다.

들뢰즈가 선출하는 자허마조흐의 이상적 여성상은 이 두 유형과는 역력하게도 거리가 멀다. 그러면서도 바로 이 둘에 의존한다. 양극으로 설정되는 중간적 영역이 마조히즘의 이상이 분출하는 곳이다. 냉혹과 잔혹 사이에서 발생하는 변태적인 변증법이 마조히즘의 생성 원리다. 관능은 시계추처럼 두 극단 사이에서 흔들린다. 어느 한쪽으로 치우치면, 마조히즘은 제대로 작동하지 않으며, 존재의 의미는 소각되고 만다. 환상은 양극을 부정함으로써 성립되며, 이것도 저것도 아닌 상태에서 욕망의 새로운 가능성이 살아난다. 《모피를 입은 비너스》의 여주인공 완다는 처음에는 '고급' 매춘부로 소개되어 사디스트로의 여정을 겪는다. 마조히즘의 쾌락은 여정의 중간에 찾아온다. 이상적 여성은 냉철한 폭력성을 집행하면서도, 완전히 탐미적이지도 잔혹하지도 않다. 분노의 화신

바흐친Bakhtin적인 대소, 사육제보다 근원적인 존재론적 외로움의 파안.

이면서도, 죽어 가는 남성의 따뜻한 연인이 되기도 한다. 아름다움은 격노함과 상냥함이 섞이고 냉혹함과 잔혹함이 서로를 상쇄할 때 순간적으로 파열한다. 영속이 아닌 순간의 지속에 이상의 아름다움이 존재한다.

이러한 들뢰즈의 논리적 원리, 마조히즘의 정서와 수사를 한 마디로 요약하자면, '부인disavowal'이다. 프로이트가 말한 'Verleugnung'이다. 부인은 하나의 가능성을 철저하게 파괴하지 않는 것이다. 완전한 부정에 의한 배제가 아니라, 아찔한 유혹과 아슬아슬한 머뭇거림이 혼재하는 모호함이다. 사디즘이 감정에 대한 절대적인 '부정negation'으로 나타난다면, 마조히즘의 이상적 여성상은 감정에 대해서도 어중간한 태도를 보인다. '고급' 윤락녀나 사디스트는 혼란을 '견고한 질서'로, 열정을 냉혹함으로, 완전히 대체한다. 자허마조흐의 이상은 완전한 대체가 아니라 유보와 지속으로 나타난다. 모든 가능성들은 애매하게 열려 있으며, 그 속에서 표류하는 관능은 그 어떤 선택도 확정하지 않는다. 아른거리는 가능성들의 유린과 유혹은 완성으로의 완결로 이어지지 않음으로써 완벽의 가능성을 시현한다. 마조히즘의 이상은 'neither'와 'nor'의 논리가 만드는 제3의 결과인 것이다. 결국 마조히즘의 정서는 페티시즘과 일맥

상통하는 것이며, 이를 설명하는 들뢰즈의 논거 역시 수행적이다. 요괴인간의 삶이 그러하고 〈요괴인간〉이라는 텍스트가 그러하듯 말이다.

들뢰즈는 이러한 세 가지 상태가 형성하는 개념적 틀이 인간 사회와 역사에 대한 문제 의식으로 확장함을 지적한다. 집착과 환상으로부터 인간성에 대한 이론적 틀을 생성하는 것이 마조히즘의 정신인 셈이다.

이 삼각 구도는 또한 세 유형의 어머니상을 반영하기도 한다. 첫 어머니가 원초적인 자궁 어머니이고, 그 반대가 오이디푸스기의 남근 어머니라면, 중간적 어머니는 구순기의 어머니이시다. 양육과 처벌의 권능을 동시에 지니신, 대지의 모친이자 죽음의 여신이시다.

베라야말로 마조히스트의 이상이다. 두 양면 사이에서 진동하는 구순적 어머니이시다. 폭력적이기는 하나 완전한 잔혹함에 고착되지 않으시며, 감성적이기는 하지만 냉혹한 탐미주의자는 아니시다. 사디스트의 권능에 근접하면서도 절대적 질서를 신봉하는 대신 즉흥적이고 자유로운 감성에 젖으신다. 풍만한 가슴과 날카로운 채찍이 상징하는 양육과 처벌의 양면적 가능성은 서로를 지지하고 견제하며 모호한 관능의 영역으로 리비도의 표류를 유도한다. 마조히스트의 환희는 그 유도 속에서 유보된다.

두 양극을 축으로 하는 부인에 의해 성립된 요괴인간의 정체성은 베라라는 중간적 어머니를 중심으로 펼쳐지는 마조히즘의 서사이다. "사람도 짐승도 아닌" 것들의 존재 이유는 구순적 어머니의 양면적이고 중립적인 부인에 반영되어 있으며, 또한 그것으로 성립되는 것이다. 역시 〈요괴인간〉의 감흥은 다양한 리비도의 방향성들이 산발적으로 이루는 불연속적이고 탈시간적인 혼재에 있다.

들뢰즈의 마조히즘

《냉혹과 잔혹》에서 들뢰즈가 프로이트의 정신분석학에 대항하여 펼치는 가장 치열한 논박은 초자아의 역할에 집중된다. 초자아의 응징에 대한 자아의 수난으로 나타난다는 프로이트의 도덕적 마조히즘을 들뢰즈는 논리적 결함으로 내몬다. 들뢰즈가 제시하는 수정적 모델은 '초자아에 대한 자아의 복수'이다. 마조히즘은 "초자아가 어떻게 그리고 누구에 의해 몰락하며, 이러한 파멸의 결과가 무엇인가를 말하는 이야기"[21]라는 것이다. 마조히스트가 입증하는 초자아의 권력에 대한 자아의 저항적 공격성이며, 이때 추락하는 것은 아버지의 권위이다. 이로써 들뢰즈는 프로이트와 그가 이끈 정신분석학에 대한 결정적 일침을 완성하며 책을 마무리한다.

그런데 문제는 들뢰즈가 말하는 초자아가 프로이트의 정의로부터 벗어난다는 점에 있다. 들뢰즈는 아버지의 내면화된 자리와 초자아라는 개념을 상호 교체하는 것으로 고정시키며 초자아의 몰락이 곧 아버지에 대한 복수와 일치하는 것으로 간주한다. 아버지의 위상이 내면화되는 것이 초자아라는 말은 맞는 말이다. 내면화된 아버지의 모습을 응징하는 것이 마조히즘의 중요한 요소라는 말도 틀림없다. 하지만 아버지와 초자아의 관계를 일방적이고 일률적인 것으로 고정시키는 것은 프로이트의 정신적 지형학을 오독한 결과이다. 내면화된 추락한 아버지를 응

---

21. 같은 책, p.130.

징하는 법의 주체가 바로 초자아인 것이다. 초자아가 어머니의 모습으로 나타나리라는 상상을 들뢰즈가 자신에게 허락하지 않은 것은 임상적 사례가 될 만큼 흥미롭다.

들뢰즈가 빠지는 또 다른 함정 역시 다분히 병리학적이다. 그가 말하는 초자아의 몰락은 그가 책에서 펼쳐 내는 '부인'의 원리를 부인한다. 들뢰즈가 말하는 마조히즘에서의 초자아의 몰락을 프로이트 / 라캉의 언어로 다시 말하면, '아버지의 이름'이 억압*repression*되거나 폐제*foreclosure*되는 상황이다. 이는 부인에 의해 작용하는 페티시즘과는 엄격하게 구분되는 병리적 현상이다. 라캉이 지적하듯, 프로이트는 '억압*Verdrängung*'은 물론이고, '부인*Verleugnung*'과 '폐제*Verwerfung*'라는 개념들도 정확하게 구분하여 사용했다.[22] '억압'은 신경증, '부인'은 페티시즘의 메커니즘이요, '폐제'는 정신병의 근원인 것이다. 들뢰즈는 마조히즘을 어머니에 대한 접근이 '부인'되는 페티시즘적 현상으로 명확히 규정해 놓고도, 부인의 수행적 주체인 아버지의 역할을 논하는 부분에서는 이와 전혀 일치하지 않는 논거를 펼쳐 버린 것이다. 부인을 부인하는 들뢰즈의 책은 페티시즘의 굴레로부터 벗어나려는 처절한 노력의 주체를 떠올린다.

부모의 역할과 초자아의 기능에 대한 프로이트의 논거는 사실 들뢰즈가 전제하는 것처럼 단순한 것이 아니다. 프로이트는《문명 속의 비판》등에서 이미 내면화된 부모에 대한 혐오와 복수가 대상과의 관계 및 에로스와 리비도의 결합 형태에 영향을 끼칠 수 있음을 누차 강조한 바 있다. 그리고 이러한 경우에 있어서도 복수를 수행하는 내면의 주체를

---

22. 브루스 핑크, 《라캉과 정신의학》, 맹정현 옮김, 민음사, 2002, pp.134~135.

'초자아'라 칭했다. 이 경우에 있어서 초자아는 내면화된 나쁜 부모의 자리가 아니라, 내면화된 나쁜 부모에 대한 공격성을 실행하는 자리가 되는 것이다. 즉 '초자아'라는 개념은 부모의 모든 역할과 기능이 일률적으로 내면화되면서 생겨난 자리가 아니라, 공격성을 수행하는 능동성을 지시하는 유동적인 개념인 것을 들뢰즈는 파악하지 못한 것이다. 프로이트의 유목민이 들뢰즈에 의해 고정적인 가부장으로 왜곡된 셈이다.

줄리아 크리스테바는 유아의 부모에 대한 혐오와 저항이 자아의 형성 이전부터 작용함을 강조하며 자신과 외부 세계 간의 경계도 구분 못하는 상황에서 이미 억압이 이루어짐을 간파한다.[23] 언어를 습득하고 상징계에 돌입한 이후에 이루어지는 '2차 억압' 이전에 비언어적이고 비정형적인 '원초적 억압primary repression'이 나타난다는 것이다. 자아도 형성되기 이전에 이미 초자아의 등극이 예고되는 셈이다. 유아는 독립적인 개체로서 자신을 인식하지도 못하면서 무언가를 배제exclusion시키는 행위를 실행하는데, 이때 제외되는 것은 부모의 잉여적인 사랑이다. 크리스테바에 따르면, 이미 원초적인 단계에서 부모에 대한 공격성은 발휘되기 시작한다. 언어 질서의 습득 이후 이러한 행위를 실행하게 되는 심리적 기제가 바로 '초자아'이다. 크리스테바는 초자아의 기능에 선행되는 이러한 무형적 수용체를 '코라chōra'라는 개념으로 설명하고, 원초적 억압에 의해 배제된 그 무언가를 '아브젝트abject'라 칭한다. '초자아'는 원초적 공격성을 물려받는, 태어나지도 않았던 대타자의 귀신이 물려주는

---

23. Kristeva, *Powers of Horror: An Essay on Abjection*, Leon S. Roudiez (trans.), New York: Columbia University Press, 1982.

폭군의 자리이다.

　마조히스트가 섬기는 도미나트릭스의 너머에 아버지가 존재한다는 라이크의 말을 그대로 수행이라도 하듯,《마조히즘》이라는 들뢰즈의 책은 아버지를 숨기고 있다. 프로이트라는, 문학과 문화의 영역에 이미 깊숙하게 내면화된 불편한 아버지다. 자허마조흐의 텍스트를 내부부터 점령한 정신분석의 아버지다. 자신의 정신에도 깊숙하게 침투해 있었을, 까다로운 전지적 분석가이다.

　프로이트라는 아버지에 대한 들뢰즈 텍스트의 태도는 매우 애매하다. 양가적이다. 자신의 주장을 펴는 과정에서 들뢰즈는 프로이트의 업적에 찬사를 보내면서도, 정신분석학에 대한 전체적인 불만과 저항을 숨기지 않는다. 프로이트에 대한 공격성을 잔뜩 머금지만, 직접적인 비판은 프로이트의 제자인 라이크에 대한 민망할 정도의 비하적인 태도로 대체되기 일쑤이다. 감히 아버지에게 못 들이대는 화살을 만만한 경쟁자를 향해 남발한다. 들뢰즈의 다분히 수행적인 글은 결국 프로이트라는 아버지상에 대한 자신의 모호하고 교묘한 반항으로 요약된다. 존경과 복종이 섞인, 그러나 그를 넘어서고 절하하려는 오묘한 투항이다. 그러다가, 책의 마지막에 이르러서는 프로이트에 대한 일격을 숨기지 않고 내어 놓는다. "내가 정말로 죽이고 싶은 것은 당신이었어."〈복수는 나의 것復讐するは我にあり〉(1979) 에서 마지막에야 아버지에 대한 강렬한 복수의 의지를 격발시키는 아들처럼, 들뢰즈는 결국 했어야 할 말을 뱉는다.

　텍스트의 내면에서 프로이트라는 아버지를 공격하는 언어적 기제를 일컬을 수 있는 적절한 용어가 있다면, 바로 '초자아'가 될 것이다. 프로이트의 초자아에 대한 이론을 공격한 무기야말로 지극히 프로이트적인 의미에서의 초자아이다. 아이러니는 아버지상을 공략하기 위해 발휘한

수사가 수행적으로 아버지의 언어를 입증시켰다는 사실에 있다. 결국 들뢰즈의 텍스트 내에서 유통되는 초자아는 '초자아'라는 프로이트의 개념을 잘못 호명함으로써 초자아의 본래의 작용을 그대로 보여 준 것이다. 역시 진실을 드러내는 것은 오인이다. 언술의 주체가 빠진 권력의 함정 속에 도사리는 논리가 바로 주체가 소각하려고 했던 대상이다.

마조히즘이 아버지에 대한 응징과 보복을 핵심으로 한다는 주장은 결국 프로이트에 대한 저자 자신의 복합적인 사적 정서를 반영하기 때문이리라. 들뢰즈가 무의식적으로 주는 교훈이 있다면, 이러한 주체들의 자리바꿈이, 초자아와 자아, 어머니와 초자아, 아버지와 자허마조흐, 프로이트와 들뢰즈 등이 펼치는 입체적인 수건돌리기가, 바로 마조히즘적 환상의 핵심이라는 점일 것이다. 결국 프로이트에 대한 들뢰즈의 '복수'는 〈복수는 나의 것〉에서처럼 완성되지 않고 미수로 끝난다. 바로 이러한 실패가 마조히즘이다. 아버지의 이름이 소각되지 않고 끈질기게 남아 어머니의 남근에 대한 숭배를 지속시키고 이러한 불완전에 대한 처벌을 자처하는 것이 도덕적 마조히즘이다. 결국 도덕적 마조히스트는 내면화된 부모에 대한 복수극을 무의식 속에서 꾸미는, 그러나 결국 이를 언표화할 때 궁극적인 불가능의 진실에 직면하는, 혼란스런 책략가이다. 들뢰즈가 말하는 마조히즘의 핵심 요소로서의 '계약의 성립'은 부수적인 것이다. 언어화가 이루어지지 않더라도, 계약이 이루어지지 않더라도, 무의식 속에서 불가능의 지속은 욕망의 표류에 꾸준한 원동력을 제공한다. 흥미로운 문제는 이 복수가 왜 미수로 끝날 수밖에 없는가가 아닌가. 〈복수는 나의 것〉에서와 같이, 아버지를 경멸하는 아들이 자신의 의지의 실체를 파악하고도 왜 이를 실행할 수 없었는가가 아닌가.

〈요괴인간〉의 가족적 관계는 이러한 혼란과 실패의 지형도이다.

IV.
버거운 피아

 내면과 야수

1956년에 제작된 할리우드의 혼성 장르 영화 〈금지된 세계〉에 나오는 괴물은 이 영화의 불분명한 장르적 정체성만큼이나 모호하다. 한 과학자가족만이 주둔하고 있는 혹성에 도착한 우주 탐사원들은 형체를 드러내지 않는 괴물의 습격을 받는데, 첨단 무기를 무력화하고 인간의 신체를 찢어발기는 이 미지의 괴물에 대처할 방법은 전무하다. 눈앞에서 동료의 몸이 살 조각으로 격하되지만, 약탈자의 모습은 보이지도 않는다. 에너지 감지 장치만 히스테리적으로 거대한 힘의 파장을 표시할 뿐이다. 《템페스트*The Tempest*》의 섬과 같은 문명의 저편에서 이성과 과학은 무용지물이 되고, 공포를 전달할 언어조차 무의미해진다. 이 탈언어적인 공포의 근원은 뜻하지 않던 곳에서 밝혀진다. 뇌의 파장을 확대하는 연구를 하고 있던 과학자가 이 극악무도한 괴물의 진원지로서 자신의 '이드'를 지목한 것이다. 실험으로 인해 뇌의 논리적 창의성이 무한히 확장되면서, 억압된 내면의 어두움도 덩달아 커졌다는 것이 그의 설명이다. 과

학의 기형적 산물은 자신을 낳은 과학적 지식의 주체를 파멸시키고, 이로써 공포를 느끼는 주체와 공포를 만든 주체는 하나가 된다. 프랑켄슈타인이 그러했듯, 과학의 힘과 논리를 통치하는 인간이 맞싸워야 하는 것은 자신의 피조물이며, 그가 신봉하던 과학은 인간을 자연으로부터 보호하는 역할에 실패하고 만다.

프로이트에 따르면, '이드das Es'는 "인격의 어둡고 도달할 수 없는 부분dark, inaccessible part of our personality"[1]이다. 프로이트는 자신의 연구가 이에 대해서 뭔가 새로운 지식을 제공할 수는 없다고 말한다. 다만 '자아'에 해당되지 않는 모든 것을 포함할 뿐이라고 말한다. 이에 대한 이름조차도 새로운 명칭이 아니라, 그저 '그것das Es'일 뿐이다.

'그것'은 프로이트가 이를 개념화한 이후 한 세대가 지날 무렵에는 할리우드의 가장 대중적인 상상에 차용될 정도로 보편화되었다. 그리고

---

1. Freud, "New Introductory Lectures on Psychoanalysis," *SE 22*, p.106.

인간 정신의 억압된 내면은 20세기에 걸쳐 가장 설득력 있는 괴물의 근원이 되었다. 1886년에 출간된 로버트 루이스 스티븐슨Robert Louis Stevenson의 소설 《지킬 박사와 하이드》에서부터 이미 괴물의 진원지는 내면화되어 있다. 하이드는 이드의 이브이다. 지킬 박사의 내면의 한 부분이 투영된 분신이다. 오늘날 괴물이 오는 곳이 내면임을 설명하기 위한 노력은 더 이상 필사적일 필요도 없다. 〈금지된 세계〉 등에서 괴물의 근원이 인간의 내면으로 밝혀질 때 우리가 받는 탈언어적인 충격의 여파는 끄덕이는 고개가 떨쳐 준다. 지킬과 하이드와 같은 분열된 자신의 여러 모습들을 스스로 발견한다는 것은, 팝그룹 아바ABBA까지 인지할 정도로 "물론 전혀 새로운 사실이 아니다nothing new of course." [2]

사실, "물론 전혀 새로운 사실이 아닐" 뿐 아니라, 매우 오래된 자기 성찰의 전통을 따르는 것이다. 인간의 정체성에 대한 소크라테스의 고민으로부터 이미 괴물과의 동일시는 스며들어 있었다.

"나는 티폰Typhon보다 더 복잡하고 야만적인 짐승인가?" [3]

티폰은 대지의 신 가이아Gaea와 지하 세계의 신 타르타로스Tartaros 사이에서 태어난 100개의 머리를 가진 용이다. 소크라테스의 철학적 성찰은 인간의 이중적 기원에 대한 의문으로부터 출발한다. 결국 그는 야만성을 극복하는 고결한 형이상학적 주체로의 길을 택하지만, 그리하여 티폰을 지

2. Benny Anderson & Björn Ulvaeus, "Me and I," *Super Trouper*, Stockholm: Polar Entertainment, 1980.

3. 커니, 《이방인, 신, 괴물》, p.32에서 재인용.

하 세계로 추방하려는 제우스의 캠페인에 동조하게 되지만, 경이로운 야생에 대한 공포와 매혹이 일종의 거울 효과를 일으킨 것은 의미심장하다.

20세기의 관점에서 본다면, 모든 괴물의 근원은 인간이다. 정신분석학은 계몽주의의 2대 괴물은 물론이거니와, 고대 종교와 신화 속의 기형신과 반인반수들까지도 정신적 심연의 표출로 재해석하는 힘을 획득했다. 괴물의 공포는 정신분석학의 힘에 의해 문명 너머의 공간에서 동물원으로 잡혀 오듯 내면으로 운반되었다. 괴물은 인간의 자화상이다. 리처드 커니의 말대로, 괴물은 "인간 심리의 심연에 존재하는 균열의 증거"[4]이다. 공포는 결국 시선의 주체와 대상을 일치시키는 거울 효과에 의한다. 문명의 가장 어두운 곳에서 마주치는 끔찍한 형상은 억압되어 있던 내면의 타자가 비치는 은밀한 거울이다. 티모시 빌Timothy Beal이 설명하듯, 괴물은 "지하 최하부 혹은 가려져 있었거나 잊혀 왔던 것들이 봉인된 비밀 방의 갑작스런 폭발을 나타낸다."[5] 괴물이 섬뜩한 것은 그 기묘함의 원천이 절대적 타자가 아니라 우리 자신이기 때문이다. 커니의 표현을 빌리자면, 우리가 괴물을 두려워하는 것은 괴물이 "우리들 자신보다 더 우리와 닮았기 때문이다."[6]

"우리들은 요괴인간들이다." 이 위협적인 노래 가사가 하나의 묵언적 진리를 말하기 위해 그 간사한 대명사에 근사하게 봉합시키는 것은 시청자 어린이 여러분이다.

---

4. 커니, 《이방인, 신, 괴물: 타자성 개념에 대한 도전적 고찰》, p.15.

5. 같은 책, pp.65~66에서 재인용.

6. 같은 책, p.135.

괴물의 근원이 인간이라는 관점은 자연의 질서나 신의 의도와 관련된 것으로 보는 고대의 사유와는 커다란 차이가 있는 것처럼 보이지만, 실상 그 중간 과정을 본다면 자연스러운 변화의 여정으로 나타난다. 중세에 이르러 고대의 자연은 기독교의 하나님으로 대체되었고, 자연의 질서에서 이탈한 괴물은 하나님이 집행하는 처벌로 여겨지기에 이르렀다.[7] 결국 중세에 있어서 자연이란 인간의 세계를 반영하는 은유적 질서였으며, 그 배후에는 신성한 절대자의 거룩한 의지가 있었다. 이러한 세계관 속에서 괴물은 인간의 도덕성을 반영하고 통제하는 신의 의지를 나타냈다. 아담의 원죄로부터 계몽주의 시대의 도덕적 타락에 이르기까지, 괴물은 인간의 죄악에 대해 신의 권력을 집행하고 신성한 질서를 회복시켜 주는 매개로 기능해 온 것이다.

베아테 오슈너에 의하면, 인간의 본성에 내재하는 괴물적인 것에 최초로 언어의 빛을 비춘 인물은 몽테뉴Montaigne이다.[8] 괴물의 대대적인 재탄생이 이루어져 괴물의 '르네상스'를 이룬 르네상스 시대에, 괴물은 신의 신성한 의지에 대한 표상으로 나타나기도 하고, 자연의 질서에 부합하지 못하는 잉여로 여겨지기도 했다. 이러한 모순적인 양분에 대해 몽테뉴는 괴물이 인간의 무지와 상상일 뿐, 자연의 섭리에 어긋나는 변종이 아니라는 입장을 취했다. 변이되고 변형되는 것은 자연이 아니라 인간 자신의 상상이라는 것이다. 그에 따르면, 인간 세계에 득실거리는 각종 기괴한 기적과 불길한 징후 및 이상한 변이들은 "우리가 스스로에 대

---

7. Ochsner, "Monster: More Than a Word······ From Portent to Anomaly, the Extraordinary Career of Monsters."

8. 같은 책.

해 갖는 낯섦을 근원으로 한다."⁹

이성적 사고가 발달하는 시기에도 괴물이 사라지지 않은 것은 그 근원지의 신비로움을 자연과 인간으로 대체하였기 때문이다. 이성 철학의 시대에 괴물에 대한 이해의 틀로서 과학이 자리 잡게 되면서 '괴물의 위기'가 닥치기는 하지만, 그 도래지가 인간의 내면으로 옮겨짐에 따라 괴물은 인간에 대한 새로운 종교적, 철학적 관점과 의미들을 소통하게 되었다.

결국 자연과 신과 과학을 거쳐 인간의 내면에 이르기까지 서구 철학의 중심이 달라지면서 괴물 역시 이를 따라 이동해 왔다. 20세기에 이르러 이 모든 유산은 괴물의 다양하고 복합적인 정체에 녹아 있다. 이렇게 다양한 근원지를 가지고 있기에 역시 우리는 그것을 '괴물'이라 부르는 것이리라.

결국엔 '인간'이 바로 '괴물'이다. 그 어떤 동물의 관점에서 보더라도, 인간은 자연계에서 가장 끔찍한 약탈자일 수밖에 없다. 지구의 역사에서 가장 흉악한 대대적 파괴를 이룬 흉험한 포식자다. 내면에 억압된 타자를 감추고 스스로도 인지하지 못하는, 가면 쓴 흉물이다. 자신이 창조한 선과 악, 미와 추의 가치관에 의해 스스로 격하되는 이상한 동물이다.

빨리 사람이 되고 싶어 하는 요괴인간의 갈망은 요괴인간을 상상해 낸 인간의 조급한 방어 기제이다.

9. 같은 책, p.248.

결박된 것의 격발

프로이트 정신분석학이 '내면의 억압된 무언가'를 정신 현상의 근원으로 밝힘에 있어 결정적인 기반으로 삼았던 출발점은 '히스테리*hysteria*'라는 증상이다. 옥스퍼드 사전이 규정하는 '히스테리'란 '과장되거나 통제가 되지 않는 감정 혹은 흥분 상태'이다. 히스테리는 프로이트로 하여금 '무의식'과 '이드'를 낳게 한 중요한 기반이다. 히스테리가 정신분석학의 중심에서 담론화될 바로 그 무렵, 괴물의 근원이 인간의 내면으로 자리 이동하기 시작한 것은 우연이 아니다.

억압하는 힘이 클수록 억압된 것의 분출은 강력해진다. 인위적 질서에 대한 신경증적인 통제가 극심할수록 히스테리의 파열은 파괴적이다. 통제할 수 없는 구토처럼 내면의 어두움이 밖으로 쏟아질 때, 우리의 얼굴은 일그러지고, 신체는 격정적인 떨림에 무기력하게 맡겨진다. 문명의 요구를 순식간에 망각하고, 초자아의 부당한 권력을 단번에 떨쳐 버리고, 추악한 짐승으로 격하된다.

요괴인간이 변신하는 모습은 억압된 것을 게워 내는 우리의 자화상이다. 그 변신의 폭은 그들을 억압하는 기제의 부당한 권력의 크기를 대변한다. 요괴인간이 요괴로 변해 있을 때의 끔찍함은 억압된 것의 절실함에 대한 방증이다.

억압된 것의 분출이 곧 추방된 것의 회귀이다. 추방된 '희생염소*tragos*'가 문명으로 다시 돌아오면 '비극*tragedy*'이 성립된다. 비극이 질서 안에서 악의 회귀를 기표화하고 해결하는 공인된 기제라면, 회귀의 수사적 재현마저도 질서 밖으로 추방할 때 우리는 이를 '히스테리'라 불러 왔

다. 히스테리는 추방된 타자의 항변이다. 타자가 불러일으키는 질서의 부당함이다.

히스테리 환자가 전통적으로 여성에 국한되어 왔다는 사실은 히스테리라는 의학적 담론에 가부장적 권력이 뿌리 깊게 내재함을 알린다. 요괴인간의 변신이 그러하듯, 여성의 히스테리 격발은 권력의 부수적 효과이다. 여성에 대한 성적 억압이 극심했을 때 여성 히스테리가 많았던 것은 당연한 것이다. 가부장 제도가 금기시한 것이 축적되어 질서의 틈새로 터져 나올 때 그 형상이 곧 '괴물'의 모습이다. 요괴인간은 통제를 유지시키는 힘의 부자연스런 부당함을 고발한다.

히스테리를 일으키는 여성은 결핍을 가시화하고 성적인 모호함을 취약함으로 노출시킨다. 요괴인간의 변신이 바로 그러하다. 요괴인간의 격발은 서구 의학의 담론이 여성적인 것으로 규정해 온 것을 상징화한다. 요괴인간이 표출하는 괴물성은 역사의 탄압에 시위하는 여성적 타자의 탈언어적 제식이다.

 ## 히스테리의 히스토리

수세기에 걸친 히스테리의 장구한 역사는 여성의 신체에 쓰였다. '자궁 *hystera*'의 의미를 지닌 어원부터가 질병의 비밀을 여성의 몸속에 위치시킨다. 히스테리('hysterikos')라는 개념을 처음으로 설명한 히포크라테스 Hippocrates는, 이 신체적 질환이 성행위가 오랫동안 이루어지지 않을 때 자궁이 건조하고 가벼워져 위로 상승, 허파나 심장을 압박하면서 나타나는 현상으로 여겼다. 이후에도 서구의 의학 담론은 히스테리를 항상 여

성의 억제된 성과 연관된 것으로 이해하였다. '노처녀,' 수녀, 과부 등 '지나치게 성욕을 절제하는' 여인들과 히스테리가 갖는 연관성은 20세기까지 끈질기게 이어졌다.

히스테리를 둘러싼 권력의 구조를 파헤친 레이첼 메인스Rachel Maines에 따르면, 히스테리는 신체와 시대의 결탁을 입증하는 사례가 된다.[10] 히스테리의 증상으로는 "신경 쇠약, 신경과민, 불면증, 폐뇨증, 복부 중압감, 근육 경련, 호흡 곤란, 과민성, 식욕 감퇴, 성욕 감퇴, 그리고 말썽을 일으키는 경향" 등이 포함되었으며, 빅토리아 시대에는 모든 여성들 중 1/4 정도가 많은 증상들 중 적어도 한 가지에는 해당이 될 정도로 그 리스트가 방대해졌다. 히스테리를 둘러싼 근대의 담론은 정확한 과학적 근원을 밝히는 대신 환자의 수만 부당하게 늘인 셈이다. 메인스는 히스테리가 빅토리아 시대의 의사들에게는 중요한 수입원이었고 심지어는 의사들의 생계 유지를 돕기 위해 히스테리가 성립되었을 수도 있음을 제안한다. 의학의 담론은 '추방'과 '과학적 이해'의 간극에서 교묘하고도 기묘하게 여성을 타자의 위치에 고정해 놓았다.

히스테리를 치료하는 방법 역시 언제나 성적이었다. 중세에는 히스테리를 치료하기 위해 주부에게는 성교가, 처녀에게는 결혼이 처방되기도 했다. 빅토리아 시대에 개발된 치료법은 이른바 '골반 마사지'라는 방법으로, 환자의 성기를 오랫동안 자극하는 것이었다. 이 치료는 '히스테리 격발hysterical paroxysm'이라 일컬어졌던 감정의 분출로 마무리되었고,

---

10. Rachel P. Maines, *The Technology of Orgasm: "Hysteria," the Vibrator, and Women's Sexual Satisfaction*, Baltimore: The Johns Hopkins University Press, 1999.

1910년 신문의 진동기 광고. 그렇듯. "진동은 진정 삶
이다."

오늘날 이는 '오르가슴orgasm'으로 이해된다. 이러한 시술을 위해 의사들
은 숙달된 기술을 갖추어야 했고, 오랜 기간 동안의 힘든 노동을 치러야
했다. 1870년에는 이러한 문제에 대한 해결책이 등장했다. 오늘날 자가
적 성행위autoerotism의 수단으로 널리 사용되는 진동기vibrator의 원형이라
할 수 있는 장비가 판매되기 시작한 것이다. 메인스에 따르면, 가정용 진
동기는 진공청소기보다 9년, 전기 다리미보다 10년이나 앞서 개발될 정
도로 친밀한 도구였다. 진동기의 사용 역시 명백히 성적인 것이었음에
도 의학이라는 모호한 담론의 보호를 받으며 놀랍게도 사회적인 금기로
부터 기묘하게 벗어나 있었다.[11] 병 주고 약 주는 의학의 손은 모조 성기,
즉 딜도dildo를 든 권력의 팔이었던 것이다.

11. 같은 책.

히스테리의 여신

근대 히스테리 담론의 중심에는 장 마르탱 샤르코Jean Martin Charcot가 당당한 자태로 서 있다. 샤르코의 연구만 하더라도 히스테리에 대한 의학적 지식이 얼마나 골이 깊게 여성에 대한 남성의 권력을 기반으로, 그것도 얼마나 지속적으로 여성의 성에 대한 얄팍한 앎의 의지를 기반으로 하여 작용하였는가를 여실히 보여 준다. 프로이트가 '무의식'을 발견하는 데에 결정적인 계기를 제공하기도 했던 샤르코의 연구 과정은 오늘날 히스테리를 이해하는 과학적 업적보다도 남성적 담론이 여성의 몸에 불편하게 집착한 사례로 더욱 깊게 남아 있다.

살페트리에르Salpêtrière 병원에서 그를 위해 설립된 신경병과 Neuropathology에 근무하면서 히스테리에 대한 각별한 관심을 발전시킨 샤르코는 히스테리의 근본적 원인이 신경계 이상에 있다고 생각하였다. 19세기에 정신 질환은 치료가 불가능하다는 생각이 보편적이었고, 살페트리에르와 같은 대형 의료 기관은 환자들을 치료하는 것보다는 정신 질환자들을 사회로부터 격리시켜 놓고 서로를 보호하는 것에 주된 목적을 두고 있었다. 사회로부터 격리된 이 장소에서 환자들의 몸은 자유로운 관찰과 실험적 치료, 심지어 사후에 이루어지는 각종 심상치 않은 검사의 편리한 실험쥐가 되었다. 샤르코에게는 연구를 위한 더없이 훌륭한 공간이었던 것이다.

샤르코는 환자들의 사후에 신경 조직을 해부함으로써 히스테리의 근원을 밝히고자 했으나, 결과가 성공적이지는 못하였다. 그가 히스테리의 연구에 관해 남긴 성과는 질병의 근원을 밝힌 것에 있는 게 아니라, 히

스테리 증상을 의지에 따라 재생산할 수 있음을 보여 준 것에 있다. 그 방법은 바로 최면이었다. 샤르코는 최면 상태와 히스테리를 거의 동질적인 현상으로 보았고, 이를 밝히기 위해 1882년 프랑스 과학 아카데미로부터 최면 요법을 사용할 수 있도록 승인을 받았다. 그의 실험은 히스테리 환자들에게 최면을 걸어 히스테리 증상과 같은 효과를 내는 것이었다. 신경 근육의 유연화나 전신 강직증catalepsy, 기면 상태에서의 신경 근육의 동요, 몽유병 증상 등이 그것이다. 그를 유명하게 만든 실연에서 그는 경련성 발작을 일으키는 환자의 복부 아래쪽 자궁 부분을 자극함으로써 이를 제어할 수 있음을 보여 주었다. 심지어는 자석을 이용하여 증상이 몸의 한 쪽에서 다른 쪽으로 이동하도록 유도하기도 했다. 피에르 앙드레 브루이에Pierre André Brouillet가 1887년에 그린 그림 〈살페트리에르 병원에서의 실연Une lecon de clinique à la Salpêtrière〉에 재현되어 있듯, 샤르코는 연극 같은 이벤트를 통해 자신의 성과를 학생과 동료들에게 직접 선보였다.

　　여성 히스테리에 대한 샤르코의 지대한 관심은 오늘날 매우 특이한 형태로 남아 있다. 환자들의 모습을 담은 많고 많은 사진, 사진들이다. 신체의 격렬한 진동은, 시간의 무자비한 떨림은, 하나의 고정된 순간 속에 박제되어 있다. 정지된 찰나는 문명으로부터의 과격한 이탈을 증빙한다. 내면의 가장 은밀한 치부가 가장 공적인 표면으로 드러나 공명한다. 이곳에서 신체는 왜상적으로 변형되어 있다. 혀가 꼬이고, 눈동자가 올라가고, 얼굴이 경직되고, 사지가 뒤틀려 있다. 정숙함을 거부하는 윤락녀의 무례한 대범함처럼, 스스로의 절제와 통제를 상실한 그녀들의 모습은 문화적 질서에 파격의 충격과 감흥을 선사한다. 프레임은, 선원근법의 안락한 질서는, 비이성의 파열을 다소곳이 담고 있다. 이는 계몽주의와 과학 지상주의의 역사적 물결이 지나간 자리에 남은 무언가의, 무

정지된 시간. 송구한 침묵. 의학의 의뭉스런 아우라. 브루이에의 〈살페트리에르 병원에서의 실연〉.

언의 잉여다. 상실의 자국이다.

　타인의 추락에 대한 우리의 거북한 시선은 은밀한 쾌락을 배양한다. '우리'는 '그들'이 처한 위험으로부터 벗어나 있다는 안락감에 유혹된다. 샤르코의 사진의 표면은 무엇보다 '우리'와 '그들'의 이분법적 경계인 것이다. 그렇다. 샤르코가 제공하는 시각적 쾌락이란 '정상적' 관점을 재확인함에 있다. 이에 있어서, 아니 이로 인해서, '그들'의 위기는 무엇보다도 '우리'의 안위가 된다.

　샤르코의 시각적 집착은, 우리의 관음증적 즐거움은, 이에 그치지 않는다. 이탈의 흔적들은 사진뿐 아니라, 스케치로, 유화로, 판화로 증식되었다. 사진은 스케치를 낳고, 유화는 판화로 복제되었다. 브루이에가 묘사한 실연의 광경만 하더라도 오늘날 남아 있는 형태에는 그림뿐 아니

라 판화도 포함된다. 유진 루이 피로동Eugène Louis Pirodon과 아벨 뤼라Abel Lurat에 의해 각각 석판과 동판으로 복제된 것이다.[12] 보면 볼수록, 반복을 반복할수록, 섬뜩한 매혹이, 매혹적인 섬뜩함이 점증한다. 연금술사의 요요한 권능이 소름을 타고 파동친다.

이 광경 속에서 우리의 시선을 먼저 끄는 것은 고요함 속에 빠진 여인이다. 평온함 속에 잠겨 있는 이 여인은 '히스테리의 여왕'이라는 별명으로 널리 알려지게 된 블랑슈 비트만Blanche Wittmann이다. 비트만은 페르 올로프 엔크비스트Per Olov Enquis의 소설《마리 퀴리의 지독한 사랑Boken om Blanche och Marie》에서 샤르코를 열렬히 사랑한 것으로 묘사되기도 한 그 인물이다. 검은 옷을 입고 있는 샤르코 및 그의 동료들과 대비되어 최면에 빠진 비트만의 하얀 가슴살이 프레임 안에서 서성이는 시선들을 초대한다. 창문을 통해 들어오는 부드럽고도 강렬한 태양빛이 한줄기 구원의 가능성처럼 그녀의 평온한 얼굴과 가슴을 빛나게 한다. 이 심상치 않게 화평한 풍경의 진짜 주인공은 물론 샤르코다. 이 영웅적인 연금술사 아니 최면술사 아니 신경학자는 우리의 호기심에 가득 찬 시선을 밝은 여인에게 밀착시키며 그 옆에서 고요하게 자신의 고귀한 존재감을 발산하고 있다. 연극이 끝나고 박수를 받으며 관객 앞에 등장하려는 연출가처럼, 대사나 행위도 없이 과묵하고도 자신감 넘치는 자태로 자신의 성과를 선언하고 있다. 그림에는 탈언어적 파괴력에 노출된 한 희생자와 비이성의 파열을 정복하고 평온함을 선사한 구원자가 장엄하게 서 있는 것

12. 샤르코의 카리스마에 매혹된 프로이트 역시 브루이에 작품의 복제를 평생 간직했고, 빈에서 런던으로 이사를 했을 때에도 연구실에 걸어 두었다.

이다. 갈채가 임박한 영웅적 순간이 프레임 안에 영구히 보존되었다.

이 에로틱한 이미지에서 유연하고 아름다운 여성의 신체는 남성 의사들의 집중된 시선의 포화 속에서 스스로에 대한 모든 이성적 통제력을 상실하고, 위대한 아버지상의 권위적 지식과 마술적 권력에 대한 절대적인 귀속만을 소통한다. 르네 마그리트René Magritte의 〈위협 받은 암살자L'assassin menacé〉의 참혹한 여성 희생자처럼, 비트만은 그 어떤 방어 기제도 갖출 여력조차 박탈당한 상태에 침잠해 있다. 남성의 집단적 권력은 자기 방어 능력을 상실한 희생양을 완벽한 통제력으로 무자비하게 결박, 벌거벗은 정신의 심연을 관통한다. 의학적 담론의 경계를 아무렇지도 않은 듯 넘어 버리는 이 이미지가 전람하는 바는 단순히 의학의 힘이 아니라, 결핍을 정복하려는 남성적 권력의 위대한 침투력인 것이다. 남성들의 시선을 통해 관람자로 전이되는 투시적 쾌락은, 그 시선의 대상이 되는 대책 없는 육체가 의식하지 못하는 관음증적인 것이다. 그 투시력은 시대와 공간과 세대를 초월, 스스로의 전격적인 피동성을 영구히 노출시키고 있는 한 여성의 비극을 방관한다. 타인의 내밀함을 착취하고 각색하는 특권을 쉬이도 양도받는다.

 무의식의 의의

1885년 프로이트는 평소 존경해 왔던 샤르코 밑에서 연구를 하게 되면서 히스테리에 대한 인식을 급격하게 바꿀 뿐 아니라, 정신적 질환의 원인에 대한 전례 없는 새로운 인식론을 제시하게 된다. 프로이트는 샤르코의 환자들을 관찰하면서 생리학적으로 명확하게 밝힐 수는 없는, "인간

내부에 잠재해 있으면서도 의식하지 못하는 어떤 것의 뒤틀림"[13]이 발작의 근원으로 작용하고 있음을 확신하게 된다. 후에 프로이트는 이 '어떤 것'을 일컬어 하나의 명칭을 부여한다. '무의식'이 그것이다. 후에 '이드'로 변신하게 되는 내면의 거북한 그놈이다.

샤르코의 영향을 전환하며 프로이트가 이룬 변혁은 '무의식'의 '발견'에 멈추지 않는다. 히스테리의 원인을 신체에서 찾지 않고 사적인 기억과 심리 기제에서 밝히려고 한 그의 탐구력은 여성의 신체에 국한되어 있던 의학의 투시력을 남성의 신체로 옮긴다. 남성 히스테리에 대한 연구가 그것이다. 1886년 빈으로 돌아온 직후 그가 발표한 이 논문에 의해 인류 역사상 최초의 남성 히스테리 환자가 발생한 것이다. 맙소사, 감히 남성적 주체에 타자의 증상을 부여하다니. 결핍의 심연을 남성의 몸에 이식하다니! 남성에게도 히스테리가 발생한다는 발상은 빈의 의사협회에는 가히 치명적인 모욕이었다. 그들은 욕설과 비난으로 히스테리로부터의 남성의 성역을 수호하였고, 프로이트의 이론은 송두리째 이단화되었다. 프로이트는 타자의 담론을 위상 변동시킴으로써 스스로가 타자의 자리로 전락하고 만 것이다.

프로이트의 정신분석이 '과학적'이지 못하다는 의학계의 전반적인 비판의 뿌리에는 분명 가부장 제도의 권력적 편협과 편견이 내재해 있다. 빈 의사협회의 '히스테리적인' 과민 반응은 히스테리라는 증상을 둘러싼 의학의 담론이 얼마나 깊숙하게 남성 권력을 기반으로 형성되었는가를 여실히 드러낸다. 프로이트가 행한 하나의 언술 행위는 상징적 질

13. 피에르 바뱅, 《프로이트: 20세기의 해몽가》, 이재형 옮김, 시공사, 1995, p.34.

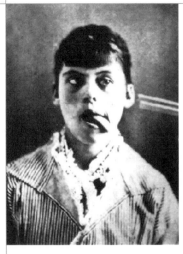

19세기에 촬영된 여성 히스테리 환자. 발작하는 신체가 사진기를 위해 기꺼이 정좌를 해주다니. 시선은 역시 권력이 아닌가.

서를 이루는 주체의 자리들에 자리 이동의 가능성을 야기했을 뿐 아니라, 실질적으로 현실화했다. 그 언술 행위만으로, 그에 대한 남성 주체들의 히스테리적인 반응으로, 여성의 결핍을 매개로 하여 작동하는 상징적 교류의 견고한 구조에 이미 지각적 변동이 일어난 것이다. 히스테리적인 남성적 의학 담론의 주체들은 강렬한 부정과 방어의 언술을 집행함으로써 이미 스스로 결핍의 자리로 미끄러지기 시작했다. 프로이트의 발화의 상징적 의미와 효과는 상징적 관계의 전복에 있었던 것이다. (프로이트가 내면의 내재적 타자성에 대한 논문으로 외부에 대한 경계를 자아의 문제로 풀게 된 것은, 타자의 문제를 내면에 위치시킨 경이로운 논문을 쓰게 된 것은, 그로부터 20여 년이 지난 후이다.)

보고되거나 연구된 여성 히스테리 환자의 수가 1910년을 기해 급격히 감소한 사실만 하더라도 히스테리라는 질환이 얼마나 사회적인 역학에 깊이 뿌리를 내리고 있었는가를 여실히 드러낸다. 오늘날 히스테리는 더 이상 질병으로 간주되지도 않는다. 이는 히스테리가 더 이상 원인

을 알 수 없는 '신비로운' 신체의 질병으로 여겨지지 않게 되었기 때문이기도 하며, 또 한편으로는 기존에 히스테리로 여겨졌던 많은 증상들이 프로이트에 의해 '신경증_neurosis_'으로 다시 분류되었기 때문이기도 하다. 1980년에 미국 정신의학회는 의학 사전에 유일하게 남은 마지막 공식적 히스테리 증상인 '전환성 히스테리 신경증'마저도 '전환 장애_conversion disorder_'로 재정립하면서 '히스테리'라는 용어를 사실상 폐기 처분했다. 결국 자궁이 심장이나 허파를 아래로부터 압박하는 질환 따위는 없었다. '히스테리'라는 단어는 여성의 정서적 과잉에 대한 가부장적 질서의 위기와 불안을 가리키는 말로 진작 이해되었어야만 했다.

히스테리라는 현상은 유럽 사회에서 여성에게 작용한 미덕과 가치관의 부수적인 효과였다. 빅토리아 시대의 정숙한 여인이 그녀를 옥조이는 사회의 권력으로부터 이탈하는 경로에서 맞는 막다른 함정은 자신의 격발을 정신 장애로 규정하는 권력의 막강한 근력이었다. 근대 의학의 근력은 사회 규범의 권력보다도 강력한 압박으로 여성의 존재감을 감금했다. (그 힘의 벡터는 오늘날 한국 사회에도 '노처녀 히스테리'라는 비하적인 말에 남아 있다.)

뱀파이어에서 히스테리 환자, 그리고 자동 인형과 기계 인간에 이르기까지, 타자화된 여성 혹은 여성화된 타자의 정서적 격발은, 가부장 제도의 암시장에서 공공연히 유통되는 가장 매혹적인 스펙터클이다. 그것은 여성의 증상이 아니다. 남성 중심 사회의 증상이다. 타자에 대한 매혹과 공포가 공존할 때 파열하는 소유와 파괴의 먼 간극은 타자의 격발보다도 치열한 에너지의 파장을 발산한다. 프로이트가 시사한 대로, 뒤틀린 억압의 기제는, 과잉적인 초자아의 권력은, 정서의 파열을 위한 숨은 매개가 될 뿐이다.

요괴인간의 변신은 가부장 제도의 지식의 권력에 대한 반립이다. 그

들이 변신하여 전람하는 남근의 부재는 음경을 숭배하는 가부장적 질서와 규범에 조롱의 빛을 던진다. 하찮은 파충류 따위의 일그러진 표정은, 그 석연치 않은 암울과 억울의 토로는, 규범의 부당함을 고발하는 지표이다. 해방과 자유를 섣불리 꿈꾸는 내면의 제식이다. 불편한 의식의 의기이다.

아니, 아니다. 그들의 추악한 변신은 곧 저항의 의지를 격하하는 권력의 군림의 효과이다. 변신은 그것을 추악함으로 규정하는 부당한 힘을 추앙하는 굴욕적 제식이다. 해방과 자유를 꿈꾸기 위해서는 규범이 필요하며, 규범의 권력에 의지하는 순간, 그들은 이미 자유의 가능성을 반납하고 있다. 이성의 통제를 망각하는 통렬하고도 우스꽝스러운 꼴을 바라보는 시선의 주체는 가부장 제도의 자만 속에 안주한다. 지성의 승리를 부정하는 통렬하고도 끔찍스러운 꼴을 바라보는 시선의 주체는 남근의 결핍을 부정함으로써 자아의 존립을 연출한다.

 ## 중간적 격발

히스테리의 여신이 의학의 담론에서 희미해지는 동안, 여성적 격발은 더욱 거창한 무대로, 새로운 살페트리에르로, 다소곳이 이양되고 있었다. 바로 영화라는 영역이다. 이제 탈이성적 타자를 수용하는 동물원은 과학이 아닌 문화이다. 뱀파이어나 히스테리 여성, 자동 인형이 실존하지 않는 20세기의 문명 사회에서, 영화는 추방되고 이탈되고 비인격화된 무수한 형태의 여성적 타자를 전람하는 프릭쇼의 기능을 부끄럼 없이 수행한다.

불가능한 격발의 주체가 가리키는 것은 혁명의 불가능성이다. 〈메트로폴리스〉 중.

　　프리츠 랑 감독의 〈메트로폴리스〉에서, '마리아'라는 노동자들의 헌신적 영웅, 그리고 그녀의 사악한 분신인 사이보그는 여성에 대한 남성 사회의 요구의 막대함과 그것을 뿌리치기 위해 필요한 저항력의 크기가 일치함을 보여 준다. '마리아'와 그녀를 닮은 기계 인간을 연기하는 배우 브리짓 헬름Brigitte Helm의 신체는 성녀와 악녀, 가장 이상적으로 길들여진 여성과 가장 이탈적인 타자의 막대한 차이가 소멸하는 지점이 된다. 소멸의 방식은, 곧 정서의 히스테리적인 격발이다. 남성 노동자들의 이탈을 유도하는 마리아의 신체적 표상들은 단지 무성 영화의 과장된 몸동작의 관습 속에 담겨 있지 아니하고, 이미 정신적 모반을 기표화하고 있다. 무정형적으로 일그러지는 입은 무성 영화가 은폐하는 청각적 과잉을 가시화한다. 그녀의 확장된 눈은 정치적 이상으로 가장한 정서적 과잉의 파장을 투사하고, 경직된 코 주변의 얼굴 근육은 숭고한 존재론적 의미를 머

금는다. 그녀가 힘차게 휘젓는 격앙된 두 팔은, 혁명의 공허한 약속을, 그 순간적인 활개의 불꽃을, 대기에 발산한다. 물론 혁명은 없다. 모든 기표는 파멸을 위한 조작일 뿐이다. 여성에게 강요되는 순수한 순응의 무게가 가차 없이 대기에 분산되지 않는 이유는 그것이다. 격발 역시 가짜다. 과잉적 정서의 여성적 주체가 곧 권력의 상실을 두려워하는 남성 주체가 만든 인공적 대상이라는 극중 설정은 곧 히스테리의 비밀이기도 하다.

남성 노동자들이 마리아의 격발에 동조하는 순간, 오류로 가장하는 하나의 진실이 맴돈다. 여성적 격발은 남성적 자아의 거울이라는 사실.

그들이 스스로의 동조로부터 깨어나는 순간, 오류로 가장하는 또 하나의 진실이 맴돈다. 격발하는 여성적 주체는 남성적 자아가 연출한 허상이라는 사실.

마리아의 허상이 정치적인 혁명의 허구성을 망각한다면, 요괴인간의 격발은 혁명 자체를 망각한다. 그러기에 더욱 순수한 수사적 수모이다. 변신한 요괴인간의 일그러진 표정은 기계인형의 장엄한 정치적 목적이나 존재론적 결단력을 처절하게 결여한다. 아니, 그 허구성을, 그 허무함을 지양한다. 정치적 상향을 지향하며 확대되는 대신 초자아의 무게를 짊어진 듯 하향적으로 찌그러지는 눈과 미간, 그리고 투항의 의지를 담으며 위아래로 길어지는 대신 고통의 결을 따라 좌우로 일그러지는 입이 그러하다. 다가오는 변혁의 지평을 과감하게 응시해야 할, 맑게 불타는 눈동자는 섬뜩한 공백으로 대체되어 있다. 미래에 대한 희망은 그 어디에도 없다. 그들은 그저 억울하고 서러울 뿐이다. 역사 의식은 격발의 목적으로 자리 잡지 못한다. 표정이 미처 담을 수 없는 결핍이야말로 그 표정이 표출하는 바가 된다. 결국 언어가 지시하는 바는 그것의 기표적 불가능일 뿐이 아닌가.

그도 그럴 것이, 요괴인간은 억압된 괴물성이 표출되는 극단적 상황에서도 초자아적인 권력으로부터 자유롭지 못하다. 요괴로 변신해서도 인간을 위해 봉사한다는 목적 의식을 잊지 않는 것이다. 그러한 면에서 요괴인간의 히스테리는 매우 복합적인 것이며, 어떤 면에서는 '실패'한 히스테리라 할 수 있다. 도대체 그럴 수가. 끔찍한 요괴로 변한 김에, 차라리 파괴적 힘을 분출시켜 순간이나마 규범으로부터 완전하게 자유로운 개체로서의 존재감을 영위할 것이지. 자신을 타자화한 인간 질서에 대한 응징을 수행하고 내면의 통탄을 통렬하게 발산하기나 할 것이지. 어차피 불행한 삶을 살아야 하는 이상, 〈오페라의 유령〉의 에릭처럼 철저한 타자로서의 장렬한 파멸을 선택함으로써 대타자에 대한 항변의 수사를 몸소 완성해 보기나 할 것이지. 그게 안 되면, 헐크가 그러하듯, '사회악'과의 대결을 명분으로 삼아 신나게 도시를 난장판으로 격하시켜 보기나 할 것이지. 그들은 불쌍하게도 가장 비이성적인 순간에도, 아니 가장 비이성적이어야 할 순간에는 더욱 더 충실하게, 너무나도 견고한 이성으로 회귀해 있다. 아아, 비이성의 자유로 날아가기에는 시청자 어린이 여러분을 훈시하는 계몽의 빛이 너무나 육중하게 그들의 존재감을 압박했던 것이니.

　　아니, 히스테리의 실패야말로 히스테리의 격발보다 처참하다. 자유롭게 격발하지 못하는 도덕적 주체야말로 위험스러우리만큼 측은하다. 결국 요괴인간이 가장 극단적으로 추구하는 정서적 영역은, 그들이 그 불편하리만큼 극단적이고 끔찍한 성실함으로 내닫는 인간 정서의 종착역은, 측은함이 아닌가. 구원의 가능성과 항변의 기능성을 동시에 완전하게 거부하는 어둠이 아닌가. 항변이나 호소에 응해 줄 대타자의 존재가 모호하기에, 그들의 측은함은 더욱 무서운 어둠 속으로 빠져든다.

그도 그럴 것이, 요괴인간들을 알고 있다. 마리아 기계인형의 격발과 선동이 허구였다는 것을. 억압된 것의 진정한 파열이 아닌, 지배자의 계략에 따른 기계적 조작에 불과했다는 사실을. 그것이 유인하는 타자화된 군중의 파멸이 얼마나 허망했는가를. 영화사에서 가장 파격적인 정서의 파열이 그저 연출된 허상에 불과했다는 진실을. 헐크의 난동조차도 자본주의의 존속을 도모하는 스펙터클에 불과하다는 것을. 영화라는 기제 자체가 허구에 기반을 두고 있으며, 영화 속에서의 격발이란 어차피 기표화된 평면에 불과하다는 것을.

 ## 신성한 실성

"아름다움은 발작적이며, 아니면 그렇지 않다 *La beauté sera convulsive ou ne sera pas*"

앙드레 브르통의 유명한 선언에 잘 나타나 있듯, 초현실주의자가 추구한 미학은 아름다움을 규정하는 개념적 범주들로부터 자유로운 것이었다. 에로스를 인간 해방의 매개로 추구한 브르통에게 '기묘한*marvelous*' 체험이야말로 가장 초현실적인 체험이었다. '이상함'이야말로 초현실주의의 이상이었던 것이다. 그 이상함의 소통을 실현하기 위해 여성의 신체를 필요로 했던 것은 그리 이상한 일이 아니었다.

샤르코를 지배했던 여성의 발작의 매혹은 초현실주의에 이르러 다시 격발했다. 여성에 대한 규범과 '발작'의 파열은 서로 충돌하며 새로운 남성적 시선과 쾌락을 제조해 냈다. 히스테리적 여성이 갖는 발작적 아름다움은 브르통과 초현실주의에서 무의식의 고고학을 통해 다시 재구

성된다. 이성적 통제력을 상실한 여성의 연연함, 쉽게 말한다면 망가진 정숙녀의 현전은, 초현실주의가 추구한 탈언어적 엑스타시, 즉 이성의 몰락과 섹슈얼리티가 공존하는 초월적 영역 그 자체였다.

살바도르 달리는 포토 몽타주 〈엑스터시 현상*The Phenomenon of Ecstasy*〉 (1933)에서 환희를 느끼는 여성의 수려한 얼굴을 포착한 사진들을 모아 놓았다. 우리의 눈앞에 열거되는 것들은 신성한 실성이다. 숭고한 발작이다. 인터넷 검색도 없던 시절의 달리의 수집 실력이 대단하다. 반복은 집착의 농도를 드러낸다. 수집의 행위라는 시간적 반복은 공간적 배열로 전환되어 페티시적인 욕망의 순환을 이중으로 나타낸다.

이 작품을 이루는 또 하나의 흥미로운 이미지군은 귀의 접사들이다. 귀는 여기서 단지 관람객의 시선의 대상으로 머물지 않는다. 귀는 듣는다. 남성의 것임이 역력한 귀, 귀들이 여성의 환희를 경청한다. 아귀의 아우성에 촉각을 곤두세우듯. 그리고 우리에게 들어볼 것을 소리 없이 제안한다. 환청이 몰려온다. 영혼의 격발은 천상에, 아니 지옥에 가까운 소리를 만든다. 사진은 물론 소리를 기록하지 못하는 매체이다. 때문에 귀가 들음 직한 소리는 귀신으로만 남아 있다. 결국 귀가 귀결하는 바는 소리의 절대적인 부재이다. 사진은 부재의 기록일 뿐이다. 현실에 완전히 밀착할 수 없는 불가능성과, 그럼에도 그에 꾸준히 다가가는 무수한 이미지들의 집요함은, 페티시적인 양가성을 연출한다. 욕망의 늪 속에서 사실이라는 환상적 대상과 더불어 여성의 몸이라는 신기루 같은 기표 역시 다가가는 욕망으로부터 끊임없이 멀어진다.

린다 윌리엄스*Linda Williams*가 지적했듯, 남성적 욕망의 충족을 무대화하고 이를 위해 여성의 신체를 매개로 삼는 미국 포르노 영화의 꽃은 '사정 화면*come shot*'이다. 남성 배우의 신체적 만족이 남성 관객의 심리적

만족을 보장해 주는 식이다. 사정하는 광경은 물론이거니와 아예 성기를 직접 묘사하는 것이 금기시된 한국의 성인 영화에서 마찬가지의 기능을 수행하는 관습은, 여성의 얼굴을 확대하여 보여 주는 클로즈업 화면들이다. 성행위가 '절정'에 이르렀음을 지시하는 지표로서의 여성 배우의 소리와 표정은, 눈으로 확인할 수 없는 음경의 위대함을 재확인시켜 주는 것이다. 달리가 수집한 여성의 얼굴 표정들은 이와 비슷하게 여성의 내면에 대한 남성의 관음증적 쾌락을 구현한다. 하나의 이미지가 남성적 욕망을 충족시킬 수 없다면, 달리는 이를 반복함으로써 욕망의 해소에 근접한다. 작품이 지시하는 바는 부재이지만, 음경의 재확인만은 발기된 음경처럼 견고해진다. 집착의 정도는 반복으로 나타나는 것이다. 주체할 수 없을 정도로 극한 감정의 과잉은 이성의 지배로부터 벗어나는 낯선 감성의 영역을 지시하며, 이러한 표정을 갖는 여성의 모습을 타자화함으로써 달리가 구성하는 남성적 주체의 자리는 이성이라는 울타리가 제공하는 안전함, 그리고 이와 더불어 비이성과 언캐니함을 누리는 일탈적 위치를 동시에 확보한다.

여성의 몸은 초현실주의자에 있어서 일상의 언캐니함을 가장 순도 높게 실현해 주는 표상이었다. 비인격화된 여성적 신체에는 남성적 주체가 느끼는 욕망과 불안, 고전적 균형미와 과잉이 동시에 투사되었고, 에로스의 이상은 여성의 몸이 불러일으키는 육감적인 충동과 충돌하였다. 숭고함sublimation과 변태성perversion의 기묘한 접점에서, 남성적 창의력은 숭배와 혐오의 이중적 갈망을 여성의 신체에 정박시켰다. 여성의 신성함과 괴물성은 오늘날 꾸준히 서로를 대체한다. 고대와 다른 점이 있다면, 자본주의 가부장 제도에서 충만한 고환 아니 교환 가치를 갖게 되었다는 것이다.

언캐니한 성의 분리

여성을 타자화하면서 언캐니함을 구한 초현실주의자들의 작품 세계는 분명 타자를 배려하지 않는 무뢰한 우매함을 머금는다. 페미니즘의 비판 화살 세례를 받음 직하다. 하지만 남성적 '주체'와 여성적 '대상'이 형성하는 권력 관계는 윌리엄스 등이 설정하는 것처럼 단순히 수직적이거나 일방적인 것만은 아니다. 주체와 대상, 이성과 비이성, 남성과 여성 등의 이분법적 대립은 그것을 설정하는 권력적 주체가 느끼는 불안의 폭만큼이나 불안정하다. '주체'라는 자리는 어차피 미끄러질 수밖에 없다. 남성의 자아가 외부로 투영되거나 타자화될 때 남성의 형상으로만 나타난다고 단언하는 것이야말로 가부장적 가치관이 강요하는 편협이 아닌가.

파괴와 소멸의 불가항력이라는 주제를 여성의 신체를 통해 즐겨 표현했던 앙드레 마송André Masson의 작품 세계만 하더라도, 오직 여성 혐오적인 동기만을 읽어 내기에는 너무 복합적이고 유기적이다. 마송은 사멸하는 대상을 관찰하는 우월한 권력자가 아닌, 사멸하는 대상으로서의 성찰자이다. 1차 세계 대전에 직접 체험한 외상의 흔적은 본인이 작품을 통해서나 인터뷰를 통해서나 어쩔 수 없이 반복하게 된 화두이자 운명이었다. 그는 '죽음의 엑스터시'를 체험해 보겠다는 청년의 혈기를 안고 전쟁터에 나갔다가, 가슴에 총상을 입고 쓰러졌다.[14] 위생병의 손길이 닿지 않는 외지에서 그는 밤새 방치되었고, 이때 처음으로 세상의 경이로

---

14. Otto Hahn, *Masson*, New York: Harry N. Abrams, 1965.

움과 육체적인 해방감을 느꼈다. 에로스와 타나토스가 총체적으로 교접하는 자리에서는 자아를 사로잡는 감흥이 어느 쪽에서 오는 것인지조차 분간할 수 없다. 이 체험은 악몽과 불면증으로 남았으며, 세상을 바라보는 관점을 송두리째 바꾸어 놓았다. 죽음은 그의 평생을 따라다녔고 작품 세계를 온통 점령하였다. 전후에 그가 캔버스에서 묘사한 모든 신체는 동전의 양면과 같은 삶과 죽음의 역학 속에서 자신이 체험한 고통과 충격을 표출한 것이었다. 그의 작품에서 묘사되는 인간의 육체는 외상의 충격과 존재론적 격발 속에서 몸서리친다. 특히 여성의 신체는 더욱 그러하다.

보편적으로 육체의 파편화가 거울기의 자아의 형성으로 비롯되는 공포의 표출이라면, 여성적 육체의 파편화는 남성적 주체의 불안과 환상을 투영하는 이미지로서, 오이디푸스기에서 비롯되는 거세 불안을 해소하기 위한 처절한 의지가 폭력적으로 나타난 것이라 볼 수 있다. 전자가 남근기 이전에 형성되는 존재론적인 불안에 가깝다면, 후자는 남근기에 돌입한 후 나타나는 성적인 정체성과 관련이 있다. 전자가 마조히즘적 성향으로 이어진다면, 후자는 보통 과격한 사디즘의 권력을 따른다. 하지만 라캉이 시사했듯이, 이러한 구분은 매우 모호해질 수 있다. 삶의 향유와 죽음의 유혹, 남근적 권력과 결핍의 위협은 서로 중첩되기도 하고 서로를 교체하기도 한다.

초현실주의자들 중 가장 불명예스런 '여성 혐오증적' 작가 한스 벨머Hans Bellmer조차도 남성적 주체와 여성적 타자가 펼치는 가부장적 사디즘의 구도에 쉽사리 편입되지는 않는다. 사진집 《인형들Die Poupées》(1934)에서 그가 직접 제작한 두 개의 소녀 인형들은 (남성적 폭력에 의한) 끔찍한 신체의 상해를 전람한다. 직물로 된 그들의 언캐니한 신체는 다양한 방식으로

속박되고, 절단되고, 파손되고, 변형되고, 재조립되어 있다. 작발하는 끔찍함과 발작적 아름다움 사이에서 진동하는 기묘한 감흥은, 내면적 잔혹성을 숭고함으로 승화할 것을 거부하며 전통적인 미의 가치 기준을 도발적으로 파편화시킨다.

할 포스터의 분석대로, 벨머의 작품에는 상반된 정서와 의미의 쌍들이 양가적으로 결합되어 있다.[15] 이러한 쌍들은 남성과 여성이라는 이분법적 대립에 간편하게 편입되는 대신 복잡하게 뒤엉켜 있다.《인형들》은 오히려 남성 주체가 사디즘적인 지배 너머에서 직면하는 커다란 공포, 그러니까 분열, 붕괴, 소멸에 대한 공포를 드러낸다. 파편화된 소녀 인형들은 단순히 남성적 폭력과 권력적 시선의 절대적 대상으로 머무는 것이 아니라, 자아의 내면적 결핍과 불안을 육화한 표상으로 기능한다. 찢어진 인형의 신체는 사디즘적 폭력성의 희생양이 아니라, 마조히즘적 주체의 분신인 것이다. 사진을 촬영한 보이지 않는 가해자의 시선과 파편화된 신체 사이에서, 사진의 상징성과 폭력의 즉물성 사이에서, 우리는 떨림의 파장에 휩쓸린다. 몸서리의 주체가 길을 잃는 곳은 생명이 있기도 하고 없기도 한 거울계이자, 거세의 위협과 이를 해소하는 페티시가 공존하는 남근계이다. 사디즘과 마조히즘이 교차하고 에로티시즘과 타나토스가 교류하는 리비도의 암시장이다. 존재론적인 불안에 결핍의 공포를 짊어진 몸서리의 파장은 삶의 의지와 죽음의 유혹, 신성한 환희와 극한인 공포를 동시에 증폭시킨다.

서구 미술의 전통에서 여성의 신체는 남성의 내면이 동일시하는 거

---

15. 포스터, 《욕망, 죽음 그리고 아름다움》.

울상이자, 내면을 지배하는 뒤틀린 이상적 자아로 기능해 왔다. 결국 벨머가 자신의 작품을 일컬어 이야기한 "무한한 통합 가능성과 분리 가능성"은 자아와 타자, 남성과 여성 사이에서도 작동한다. 욕망과 선망은 인형을 통해 하나가 된다. 몸서리의 작은 파장은 곧 자아와 타자 간의 좁은 간극을 나타낸다.

벨머의 작품 세계에 대한 이러한 포스터의 제안은 프로이트가 제시했던 사디즘과 마조히즘에 대한 사고의 전환을 반영한다. 프로이트는 1915년만 하더라도 인간의 폭력적인 본성으로 사디즘을 이해했고, 마조히즘은 사디즘적인 공격성이 반사되어 스스로를 향하게 되는 현상이라 설명했었다. 하지만 1920년대에는 마조히즘이 프로이트의 사유의 중심을 차지하게 된다. 사디즘은 그 기원인 내면적 파괴 본능이 외부의 대상에 투사되는 현상으로서 다시 설명된다. 그가 다시 정립하는 인간의 근본적인 폭력성은 사디즘이 아닌 마조히즘을 근원으로 하는 것이다. 포스터가 바라보는 벨머는, 프로이트가 바라보는 자아는, 근원적으로 마조히즘의 주체이다. 모든 '욕망'의 주체가 그러할 수밖에 없지 않은가.

히치콕 감독의 〈사이코Psycho〉(1960)에서 남자 주인공이 기표화된 히스테리적 여성 신체에서 자신의 내면적 결핍을 발견하듯, 외상적 남성 주체는 자신의 결핍이 격발하는 순간 잉여의 리비도를 여성적 신체에 투사하여 동일시한다. 프로이트가 말하는 여성적 마조히즘의 근원은 자신의 결핍을 인지하고 수용하는 남성적 주체의 나르시시즘이다. 아니, 남성이 차지하는 것처럼 보이는 '주체'라는 상징적 위치조차, 과분한 설정이다. 그것이 〈사이코〉의 주제가 아닌가.

보들레르의 한 시에서 화자는 한 여성을 매질한다. 분노나 혐오는 없어도 매질은 단호하고 가혹하게 여성을 울부짖게 만든다. 쏟아지는 고통

의 눈물 속에서 욕망이 헤엄치기 시작한다. 순간 잔혹하고 의기양양하던 화자는 하나의 게걸스런 아이러니에 의해 고통 속에 던져진다. 여인이 자신의 모습임을, 아니 자신이 곧 여인의 거울임을 깨닫는 것이다.

여인은 나의 목소리 안에, 나의 모든 행동 속에 있으며
그녀의 독기는 나의 정맥을 타고 흐른다.
나는 독한 여인이 자신을 바라보는
고통의 거울이다.

나는 상처이자 칼날이며
뺨이자 그것을 때리는 손
사지이자 고문대
간수이자 죄수이다.[16]

시인은 스스로의 피를 향락하는 가해자이자 피해자이다. 발화자는 폭력을 감수하는 여인이 자신의 모습임을, 아니 자기 자신이 타자가 동일시하는 이미지일 뿐임을 깨닫는다. 주와 객은 이중으로 전도된다. 이에 따라, 고통 역시 겹이 된다. 욕망과 더불어.

이 분열적 구도에서 성찰을 주도하는 주인공은, 시선의 권력을 누리는 쪽은, 남성적 사디스트가 아니라 여성적 타자이다. 여성적 타자가 존재하지 않는다면 당연히 남성적 사디즘은 성립될 수 없다. 그것은 단지

---

16. Baudelaire, "Heautontimoroumenos," *The Flowers of Evil*, p.83.

권력의 주체가 권력을 행세할 대상을 필요로 하기 때문만이 아니라, 더 중요하게는 주체의 성립 자체가 타자에 대한 의존에 기반을 두기 때문이다. 이러한 의존적 정체성이야말로 사디즘의 공공연한 비밀이기도 하다. 한편, 거울 따위의 대상으로 전락하고자 하는 주체의 욕망은 마조히스트의 것이다. 어쨌거나 주체성이란 타자의 권력의 효과일 뿐이다.

거세의 유혹

시로 마사무네土郎正宗 원작, 오시이 마모루押井守 감독의 〈공각기동대攻殼機動隊〉(1995)와 그 후편인 〈이노센스ィノセンス〉(2004)는 수없이 많은 사이보그cyborg의 절단된 신체들을 전람한다. 화장 짙은 얼굴이 갈라지고, 연한 사지가 잘려 나가고, 하얀 인공 피부가 갈기갈기 찢겨지고, 숨겨졌던 내부 기관이 연약한 신체의 바깥으로 파열한다. 물질적 필멸성에 노출되는 몸은 지극히 여성적이다. 존재론적 부조리에 노출된 벨머의 인형들이 소녀의 형상을 하고 있었듯, 이 미래의 이야기에서도 기계적 신체는 여성성과 결합해 있다. (오시이 감독은, 벨머의 작품 이미지를 영화에서 직접 인용할 정도로 벨머의 이미지가 주는 성적인 언캐니함에 충실하게 다가간다.) 트럭에 치여 사지가 절단되고 몸통이 파헤쳐져도 요요한 얼굴과 연연한 젖가슴은 온전히 보존되어 잔혹함과 교접하는 에로스를 머금기도 한다. 여성적 신체는, 특히 여성성이 강조되는 신체 부위는, 각별한 섬세함으로 처리되어 있으며, 이러한 정교함과 충돌하여 묘사되는 폭력성은 더욱 충격적일 수밖에 없다. 정밀한 세부 묘사라든가, 영화에서의 고속 촬영을 모사한 느린 동작 효과 등, 신체의 파괴를 묘사하는 기술과 기교는 페티시적으로 여성

적 신체를 미화하고 처벌한다.

　가부장적 문화에서 여성의 몸이 거세 불안을 야기하는 위협적인 것으로 받아들여진다는 로라 멀비의 고전적인 지적에 따르면, 할리우드의 고전적 내러티브에서 가부장적 질서에 대한 위협과 거세에 대한 공포를 야기하는 여성의 몸은 두 가지 운명으로 나뉜다.[17] 페티시의 매혹을 통해 여신으로 승격되거나, 거세된 하등 인간으로 추락하여 제거된다. 많은 저패니메이션에서 여성의 몸이 겪는 수난은 분명 가부장 제도에 대한 위협을 응징하고 남근을 회복하고자 하는 동기를 드러낸다. 〈공각기동대〉와 〈이노센스〉에서, 사이보그는 인간에 대한 위협적인 힘을 가진 존재들로 묘사되며, 이에 따라 신체의 해체라는 가혹한 응징으로부터 벗어나지 못한다. 위협과 이에 대한 응징이 권선징악의 논리에 따르는 인과율을 제조하고, 신체의 파괴를 미화하는 시각적 스펙터클에 설득력을 부여한다.

　여성적 신체의 파괴를 스펙터클로 과장하는 정도가 너무나 극단적이기에, 〈공각기동대〉와 〈이노센스〉의 장르적 특징은 '핑크 영화'의 계보에서 파악하는 것이 적절할 정도이다. 전성기인 1970년대로부터 사토 히사야수, 이시 타카시 등이 주도한 1980년대의 '뉴 웨이브'에 이르기까지, 핑크 영화에서 가장 많이 묘사되는 상황은 겁탈이었고, 순진한 여학생을 추행하거나 부정을 저지른 아내를 응징하는 내용 등 갖가지 형태의 강제적인 성행위와 신체적 학대가 반복, 변형되어 왔다. 많은 경우, 공격성의 정도는 극단적인 잔혹함으로 심화되기도 하였다. 핑크 영화는 수도 없이

---

17. Laura Mulvey, "Visual Pleasure and Narrative Cinema," *Screen*, vol. 16, no. 3, Autumn 1975, pp.6~18.

많은 여성의 몸을 강탈하고, 포박하고, 구타하고, 채찍질하고, 찌르고, 고 문하였으며, 심지어는 사지를 절단하거나 토막 내기도 했다. 여성의 신체가 남성의 사디즘적인 공격성의 표현을 위한 일방적인 희생양으로 전락하는 이러한 경우는, 그렇지 않아도 남성 중심적인 영화의 역사에서 여성을 격하하는 최악의 사례들이라 해도 과언이 아니다. 추악한 전통은 남성적 성욕과 공포를 절묘하게 결합하며 핑크 영화뿐만 아니라 출판 만화와 애니메이션을 통해서도 반복적으로 재활용, 유통되었다.

　이러한 역사적 배경의 연장선상에서 한국에 가장 잘 알려진 텍스트는, 이토 준지伊藤潤二의 만화들이라 할 수 있다. 그의 작품은 공포 만화라는 장르적 특성을 활용, 핑크 영화의 뻔뻔한 성적 묘사와는 차별화된 스펙터클을 제공하지만, 역시 대중 문화 속 최악의 여성 수난사에서 제외시키기 힘들다. 특히 소녀의 신체에 지속적으로 반복되어 가해지는 끔찍한 상해는 거세 불안에 시달리는 남성 주체가 여성의 신체에 대해 갖는 매혹과 불안의 양면성을 극단적으로 나타낸다. 이러한 텍스트에서 여성은 주관적인 사유와 감성의 주체가 되는 대신 남성 주체의 망상적 공포를 나타내는 매개로 과장된다. 특히 머리카락이 공포의 대상으로 부각되거나, 머리나 팔다리의 절단, 혹은 신체의 기형적 변형이 사실적으로 묘사되는 꼴은, 페티시즘의 설득력에 편승하여 여성의 결핍을 화려한 스펙터클로 치장한다. 이는 여성의 결핍을 재확인함으로써 불안을 해소하는 목적을 추진하면서도, 이러한 재확인의 작업이 궁극적인 성공을 이룰 수 없음을 보여 주기도 한다. 목적을 달성하지 못해서 끊임없이 거세의 증거를 증식해야 하는 필요성이 이토의 작품 세계를 설명한다 해도 과언이 아니다. 페티시즘의 특징이라면 역시 페티시에 대한 숭배나 집착이 지속될 뿐 아니라 구체적 대상인 페티시가 끊임없이 변형되고 증

식된다는 점인데, 거세 불안이 여성 신체의 환상적인 과잉 미화로 이어지지 않고 치명적인 격하로 나타나는 경우에도 리비도는 순환과 반복의 고리 속에 갇힌다는 사실을 정신 병리학적인 사례로서의 그의 상상력을 통해 알 수 있다.

이토 만화의 또 다른 중요한 특징 하나는 공포에 대한 저항이 결국 실패하고 공포가 극단적으로 나타나는 정점에서 이야기가 중단, 아니 절단된다는 점인데, 인과율에 의한 결과나 그 어떤 완성된 마무리도 배제되는 상황은 리비도의 완전한 충족이 보류되는 페티시즘의 고전적인 증상에 상응한다. 그의 환상은 결정적인 순간에서 정지되고, 공포나 욕망이 해소되는 가능성을 배제할 뿐 아니라, 그의 작품 구성상 다른 공포로 대체된다. 결말의 유보와 끊임없는 증식은, 일상으로 침투한 그의 상상계적 공포가 상징계의 질서를 통해 논리적으로 이해되고 규정되지 않고 역으로 상징계를 영속적으로 잠식하고 있음을 나타낸다. 들뢰즈가 자허마조흐의 텍스트에 나타나는 마조히즘의 대표적인 특징으로 리비도의 해소가 보류된다는 점을 들었다면, 이토의 환상 역시 이와 비슷하게 리비도의 고착에 의거한다. 그에게 있어서 여성의 신체는 불안을 야기하는 촉매제이지만, 이는 곧 그의 작품에 나타나는 순환적인 리비도가 여성의 신체 없이는 성립되지 않음을 말해 주기도 한다.

〈공각기동대〉에 나타나는 여성의 신체는 남성적 불안과 통제의 침투에 노출되는 듯하면서도, 마치 오프사이드 함정을 만드는 수비진처럼 결코 단순하지 않은 공백을 형성한다. 네트워크가 지배하는 2029년이 배경인 이 이야기에서, 주인공인 쿠사나기 소령은 인간의 뇌를 부분적으로 가졌을 뿐 전신이 인위적으로 만들어진 '의체'인 첨단 사이보그 경찰이다. 소령은 자신의 정체성에 대해 고민하는데, 그 정체성이란 대략 세

가지의 좌표를 갖는다. 여성성, 테크놀로지, 법이다. 〈공각기동대〉라는 영상물 자체가 극사실적인hyper-realistic 표현을 완성도 높게 실현시키며 실사에 가까운 사실감을 연출해 내고는 있지만 그러면서도 애니메이션이라는 절대적인 기반에서 벗어나지 않고 있듯이, 소령은 인간의 모습에 근접해 있지만 사이보그라는 존재론적 기반으로부터 벗어날 수 없는 인위적인 피조물이다. 법은 기계적인 정보 처리 방식으로 실행되고 집행되기 때문에 오히려 확고해진다. 소령은 법을 수호하는 경찰로서의 임무에 인간보다 충실한 것이다. 강인함이라는 상상계적 환상과 법이라는 상징계적 질서의 결합은 견고하다.

이러한 결연한 결탁과 충돌하면서 부가되는 타자의 유전자가 여성성이다. 기계임에도 불구하고 지배적으로 소통되는 젠더의 기표들에 의해 소령의 정신과 육체는 특정하게 갈린다. 전사임에도 여성적인 미모가 중요하게 부각된다. 기계성과 여성성의 충돌은 서로를 알리바이로 하여 섹슈얼리티의 공공연한 은폐를 파생시킨다. 서로에 대한 저항이, 불완전한 완성 속에서 상충하는 지식과 욕동의 기묘한 교류를 엮어 낸다. 고층 건물의 외부를 위험스레 오가며 작전을 수행하는 그녀 아니 그것의 벌거벗은 모습은 이러한 불가능한 변증법의 묘미를 곡예하듯 연출한다. 낮은 각도에서 정확하게 묘사되는 성기, 아니 정확하게 말하자면 정확한 묘사를 거부하는 성기는, 기계로서의 생물학적 불완전함을 빌미로 섹슈얼리티를 부인하지만, 오히려 거세된 상태로서의 여성적 결핍이 두드러지는 통에 섹슈얼리티의 중심으로 미끄러진다. 결국 소령은 초자아적 권력을 집행하면서 동시에 결핍을 전람하는 독특한 상징인 셈이다.

소령은 스스로 자신의 결핍을 인식하는 존재이기도 하다. 인간적인 기억과 기계적인 감성 처리 방식 사이에서 생명과 존재를 성립시키는 조

건이 무엇인가 자문하며 정체성의 혼란을 겪는다. 이러한 혼란을 가장 정확하게 드러내는 순간은 자기와 같은 사이보그가 심하게 파손된 상태를 관망하는 장면으로, 소령은 인공적으로 만들어진 의체의 조각난 살과 밖으로 노출된 기계 부품들을 직시하며, 마치 내면의 거울을 바라보듯 자신에 대해 성찰한다. 라캉이 말하는 거울기의 자아 형성이 파편화된 육체와 이상적인 이미지를 인지하면서도 그 존재론적인 간극을 절대적인 전제로 설정하는 과정이라면, 이 장면에서 그 순서와 (주체와 대상의) 위치는 뒤바뀐다. 소령은 라캉의 주체와 같이 균질적인 이미지를 이상화하며 자아를 구상하는 대신, 시선의 대상인 파편화된 육체와 동일시하며 이미 형성되어 있는 자아에 대한 해체론적인 묵상을 하는 것이다.

소령이 관망하는 신체의 절단은 (어쩌면 소령의 거울기적 선망에 따라) 현실이 되어 스스로에게 주어진다. 네트워크에 존재하는 '인형사'라는 슈퍼 바이러스를 추적하는 과정에서 탱크의 공격을 받게 되고, 이를 물리치기 위해 가까스로 탱크 위에 올라가 조종석으로 통하는 해치를 열려고 힘을 쏟지만, 굳게 닫힌 해치는 도리어 소령 자신의 힘을 매개로 상체의 근육을 파열시킨다. 곧이어 이어진 탱크의 반격은 몸통마저도 산산조각 내고 만다. 이러한 신체의 끔찍한 파괴는 인형사와의 접속을 통해 보다 높은 차원으로 진화하는 단계로 이어지고, 생명체로서의 정체성을 파악할 수 있는 조건은 물질과 육체가 아닌 무형적이고 '정신'적인 차원에서 확보된다. 신체의 파편화가 주는 매혹과 공포는 정신적 진화라는 이상으로 극복된다. 하지만 물론 이러한 육체의 절하와 정신의 이상화라는 '교훈'적 결말은, 법과 여성과 기계의 총체적인 파멸을 하나의 스펙터클로 묶는 거대한 폭력성에 대한 왜소한 방어 기제일 뿐이다. 파편화된 클로즈업, 그리고 느린 동작으로 세밀하게 재현되는 여성적 신체의 파멸이야

말로 애니메이션이 구사할 수 있는 기술적 정점이자, 그것이 담을 수 있는 탐미적인 물성의 극치를 이룬다. 이로 인해 소멸은 전후의 모든 초월적 극복을 무효화하는 권력을 누린다. 거세된 아버지를 대신하여 법을 집행하는 여성적 주체는 자신의 거세를 스스로 집행함으로써 법과 언어와 남근의 부당하고 비합리적인 무게를 제거한다. 상징과 물성의 접합을 완성하는 마지막 제식은 자기 파괴이다.

이러한 순수한 폭력성이야말로, 그것이 동반하는 상징계의 파행과 주체성의 파열이야말로, 남성 주체가 갈망하는 무의식의 궁극일지 모른다. 사회적 정체성의 과격한 파격. 존재의 탈언어적 파동. 결핍의 극단. 소멸의 희열. 타나토스의 승리.

아버지의 법을 집행해야 하는 책임감의 무게에 짓눌린 상징계의 주체가 그 무례한 무게를 상징적으로 제거하기 위한 가장 숙연한 방식은 어쩌면 상징으로서의 타자의 신체를 빌리는 것이리라. 억압된 내면은 타자의 형상으로 기표화될 수밖에 없는 것이다. 이는 비인격화된 타자가 상징적 질서에 개입될 때 여성적 괴물의 형태를 취하게 되는 이유와 일맥상통한다. 거세를 극복하고자 하는 남성의 환상은 실은 음경을 상징적으로 회복하는 것으로만 나타나는 것이 아니라, 거세를 완성하는 과정으로 나타나기도 하는 것이다.

물론 뱀과 베로처럼 자신의 거세를 받아들이고도 무정형적인 세계로의 자유를 꿈꾸는 것에 실패할 수도 있다. 끝없이 욕망을 유혹하는 탈중심적인 변혁의 가능성을, 무정형적 유기체로의 변신의 의지를, 유언처럼 뒤로 남기고 사멸하는 것이 차라리 진실에 가까워지는 것일까. 변혁의 실체는 실패의 불변에 있음을 알리려는 듯, 그들은 말없이 사라졌다.

언캐니의 윤리학

괴물스러운 것이 무서운 것은 낯설기 때문만은 아니다. 기억이 전혀 인식할 수 없는 새로운 모습으로만 이루어진 것이라면 무서울 리도 없을 것이다. 공포는 분명 인간의 기억을 메커니즘으로 형성되는 것이다. 1919년의 선구적 논문 "언캐니*Das Unheimliche*"[18]에서, 프로이트는 무서움이라는 일반적인 정서로부터는 비켜 나가는 기묘하고 낯선 공포에 주의를 기울인다. '언캐니함'이라 칭하는 이상한 영역이다. '언캐니'는 인간의 언어를 배반하고 보편적인 개념의 간극에서 모호하게 진동한다. 프로이트는 익숙함과 낯설음이라는 두 상반된 개념을 통해 이 모호함에 접근한다. 익숙한 것이 반복될 때 언캐니함은 일상을 전복시킨다. 아니, 일상이 언캐니함으로 우리를 교란시킨다. 이질적인 것 속의 내재적인 익숙함은 아예 친숙하기까지 하다. 내 집 같은 친숙함과 남의 집 같은 생경감은 서로에 의해, 서로를 향해, 미끄러진다. 언캐니함은 가정의 친숙함을 덩달아 떠안고 안락의 기반을 와해시킨다. 일상 속에서 무의미하게 반복되던 익숙함의 체험은 의식의 뒤편을 엄습한다. 일상이 취하는 복수의 무기는 반복이다. 기시감, 즉 데자뷰*déjà vu*나 분신*double* 등의 기이한 섬뜩함은 동질성을 무기로 시간과 공간의 선형적이고 균질적인 결을 조형적으로 왜곡시킨다.

    폭력과 잔혹은 이방인으로서의 타자를 포용하지 못할 때 생겨난다.

---

18. Freud, "The Uncanny."

타자가 자신의 일부임을 인지하지 못할 때 권력이 형성된다. 자아의 중심을 지키고자 할 때 대립과 충돌이 고통을 부른다. 크리스테바가 지적하듯, 프로이트의 놀라운 성과란 낯선 공포의 근원을 외부인이 아닌 우리 자신 속에 위치시켰다는 점이다.[19] 낯설음과 불안 속에서 우리가 타자를 받아들이기 위해 해야 하는 것은 우리 자신을 해체하는 것이라고 프로이트는 말한 것이다. 아我와 비아非我의 대립이란 것이 본디 허망한 허구가 아닌가. 결국 크리스테바에 있어서, 프로이트의 이러한 관점은 정교한 기술이자, 미학적인 파격이며, 어려운 용기이고, 선구적인 교육이었다. 자기 성찰의 실천적 진보였다. 프로이트의 교훈을 크리스테바는 윤리적이자 정치적인 혁신으로 받아들인다. "이방인은 내 안에 있다. 따라서 우리가 그 모든 이방인이다. 내가 이방인이라면, 이방인은 존재하지 않는다."[20]

스타니스와프 렘Stanisław Lem의 동명 소설을 영화화한 안드레이 타르코프스키Andrei Tarkovsky 감독의 〈솔라리스Solaris〉(1972)에서 우주 정거장에 나타나는 외계의 '손님'들은 내면의 기억이 육화된 것들이다. 과거를 새롭게 반복하게끔 하는 이 언캐니한 개체들은, 영화 연구가 이윤영의 표현을 빌리자면, "자신이 끝까지 부정하고 싶었던 가장 내밀한 의식"[21]이 물질적인 실체로 발현된 것이다. 반갑고도 끔찍한 내면의 타자들이다. 주인공 켈빈은 죽은 아내의 모습으로 나타난 '손님'의 묵시적이고도 거

19. Kristeva, *Strangers in Ourselves*.

20. 같은 책, p.192.

21. 이윤영, "타르코프스키의 〈솔라리스〉와 각색의 문제," 〈문학과 영상〉, 9권 1호, 2008, p.161.

타르코프스키 감독의 〈솔라리스〉에서 상실과 사랑은 순환한다. 내면의 타자가 언캐니하다면 사랑이라는 감정이야말로 언캐니하다.

북한 요구에 저항하다가, 결국에는 내면의 가장 어두운 부분을 직시하고 수용하기에 이른다. 그가 처음에 '손님'을 통해 자신의 어두운 과거를 다시 재현하기를 거부하는 이유는 과거의 기억이 너무 큰 부담을 주기 때문이자, 설사 자신의 성찰을 통해 스스로의 어둠과 타협한다 하더라도 과거의 외상은 이미 돌이킬 수 없으며, '손님'이 지시하는 과거 속의 타자의 삶은 바뀌지 않는다는 당연한 논리 때문이다. 하지만 그의 태도를 전환시키는 결정적 계기는 '손님'이라는 새로운 타자에 대한 자신의 공격적인 태도가 원래의 타자에 대한 과오를 반복하는 것임을 깨달으면서 만들어진다. 결국 켈빈의 윤리적 성찰의 출발점은 내면을 반영하는 타자, 아니 타자화된 내면과의 조우이다. 물론 이러한 윤리적 성찰이 솔라리스의 성공적인 식민지화로 이어지는 모순과 그 모순을 성립시키는 묵언의 제국주의적 환상을 모두 묵과하기에는 그 조우라는 것이 민망할 정

도로 불편하기는 하지만 말이다.

〈금지된 세계〉에서도 괴물의 근원은 내면임이 밝혀지지만, 이 경우 괴물은 괴물일 뿐이다. 내면적 성찰을 가능케 하지 못하고, 파괴해야만 하는 공포의 대상으로 남는다. 타르코프스키가 제안하는 '윤리적 성찰'의 계기는, 이 사례에서는 괴물이 사라지면서 같이 사멸한다. 과학자는, 그리고 우리는, 자아와 타자의 동질성을 밝히고도, 묵은 '타자'의 논리가 사고를 다시 점령하는 것을 묵과할 수밖에 없다. '타자'는 내면을 반영하면서도 내면의 어두움에 대한 혐오를 오히려 증폭시킨다. 우리는 내면의 불편한 어두움에 끝까지 저항할 수밖에 없다. 그럼으로써 추방된 타자의 '무서움'을 다시 한 번 성립시켜 준다. 윤리적 성찰의 소거야말로 이 무서운 타자가 집행하는 가장 큰 폭력이다. 이 이야기에서 과학자가 괴물의 근원을 일컬어 감히 '이드'라는 프로이트의 개념을 차용하고 이를 적대시하기만 했다면, 그는 프로이트의 성찰을 철저히 오독한 것이다.

요괴인간은 프로이트와 크리스테바의 교훈을 죽음으로 설파한 위인들이다. 문제는 괴물의 형태를 끝까지 포기하지 않았다는 것이다. 예수처럼 희생양으로 남음으로써 수사의 설득력을 강화할 것이라고 믿었던 것이 그들의 오류였다. 〈솔라리스〉의 '손님'들도 정확히 파악한 인간의 편협을 그들은 간과했던 것이다. 발화의 주체가 '우리'의 형상이 아니었기에, 자기 성찰이 자아로부터 빗겨나간 이방인의 영역에서 맴돌았기 때문에, 그 죽음은 그저 우리와 상관없는 외부인의 왜소한 죽음으로 남을 뿐이다. "우리들 자신보다 우리를 닮은" 형상의 소멸은 곧 우리의 비극이기도 하다. 요괴인간이 과묵히 보여 주었듯이, 어쩌면 〈솔라리스〉의 켈빈의 자기 성찰이 제국주의의 기반으로부터 자유로워지면서 안착할 수 있는 윤리성의 궁극은, 인간의 도덕성에 대한 사유의 진보가 다다를

수밖에 없는 논리적인 귀결은, 세계로부터의 자발적인 자아의 철회일지도 모른다. 교훈조차 남기지 않는, 설파조차 거부하는, 다소곳한 실패야말로, 시끄러운 자기 선전과 자기 소비로 가득한 세계에서 우리가 깨끗하게 망각하고 있는 최고의 선은 아닌가. 켈빈의 아내의 형상을 취한 '손님'이 보여 주었듯, '타자'의 굴레로부터 탈피하는 윤리적 정점이란, 묵시적인 자멸이 아닌가.

아니, 아니다. 요괴인간의 죽음은 오로지 우리의 순수한 자기혐오를 육화하는 최종의 수행적 제식이다. "우리들 자신보다 우리를 닮은" 형상의 비극은 곧 우리의 자조가 비치는 상징적 거울이다. 자가적 소멸은 나르시시즘의 가장 어두운 이면이자, 우리가 봉인된 비밀방으로부터 추방하고 싶어 하지만 결코 그렇게 하지 못하는 추악함의 결정체이다. 가장 순수한 '악'이다. 순수보다 순수한 순수함의 숭고한 상징적 거울이다. 고결한 윤리적 성찰은 불가능한 신기루일 뿐이며, 그에 대해 취할 수 있는 가장 진솔한 도덕적 태도는 자기혐오뿐 아닌가. 역겨움이야말로 자아의 실체가 아닌가.

"나의 목구멍 깊숙이 질식시키고 투명함을 오염시키는 검은 천사, 헤아릴 수 없이 투박한 돌출."[22] 크리스테바가 말하는 혐오스런 이방인은, 강렬한 구토처럼 내면과 외면의 연결로를 뜨겁게 달구는 이 역겨움은, 결국 내면의 가장 순수한 심연 그 자체이다.

---

22. Kristeva, *Strangers in Ourselves*, p.1.

V.
부러운 타자

 아수라 백작의 수난

이 글은 거세를 확인하고 완성하는 남성 주체의 이야기에서 끝나지 않는다. 〈황금박쥐〉나 〈요괴인간〉의 도래 직후 저패니메이션에 광활하게 발기하는 철강의 권력, 그러니까 절대적 결핍을 망각하고 소각하는 '남근'이라는 허상의 거대한 음모를 묵과할 수는 없는 일이다. 바로 거대 로봇의 전성시대다.

여성적 분신의 출현을 부정하게 하는 것은 가부장 제도의 권력이다. 성적인 모호함은 가부장 제도의 금기이다. 대형 로봇이 등장하여 남성적 권위와 권력을 누리게 되는 1970년대에 이르면, 변태, 변종, 중성, 아보지, 도미나, 그밖에 결핍을 내포하는 잡것들은 희생양으로 떠밀려 문명 밖으로 추방된다. 대형 로봇의 황금기를 연 〈마징가 Z〉만 하더라도 성적인 정체성의 모호함이 얼마나 체계적으로 적대시되는가를 여실히 보여 준다. 남성과 여성의 모습을 동시에 취한 '아수라 백작'은 당연히 영웅이 아니라 사회악이다.

　　아수라 백작은 어린이를 위한 SF에 등장하는 몇 안 되는 자웅동체 *hermaphrodite*이다. 이 진부한 희귀 변종의 '정체'가 무엇인지 우리는 역시 모른다. 몸의 반은 남자이고 반은 여자인데, 화장술이나 분장에 의한 것이 아니라는 것은 명백하다. 몸을 가르는 경계선이 뚜렷하게 이마 중간을 가로지르고 콧등을 지나 입술과 턱까지 이어지는 모습은 그 연장선에 대한 은은隱隱하고 음음陰陰한 상상을 유발한다. 이는 결국 성별에 대한 인식과 그에 수반되는 탐구적 불안감이 저패니메이션에 얼마나 다각적으로 상징화되는가를 보여 주는 또 하나의 흥미로운 실례로, 둘로 이루어진 이 한몸은 하나의 모순 덩어리다. 사악함을 몸소 짊어지고 추방된 '년'이자 '놈'이다.

　　일반적 대명사를 부여하는 것조차 가당치 않은 이 년/놈은 분명 악당으로서 공포스러운 힘과 권위를 지녔지만, 그 적대적인 권위는 결코 절대적이지 않다. 일단 항상 마징가 Z에게 패하고 분개하는 표면적인 극 중 사실부터가 그 년/놈을 추락시킨다. 또한, 그 년/놈의 위에는 그 년/놈이 모시는 가부장적 상관이 버티고 있어, 매회 마지막에는 그로부터

의 꾸중과 질책을 감수하며 이중으로 격하된다. 온 방향으로부터의 갖은 수모를 '한몸'에 받는 희생양이다.

그런데 이 '한몸'이라는 것이 그 생리적 기능에 큰 의문점을 동반하는 저주받은 몸이라는 사실이 시청자 어린이를 매혹과 당혹의 간극으로 유혹한다. 그 몸의 외형적인 구조를 살펴 '보'면, 젖, 눈, 귀, 손 등 좌우 대칭으로 한 쌍이 되어 있는 신체 부위들은 경계선에서 양쪽으로 하나씩 벗어나 있으므로 디자인상 큰 문제가 없다. 그러나 콧등, 입술, 목젖 등 하나씩 몸의 한가운데에 존재하는 부위들은 그를 반으로 가르는 경계선을 어설프게 머금을 수밖에 없다. 그나마 이들은 그 생김새들이 성별의 구분에 크게 의존하지는 않으므로, "약간의 부정확성만 간과해 줄 수 있다면" 끝선만 잘 맞추면 되는 것들이다. 가슴, 등, 이마, 배 등의 비교적 굴곡이 심하지 않은 부위들 역시 마찬가지. 그러나 경계선이 옷 속으로 확장되어 상상 속으로 들어가 버리면 균질적 세계에 틈이 난다. 헐렁한 아수라의 의상은 남성과 여성의 불완전한 반쪽들이 결합될 수 있는 그 어떤 구체적인 가능성을 은폐한 채 하나의 물음표가 되어 버티고 있다.

말이 나왔으니 말인데, 아수라 백작을 지켜보는 오이디푸스기의 시청자 어린이 여러분들은 상상력 없는 바보들이 아니다. 성찰하고 의문한다. 저 자웅동체는 어떻게 오줌을 눌까? 오줌 줄기가 어떻게 나올까? 여성의 성기 속에 숨겨진 '어지자지'를 가진 것일까? 가증스럽기 그지없는 이 질문, 질문들은 리비도의 특정한 변화 단계에서 타당할 뿐 아니라 절실한 것들이다. 그러나 공포가 엄습하기도 전에 잠재된 어리석음이 웃음이 되어 터진다. 희미한 비극 속에 비천한 희극이 숨어 있다. 그 년/놈이 오줌 누는 모습을 상상해 보라.

아수라 백작의 몸은 비극과 희극을 모두 내재하는 모순의 몸이다.

그 년/놈의 성기처럼 보이지 않게 숨어 있는 희극과 비극의 공존 역시 가증스럽고도 신비롭다. 가증스럽게 신비롭다.

 ## 아수라 백작의 수작

아수라의 몸에 나타나는 모순성은 또 하나의 '보이지 않는' 요소에 의해 증폭된다. 바로 목소리이다. 망측의 극치라 할 만한 그 년/놈의 목소리는 어느 한쪽에 치우치거나 중간적으로 존재하지 않고 두 가지 모두에 걸쳐 있는 형태로 나타난다. 아니 들린다. 투바의 목구멍 노래처럼 메조소프라노와 바리톤이 겹쳐졌다. 남과 여를 나누는 경계가 입술로부터 혀를 지나 성대로까지 연결되어 있다면 이런 소리가 나려나.

이러한 녹음 방식은 일본의 원작에서나 우리나라에서 방송된 더빙판에서나 똑같이 적용되었다. 아수라의 목소리를 연출하기 위해 남녀 두 명의 성우가 동원되었고, 말소리를 일치시키기까지 문화방송국의 목소리 연기자 두 명이 몇 번이고 NG를 냈을 것이다. 남녀 간의 노동 유형이 엄격하게 분리되었던 방송의 장에서 남녀가 호탕하게 '한목소리'를 내며 상징적으로나마 간극을 허물던 사례가 군사 정권의 답답한 문화사에 또 있을까?

소리는 보이지 않는 것의 실존을 지지한다. 그러니까, 목소리가 두 개로 들린다는 것은 성기도 두 가지가 공존할 수 있다는 가능성을 뒷받침한다. 양극 공존의 가능성이 청각적으로 확인되면서 시각적 확인의 가능성도 덩달아 높아지고, 성기가 반쪽씩밖에 없을 수 있다는 불안감이 이완되기까지 한다. 즉 양쪽 모두 완벽하게 '들리게' 됨으로써 양쪽의 완

벽함이 '보일 수 있다'는 희망이 잠정적으로나마 현실화되는 것이다. 막연한 일시적 믿음은 그럭저럭 페티시로서 불안 해소의 기능에 충실하다.

물론 어디까지나 막연하고 일시적인 미봉책이다. 사실 우리가 양쪽 목소리를 동시에 '듣는' 경우는 양쪽 모습을 동시에 보여 주는 정면 숏일 때뿐이다. 남성적인 옆모습이 정확하게 정면으로부터 직각으로 보여서 여성적인 모습이 시야에서 완전히 사라질 때에는 여성의 목소리도 사라지고 남성의 목소리만 들리며, 반대의 경우에는 또 그대로 남성적인 목소리는 사라지고 여성의 목소리만 들리게 된다. 눈에 보이는 부분들만이 소리를 동반하는 것이다.

극영화가 그러하듯, 카메라, 즉 서술의 시점이 계속 이동하면서 그에 따라 그 공간에 존재하는 소리들이 들리는 '형태'도 약간씩 변화하는 것은 당연한 일처럼 여겨진다. 그러나 얼굴의 옆모습이 접사로 처리되었을 때 카메라 반대쪽의 남자 얼굴이 잠시 안 보인다고 해서 화면에 나타나는 여자 쪽의 목소리만 들리게 하는 것은 영화를 지배해 온 사실주의 논리를 위반하는 재현 방식이다. 몸의 양쪽이 듣는 사람과 갖는 물리적 거리가 크게 차이나지 않기 때문에, 같은 몸에서 나와 전달되는 목소리는 당연히 양쪽 모두 들려야 하는 것이다. 카메라를 의식해서 일부러 그렇게 몸까지 돌려 가며 소리를 선별적으로 내는 배우나 가수가 아닌 이상, 아수라 백작의 목소리는 시청자의 '관점'에 철저하게 따르는 것이다. 소리의 원리가 시선의 논리에 종속된 것이다. 그 년/놈은 우리가 바라보고 듣기 때문에 존재하는 현전現前적 대상인 셈이다.

할리우드 영화는, 하나의 제한된 공간에 존재하는 인물을 표현할 때 관객의 시각적 위치에 관계없이 마치 관객의 큰 귀가 그 공간의 어딘가에 객관적으로 존재하기라도 하는 것처럼 고정적인 음향 처리를 하는 것

을 기본으로 한다. 즉 인물에 대한 카메라의 위치나 각도, 거리 등이 바뀐다고 해서 목소리의 크기나 성질이 크게 변하지는 않는다. 말하는 사람이 클로즈업으로 크게 나타나건, 중간 화면으로 멀어지건, 그 목소리는 촬영 거리에 구애받지 않고 나름의 원리에 절대적으로 충실하다. 음량 불변의 법칙이 적용되는 것이다. 특수한 극적 효과를 위해서거이나 촬영 거리가 아주 먼 경우를 제외하고는, 목소리의 크기는 일률적으로 고정된다. 이는 숏이 전환되는 것을 관객들이 알아채지 못하게 하는 효과를 동반한다. 들쑥날쑥한 표면을 양탄자로 평준화하며 얼버무리듯, 시점 변화가 튀지 않고 공간의 흐름이 매끄러워지도록 소리가 돕는 꼴이다.

　이러한 화면과 소리의 보완적인 관계를 지금 우리는 자연스럽게 받아들이고 있지만, 사실 1920년대에 음향 기술이 처음 소개될 무렵, 중요한 실질적 문제로 떠오른 바 있다. 1920년대라면, 이미 클로즈업이 관습화되는 등 촬영 거리가 다양화되면서 시각적인 서사 방식이 정교해지는 시기인데, 화면이 바뀌어 피사체에 대한 카메라의 위치가 달라질 때마다 그에 따라 소리는 어떻게 처리해야 하는가의 문제가 음향 기술자들 및 이론가들의 고민으로 나타난 것이다. 클로즈업으로 배우의 모습이 커진다면 변화된 배우와 관객과의 거리를 효과적으로 반영하기 위해 소리도 비례하여 커져야 할까? 이 문제에 대해 소리는 그림이 나타내는 거리감에 따라야 한다는 미학적 논리가 지배적으로 발전하였다. 어떻게 사물이 '보여'지는가가 어떻게 '들려'지는가를 좌우해야 한다는, 즉 시점에 따라 '청점point-of-audition'도 같이 변해야 한다는 논리가 음향 기술과 미학을 지배하려는 듯 보였다. 그러나 브로드웨이 출신의 한 신인 감독이 한 편의 영화를 통해 이러한 통설을 일축하였다. 루벤 마몰리안Rouben Mamoulian 감독의 〈갈채Applause〉(1929)라는 영화가 그것이다. 이 놀라운 초

〈갈채〉에서 벌레스크*burlesque* 극장은 그로테스크한 사육제로 묘사된다. 청점이 시점으로부터 독립하는 지점은 결국 윤리와 이성이 몰락한 치욕적인 주이상스의 현장이다.

기 유성 영화에서, 마이크는 한 자리에 고정되고, 현란하게 움직이는 카메라에 따라 지속적으로 변하는 음원과의 거리에 관계없이 음량이 일정하게 처리된 것이다. 이러한 방식은 곧 할리우드의 보편적인 녹음 방식으로 정착, 오늘날까지 관습으로 이어진다.[1] 카메라의 위치를 바꾸는 근본적인 동기는 관객의 시점을 이리저리 옮기는 것이 아니라 극의 흐름을 역동적으로 표현하기 위함이라는 논리가 카메라에 청점을 부착해야 한

1. 이에 대해 참조할 논문은 다음과 같다. Rick Altman, "Sound Space," *Sound Theory Sound Practice*, Rick Altman (ed.), New York and London: Routledge, 1992, pp.46~64; Arthur Knight, "The Movies That Learn to Talk: Ernst Lubitsch, Ren Clair, and Rouben Mamoulian," *Film Sound: Theory and Practice*, Elisabeth Weis and John Belton (eds.), New York: Columbia University Press, 1985, pp.213~220; Hyun-Suk Seo, "The Unheard Mourning: Offscreen Sound and Melancholy in *Applause*," *Screen*, vol. 46, no. 2, Summer 2005, pp.195~216.

다는 입장을 일축하였고, 결국 청점은 시점으로부터 독립하게 된다. 물론 그 독립은 시각적 연속성을 중시하는 이데올로기에 봉사하는 것이기는 했지만 말이다.

그렇다면 아수라를 묘사하는 비사실적 논리는 다분히 망상적이며, 이러한 망상적 형식의 부각은 어린이 시청자의 극중 인물의 존재 형태에 대한 심리적 인식이 현실의 충실한 재현보다 더 중시되고 있음을 의미한다. 상황의 객관성보다 시청자의 주관성이 아수라가 자극하는 서사 방식의 기반이 되는 것이다. 아수라의 화면은 극 안의 허구적 현실을 텔레비전 밖으로 표출하는 대신 텔레비전 밖의 심리를 더 육중하게 투영한다. 아수라가 고개를 돌릴 때마다 카메라의 관점은 객관적인 극 서술의 '시점'으로부터 이탈, '청점'의 유령을 잠식시키며, 관객의 심리적 위치를 반영하는 '망상점'으로 변신한다. 할리우드가 음향 기술을 도입할 때부터 철저히 거부해 온 '비현실'의 망령이 아수라를 통해 안방 극장으로 들어온 것이다.

들리지 않는 목소리는 화면의 이면에 소외된 타자가 엄연히 존재함을, 군사 정권의 목소리가 은폐하는 이면의 세계에 환상이 있음을, 신기루처럼 떠올린다. 아수라의 '이면'의 소리는 전제적 질서 너머 아른거리는 모호한 탈규범적 영역에서 메아리친다. 그 메아리는 객관적이고 사실적인 과학적 인지에 틈을 낸다. 시청자 어린이가 망각하기 시작한 언어적 의식 형성 이전의 욕동이 다시 요동치기 시작한다. 땅속에서 솟아나는 그로테스크한 괴물 로봇들처럼, 무의식에 잠재된 상상계의 모호한 잔상들이 모습을 나타낸다. 화면의 권력으로부터 이탈하는 일탈적 타자의 목소리는 방대한 타자의 세계와 결탁, 화면과 음향의 완벽한 일치를 축복하는 마징가의 전제적 권력에 투항한다. 아수라의 불완전한 성기처

럼, 존재와 결핍의 양가적 순환을 사실과 망상의 순환적 고리로 치환하고 확장한다. 현존과 부재의 경직된 간극을 희생시키고, 획득과 상실의 복합적 정서를 회생시킨다. 텔레비전은 페티시다.

 ## 소리의 소외

'영상'이라는 이 시대의 커다란 화두는 그것을 유통시키는 문화의 시각 중심적인 기반을 그러낸다. 영상 문화를 통해 소통되는 언어적 질서에는 소리를 망각하려는 무의식적 의지가 숨어 있다. 텔레비전이나 영화만 하더라도, 우리는 그것을 '본다.' '보고 듣는다'거나 '듣는다'고는 좀처럼 말하지 않는다. 청각은 영상을 둘러싼 언어와 문화에서 잊히기 일쑤이다. 마치 영화가 최초에 등장할 때 겪었던, 소리로부터의 소외에 대한 보복이라도 보는 듯하다. 에디슨은 그의 보조 연구원인 윌리엄 딕슨 William Dickson이 최초의 온전한 '영화'를 볼 수 있는 장치 키네토스코프 Kinetoscope를 만들어서 그에게 '보여' 주었을 때, 당시에 자신이 몰두하고 있던 가장 중요한 발명품인 축음기에 곁들일 수도 있는 '보조적인 장치'로만 생각하지 않았던가. 에디슨이 간과했던 시각의 쾌락은 소리를 억압하고 20세기를 훔치는 데에 성공했다.

음향 기술이 본격화될 때에는 영화는 이미 시각적인 매체로서 정착해 있었고, 기술적, 재정적인 문제와 더불어 미학적, 정서적 저항감이 음향 영화의 대중화에 큰 걸림돌이 되었다. 영화가 많은 비판적 '시각'들을 일축하고 20세기 최고의 대중 매체로 확장될 수 있었던 것은, 그나마 알 졸슨Al Jolson과 같은 인기 절정의 스타가 보드빌 관객을 영화관으로 불러

아버지의 영적 열정을 거역하고 비참한 광대가 된 재즈 싱어. 혹은 아버지 영화의 정적을 망각하고 방대한 소리의 영역을 연 〈재즈 싱어〉.

들렸기 때문이었다.

'시각 중심주의*ocularcentrism*'의 실질적 증거들은 보편적인 언어의 기능만 살펴'보'더라도 쉽게 만날 수 있다. 이를테면, 눈에 보이지 않는 현상을 시각을 기반으로 하는 어휘로 대신 표현하는 것은 한국의 언어 문화에서나 영어권 문화에서나 흔한 일이다. 소리에 대한 인식만 하더라도, 우리가 음의 '높낮이*pitch*'라고 여기는 성질은 음원이 공기에 주는 파장의 빈도*frequency*에 의해 결정될 뿐, 중력의 방향을 따라 물리적으로 위치가 달라지는 것은 아니다. 파장의 물리적 성질 자체에 '높아'지거나 '낮아'지는 변화가 생기지는 않는 것이다. 다시 말하자면, 소리의 본질과 그를 지칭하는 언어 사이에는 건널 수 없는 깊은 골이 존재하며, 그렇기 때문에 언어는 은유적일 수밖에 없다.

언어와의 넓은 간격을 설명하듯, 소리는 종종 지각적 세계의 관습을 뛰어넘는 특별한 기호적 기능을 수행하기도 한다. 사실주의적이고 시각 중심적인 기독교 문화에서만도, 소리는 특별한 힘을 부여받는다. "빛이

생겨나게 하라." 우주의 창조부터가 창조주의 구두 언어에 의해 이루어졌다. 자연을 이탈한 신성함의 영역은 청각적 기표로 스스로를 소통하며, 그 기표는 자연에 물리적 영향을 끼친다. 공기를 벗어나 영혼의 영역에서 공명하고 메아리치기도 한다. 신의 목소리는 물리적 법칙을 초월하여 특정한 자에게만 들리는가 하면, (귀를 가려 주는 수녀복의 디자인을 뒷받침하듯) 처녀의 몸 안에 생명을 만들기도 한다.

앞서 살펴'본' 대로, 아수라 백작의 소리도 시각 중심의 물질적 현상계를 초월한다. 그 년/놈의 소리는 '보이는' 세계와 격리되어 있고, 현실을 초월하며 사실주의를 초월한다. 거듭 말하자면, 망상적이다. 하지만 마징가가 지배하는 세계에서 성의 분리라는 권력의 가치를 어긴 한, 신적인 위상을 갖추도록 허락받을 리는 만무하다. 타자화된 탈육체적 기표들로 어설프게 가부장을 자극할 뿐이다.

 ## 마징가의 진가

플라톤의 《향연Symposium》은 인간의 조상을 자웅동체로 설정한다. 신에 의해 만들어진 인간의 시조는 남과 여의 성을 동시에 지닌 안드로규노스Androgynous였고, 각 네 개의 손발과 두 개의 얼굴을 지녔다가 신에게 잘못 보여 둘로 갈라졌다. 한국의 상징적 세계에서 안드로규노스는 역시 이중적이다. 군사 정권 시대에는 '반쪽의 나'를 찾는다는 이성애의 논리적 원천으로 자주 등장했고, 1990년대 이후에는 양성애나 동성애를 옹호하기 위한 문화적 원형으로 인용되었다. 시대적인 헤게모니에 따라 의미의 변신을 이룬 변형체가 안드로규노스인 셈이다.

아즈텍 문명의 탄생의 여신

　　고대 신화와 종교에서 양성적 존재의 입지는 훨씬 방대하다. 많은 신화에서 창조주는 남자도 여자도 아닌 양성이다. 민속학자이자 소설가인 샤루크 후사인Shahrukh Husain이 좇는 고대 분명의 양성적 창조주의 흔적은 인더스와 수메르, 이란, 이집트, 소아시아, 누비아, 아프리카의 도곤밤바라, 빌리콩고 북아메리카의 나바호, 다코타, 체로키, 오마하 등에 이르며, 유럽과 동남아시아의 많은 전승 신화도 포함된다.[2] 많은 고대 제식에서 남성 사제가 여성의 복장을 하거나 거세를 함으로써 양성적 창조주나 여신과 동일시를 하기도 했다.

　　프로이트 역시《쾌락 원칙을 넘어서》를 쓸 무렵 "레오나르도 다빈치의 유년기 기억"[3]이라는 1920년의 유명한 논문에서 고대 이집트와 그리스의 수많은 신들이 양성구유였음을 지적하며, 동성애에 대한 일반적인

2. 샤루크 후사인,《여신》, 김선중 옮김, 창해, 2005.

3. Freud, "Leonardo da Vinci and a Memory of His Childhood," *SE 11*, pp.63~137.

편견에 조심스레 항변하였다. 이 논문에서 프로이트는 레오나르도 다빈치의 일기 곳곳에 나타나는 산발적인 단서들을 분석, 서자로 자라나고 성인에 되어서는 성적으로 절제된 생활을 한 것으로 보이는 다빈치가 유년 시절 가졌던 어머니와의 관계를 기반으로 어떻게 '중간적'인 성적 정체성을 갖게 되었는가를 추리한다. 이 긴 논문을 통해 프로이트가 제안하는 바에 따르면, 다빈치는 유년기부터 평생 여성성에 의해 지배받은 남성이었고, 이는 그의 천재성을 설명하는 기원이기도 하다.

프로이트에게 가장 흥미로운 탐구 거리는 다빈치가 기록한 유년기의 '기억'으로, 다빈치의 '회상'에 따르면 독수리가 요람에 누워 있는 자신에게 다가와 꼬리로 입을 열고 입술을 수차례 후려쳤다고 한다. 프로이트는 다빈치를 매료시킨 이 오랜 기억을 구순기의 어머니와의 관계가 재구성된 '환상'으로 해석한다. 이를 뒷받침하기 위해 독수리의 모양을 한 이집트의 여신 '무트Mut'와 '어머니'라는 뜻의 독일어 '무터Mutter'가 연관됨을 보이며, 서구 문명에 뿌리 깊게 자리 잡은 원형적 상징성이 어린 시절을 어렴풋이 기억하는 다빈치로 하여금 어머니를 독수리로 대체하게 했다고 추정한다. 나아가 프로이트는 어린 화가의 입에 가해진 자극이 다빈치로 하여금 풍부한 여성적 감수성을 수용하고 구강 성애의 대상으로서의 남근에 대한 선망을 발전시키게 했을 가능성이 짙다고 본다. 일기에 남은 성인 다빈치의 동성애적 행동과 취향은 이 환상을 단서로 유추할 수 있는 그의 모성적 부드러움에 대한 애착과 어머니에 대한 동일시를 기반으로 한다는 것이다. 독수리나 비행과 같은, 평생에 걸쳐 다빈치를 매혹시킨 창작과 관련된 화두는 어쩌면 그의 여성적 심리 기제를 동기로 한다. 그의 창조적 상상의 날개는 '제3의 성'이 누리는 비행의 도구였던 것이다.

마테오 보나렐리 드 루카(Matteo Bonarelli de Lucca)의 〈헤르마프로디테〉(1652). 제목은 관람자의 뻣뻣한 상체를 낮추고, 그늘진 곳으로 시선을 유도한다.

　　프로이트는 심리적으로 자신의 성적 정체성을 억압할 수밖에 없었던 사례로서 다빈치의 일생을 해석함으로써 여성성과 남성성의 완벽한 결합이 문화적으로 구현된다는 것이 얼마나 힘든가를 상기시킨다. 이는 오늘날의 의학이 반음양을 '기형'으로 규정하는 것과 무관하지 않다. 생물학적으로 볼 때 '반음양'이란 양쪽 성기를 모두 지니고 태어난 사람들을 일컫는 의학 용어로서, 현대 의학은 많은 반음양자들이 양 성기의 형태만을 간직할 뿐 그 각기의 완벽한 기능을 동반하지는 못함에 각별한 역점을 둔다. 제3의 성은 불완전한 피조물이라는 인식이 과학의 담론에 의해 합리화된 것이다.

　　하지만 프로이트가 지적하듯이, 신화적인 반음양들조차 두 성을 모

두 완벽하게 지니는 경우는 드물었다. 그럼에도 어쨌거나 그들은 문명의 유년기에 신적인 권능을 누렸다. 오늘날 그 어떤 기독교적, 자본주의적 정형으로부터 자유로운 중간적 도상이 대중적으로 유통되지 않는 다는 사실이야말로 불행한 문화적 '기형'은 아닌가. 오늘날의 인간은 '유년기'의 정신적 창의성을 상실한 불행한 존재는 아닌가.

실제로 아수라 백작의 매력은 마치 억압되기 위해서 존재하는 것 같다. 이는 그 반음양성이 모순적인 망상의 형태로 존재한다는 사실이나, 마냥 패하기만 한다는 극중 사실에 의해 뒷받침된다. 이들은 억압된 백작의 매력을 영구적으로 혐오 속에 빠트린다. 중세 유럽에 화형을 당한 수많은 반음양들의 운명이 낯설지만은 않다.

중세 유럽의 억압의 논리는 과학이라는 모호한 이름으로 어설프게 무장한 〈마징가 Z〉 텍스트 전반에 걸쳐 이어진다. 아수라 백작과 같은 도착성을 띤 반이성적, 반언어적, 반가부장적, 반기독교적 망상체의 위협으로부터 성의 명확한 구분에 의거한 위계 질서가 확립된 자본주의 사회의 밝은 세상을 지키고, 음경 중심적 상식에 대한 '변태적' 도전을 효과적으로 격퇴하기 위해서는, 마치 기독교 조물주가 만든 첫 인간들처럼 성의 구분이 명확한 상징들이 나서야 할 것이다. 남성적 병기는 행여 그 남성적 특징이 의문시될지도 모르니 반드시 빤쓰를 입고 있어야 할 것이다. 그래야 만일 그의 강력한 로켓 주먹이 되돌아오지 않아 거세 불안이 다시 고개를 들더라도 최소한의 신념은 유지되지 않겠는가.

망가진 마징가

아수라 백작의 이중적인 성적 정체성과 대립을 이루며 성의 분리를 확고히 하는 〈마징가 Z〉의 균형 세계는 또 다른 하나의 인물, 아니 기계로 완벽에 가까워진다. '아프로다이 A'이다. 아프로다이 A는 쇠돌이의 파트너인 애리가 조종하는 또 하나의 거대 로봇으로, 지극히 여성적인 외형으로 군사적 목적의 망각을 부추기는 이상한 병기이다. 자동 인형의 언캐니마저도 제거하는 보이지 않는 권력으로 인해 더욱 이상해진다. 가장 대표적인 여성적 신체 부위는 그것의 가장 대표적인 무기가 된다. 젖가슴이다. 많은 저패니메이션 작품들에서 그러하듯, 과학과 에로티즘은 다시 한 번 은밀하게 교접한다. 과학은 성적인 리비도를 표출하는 매개일 뿐 아니라, 리비도의 대상을 대체하는 타대상이 되기도 한다. 과학은 페티시인 것이다.

이 반려 로봇은 여전사임에도 불구하고 여신의 위상과는 멀어져 있는 보조적 존재이다. 마징가 Z가 위기에 처할 때 종종 젖가슴 미사일을 발사하여 적을 교란시키곤 하지만, 시청자 어린이 여러분을 감흥의 도가니로 유도하는 것은, 젖가슴의 군사적 효율성이 아니라 그 파괴력과 결합하는 에로티즘이다. 역시 할리우드 영화나 게임의 많은 여전사들이 대부분 그러하듯, 물리적, 정신적 강인함보다는 성적으로 대상화되는 육체의 매력이 더욱 두드러진다. 무기로서의 효율성을 굳이 따지자면, 아프로다이 A의 젖가슴은 적군을 섬멸할 정도로 치명적이지 않으며, 실제로 이에 의해 전투가 마무리되는 경우는 없다. 여러모로 마징가 Z에 비해 열등한 존재임이 매회 강조되고, 결국 이는 상대적으로 마징가 Z의 우월함을 부

각시키는 기능을 한다. 'A'에서 시작한 순차적인 완성도가 'Z'로 극에 달함을 알리려는 어설픈 언어적 질서가 가증스러워지는 순간, 마징가의 로켓 주먹이 모든 어설픔을 날려 버린다.

발사되었다가 부메랑처럼 제 위치로 돌아오는 마징가 Z의 로켓 주먹과는 달리, 아프로다이 A의 젖가슴 미사일은 한번 발사되고 나서는, 즉 육체에서 이탈되고 나서는, 다시 본부로 돌아가서 새로운 미사일을 장착하기 전에는 회복되지 않는다. 마징가 Z는 로켓 주먹을 통해 신체의 파편화를 극복하는 기쁨을 매회 재현하지만, 아프로다이 A는 회복이라는 극적인 해소를 누리지 못하고 상실만 하는 기제이다. 아프로다이 A의 젖가슴 로켓이 발사되고 난 텅 빈 자리에 진하게 남는 것은 흉측하기 그지없는 결정적인 결핍, 결핍이다. 결핍을 보여 줄 뿐 아니라, 결핍에 대한 처벌까지 상징하는 결핍. 멜라니 클라인이 말하는 '나쁜 대상'에 대한 남성 주체의 보복과 응징을 한몸에 짊어진 희생양이 아프로다이 A인 것이다. 이러한 이중적 결핍은 남근이 야기하는 욕망과 불안을 이중으로 작동시킨다. 아니, 마징가가 옆에서 거세의 불안을 시끄럽게 증폭시키기에, 여성적 기계인형의 결핍은 덩달아 그 논리에 휩쓸리고 만다.

결국 〈마징가 Z〉 이야기는 거세 불안의 극복과 여성의 절하를 동시에 취하는, 괴팍한 보상적 텍스트이다. 아프로다이 A는 거세의 가능성을 제기한 데 대한 처벌로서 신체의 절단이라는 끔찍한 상태를 맞는다. 보상을 추구하는 가부장적 주체는 완벽한 육체를 단순히 이상화하고 예찬하는 것으로도 거세의 위협으로부터 완벽하게 자유로울 수 없는가 보다. 마징가 Z는 마치 연쇄 토막 살인범처럼 타자의 육체에서 결핍을 강박적으로 재차 확인함으로써 자신의 권력을 확증한다. 물론 마징가 Z가 아프로다이 A에게 직접 공격성을 내보이는 것은 아니지만, 불안과 해소

가 유통되는 구조 안에서 힘의 균형을 이루며 실속을 챙기는 것은 전자이다. 타자화된 여성의 절하를 필요로 하는 남성적 주체의 또 다른 이름이 마징가 Z인 것이다. 마징가 Z는 정작 자신이 적의 공격에 만신창이가 되더라도, 젖가슴이 떨어져 나감으로써 본질적인 결핍을 노출한 아프로다이 A의 육체 앞에서만은 최소한의 남성적 권능을 확인할 수 있으리라.

할리우드의 느와르 영화*film noir*에서 꾸준히 나타났듯이, 가부장적인 텍스트가 강요하는 팜므 파탈의 운명은 가부장적 질서에 순응하거나 이를 끝까지 거부함으로써 죽음을 당하는 두 가지의 길로 갈릴 수밖에 없다. 아프로다이 A의 기괴한 창의성은 두 가지를 조합하여 순응적이다 못해 신체의 파편화를 통해 죽음이라는 처벌을 거듭 치르는 극단적인 희생의 길을 개척한 것에 있다. 결국 냉전 시대에 태어난 이 기괴한 병기가 맡은 임무는 정치적 이념을 달리하는 적을 섬멸하는 것이 아니라 가부장 제도에 '헌신적으로' 봉사함에 있다. 아프로다이 A는 반음양 퇴치 캠페인이 여성성에 대한 공격적 침해라는 사실을 은폐해 주는 홍보 대사이기도 하다.

'반음양'을 의미하는 단어의 기원인 그리스 신화의 '헤르마프로디테'는 헤르메스Hermes와 아프로디테Aphrodite 사이에서 아들로 태어났다가 그를 열렬히 사랑한 샘의 요정 살마시스Salmacis의 간청에 따라 합체함으로써 두 성을 모두 지니게 된 양성구유이다. 아수라 백작이 헤르마프로디테의 분신이라고 친다면, 그와 마징가 Z, 그리고 헤르마프로디테의 어머니의 이름을 딴 아프로다이 A가 벌이는 처절한 전투는 그야말로 기이한 가부장 제도의 망상이 아닐 수 없다. 그리스 신화의 열린 세계를 왜곡하고 축소하는 이 허망한 세계는 음경의 절대적인 수호자 마징가 Z가 장악한 이데올로기의 싸움터이며, 이 싸움에서 하부 구조로 추락한 거세된

어머니와 양성의 자식이 갖는 대립 구도는 권력을 포기한 약자 간의 소모적인 국지전으로 전락한다. 이 치명적인 전략을 전람함으로써 이데올로기를 지배하는 권력은 스스로를 강화한다. 고대의 양성구유와 여신들이 오늘날 가부장적 망상에 의해 복종적 타자로 퇴조하는 꼴은 권력의 총체적인 위기감을 방증한다.

결국 두 로봇의 남녀 조종사들은 마치 계약된 꿈에 동참하듯 로봇에 탑승할 때마다 가부장 제도가 강요하는 젠더의 역할을 맡아 성적인 환상과 불안을 연출하는 기이한 인간들이다. 진짜로 가증스런 '변태'들은 황금박쥐나 요괴인간과 같이 스스로 상징계에서의 결핍을 수용하는 주체가 아니라, 자기도취에 빠진 권력 추구형과 그 망상에 동참해 주는 묵언의 피지배자가 아닌가.

아뿔싸. 결국 〈마징가 Z〉가 설파하는 이분법적 사유는 그것에 항변하는 언어마저도 이분법적인 단순함으로 전염시키고 오염시켜 버리는 강력한 것이다.

 ## 정신과 육체

거대 로봇이 남근기를 맞은 소년 시청자에게 각별한 감흥을 선사하는 것은 당연한 일이다. 자아를 인식해 낸 거울기의 감동이 채 가시기도 전에 무한한 신체적 확장의 가능성이 텔레비전이라는 거울을 통해 하나의 이상으로 등극하는 것은 자연스런 일이다. 거울 속의 이상 이미지를 내면의 표상으로 접수한 시선은 텔레비전 속의 이상 신체를 근거로 강인하고 견고한 육체에 대한 선망을 배운다. 그리고 선망을 가르치는 그것에 길

들여진다.

텔레비전이 상기시켜 주는 추가적인 추억은 육체에 대한 통제력이다. 강인하고 견고한 육체를 나의 의지대로 움직이게 한다는 가능성은 운동력을 확보하기 시작했던 유아기의 감흥을 재현한다. 눈물이 나올 만한 감동적 서사의 훌륭한 재료가 아닐 수 없다.

저패니메이션은 거대 로봇에 대한 통제력을 실현하는 다양한 방식들을 소개해 왔다. 〈철인 28호〉와 같은 초기의 원격 조종 방식으로부터, 보다 보편적인 조종석의 탑재 방식을 거치며, 기계적 장치와 유기적 신체의 합체는 육체와 정신의 이상적 결합을 하나의 이상으로 바라보며 진화해 왔다. 주인공의 인간적 지능과 비인격화된 거대 육체를 합하는 광경은, 마징가를 필두로 하는 거대 로봇 시대의 가장 아찔한 지각적 감동으로 이어져 왔다.

자아의 감동은 경제 성장에 대한 국가적 성취감과 결을 함께했다. 2차 대전 이후 미국과의 경제적 경쟁에서 일본이 강세를 보이게 된 결정적 계기는 철강이었다. 철강 산업이야말로 19세기 말부터 미국이 보여 왔던 막강함의 상징이자 원동력이었다. 일본은 2차 대전 이후 미국의 철강 산업이 시설의 낙후나 노사 문제 등으로 주춤해진 틈을 타, 막강한 국가적 지원을 업고 철강 산업의 기반을 견고하게 구축하는 데에 성공하였다. 이러한 성공을 자축하고 이를 통한 번영을 기원하는 의지가 대형 로봇이라는 도상 속에 녹아 있다. 계몽주의의 전기라는 원동력은 이제 철강으로 재구성된 것이다.

강철의 특징은 강함에 있다. 유연함을 거부해야 성립되는 물리적 견고함이다. 바로크 시대의 유연한 변신은 자아의 만족과 이상을 서술하는 이 시대의 서사가 될 수 없었다. 다져지고 담금질된 강한 금속성만이

시대적 자신감을 '강화'할 수 있었던 것이다.

바로크 시대의 변신의 유연한 미학을 대체하는 이 시대의 신체의 수사는 '합체'다. '합체'야말로 철강 시대의 가장 이상적인 표상이다. 고대로부터 이어지는 '변신'의 여신적 위상을 대체하는 남성적 환상이다. 과학이 허락하였고, 과학을 신봉하는, 보상 기제이다. 냉전 시대의 정치적 역학이 양산한 애국의 부적이다.

〈짱가〉는 남근기의 소년이 가질 만한 최대의 환상이다. 꼬마가 거대한 육체를 소유하고 통제하게 되는 광경은 과학의 논리로부터 벗어나 환상의 영역으로 유연하게 미끄러진다. 물리적 질서로부터 이탈하는 감동은 음향 효과가 증폭시켜 준다. '철인' 28호나, 후에 나오는 다른 대형 강철 로봇보다 바로크 시대의 '변신'의 미학에 조금 더 밀접하다고 할 수 있을까. 마징가와 비교했을 때 결정적으로 모자라는 것은 철강의 물리적 견고함이다. 과학의 권능이 부여해 주는 '합체'의 정서이다. 짱가를 향유하는 남성적 주체가 마징가 Z의 조종사보다 낮은 연령인 것은 환상의 유연함에 상응한다.

마징가 Z는 짱가가 미처 제강하지 못한 강철의 수사적 견고함을 완성한다. 견고한 육체와 거대한 남근에 대한 소망은 〈짱가〉의 유아기적 환상보다는 좀 더 과학적으로 타당하고 구체적인 절차를 요구한다. (〈짱가〉의 유아 영웅보다 조숙한) 주인공은 거대한 육체를 소유하기 위해서 뇌에 상응하는 조종실에 탑승하여 몸체에 결합한다. 정신과 육체의 완벽한 통합이 이루어질 때, '정의'라는 초자아적 신념은 확고하게 확보된다.

정신과 육체의 이분법적 분리를 극복한다는 이러한 설정은 스펙터클의 중요한 기반이다. 주인공 쇠돌이는 곧바로 거대한 로봇에 올라타거나 원격 조종을 하는 대신, 조종실에 먼저 탑승을 하고 이 조종실을 본체

에 결합시킨다. 매회 제식처럼 되풀이되는 이 과정이 텍스트의 정서적 정점이 됨은 당연하다. 쇠돌이가 출동하면 (자궁을 연상케 하는) 수영장의 물을 가르며 거대한 육체가 등장하고, 이어서 도킹에 성공하는 감동이 거듭 서술된다. 매회 똑같은 과정이 축약이나 생략 없이 충실하게 재현된다. 300마리의 염소를 한 번에 한 마리씩 배에 실어 강을 건넌 염소 치기의 일화를 이야기하기 위해 300번의 같은 이야기를 반복하려 하는 산초 판자의 무모한 충실함이 낯설지 않다. 심지어는 애니메이터들의 노동을 절감하는 효율성까지 성취하며 같은 그림들이 반복적으로 재활용된다. 합체가 성공적으로 이루어지는 순간, 거대한 육체는 거대한 자아실현의 감동을 누린다. "마징가 Z는 합체한다. 고로 존재한다." 낮은 각도에서 우러러보이는 거대한 통합체는 양팔을 힘차게 올리고 상체를 하늘로 향함으로써 합체의 성공을, 자아의 발기를, 기꺼이 자축한다. 이 순간, 사실적인 배경은 그 원근법적 깊이를 순간적으로 포기하며 추상적인 과잉의 섬광에 잠시 화면을 양보한다. 감흥의 극치다. 쇠돌이에게 이 이상적 통합체를 보존하는 것이야말로 중요한 사명이다. 물론 악당들과의 치열한 싸움에서 마징가는 로켓 주먹을 잃거나 신체를 절단당하는 극단적 위기를 겪기도 한다. 이상적 신체의 손상이 일으키는 충격과 불안의 크기는 곧 이상에 대한 애착의 크기이기도 하다.

분리된 요소들이 결합함으로써 남근적 확장을 가능케 하는 절차는 1970년대 저패니메이션에서 집요하게 반복되는 모티브다. 그랜다이저, 건담 등 최신형 로봇이 개발될 때마다 통합된 육체는 기독교적인 신체의 신성함과 이에 대한 전복적 도발을 연출한다. 금기와 위협의 진동만큼 진득한 매혹이 또 있으랴. 라캉이 설명하듯, 신체의 상해와 이상화가 유기적으로 대립할 때 생기는 긴장과 감동은 원초적인 것이다. 그 감동의

막강함은 그것을 반복적으로 작동시키는 배후의 힘이 무엇인지 성찰해볼 여지를 박탈함으로부터 온다.

 ## 개성적 집단

통합과 분열의 짜릿한 충돌을 연출하는 거대한 남성적 로봇들이 산업 자본주의의 위용을 주술적으로 과시하고 냉전 이데올로기를 재강화했다면, 냉전 시대의 또 다른 저패니메이션 장르에서 우리는 좀 더 집단주의적인 통합의 단상들을 목격할 수 있다. 바로 특공대형 영웅군들이다. 1960년대의 〈로빈 특공대〉와 〈무적의 009〉로부터 〈우주 삼총사〉와 〈독수리 5형제〉에 이르기까지, 집단적 영웅들이 추구하는 바는 여러 구성원들 간의 상징적 통합이다. 이들 투쟁적 소공동체들은 너무나도 뚜렷한 개성을 가진 구성원들로 이루어진다. 그 개성은 다문화적인 혹은 다민족적인 공동체의 양상을 보일 정도로 넓은 스펙트럼으로 나타난다. 하지만 이 개성적 개체들의 진짜 활력은 위기 상황이 닥칠 때 그 개성을 잠정적으로 포기함으로부터 온다.

물론 여러 신체들이 물리적으로 합체를 할 수는 없다. 부분들의 통합은 상징적으로 나타난다. 자아를 대체하기 위해 대기하고 있는 듯한 우주선을 매개로 하는 것이다. 〈우주 삼총사〉에서는 각기 다른 형태의 비행선이 기묘한 곡예 비행을 하다가 합쳐지면서 훨씬 더 강력하고 정교한 통합체의 구성을 이룬다. 〈독수리 5형제〉에서도 역시 각기 다른 연령층과 성별을 대표하는 다섯 명의 구성원들이 힘을 합하여 거대한 통합체를 탄생시킨다. 말 그대로 '하나가 된다.' 이들 영웅군들은 냉전이 요구하는 군사

적 효율성을 실행, 복장부터 행동 방식 및 전술에 이르기까지 획일성을 추구한다. 이러한 기능적 필요성은 합체가 이루어지는 순간 상상계적 감동과 결합한다. 게임자의 성과를 우주선의 합체로 보상하는 '갤러그'를 비롯한 컴퓨터 게임의 역사로도 충실히 이어지는 결탁이다.

개성과 통합이 형성하는 벡터의 상충은 하나의 딜레마가 아닐 수 없다. 강하게 담금질된 개별성이 어떻게 전체의 단일성을 위해 자신을 희생할 수 있는 것인가? 합체하는 순간이야말로 이 딜레마는 기묘하게 진동한다. 할리우드만 하더라도 이러한 딜레마는 개성의 존중으로 잠식된다. 미국적 상상에서 여러 영웅들이 소공동체를 형성하는 경우는 있지만, 이들이 자신들의 개성을 포기하면서까지 일률적인 행동으로 '하나 됨'을 연출하는 경우는 당연히 없다.

"우리는 유니폼 안 입나요?"

〈엑스맨〉의 후편인 〈X2〉(2003)에서 모든 영웅들이 한데 모이자 그중 한 명이 슬그머니 제안한다. 이 말도 안 되는 제안은 물론 응답의 여지도 없이 썰렁하게 메아리칠 뿐이다. 어쩌면 일본의 성공적인 영웅군 모델이 전랍하는 일률성의 가치는 미국의 신세대 영웅들의 눈에는 선망의 대상일지도 모른다. 하지만 주인공이 "유일무이한*one of a kind*" 피조물이기를 바랐다는 박사의 단호한 말은 고전적인 미국 영웅의 필수 조건을 표명하는 사전적 정의이기도 하다.

결국 '하나 됨'의 감흥은 획일화에 좀 더 익숙한 문화에서 더욱 큰 힘을 발휘한다고 할 수 있다. 소속감을 확인하는 집단 행위야말로 일본식 자본주의 영상 문화의 결정적인 미덕으로 되풀이된다.

통합의 미화는 대형 로봇이 합체라는 군사 작전을 수행하면서 두드러지기도 하지만, 팀원들의 일사불란한 동작을 통해 상징적으로 표현되기도 한다. 〈독수리 5형제〉 이후에 나타난 〈후뢰시맨〉, 〈마스크맨〉, 〈파워레인저〉, 〈바이오맨〉, 그리고 한국의 토종 용사들인 〈벡터맨〉에서까지, 각기 다른 색상의 의상으로 구분이 되는 팀원들은 미묘한 차이로 개성을 표현하다가도 적절한 시기를 맞으면 통일성을 지향하는 '결정적 순간'을 연출한다. 〈엑스맨〉이나 〈판타스틱 4〉(2005)의 주인공들이 하리라고는 도저히 상상할 수 없는 일률적인 안무 동작을 통해 이들은 서로 간의 결속력을 확인한다. 교복 문화에 익숙한 대부분의 시청자들에게는 집단 생활의 합리성을 미화하는 이러한 표출 역시 낯설지 않을 것이다.

물론 이들의 의상은 기능으로 보자면 군복이나 교복 등의 일률적인 유니폼에 가깝지만, 디자인상의 특징은 보다 일탈적인 문화 현상을 끌어들인다. 압박감을 전람하는 밀착된 의상, 번들거리는 질감, 얼굴을 비인간화하는 가면 등 너무나 명백하게 페티시 패션 및 포스트페티시*post-fetish* 패션에 근접해 있다. 가죽이나 라텍스를 주된 원단으로 하는 페티시 패션은 1960년대 유럽과 미국에서 억압된 '비정상적'인 성욕을 기표화하며 최근 대대적으로 상업화되기 전만 하더라도 저항 문화의 성격을 띤 바 있다. 장 보드리야르Jean Baudrillard의 표현을 빌리자면,[4] 긴 가죽 부츠, 긴 장갑, 체인, 피어싱 링, 높은 하이힐 등은 장식품에 머물지 않고 기호가 되어 "결핍을 상징적으로 명료화하는 거세를 모방한다." 포스트페티시 패션은 주로 검은 가죽을 표방한 기존의 페티시 패션의 단순함을 탈

---

4. Jean Baudrillard, *Symbolic Exchange and Death*, London and New Delhi: Sage, 1993.

피, 자본주의의 화려함과 현란함을 과감하게 예찬한다.

　　일본의 영웅군들의 의상은 〈배트맨〉의 캣우먼처럼 직접적으로 페티시 패션을 인용하지는 않지만, 그에 못지않게 저항적 리비도 기제에 근접해 있다. 그들의 유니폼은 페티시 패션에서 포스트페티시 패션으로 넘어가면서 황금박쥐 빤쓰의 모호함을 완전하게 일축한다. 황금박쥐에 내재된 외상과 불안의 증후군은 조심스럽게 배제되며, 그 철저함은 통일성을 강조하는 '결정적 순간'에 이르러 극대화된다.

　　이러한 '결정적 순간'들에는 공통적인 지각적 특징이 있다. 배경을 점유하는 사실적인 묘사가 잠정적으로 포기되고 섬광이나 후광 등의 특수 효과가 공간을 지배한다는 점이다. 이상적 통합은 그만큼 몽환적인 것이다. 사실성이 자본주의 미학의 기반이라고 한다면, 이로부터의 일시적인 외도는 일상적인 미학을 초월하여 이미지의 소비 효과를 극대화하는 전략이 된다. 서구의 초기 페티시 패션이 저항 문화로 작동했다면, 일본의 군무형 애니메이션은 사회의 통합을 예찬하는 보수적인 가치관을 '강화'한다.

 ## 기적의 기쁨

합체하는 것에는 파편의 자국이 있다. 〈파워레인저〉에서는 파편화와 통합의 대립이 화면 구성 방식으로 나타나기도 한다. 팀원들이 통일된 모습을 보여 주기 직전, 화면은 팀의 인원수에 맞게 다섯 부분으로 분할되어 각기의 작은 프레임 안에서 한 명씩을 보여 주다가, 일사불란한 동작으로 '하나 됨'을 연출하는 순간에는 다시 화면이 온전하게 합쳐진다. 서

사 형식으로서의 분리 화면*split screen*은 그만큼 신체와 자아의 파편화와 긴밀히 내통한다. 분열된 이미지가 상징적으로 분산적이고 탈중심적이며 왜상적인 신체를 대체한다면,[5] 하나로 통합된 화면은 상징적 주체의 '하나 됨'을 강조한다. 결국 '통합 화면'에서 화면 구성과 내용은 이중으로 통합을 미화하게 된다.

　마치 미국 포르노 영화의 정체성이 남자가 성행위를 마무리하며 사정하는 장면, 즉 '사정 화면'으로 결정되듯이, 남성적 균질성을 미화하는 이들 SF물들의 가치관은 '통합 화면'을 통해 정점에 이른다. 페미니스트 영화학자 린다 윌리엄스가 말하듯이, '머니 숏*money shot*'이라고도 하는 사정 화면은 포르노 산업이 재생산하는 잉여 가치 그 자체이며, 남성적 욕망을 유통하는 상징적인 매개체가 된다.[6] 경제적으로나 심리적으로나, 페티시로 기능하는 것이다. 사정 화면이 사정상 이러한 기능을 할 수 있는 근거는, 남성의 음경 중심적인 쾌락의 증거를 가시화함으로써, 결여를 상징하며 거세 불안을 야기하는 여성의 신체를 압도한다는 점이다. (윌리엄스를 비롯한 당대 페미니스트 이론가들이 말하는 '페티시즘'에서 모순적인 양가성은 가해와 피해의 이분법적 논리의 집행으로 대체된다.) 통합을 미화하는 일본 공상물의 '통합 화면'의 기능 역시 상징적으로 음경의 회복을 추구한다는 점에서 이와 일맥상통한다. 사정 화면이 없는 미국산 성인 영화가 없듯이, '통합 화면'이 없는 〈파워레인저〉나 〈후뢰시맨〉은 있을 수 없다. 두 유

---

5. 서현석, "분열의 미학: 분리 화면의 기호적 기능과 이데올로기 작용," 〈한국방송학보〉, 18권 3호, 2004, pp.335~384.

6. Linda Williams, *Hard Core: Power, Pleasure, and the Frenzy of the Visible*, Berkeley: University of California Press, 1989.

형의 화면 모두 공통적으로 여성과 남성, 결핍과 음경, 대상과 주체라는 이분법적 대립항들의 역학에 동참하여 남성적 쾌락에 봉사한다는 것은 우연이 아니다. 영상에서 이상적 통합이야말로 자본주의에서 유통되는 잉여 가치의 가장 전형적인 형태이기도 하다.

이러한 통합의 정서를 극대화시키는 디자인은 합체형 슈퍼 로봇이다. 게타 로봇으로부터 시작하여 볼트론, 콤바트라 V, 볼테스 V, 다간, 임펄스 건담 등으로 이어지는 로봇들은 단지 인간 영웅이 승선한 조종선이 로봇의 본체와 합체하거나 여러 팀원들이 일사불란한 동작을 하며 힘을 발휘하는 기존의 패러다임에서 한 단계 더 발전한 통합을 연출하는 모델들이다. 각기 분리된 신체 부위가 독립된 기능의 비행선으로 임무를 수행하다가, 극대화된 전투력을 발휘해야 하는 순간에 하나의 몸으로 합체한다. 과학의 이름으로 자가적으로 응집력을 부여하는 이들 상상계적 불안 해소 기제들은, 최근에는 '로봇 대전'이라는 게임 문화로 확장되면서 보다 다중적인 기능과 의미를 갖게 된 것도 사실이지만, 신체의 파편화와 회복이라는 이분법적 대립을 기반으로 하는 정서적 상승은 여전히 강력하게 작동한다. 한 사람씩 승선한 개별적인 비행체들이 '하나'로 합쳐지는 순간은 역시 비언어적인 감정의 과잉으로 표현된다. 막강한 '하나'된 몸의 포효는 파편화된 신체의 매혹을 극복하는 기쁨과 감동의 공표이다. 〈전설의 용자 다간傳說の勇者 ダガーン〉(1992)의 주제가가 그 감격을 표현하듯이, "이것이 바로 기적이다." 자아 이상에 대한 환상은 그만큼 절실한 것이다.

춤과 노동

한국의 대중 문화에서 저패니메이션의 '하나 됨'의 스펙터클을 가장 충실하게 물려받은 계승자들은 1990년대 이후 정형화된 댄스 그룹들이다. 독창성보다는 일률적인 리듬이나 무대 연출 등 한정된 무대 요소들의 반복과 미묘한 차이로 성립된 기획사 소속 댄스 그룹들의 군무는 독수리 5형제나 후뢰시맨 등이 과시하는 통합의 감동을 방불케 한다. 심지어는 무대 위에서 인위적으로 '립싱크'되기도 하는 그들의 육성마저도 저패니메이션 특공대의 더빙된 탈육체적 목소리를 닮는다. 저패니메이션의 집단 영웅들은 하나 같이 입을 가렸기에 복화술 인형처럼 입을 벙긋댈 필요도 없지만, 댄스 그룹 단원들의 사정은 다르다는 것이 차이이다. 그럼에도 가창력보다는 시각적인 효과에 치중한다는 점은 두 유형의 안무를 더욱 가깝게 한다. 기획사 소속의 댄스 그룹들에서나, 〈후뢰시맨〉에서나, 각 팀원들의 특정한 능력과 개성은 중요시된다. 그리고 집단에서 한 명 정도가 다른 구성원들보다 조금 더 중심적인 역할을 맡거나 관심을 더 받는 구도 역시 두 경우에 모두 해당된다. 하지만 두 경우 모두 가장 극단적인 감흥은 역시 통합이 일사불란한 몸동작으로 상징화되는 '결정적 순간'에 이루어진다. 각자 개성을 살리는 음성과 의상과 동작에 보는 이의 관심이 집중되다가도, 후렴구 혹은 결정적 전투에 다다르면 통합된 공동체의 일원으로서의 정체성이 부각된다. 시청자의 감정적 동화는 극대화된다. 현란한 조명과 폭약 등의 특수 효과가 사용되는 시기가 모든 대원들이, 아니 단원들이 동작을 일치시키거나 통합을 연출하는 순간들이라는 사실은 우연이 아니다. 특수 무대 효과는 통합형 SF의 '통합 화면'처럼 파편화를 극

복한 기쁨을 화려하게 축복한다. 두 경우 모두에 있어서, 개별성과 일률성은 서로를 뒷받침한다. 둘의 양립이야말로 자아 성립의 감동을 추억으로 간직한 관객들에게는 녹녹하고 농농한 유혹이다.

　최근에 다시 제작된 〈파워레인저〉가 매회 마지막마다 장르적 특징을 위반하며 느닷없이 음악과 군무를 볼거리로 선사하는 것도 그래서 이상하지 않다. 이 뒤풀이 장면에서 전사들은 시청자에게 봉사하는 엔터네이너로 변신한다. 하긴, 싸움을 보여 주나 춤을 보여 주나, 그들의 사명은 어쨌거나 시청자 어린이 여러분에게 통합의 기쁨을 제안하는 것이 아닌가. 그만큼 안무된 춤의 미학은 일본의 집단형 영웅들의 행동 양식에 깊숙하게 내면화되어 있으며, 이는 한국의 댄스 그룹 문화를 형성하는 결정적인 유전자이기도 하다.

　〈후뢰시맨〉에서의 일률적인 동작이 군사력을 극대화시키기 위한 일종의 포디즘Fordism의 요구를 지닌다면, 댄스 그룹들의 안무된 행위는 동작의 기능성을 배제하고 노동 그 자체에 잉여 가치를 부여하는 그들의 특징을 극대화한다. 몸에 개입되는 자본주의의 권력은 몸으로 인해 찬양된다. 거세와 파편화의 위협을 제거하는 통합의 승리는 자본주의가 강화하는 노동력의 원천으로서의 신체의 중요성과 결탁한다. 시청자 미성년 여러분은 자아 형성의 추억을 간직하면서도 문화적 관습이 제공하는 이상적인 거울상을 통해 다시 한 번 자아를 강화해야 하는 필요성에 직면한다. 텔레비전 속 자아 이상의 표상의 안무된 군무는 이러한 필요성을 공동체 안에서 해소해야 함을 알릴 뿐 아니라, 자본주의의 획일성에 동참할 것을 종용한다. 아픈 성장기를 맞는 자아에게 분열과 소외를 망각하게 해준다는 약속은 지나치게 달콤하다.

하나의 나

통합된 자아는 (종종 립싱크되곤 하는) 언어로 강화된다. 단원들이 소리를 모아 성립시키는 '한 사람'의 발화자를 통해서이다. 육체는 여럿이지만, 그들이 발화하는 언어의 주체는 기이하게도 하나같이 하나이다. '나'라는 단수이다. 이를테면 "우리는 가족We Are Family"임을 외쳤던 미국의 3인조 여성 그룹 시스터 슬레지Sister Sledge의 화법과는 전혀 다른 수사가 한국의 가요계를 지배하고 있는 것이다. 사실 '우리'라는 복수 대명사를 사용하거나 '나'라는 주체가 멤버 중 정확히 누구인지 밝혀야만 언어적 주체와 노래를 부르는 실재하는 육체는 동일시될 터인데, 공교롭게도 이들은 약속이나 한 듯 모두 일인칭 단수를 고집한다. 그들이 호명하는 주체는 멤버 각자의 자아도 아니고 모두를 통합한 공동체도 아닌, 유령 같은 존재이다. 한 사람의 보이지 않는 인격이 여러 분신에 분산되어 내린 셈이다. 기표는 반복될 때마다 자꾸 미끄러진다. 하지만 그럼에도 어쨌거나 "'나'는 발화한다. 고로 존재한다." 일치된 동작이 통합된 자아를 예찬한다면, 가사가 설정하는 화자 역시 같은 기능을 수행한다. 분열과 소외는 은폐되고 상기된다.

결국 통합된 화자의 획일적인 발화는 파편화된 개별성과 절묘한 대립 관계를 이루며 긴장과 해소를 연출한다. 그러고 보니 많은 가사가 아픔과 좌절을 다루는 것도 우연이 아니다. 통합적인 주체가 논하는 자신의 모습은 이상적 자아가 아닌 파편화된 자아의 조각들인 것이다. 이상적인 모습으로 통합을 연출하더라도 파편화의 고통을 완전히 떨쳐 버릴 수는 없으며, 감동의 폭과 고통의 깊이는 비례할 수밖에 없을 것이다. 그

렇기에 고통은 모든 외상이 그러하듯 반복적으로 나타난다. "왜 불러, 왜 아픈 나를 불러?"라고 반복적으로 질의하는 디바의 발화가 찢어진 자아의 고통을 토로하고 이를 상기시킴에 대해 불평하는 것이라면, 그 고통을 떨쳐 버릴 수 있는 한 가지 방법은 지겨울 정도로 집요한 반복에 의한 의미의 희석, 즉 언어를 유희로 변환하는 몸짓이 되리라. "왜 불러, 왜 불러, 왜 불러……"

　군사 정권 시대의 통일에 대한 염원으로부터 2002년 거리 응원에 이르기까지 이념과 정서는 달라도 '하나 됨'에 대한 찬미와 탐닉은 같은 기호적 기반을 공유한다. 특히 2002년 '국가'라는 동질적인 정체성의 기반을 축복하기 위해 한 자리에 모여 모두 같은 색의 티셔츠를 입고 일치된 구호를 외치는 집단 행위는 방송을 통해 그 모습이 영상의 형태로 '거울화'되면서 감흥을 배가시켰다. 한일 월드컵을 선전하는 방송 문구에 "하나가 된다"는 표현이 끝도 없이 남용될 정도로, '하나 됨'은 중요한 소비의 대상이었다. '통일'이라는 냉전 시대의 '우리의 소원'이 상상계가 지원해 주는 상징계적 질서를 그렸다면, 월드컵 시대의 '하나'의 소비는 상징계적 질서를 매개로 하는 상상계적 이상을 재생산한다. 자본주의와 상상계의 결탁은 그만큼 강력한 것이다. 극단적인 스펙터클의 사회에서 시각적 기호의 힘이 가장 규범적이고 이념적인 공동체의 요구마저도 상상계를 기원으로 하는 원초적인 욕망의 기호로 재구성하고 있는 것이다. 소외된 대중이 소비하는 거대한 서사는 '하나 됨'이라는 하나의 목표를 지향함으로써 소외를 소외시킨다.

　합체는 물론이고 페티시 유니폼이나 집단적 군무 따위도 모르는 요괴인간들과 같은 변형체들에게 어울리는 운명은 결국 소외된 타자의 비참한 비극이다.

VI.
부드러운 구멍

 어둠의 자식들, 어둠의 자식들……

때는 한밤중. 장소는 어둠 속에 묻힌, 정체를 알 수 없는 한 실험실. 음음
적막 속에서 쥐가 돌아다니다가 부주의하게도 유리 용기들을 떨어트린
다. 바닥에서 깨진 유리 파편 사이로 흐물흐물 이상한 덩어리들이 발기
하듯 솟아오른다. 그리고 괴물의 형상으로 굳어진다. 모두 세 개체. 부모
도, 족보도, 교미도, 성욕도, 그들의 출생 배경에는 없다. '탄생'이라기보
다는 '발생'이라 함이 낫겠다. 그것도 우연한 사고에 의한 발생이다. 그
것도 쥐 따위의 사소한 부주의에 의한 사고다. 태어나자마자 '요괴인간'
이라는 흉측한 기표가 족쇄처럼, 저주처럼, 그들을 얽맨다. 탄생부터 죽
음까지 인간의 영역에서 영원히 소외된 채로 남을, 추방된 이방인들의
서러운 삶이 시작된 것이다.

이 척척하고 침침한 요괴인간의 짧은 탄생, 아니 발생은 매회 거듭 서
술된다. 할머니의 옛 이야기를 듣고 또 들어도 권태를 모르는 아이처럼
시청자 어린이 여러분은 매주 반복되는 같은 이야기에 귀를 기울이고 눈

을 부릅뜬다. 하긴, 초기 언어 발달 과정의 아이들에게 반복은 곧 쾌락이다. 반복되는 언어의 질감은 광대의 줄타기처럼 아찔한 양면적 힘의 긴장을, 미묘한 흔들림과 정교한 균형의 아찔한 형평을 물화한다.

〈프란다스의 개〉의 시작마다 주제가와 함께 매번 반복되는 몽타주가 매일 일어났을 일상, 그러니까 수레를 끄는 개와 함께 아침 일찍 우유를 집집마다 배달하는 소년의 모습을 축약하여 자꾸 보여 주는 반복적 서술이라면, 〈요괴인간〉의 도입은 단 한 번 일어난 사건을 매회 보여 주고 또 보여 주는 서술의 반복이다. 전자에서 미리 반복되는 것은 사건이고, 후자에서 거듭 반복되는 것은 서술이다. 전자의 서술이 매회 반복되며 내용상의 반복에 동조한다면, 후자의 서술의 반복은 매회 내용상의 유일함에 집착하며 형식적 반복으로 동요한다. 전자에서 반복되는 것은 원형도 없는 무수한 단상들이요, 후자에서 반복되는 것은 하나의 기원적 원형이다. 반복을 반복하는 전자의 서술자가 일상에 대한 초연한 외경으로부터 다이에제시스에 접근한다면, 스스로를 반복하는 후자의 서술자는 특정한 하나의 원형에 몰입하며 불안에 잠식된다. 아아, 이상하게

도, 우리를 혼란에 빠트리는 쪽은 여러 개의 비슷비슷한 변형들이 아니라, 유일한 것의 독보적인 아우라이다. 〈요괴인간〉의 서술자는 도무지 반복을 통해서 이 원형적 사건에 관한 새로운 정보를 추가하지도 못한다. 그저 자신의 말을 되풀이할 뿐이다. 하나의 이상한 사건에 대한 목격자이자 전지자로서의 발화자가 매회 똑같은 서술을 반복하면서 축적시키는 바는 그 사건에 대한 이해력의 부재이다. 거대한 결핍이다. 반복은 불가능을 번복하지 못한다. 흙이 도자기의 형태를 갖추어 나가듯 형태도 없는 언어가 인간사의 굴곡을 만들어 가는 생성의 과정에 촉각을 곤두세워 보지만, 시청자 어린이 여러분은 도돌이표 하나에 의해 영구히 순환하는 악몽 같은 멜로디의 똑같은 되풀이 속에서 망연자실을 거듭할 뿐이다. 시지프의 비극은, 불가능에 있기보다는 불가능에도 불구하고 새롭게 솟는 의지에 있다.

 ## 철학의 대타자

플라톤의 《티마이오스*Timaeus*》[1]에서 세계를 창조하는 조물주는 원래 존재하는 '본*paradeigma*'을 그대로 따서 복제품으로서의 세상을 만든다. 세상이 만들어지기 이전에 존재했을 '원형'의 정체에 대해서는 인간 지식의 범위 밖에 있는 영역으로 규정하고 의문시하지 않는다. 불가지한 영역은 창조주의 신성한 영역이다. 플라톤의 화자는 주저 없는 유연한 논

---

1. 플라톤, 《티마이오스》, 박종현·김영균 옮김, 서광사, 2000.

옛보기의 옛보기. 메타언어의 군림.

리로서 만물의 생성 과정을 설명하다가 무언가를 빠트린 듯 처음으로 돌아간다. 집에 무언가 두고 나온 신경증 환자처럼 급하게 출발점으로 회귀한다. 그의 서술은 세상이 이미 창조된 시점까지 진행되었다가 다시 아무것도 존재하지 않는 상태로 퇴행한다. 이야기의 논리적인 전개에서 누락된 무언가가 그의 발목을 잡은 것이다. '창조'가 성립하려면, 서술이 설득력을 확보하려면, 이 누락된 무언가가 필연적으로 서술되어야 한다.

창조의 서술자인 티마이오스를 지체하게 만드는 것은 만물이 만들어지기 이전에 그 장소에는 무엇이 있었는가의 문제이다. 만물이 생겨나기 이전에 이미 존재해 온 '본'은 인간의 이성이나 지각으로써 이해할 수 있는 영역이 아니므로, 수사적인 결함으로 여겨질 수는 없다. 하지만 만물이 점유하기 이전에 존재할 수밖에 없는 중립적인 공간은 논리적인 필연성을 동반하는 문제이다. 도대체 바탕이 없이 어떻게 사물이 존재할 수 있는가. 만물 이전의 공간을 하나의 이름으로 명명하지 않고 창조라는 행위를 언어적으로 어찌 이해할 수 있는가. 티마이오스는 자신의 서술에 내재하던 결함을 추론하여, 이를 명명한다. '장소'를 의미하는 '코라*chōra*'라는 단어이다.

코라는 생성을 가능케 하는 보이지 않는 빈 그릇이다. 코라는 실체를 가지지 않는다. 논리적인 필요성에 의해 생겨난 매우 기능적인 개념적 창조물이기에, 그것의 기의는 사실상 비어 있다. 코라는 창조라는 행위를 원형에 대한 복제로 사유할 때 발생한 논리적인 문제이다. 그러면서도 이야기 안에서 그것이 지시하는 무형적 영역은 만물의 숨은 근원이다. "자기의 소멸은 허용하지 않으면서도 생성을 갖는 모든 것에 자리를 제공하는 것"[2]이다. 창조라는 조물주의 행위를 가능케 하는 배경이다. 철학자라는 남성적 주체의 언술을 성립시켜 주는 필수적인 모성적 기반이다.

코라는 남성적 담론으로서의 철학적 사유에서 초월적 의미를 갖는 여성적 이름이다. 남성적 창조 행위를 성립시키는 논리에 내재하는 본질적인 바탕이다. 남성적 창의성이 '무'에서 '유'를 만드는 것이라면, 코라가 갖는 창의성은 '무'라는 전제로 회귀하는 필연적이고 원형적인 여성성이다.

코라는 '지성知性, nous'을 통해 파악할 수 있는 구체적인 현상도 아니고, 감각적 지각으로 인지할 수 있는 유형적 실체도 아니다. 철학자의 논증적인 논술인 로고스logos나 시인들의 모방적인 언어인 뮈토스muthos[3]를 통해서 이해할 수 있는 것이 아닌, '사생아'와 같은 중간적인 개념, 즉 '서출庶出, nothos'적인 추론을 통해서만 다가갈 수 있는 사유의 영역이다. 자

2. 같은 책, 52b.

3. 영어의 '신화myth'라는 단어의 어원인 뮈토스는 플라톤 이전에는 단순히 '의견'을 의미하는 단어였으나, 플라톤은 철학적 논술인 '로고스'에 대비되는 개념으로 주로 시인들이 행하는 검증될 수 없는 논술을 폄하하면서 '뮈토스'라 칭하였다.

크 데리다Jacques Derrida가 지적하듯, 코라는 플라톤의 논거에 발생한 개념적 균열이다.[4] 감각적인 것과 지성적인 것, 존재와 무, 로고스와 뮈토스 등의 이분화된 개념의 체계에 생긴 구멍일 뿐 아니라, 나아가서는 이 모든 대립항들과 또 다른 차원의 대립 구도를 이루는, 하지만 개념적으로 자연스러운 대립 관계를 만들지만은 않는, 또 다른 외부의 것과의 사이에 생긴 구멍이기도 하다. 인간의 사유에 생성되는 일종의 미장아빔mise-en-abyme으로서의 본질적인 결핍을 지시하는 것이 코라이다.

《티마이오스》의 남성적 발화자는 창조의 신성한 권능을 당당히 이야기하다가 자신의 논리적 오류로부터 솟아오르는 거대한 여성적 무형성의 권능 앞에서 당황한다. 서술의 논리로부터 생성된 이름은 모든 존재가 지시하는 궁극적인 '무'가 되어 우리에게 다시 돌아온다. (코라의 위협과 매혹을 증폭시키는 기호적 행위가 마조히즘이다.) 플라톤은 책의 중간에 생긴 이 균열에 대하여 구체적인 논술을 피하면서 일종의 은폐와 금지를 가한다. 데리다의 지적대로, 코라는 우주의 생성 과정에서 그것이 행했던 기능을 철학에서 수사적으로 수행한다. 창조와 생명에 관한 사유가 주인공으로서의 중요성을 확보할 수 있도록 자리만을 제공한 것이다. 우주론에는 조물주와 '본,' 그리고 창조된 만물만이 등장한다. 만물의 여성적 근원인 코라가 주인공이 될 수는 없었다. "마치 아버지가 혼자의 힘으로 창조를 할 수 있는 것처럼," 철학의 전통에는 아버지와 (그가 공인하는) 아들만이 등장할 뿐이다.

4. Jacques Derrida, "Khōra," *On the Name*, Thomas Dutoit (ed. & trans.), Stanford: Stanford University Press, 1995, pp.89~127.

코라는 창조의 문제이자 언술의 문제이다. 창조와 언어에 깔린 필연이다. 코라는 언술이 이루어진 이후에야 소급되어 나타나는, 그러나 언술이 이루어지고 나서는 더 이상 존재하지 않는, 모든 근원의 말없는 창조자이자 창조의 숨은 근원이다.

언어학의 문제를 정신분석적 관점에서 접근한 줄리아 크리스테바는 창조의 문제와 인간의 보편적인 언어적 행위가 서로 접목됨에 주목한다. 크리스테바에 따르면, 모든 기표는 코라를 전제로 한다.[5] 기의가 자리를 잡기 이전에 존재하는, 그러나 물론 기호의 작용이 이루어지고 나서야 비로소 나타나는, 공백. 상징계가 도래하기 이전, 언어와 질서에 의존하지 않는 상상계의 영역에서 언어적 지시를 이미 예고했었던, 느슨하고도 무형적인, 가리킴 없는 가리킴. 자아가 소외를 통해 성립되고 나서야 소급적으로 나타나는 파편들처럼 시간의 선형적 흐름을 거스르는 미래형의 과거. 모든 기호의 어머니인 '기호적 코라semiotic chöra'이다.

언어를 넘어서는 공백은 없다. 코라는 언어에 의해 성립된 공백이다. 이 공백은 자신의 꼬리를 먹는 뱀 우로보로스Ouroboros처럼 언어를 와해시키는 언어의 괴물이다. 상징계의 질서는 코라에 의존하면서도, 동시에 이를 부정한다. 상징계의 공백은 단순히 이러한 양면성을 특징으로 갖는 것이 아니라, 이러한 양가성 자체에 의존하여 생성된다. 따라서 유의적인 반복을 통해 이 공백을 간접적으로 지시할 수는 있더라도, 이에 명확한 형태나 명료한 기표를 부여하는 것은 불가능하다. 티마이오스의 언술 행위는 실패함으로써 이 무형적인 근원을 지시하게 된 것이다. 티

---

5. Kristeva, *Revolution in Poetic Language*, Leon S. Roudiez (trans.), New York: Columbia University Press, 1984.

마이오스가 서술을 반복한 이유는 코라를 포착하기 위해서가 아니라, 언어의 불가능을 지시하기 위해서이다. 그 불가능의 이름이 코라이다.

〈요괴인간〉의 보이지 않는 화자 역시 '무언가 빠트린 듯한'《티마이오스》의 발화자와 같이 창조의 과정을 매주 반복한다. 서술의 망 속에서, 기호적 질서의 틈새에서, '빠트린 무언가'가 꿈틀거리기 시작한다. 창조를 언술하는 철학적 발화가로부터 소외된, 모든 근원의 어머니는 언술을 반복시킨다. 운동장을 뺑뺑 돌며 처벌을 받는 문제아처럼, 언어적 질서는 가운데에 공백을 그리며 같은 궤도를 걷고 또 걷는다. 논리적 언어가 부여하지 못하는 알지 못할 지혜에 억눌려 의아함만을 안는다. 창조의 무형적 어머니가 남기는 의아한 흔적은 무형적이고 비논리적인 덩어리가 되어 거세된 남근처럼 허망하게 발기한다. 안이한 언술의 엄청난 결핍을 체화하기 시작한다. 술렁이는 텍스트의 음음적막 속에 서자처럼 숨어 있는 이 희미한 흔적을 우리는 '요괴인간'이라 부른다.

 ## 괴물 언어

'괴물monster'의 언어적 원형을 좇는 역사로의 여정은 모호함으로 유도된다. 'monstro,' 'monere,' 'monstrum' 등으로 갈라지는 라틴어 어원들은 모두 그 자체로서 현상계 속에서 기표로 기능하는 것들이다. '무언가 다가오는 것을 말이나 동작으로 지시하거나 선언하다'라는 의미를 가진 'monstro'나, '경고하다' 혹은 '앞으로 다가오는 그 무언가를 알리다'라는 의미의 'monere'가 지시하는 대상은 구체적이지 않다. '신의 상징'을 의미하는 'monstrum' 역시, 초자연적인 현상으로부터 경미한 종교적 기

적에 이르기까지, 다양한 기의들과 결탁했다. 이들은 구체적인 사물이나 형상을 지시하지 않는다. 모호한 공백을 감싸고, 스스로가 드러내지 못하는 '무언가'의 윤곽에 근접하여, 맴돌 뿐이다. '괴물'의 어원적 역사를 따라 이 단어들에 당도하는 우리들은 이들이 지시하는 현상계의 또 다른 기표들에 이끌리며, 결국 이중으로 지시되는 언어적 공백으로 미끄러진다. 〈금지된 세계〉의 보이지 않는 약탈자처럼, 이들 이중 기표들이 가리키는 바는 특정한 형태도 없고, 일정한 서식지도 없다.

미끄러운 이중 기표들이 가리키는 부재가 가시화된 것을 우리는 비로소 '괴물'이라 할 수 있다.

 ## 프랑켄슈타인이라는 괴물

"프랑켄슈타인이 나타났다!"

계몽주의의 산물인 프랑켄슈타인 괴물은 오늘날 할리우드가 이끄는 괴물의 계보를 이루는 무수한 캐릭터들과 어깨를 나란히 한다. 드라큘라, 늑대 인간, 뱀파이어 등 오늘날 대중 문화의 가장 유명한 괴물들의 명단에서 빠질 수 없다.

그런데 이 유명한 캐릭터에게는 이름이 없다. 명확하게도, 의심의 여지없이, 아주 분명하게, '프랑켄슈타인'은 피조물의 이름이 아니라, 그를 만든 과학자의 이름이다. 괴물에 이름은 없다. '목두기'라 해도 별 수 없다. '그것' 혹은 '이드'라 불려도 마땅하다. 그저 하나의 '것'일 뿐, 언어의 망으로부터도 소외되어 있다. '그것'을 만든 조물주도, 그의 세계를 창조

한 소설가도, '그것'에게 이름을 부여하지 않았다. 이름이 없는 빈자리에는, 셸리의 텍스트 안에 블랙홀처럼 형성된 기호적 코라에는, 추방의 문화가 제조해 냈던 다양한 형용사와 일반 명사가 초대된다. '괴물,' '피조물,' '악마,' '악귀,' '마귀,' '추한 시체,' '더러운 벌레'[6] 등, 세상의 온갖 흉물스런 기표들이 화려하게 아무 죄 없는 측은한 '것'을 지시하고, 거듭 또 거듭 상징계로부터 추방하려 한다. 그럴수록 '그것'은 강렬한 에너지로 돌아온다. '그것'은 언어적 질서로 이루어진 상징계에 봉합될 그 어떤 고정적인 매개도 지니지 못한다. 아니, 인간이 고안한 '이름'이라는 허울이 얼마나 가증스러운가를 몸소 보여 준다. '그것'조차 자신을 만든 창조주에게 이름을 요구하지 않는다. 그저 교미할 짝이나 만들어 달랄 뿐이다.

　셸리의 소설이 오늘날까지 흘러오는 동안, 추방당한 이름 없는 '그것'은 주인의 그것을 훔쳤다. '그것'을 접하는 우리의 언어는 미끄러진다. '프랑켄슈타인'이라는 이름을 부여함에 주저하지 않는다. 아차, 심지어는 호명을 거부한 소설가의 의도를 너무나 잘 파악하고 있는 평론가조차도 이 언어의 미끄럼틀을 따라 유연하게 미끄러진다. (제목부터 주인공을 모호하게 호명하는 유니버설 스튜디오와 해머사의 끝없는 '뒷이야기'들은 이 미끄러짐을 더욱 유연하게 했다.) '프랑켄슈타인'이라는, 기꺼이 잘못 불려지는 '그것'의 이름은 '오인'의 징표이자, 오인에 의해 드러나는 진실이다. 라캉의 말대로, 언어의 기능은 스스로의 불가능을 지시함에 있다. 이를 이야기하기 위해 그의 이름을 호명하는 이 문장조차도 자유롭지 못한 불가능의 늪이 바로 언어의 기반이다.

---

6. 이는 'monster,' 'creature,' 'devil,' 'demon,' 'fiend,' 'vile insect' 등을 해석한 것이다.

아찔한 언어의 불가능의 심연으로부터 벗어나려고 발버둥치기 시작하면, 바로 그곳에서 이름 없는 괴물의 함정이 기다린다. 프랑켄슈타인의 이름이 주는 혼란이, 아니 프랑켄슈타인의 괴물의 없는 이름이 주는 혼란이, 괴팍하게 지시하는 프랑켄슈타인에 대한, 아니 그가 만든 피조물에 관한 진실을 머금고 말이다. 프랑켄슈타인이 만든 괴물은 곧 프랑켄슈타인이기도 하다는 진실이다. 아뿔싸, 오인이 불러일으키는 진실은 실로 끔찍하다. 지킬 박사와 하이드가 그러하듯, 과학적 지식의 주체와 그로부터 이탈한 잉여적 존재는 서로의 분신들이다. 물론 지극히 진부한 얘기이기는 하다. 진부한 만큼 지배적인 19~20세기의 보편적 통념이다. 그러니까, 괴물의 이름을 '프랑켄슈타인'으로 끊임없이 오인한다는 것은 한편으로는 빅터 프랑켄슈타인이라는 창조적 주체가 가졌던 잠재적 욕망과 공포의 실체에 근접하는 것이기도 하다. 그렇다. 오인은 상징적 주체의 권능이자 운명적 굴레의 논리가 아닌가.

하지만 기표들의 미끄러짐이 연출하는 놀이는 주체의 '본질'을 기반으로 벌어지는 광경은 아니다. 바로 본질의 '결여'를 기반으로 나타나는 상황이다. 괴물의 없는 이름은 창조주의 이름으로 미끄러져 상징계에 은근슬쩍 발을 들여 놓지만, 그것을 통해 나타나는 진실이란, 창조주의 이름의 강력한 기호적 기능이 아니라, 그것의 허술함이다. 모든 기표가 그러하듯, 창조주의 이름마저도 상징계에 허술하게 봉합되어 있는 빈약한 기표일 뿐이다. 괴물의 없는 이름으로 성립된 수건돌리기 놀이가 우리에게 제공하는 진짜 연극적 볼거리는, 괴물의 빈 기표가 미끄러져서 고정된 창조주의 자아 속으로 들어오는 광경이 아니라, 모든 주체들이 서로 자리바꿈을 하는 꼴이다. 이름이란 기표는 주체를 봉합하려는 관습의 의지에도 불구하고 항상 빗나갈 수밖에 없다. 이 부정확함이 소통

과 담론 속으로 뻔뻔하게 들어와서 다시 기표화된다면, 그러니까 언어의 기능에 대한 반영과 성찰이 다름 아닌 언어를 통해 이루어지고 소통된다면, 이름도 나름 다른 쓸모를 갖게 되는 셈이다.

'요괴인간'이라는 이름은 변신하는 주체가 탈피하려는 대상이면서도, 바로 이러한 탈피의 움직임으로 인해 만들어지는 2차적 효과이기도 하다. 도망의 출발점이자 목적지가 되는 셈이다. 프로테우스가 그러하듯, 요괴인간은 스스로부터 도망가는 주체이다. "빨리 사람이 되고 싶다"는 선언이 소통하는 바는 결국 이 문장에서 온통 이루어지는 기표의 미끄러짐뿐이다. 미끄러짐이 이루어지면, 요괴인간과 사람의 이분법적인 양분은 더 이상 유지될 수 없다.

텍스트 안에서 요괴인간이 다양한 모습으로 나타나는 것은 이러한 부정확함의 소통을 도와준다. 사람이 곧 요괴이고, 남성은 타자화되며, 남근이 여성의 모습을 다각화한다. 요괴인간이 취하는 양면적인 모습들 중에서 한 가지만을 바라보면서 이를 '요괴인간'이라고 지시할 수 없다. '요괴인간'이라는 이름은 고정된 기의에 안착하지 못하고 항시 빗나가기만 한다. 기껏해야 그 끊임없는 빗나감을 '요괴인간'이라 지칭할 수 있을 뿐이다.

'요괴인간'이라는 합성어는 언어의 기능을 공략하고, 인간의 정체성으로부터 일관성을 박탈한다. 그들의 이름은 실패의 징표인 것이다. 요괴인간은 생각하기 때문에 고로 존재하는 것이 아니라, 실패하기 때문에 존재한다. "언어는 실패한다. 고로 주체는 존재한다." 정체는 상실 속에서만 파악할 수 있는 것이다. 요괴인간은 언어가 규정해 주는 '주체'로부터 항상 도망가는 주체이다.

아아 결핍하는, 또 결핍하는……

주제가는 요괴인간의 정체성을 "사람도 짐승도 아닌" 것으로 규정한다. 존재론적 기반이 이중적인 부정으로 설명된다는 점, 즉 사람이기도 하고 짐승이기도 한 게 아니라 사람도 짐승도 아니라는 설정은 시적인 상징성으로 그들이 짊어진 운명이 언어적인 것을 시사한다. '이중 결핍 *double lack*'이다. 정확히 말하면, 결핍이 결핍된 것*lack of lack*이 아니라, 두 결핍이 양립하는 상황이다. 서로 중복되고, 반영하고, 일치하는, 결핍과 결핍이다.

　주체가 발달하는 과정에서 본다면, 결핍이 결핍되는 것은, 결핍되지 않은 부모의 사랑이 완벽하게 주어지는, 그러니까 항상 아이의 뒤에 어머니의 보살핌이 존재하는, (드문) 경우이다. 주체의 자리를 완성함에 있어서 필요한 대타자의 결핍이 주어지지 않는 이러한 상황이야말로 가장 큰 불안의 근원이 된다. 반면, 결핍과 결핍이 양립하는 이중 결핍은 주체와 타자가 동시에 결핍을 내포하는 경우이다. 점유하고자 했던 상징적 질서의 자리가 궁극적으로 구멍 나 있을 수밖에 없음을 깨달을 때에, 권력의 공허, 아니 공허의 권력에 대한 첫 깨우침이 있고 난 후에, 자아가 얻게 되는 보상이 바로 '주체'이기에, 주체는 이미 결핍을 내포한다. 주체는 자신의 결핍된 존재를, 언어적 질서 안에서의 부재를, 대체하고 지시하는 기표인 것이다. 주체의 결핍과 상호 작용을 하게 되는 또 하나의 결핍은 대타자로부터 나타난다. 그러니까, 이 이야기에서 대타자의 모체인 어머니, 즉 'mOther'는 예측을 불허하는 가변적인 존재이다. 당신이 베푸시는 사랑의 수위는 들쑥날쑥 불규칙적일 뿐 아니라, 그 질감 역시

스크린이 자아 이상의 환영적 거울이라면, 텔레비전 화면은 환영적 자아의 이상한 거울이다.

혼란스럽게 진동한다. 칙쇼, 모호한 모순 그 자체이다. 당신의 욕망이 다다르는 곳은 언제까지나 미지의 장소이다. (나를 빗겨나 미지의 장소에 다다르기 때문에 '욕망'이라 부른다.) 사실 대타자 당신도 스스로가 무엇을 원하는지 알지 못하시며, 그 혼란은 아이에게 전달된다. 아이가 할 수 있는 것이라고는, 자신이 알지 못하는 그 무언가의 영역과 부모가 알지 못하는 그 무언가의 영역을 일치시키려는 노력 정도이다. 모호하고 모순적인 대타자가 욕망하시는 바를 그대로 욕망함은 곧 당신의 결핍과 나의 결핍을 일치시키는 것이다. 아이가 부모로부터 '욕망'을 배우는 절차는 이런 식이다. 구체적인 리비도의 대상을 따라서 욕망하는 것이 아니라, 결핍과 결핍을 일치시키는 방식을 익히는 것이다. 이러한 상징적 일치는 물론 실질적으로 불완전할 수밖에 없다. 기대는 미끄러지고 빗나가고 허공에서 방황하기 일쑤이다. 기표는 미끄러지고 빗나가고 허공에서 방황하기 일쑤이다. 대타자의 욕망의 공간을 독차지한다는 것 자체가 불가능하지 않은가. '대타자'이건, '욕망'이건, 모두 궁극적인 결핍을 바탕으로 설립되어 주체를 점유한 유령 회사인 것이다. 결핍과 결핍을 일치시키려는 이러한 갸륵하고도 거룩한 소모적 노력을, 좌절로 이어질 수밖에 없는 이

중 결핍의 여정을, 라캉은 '분리*separation*'라 일컫는다.

요괴인간의 운명은, 이중 부정으로 설정되는 그 불가능한 정체성은, '분리'라는 지극히 불리한 작용을 불합리하게 재현한다. 주제가가 요약하는 요괴인간의 본질이란, 이중 결핍이 주체에게 강요했던 욕망의 모순적인 여정을 은밀한 상징으로 기표화하는 것에 있다. 이러한 기능을 추진하는 이미지가 탈언어적인 불안으로 시청자 어린이 여러분을 자극함은 당연하다. 라캉학자 브루스 핑크Bruce Fink가 밝히는 바에 따르면, '분리'의 여정에 놓인 강을 건너가지 못할 때 나타나는 효과는 '정신병*psychosis*'이다.[7] '소외*alienation*'의 갈림길에서 언어의 질서에 복종하는 온순한 경로가 '신경증*neurosis*'으로 이어진다면, '분리'의 선택은 언어를 배제한다. 정확하게 말하자면, 언어의 조직과 질서를, 그 질과 망을, 근사하게 비껴 나간다. 정신병 증상의 아이는 언어를 흉내만 낼 뿐, 그 규칙이 지시하는 대타자의 욕망을, 자신의 결핍을, 상징적으로 조망하지 못한다. 주체의 자리를 온전하게 지시하는 최초의 기표는 등극하지 않았다. 이 막막한 여정에서 상징의 우주를 탐험해 나갈 조타수는 탑승하지 않았다.

'사람'이라는 불가능한 욕망의 대상과 '짐승'이라는 언어 이전의 원초적 세계를 모두 부인하는 〈요괴인간〉의 여정은 그 행보를 추진하고 관리하는 주체의 결핍, 그리고 그것이 전제하는 대타자의 결핍 사이의 위험한 줄타기의 잔상이다. '요괴인간'이라는 기표는 이미 상징계에 돌입한 궁핍한 자아가 떠올리는 대타자의 결핍에 대한 추억이다. 언어를 소

---

7. Bruce Fink, "The Subject and the Other's Desire," *Reading Seminars I and II*, Richard Feldstein, Bruce Fink, and Maire Jaanus (eds.), Albany: State University of New York Press, 1996, pp.76~97.

각하는 가능성을 아직 완전히 망각하지 못하는 주체가 소급하여 재현하는 '분리'의 불완전한 가능성이다. '온전'한 분리의 완전한 불가능성이다. 이미 멀어지며 아른거리는 정신병의 행로에 대한 낭만적 상상을 추진하는 이름이다. 추방당할 뻔했던 언어가 돌아와서 구축하는 상징의 우주를 여행하는, 부재하는 조타수이다. 언어적 논리가 지배하지 않는 거칠고 척박한 세상은, 부재하는 조타수를, 결핍을 양면으로 떠안은 '주체'를, 감싼다. 미치고 싶도록, 미친 듯이, 미쳐 가면서, 질주하는 행로의 끝에 대타자는 있을 리 없다.

결핍이 이중적으로 나타날 때, 요괴인간의 소박한 바람이 더욱 처참해짐은 물론이다. "빨리 사람이 되고 싶다"는 욕망은 그 발화가 이루어지는 바로 그 순간에 자신의 결속과 대타자의 결핍을 일치시킨다. 아아, 이로써 가중되는 것은 대타자가 부재한다는 의심이다. 불가능한 욕망의 주체로 자신을 인식함으로써 그들은 부재하는 대타자의 기능을 대체하기 시작한다. 존재의 공백은 자아와 대타자를 연결하는 부정적 논리이다. 결국 부재하는 대타자의 자리를 완벽하게 성립시키는 유일한 방법은 결핍에 대한 욕망을 지속시키는 것이다.

허망하다.

 ## 이야기의 구멍, 구멍의 이야기

20세기의 마조히즘 고전 《O의 이야기》는 주인공인 O가 애인인 르네와 공원을 산책하다가 택시를 타고 어디론가 가면서 시작한다. 택시 안에서 O와 연인은 에로틱한 놀이를 숙연하게 실행하기 시작한다. 기사의

호기심에 아랑곳하지 않는 연인의 부당하고 단호한 명령에 O는 말없이 복종한다. 그의 지시에 따라, 속옷을 벗고 맨살 엉덩이를 차가운 가짜 가죽 시트에 밀착시키고 다리를 벌린다. 연인은 어딘지도 모르는 목적지에 도착할 때까지 어정쩡한 자세의 O를 침묵 속에 방치해 둔다. 이윽고 그들이 다다르는 곳은 O를 마조히스트로 조련시킬 스테판 경의 저택이다. 탈규범적이면서도 동시에 철저히 규범적인 환상의 공간이다. 연인은 이곳에 홀로 입성할 것을 O에게 명령한다.

폴린 레아주의 소설 《O의 이야기》가 시작하는 방식은 또 다른 버전을 갖는다. 이번에는 르네와 O 사이에 오가는 에로스의 긴장된 이탈은 과감하게 생략된다. 훨씬 더 직접적이고 즉각적인 과정을 통해 O는 탈규범적인 규범의 세계로 들어간다. 이번에는 택시의 앞좌석에 한 남자가 동승해 있다. 르네 대신 그가 O에게 명령을 내리고, O는 역시 말없이 복종한다. 레아주의 문체는 집행적인 권력 관계를 집행적으로 독자에게 전가한다. 등장 인물의 감정에 대한 섬세한 배려는 검열되어 있다. 그저 하나의 상황이 냉철하게 보도될 뿐이다.

레아주는 두 가지의 시작을 나란히 열거한다. 친절하게 이야기를 진행시켜 독자를 다이에제시스로 초대해 놓고, 느닷없이 '또 다른 버전'을 소개하며 처음의 상황으로 돌아가 다시 서술을 시작한다. 처음의 자상한 서술자는 폐제된다. 철저한 친절과 처절한 냉철의 차이는 서술자의 자리 밑에 공백을 만든다. 코라가 창조에 대한 견고한 믿음을 밑에서부터 허망하게 의문했듯이, 레아주의 반복 역시 텍스트의 균질성에 구멍을 낸다. 'O'는 그 구멍의 이름이다.

서술을 넘어서는 하나의 절대적 진실이 존재하는 것이 아니라, 그저 여러 서술만이 존재할 뿐이다. 〈끝없이 두 갈래로 갈라지는 길들이 있는

요괴인간은 매회 그들의 기원을 상기시키며 시작하지만, 이종교배에
대한 근대의 두려움과 혐오는 그림자처럼 그림을 어둡게 장악한다.

정원El Jardin de senderos que se bifurcan〉에서 보르헤스가 상징적으로 제안한
하이퍼텍스트적인 구조가 하나의 출발점으로부터 여러 가능성들로 갈
라지는 무한한 것이라면, 레아주의 서술은 갈라진 시작이 하나의 길로
수렴되는 구조를 갖는다. 물론 독자에게 선택 따위가 주어질 리는 없다.
가능성의 증식은 하나의 선형적이고 절대적인 텍스트의 흐름이 만드는
허상이자 미끼일 뿐이다. 어디로부터 출발하든 간에, 이야기는 하나의
귀결을 향할 뿐이다. 타나토스의 안내를 받는 여행자의 여정은 정해져
있다. 텍스트의 내용에서 암시되었듯이, 마조히스트의 길은 주어진 언어
의 집행에 따르는 것이다. 'O'라는 완벽하지도 않은 이름의 소유자는 그
저 주어지는 언어의 궤도를 따르는 독자의 분신이 된다. 독자와 O는 언
어의 노예가 되어, 의미 체계의 이미 공허한 중심으로 이동된다. 절대적
인 복종으로 O가 드러내는 종국의 진실이란, 언어가 가진 허구성이다.
글자의 모양처럼 속이 텅 빈 구조이다. 'O'라는 기표는, 기표와 기의가
임의적이라는 기호학자 소쉬르의 고루한 말조차 공허하게 만든다. 'O'
는 언어로 집행되는 욕망이 포획할 수 없는 여성성의 상징이 된다. 권력
을 투과시키는 무정형적 이름이 된다. 그것을 '코라'라 명하지 않고 'O'

라고 명하는 순간, 에로스는 언어의 함정에 갇혀 에로틱한 방황을 시작한다. 어중간한 상실은 황홀경의 미로가 된다. 반복은 타나토스의 영역으로 들어가는 열쇠이다. 코라의 위협과 매혹을 증폭시키는 기호적 행위가 마조히즘이다

 ## 이야기의 구멍, 구멍의 이야기

요괴인간은 인간의 자화상이다. 그런데 인간의 자화상이 인간이 되고 싶어 할 수는 없다. 인간으로의 갈망이라는 텍스트 안의 의미는 두 층위에서 소통될 수밖에 없다. 텍스트의 내부와 외부이다. 인간의 자화상이 인간이 되고 싶어 한다는 것은 괴물 문학의 폐쇄적인 환상성을 저해하는 일이다. 그 상서롭지 않은 바람이 텍스트에 균열을 만들고, 그곳을 통해 이 모순적인 갈망이 새어 나온다. 텍스트 밖으로 나오면, 요괴인간과 인간과의 간극은 사라진다. 텍스트 안에서 이들의 욕망을 보존할 수 있는 방법은 진화론적 상상을 통해 인간의 괴물적인 오만과 편협에 대하여 성찰하는 길뿐이다. 그러니까, 요괴인간은 한편으로는 인간에 대한 갈망을 소통하면서, 그로써 진화론적 관점에서의 인간의 우월함을 홍보하면서, 또 다른 한편에서는 이러한 자만이 얼마나 허구적인가를 노출시키는 것이다. 이러한 노출은 거꾸로 텍스트 안으로 스며든다. (텍스트 외부와 내부는 같은 물질로 이루어진 것들이 아니기에 둘 간의 소통은 삼투압과 같은 구성상의 차이로 인해 일방적으로 작용하지는 않는 것이다.) 인간이 되고 싶어 한다지만, 사실 이러한 사고의 논리적 귀결은 인간적 상상의 헤게모니에 대한 비판적 성찰일 수밖에 없다. 요괴인간을 요괴로 치부하는 것부터가 인간적 가치관과 관습

이다. 그렇다면, 어쩌면 요괴인간이 사람으로 영구히 변하고 싶어 하는 것은 사람이 좋아서가 아니라 지구에서 사람이 아니면 안정적으로 생명을 유지하는 것이 불가능하기 때문일지도 모른다. 이러한 해독만이 한 번 균열을 보인 텍스트의 균질성을 회복시켜 준다.

다시 말하면, 〈요괴인간〉이라는 텍스트는 인간의 모순에 직면하는, 상징적 언어의 부조리를 드러내는, 불합리의 화신이다. 인간의 문명이 낳은 거대한 부조리의 이름이 '요괴인간'이다. 그것을 '코라'라 명하지 않고 '요괴인간'라고 명하는 순간, 좌절과 오인은 언어의 함정에 갇혀 에로틱한 방황을 시작한다. 상실은 어중간한 황홀경의 미로가 된다. 반복은 타나토스의 영역으로 들어가는 열쇠이다.

VII.
부끄러운 악마

 프로이트의 《그라디바》에 나타나는 망상과 꿈

프로이트가 1906년에 집필했던 논문 "옌젠의 《그라디바》에 나타나는 망상과 꿈*Der Wahn und die Träume in W. Jensens Gradiva*"[1]은 1931년 프랑스어로 번역되자마자 브르통, 마송, 달리 등의 초현실주의자들에게 강렬한 영감을 제공했다. 길고도 긴 이 논문의 중심에는 한 편의 단편 소설이 있다. 동시대 소설가인 빌헬름 옌젠Wilhelm Jensen이 1903년에 발표한 《그라디바: 폼페이의 환상*Gradiva: A Pompeiian Fantasy*》이라는 작품이다. 이 소설은 꿈과 환상이 무의식에 대해 갖는 관계, 꿈의 형성 과정, 정신 이상과 예술 행위와의 연관성, 그리고 정신 병리 상태를 치유하는 과정에서의 정신분석가의 역할 등 중년의 정신분석가가 중요시한 서로 연관된 주제들을 설명하기에는 더없이 좋은 분석 사례가 되었다. 초현실주의자들이 지나칠

---

1. Freud, "Delusions and Dreams in Jensen's *Gradiva*," *SE 9*, pp.1~95.

수 없었던 이 논문의 꽃은 물론 '무의식'이었다. 어린 시절의 억압된 성적 에너지가 어떻게 '무의식'[2]을 형성하고, 훗날 무의식의 내용물이 꿈, 환상이나 언어로 어떻게 나타나는가에 대한 프로이트의 해독이 그것이었다. 특히 주인공이 하나의 생명 없는 대상에 대해 가진 환상적 집착, 아아 그 소모적일 정도로 집요한 집착은, 그들의 자화상처럼 생생했다. 그 집착의 대상은 바로 '그라디바'의 발, 정확하게 말하자면 '걷는 여인'이라는 뜻의 '그라디바'라는 이름을 갖게 된 로마 시대의 한 부조상의 차디찬 발이었다. 같은 시기에 루이스 부뉴엘이 만든 〈황금 시대L'Âge d'or〉(1930)의 주인공들이 시선을 떼지 못하고 입으로 빨기까지 하던 대리석상의 딱딱한 발가락이 그러했듯, 조각품에 불과한 인위적인 부분 대상이 불러일으키는 파격적 욕망의 파장은, 그 거부할 없는 거북한 무언가의 생경함은, 초현실주의자들이 경탄할 만한 것이었다.

---

2. 프로이트는 이 논문에서 '무의식'은 설명적인 개념임을 강조한다.

옌젠의 소설 소재가 된 고대 로마의 부조상. "이런 자세가 실제로 가능한가?" 하놀드의 평면적인 질문을 수용하는 순간 허구적 욕동은 입체적인 독자의 현실로 침투한다.

그렇다. '그라디바'에 대한 초현실주의자들의 집착은 프로이트가 분석하는 소설의 내용을 반복하는 것이었다. 옌젠의 소설의 주인공 노베르트 하놀드는 고고학자. 그의 직업부터가 집단적 기억과 망각에 매료되어 있던 초현실주의자들에게는 하나의 상징적 자극이었으리라. 세속적인 질서와는 연을 끊고 오직 고대 문명에만 몰두하는 하놀드는, 그들을 과거의 흔적이 주는 소통과 단절의 기묘하고 신비로운 접경 지역으로 유도했다.

하놀드는 '그라디바'의 휘날리는 치마 아래로 살짝 노출된 발에 자신의 모든 상상력과 학문적 지식을 집중시킨다. 물론 얼어붙은 시간에 갇혔기에 환상은 더 큰 날개를 단다. 그의 성애적 집착은 인체에 대한 학구적 집중으로 가장하여 커진다. "이 묘한 자태가 과연 실제로도 가능한 인간의 동작인가?" 이를 확인하기 위해 하놀드는 실제 여성들이 걸어갈

때 발이 움직이는 형태를 관찰하기 시작한다. 생애 처음으로 현실 속에서 여성의 몸에 흥미를 갖게 된 것이다.

학문적 열정 속으로 침투한 이 기묘한 이성애적 집착은 그가 꾸는 하나의 꿈을 통해 중대한 전환의 국면을 맞게 된다. 이 꿈에서 그는 자신의 집에서 창밖을 내다보며 ('자신의 집'이라는 공간 설정은 소설의 결말에 중요해진다) 폼페이가 멸망하는 역사 속의 순간을 목격한다. 그리고 재앙의 혼란 속에서 그라디바가 비처럼 쏟아지는 화산재에 휩싸이는 끔찍한 광경을 본다. 프로이트가 무의식과 억압을 설명하기 위해 참고하게 되는 꿈이다. 하놀드는 이 꿈의 몽롱한 잔상을 안고 이탈리아로 여행을 간다. 그의 발길은 그라디바가 실제 인물이었다면 거주했을 장소, 나폴리에서 멈춘다. 그런데 꿈과 망상의 교란 속에서, 그는 그리도 동경하던 허구의 여인과 실제로 조우한다. 그라디바의 환영이 눈앞에 나타난 것이다! 물론 만남은 순간이고, 혼란은 지속된다. 하놀드는 몽롱한 기억 속에 강렬하게 남은 이 신비롭고 모호한 환몽의 실체가 무엇인지 이해하기 위해 자신의 모든 학문적 추리력을 동원한다. 어떻게 그라디바가 실제로 나타날 수 있었던 것인가? 프로이트는 환영에 대한 이러한 집착이 편집증 혹은 페티시즘에 가까움을 상기시킨다. 그리고 이 비정상적인 병리 현상이 하나의 '위대한 사랑'의 힘에 의해 '치유'되는 과정을 좇는다. 하놀드가 자신의 환상을 이해하려는 노력은, 라캉의 용어를 빌리자면, 상상계의 체험을 상징계의 질서 안에서 상징화하는 과정인 셈이다. 상상계 내의 부재를 지시하는 상징계적 표상이 허상임을 인지하고 두 영역 간의 새로운 관계를 설정하게 되면, 병적인 집착으로부터의 자유가 가능해질 판이다.

이러한 치유의 계기는 예기치 않은 새로운 인물로부터 온다. 소설의 처음에는 등장하지 않던 하놀드의 소꿉친구 '조이'이다. 하놀드는 자신

이 만난 '환영'이 이곳을 우연히 방문한 조이였음을 뒤늦게 깨닫게 되는 것이다. 조이는 하놀드에게 자신의 실체를 드러낼 뿐 아니라, 하놀드의 '학문적' 집착과 환각이 얼마나 빈약한 동기에 의해 이루어진 허상인가를 인식하게 해준다. 하놀드는 자신이 목격한 환영의 근원이 성장하면서 줄곧 잊고 있던 어린 시절의 사랑임을 직시하고, 그동안의 그라디바라는 허상에 대한 집착 자체가 조이에 대한 억압된 기억을 동기로 발전한 과거의 재구성이었음을 깨닫게 된다. 집착의 원천이자 도착지는 어린 시절인 것이다. 하놀드는 망각 속에 묻혔던 조이의 성 '베르트강Bertgang'이 독일어로 '걷는 여성'을 뜻한다는 사실을 '재발굴'함으로써, 무의식적 체험이 언어적으로 작동할 수 있다는 프로이트의 관점에 일조한다. 프로이트의 말대로, 무의식은 언어'처럼' 이루어졌을 뿐 아니라, 언어 '로써' 이루어진 것이다. 결국 상상계의 미로를 상징계 질서로 완전하게 전환하는 허구적 '해피엔딩'은, 기표가 지시했던 내재적 부재를 불가능한 환유의 고리가 아닌 진부한 은유적 근원으로 대체함으로써 완성된다.

프로이트는 결코 짧지 않은 이 논문의 반 정도를 이와 같은 결코 단순하지는 않은 이야기를 자세하게 재서술하는 데에 할애한다. 소설 속의 하놀드가 그라디바라는 조각상에 집착한 것처럼, 프로이트는 옌젠의 소설을 분석적으로 바라봄으로써 예사롭지 않은 미장아빔의 구조를 만든다. 하놀드는 그라디바를 응시하고, 옌젠은 하놀드를 묘사하며, 프로이트는 옌젠을 분석하고, 초현실주의자들은 프로이트에, 그라디바에, 매료된다.

사실 옌젠의 소설은 프로이트의 개인적인 관심을 끌 만한 여러 요소들을 갖고 있다. 고대 문화에 대한 고고학적 관심이 그러하고, 얼어 버린 듯 정지된 대리석상의 '대리substitute'적 매혹, 몸의 세부적인 부분이 갖는

상징성, 환각과 현실의 긴장 관계, 정신적 장애의 치유에 따르는 언어의 역할 등은 프로이트와 옌젠이 공유한 관심사들이다. 심지어 옌젠은, 아니 프로이트는 자신이 "두 허구적 인물들을 마치 실재하는 사람들인 것처럼 다룬다"[3]는 점에 대해 독자의 주의를 환기시킨다. 옌젠이, 아니 하놀드가 자신의 학문적 지식을 동원하여 스스로 허구적 환상을 강화하고 분석했듯이, 프로이트는 자신이 《꿈의 해석》에서 이미 펼쳤던 이론의 틀을 옌젠의 상상이라는 허구적 상황에 적용한다. 조각상과 무의식에 대한 프로이트의 관심은 이 논문에서 그치지 않는다. "이 묘한 자태가 과연 실제로도 가능한 인간의 동작인가?" 1914년에 발표하는 연구에서는, 마치 옌젠이, 아니 하놀드가 그라디바 조각상의 특정 부위를 페티시화한 것처럼, 미켈란젤로가 조각한 모세상의 세부적인 신체 부위를 집요하게 관찰, 현실적으로 불가능에 가까운 모호한 동작 속에 어떤 의도와 동기가 담겨 있는지 고민하기에 이른다.[4]

아아, 주체들의 현란한 자리 변동은 하나의 거대한 공백을 형성한다. 그 공백은 논문의 결말에서 프로이트가 현실에서는 극히 드문 '완벽한 치유'가 옌젠의 소설 속에서 이루어졌음에 감탄하면서 기묘한 생명력을 갖게 된다. 소설이라는 허구가 실제로 페티시즘이나 편집증을 겪는 환자들의 현실을 대체하기가 얼마나 어려운가를 시사함으로써, '그라디바'라는 작위적인 허상의 허구성을 시적으로 드러낸다. 프로이트가 말하는 '완벽한 치유'란 옌젠의 허구의 이야기에서나 가능한 것이기도 하

---

3. Freud, "Delusions and Dreams in Jensen's *Gradiva*," p.41.

4. Freud, "The Moses of Michelangelo," *SE 13*, pp.211~238.

마르셀 뒤샹이 디자인한 '그라디바 갤러리'의 정문

며, 그 완벽성을 예찬하는 프로이트의 논문은 옌젠의 허구를 거울처럼 반영하는 또 다른 하나의 허상적인 복제품으로 기능하게 된다. 프로이트는 미장아빔의 구조를 만듦으로써 자신의 글쓰기에 문학적인 평면성과 입체적인 수행성을 동시에 부여한 것이다. 반영적 글쓰기를 통해, 텍스트와 메타텍스트, 현실과 허구, 외상과 분석의 교묘한 간극은 욕망과 언어를 입체화한다. "허구적 인물들을 마치 실재하는 사람들인 것처럼 다룬다"는 프로이트의 말은 문학적 성과와 정신적 치유를 횡단한다. 수행적 언술을 통해 '그라디바'라는 환상은 하놀드와 옌젠과 프로이트, 그리고 초현실주의자들을 관통한다.

초현실주의자들이 연장하는 욕망의 놀이는 결국 하놀드와 조이와

그라디바의 삼각 관계로부터 형성되는 환상을 반복하는 자리바꿈의 놀이이다. 수건돌리기 놀이의 수건처럼 '그라디바'는 주체의 순환적 이동을 촉발시켰다.[5] 수건을 수여받는 주체는 자리를 잃고, 빈자리는 욕동의 파동을 일으킨다. 이 이상한 놀이에서, 하놀드가, 옌젠이, 초현실주의자들이, 모두 좇는 궁극적인 대상은 빈자리다. 그라디바라는 실체가 아니라, '그라디바'라는 기표의 텅 빈 자국이다. 그라디바는 주체들 간의 상징적 관계들을 성립시키는 하나의 불가능한 촉매제인 것이다.[6] 고정된 자리로의 회귀는 허구 속에서만 가능할 뿐 아니라, 욕망의 총체적인 순환을 촉발하는 숨은 계기로 기능한다.

 ## 냉혹과 열정 사이

프로이트는 옌젠의 텍스트를 분석하면서 후에 초현실주의자들이 곱씹게 될 각별한 모티브들을 부각시킨다. 특히 하놀드가, 옌젠이, 그라디바의 발에 쏟은 페티시즘적인 집착과 그에 내재한 불안은 초현실적 상상의 강렬한 원천이 된다. '그라디바'라는 생명이 없는 허상과 '생명'을 뜻하는 이름의 '조이'라는 실체 간의 충돌은 곧 페티시즘을 작동시키는 심리적 역학, 그러니까 원형과 복제, 현실과 부인의 긴장 관계로 이루어진다. 그

---

5. 이 욕망의 순환 장치는 데리다가 1994년 발표한 《자료실의 열기》에서 프로이트의 논문을 논쟁의 중심으로 불러들임으로써 계속 이어지고 있으며, 이 글을 통해 그 놀이가 수건돌리기처럼 연장되고 있음은 물론이다.

6. 라캉의 도식에서 'S(Ⱥ)'로 표기되는 것으로, 이는 어머니의 결핍, 그리고 그에 대한 아버지의 이름의 실패를 나타낸다.

라디바의 환영이 하놀드에게 그러했던 것처럼, 초현실주의자들에게 있어서, 차가운 무생물의 모호한 매혹과 피와 살로부터 퍼지는 즉각적 육감의 절묘한 교접은, 욕망과 언어의 끝없는 환상적 고리의 시작이었다.

그라디바의 매력은 1929년의 내분 이후 침체되어 있던 초현실주의에 새로운 활력이 되었다. 마틴 리스Martin Ries가 지적하듯, 초현실주의에 참여했던 남성 작가들은 심지어 그라디바를 이상적 여성상, 마돈나로 받아들였다.7 브르통이 1937년 경제적인 어려움 속에서 친구의 도움으로 파리에 미술관을 개관하면서 그것에 부여한 이름은 다름 아닌 '그라디바'였다. 달리는 프로이트의 번역된 논문이 출간된 1931년에 그라디바를 모티브로 하는 연작을 시작하였다. 달리는 또한 초현실주의자들이 (그리스의 여신인) '뮤즈Muse'로 여겼으며 폴 엘뤼아르Paul Eluard의 부인이자 에른스트의 정부였던 갈라Gala8와 결혼하면서, 작품 속에서 그녀와 그라디바를 동일시하기도 했다. '갈라-그라디바'라는 애칭도 이때 생긴 것이다. 달리의 작품 속에서 '갈라-그라디바'의 육체는 고전의 이상적 연연함과 외상적 아련함을 동시에 품게 된다. 의상의 질감은 과장되어 있으며, 살며시 드러나는 살은 부드러움과 부패의 흔적을 더불어 지닌다.

옌젠의 소설에서 하놀드는 그라디바의 유령을 처음으로 만난 후 하나의 호기심을 발전시킨다. 그녀의 몸이 무엇으로 이루어져 있는가에 대한 의문이다. 그에게 그라디바의 몸은 무형적인 환영과 물질적인 실체

---

7. Martin Ries, "André Masson: Surrealism and His Discontents," *Art Journal*, vol. 61, no. 4, Winter 2002, pp.74~85.

8. 갈라의 본명은 '헬레나 드미트리예브나 디아코노바Helena Dmitrievna Diakonova'로, '갈라'는 엘뤼아르가 붙여준 별명이다.

사이에서 모호하게 인식된다. 결국 그라디바의 몸은, 조각상이라는 문화적 창조물과 용암이라는 자연의 파괴력, 예술적 이상과 병리적 집착, 학문적 관심과 성적인 갈망, 물질 세계와 초자연적 영역의 입체적인 틈새들을 횡단하는 모호하고도 역동적인 리비도의 표상으로 기능하게 된다. 이러한 양가성은 꿈과 역사, 환각과 물질 세계, 무의식과 언어의 간극들을 지워 버린다. 초현실주의자들이 그토록 원했던 바대로 말이다.

달리가 여러 매체를 거치며 증식시킨 그라디바의 이미지는 움직이는 과정 속에서 포착된 하나의 고정된 순간이다. 마치 하놀드의 부조상이 그러하듯, 동작과 정지의 역학은 생명과 환상의 경계에서 작동한다. 중간적인 모호함은 상상의 원동력이 되어 시간을 초월하다가 고정된 시간으로 미끄러진다. 하나의 순간으로 포착되기는 하였으나 결코 영속적으로 포획되지는 않는 욕망의 모호한 대상은, 밀고 당기는 상반된 힘 속에서 욕망을 순환시킨다. 풍만한 상상력을 추진력으로 하여 무한한 허공으로 솟아오르는 바로 그 순간, 원심력 같이 작동하는 정지된 시간의 권력은 다시 욕망을 흡착한다.

정지된 이미지가 갖는 의미의 다면적 층위는 1939년에 마송이 상상한 그라디바의 모습에서 더욱 두드러진다. 마송은 그라디바의 다층적인 정체성을 포용하면서도 프로이트의 해석에 조금 더 가깝게 다가간다. 프로이트는 하놀드가 꾸는 꿈이 어린 시절에 조이에 대해 느낀 억압된 욕망을 상징한다고 해석하며 성적 흥분이 불안으로 대체되는 꿈의 보편적 원리를 설명한다. 그라디바가 용암에 휩싸이는 끔찍한 광경은 하놀드의 무의식에 억압되어 있는 리비도를 동기로 한다는 것이다. 마송은 캔버스 안에 화산을 묘사함으로써 프로이트의 해석을 직접적으로 인용한다. 마송에 있어서 화산은 남성적 성욕을 나타내는 것이었으며, 용암

은 정자와도 같은 것("lave spermatique")이었다.[9] 그라디바의 해체된 육체 위에는 고기 한 조각이 걸려 있는데, 리스가 관찰하듯, 마송의 작품 세계에서 고기 조각은 표면의 무늬 때문에 미로와 연관되는 모티브였으며, 미로는 또 다시 어패류, 그리고 여성의 성기로 이어지는 환유의 고리를 이룬다.[10]

마송이 충실하게 재현하는 또 하나의 옌젠−프로이트적 모티브는 벌이다. 프로이트는 소설에서 조이가 곤충과 연관됨에 주목하는데, 하놀드가 조이의 실체에 대해 혼란스러워하는 와중에 우연히 날아드는 하찮은 파리 한 마리가 그것이다. 하놀드는 자신과 함께 있는 여인이 유령이라고 확신하는 상태에서 그녀의 손등에 앉은 "무례하고 쓸모없는" 파리를 잡으려다 그만 여인의 손을 때리게 된다. 얄미운 파리는 얄팍한 환상을 깬다. 하놀드는 환상적 욕망의 대상이 물리적으로 존재함을 처음으로 확인하고, 기쁨을 누리면서도 동시에 스스로의 행동에 깜짝 놀라 자리를 박찬다. 마송은 파리를 벌로 대체하여 자신이 묘사하는 그라디바의 몸에 연관시켰는데, 리스가 이 작품을 분석하면서 지적한 대로, 벌은 다리로 꽃들의 생명력을 증식시킨다는 점에서 성과 생명을 연결시키면서도 다리에 대한 하놀드의 페티시즘을 구체적으로 언급하는 특별한 표상으로 작용한다.[11] 리스는 또한 벌꿀이 고대 문화에서 생명의 상징으로 여겨졌음을 지적하면서, 마송이 그라디바의 젖가슴을 아예 벌집으로 변

9. Ries, "André Masson: Surrealism and His Discontents."

10. 같은 글.

11. 같은 글.

형시킴으로써 종교적 의미에서의 생성과 성적인 의미에서의 에로스를 결합시켰음에 주목한다.

달리에게나 마송에게나 그라디바의 몸은 이상적인 여성상이자 물질적 불확실성에 노출된 연약한 육체이다. 생성의 원리를 몸에 지닌 어머니이자 죽음의 화신이다. 다만 프로이트가 그라디바에 투사되는 남성적 욕망의 실체를 간파하고 남녀 관계에서 남성이 실행하는 '공격성 *aggressiveness*' [12]에 대한 냉철한 분석적 태도를 보였다면, 마송과 달리는 하놀드가 그러했던 것처럼 자신의 남성성에 대해 성찰하는 대신 그에 몰입했다. 그러한 몰입에 의해 표현되는 여성의 육체는 남성의 발기된 불안과 그 안에서 요동하는 욕동을 나타내게 되었다. 하놀드가 절망을 극복하고 황홀에 근접했다면, 달리와 마송은 황홀에 근접한 절망에 탐닉했다. 황홀은 정지와 움직임 사이에서 사멸한다. 절망은 정지와 움직임 사이에서 파열한다.

 ## 사랑과 영혼

생명이 없는 것에 생명력을 불어넣는 일이야말로 인간의 가장 생명력 넘치는 꿈이다. 신의 권능을 흉내 내는 것이야말로 가장 신나는 염원이 아닌가.

〈프랑켄슈타인〉에서 과학자가 확보하는 권능 역시 한 마디로 말하면

---

12. Freud, "Delusions and Dreams in Jensen' s *Gradiva*," p.38.

"생명이 없는 물질에 '생명력'을 부여bestowing animation upon lifeless matter"[13]하는 능력이다. 과학자의 열망을 함축하는 하나의 단어를 셸리의 본문에서 찾는다면, '애니메이션'이다. 프랑켄슈타인이 자신의 피조물에 '애니메이션'을 불어넣었듯, 셸리는 생명을 창조하고자 하는 인간의 욕망에, 그것을 서술하는 자신의 언어에, '애니메이션'을 부여했다.

'애니메이트animate'란 '생명' 혹은 '영혼'이라는 뜻의 라틴 단어 '아니마anima'로부터 파생된 말로, 생명력을 부여하는 행위를 일컫는다. '생명' 혹은 '영혼'이라는, 인간이 원리를 밝히지 못하는 신의 영역을 인간의 행위로 전환하는 것이 '애니메이트'라는 말이 지닌 파격이다. '애니메이션'은 '아니마'에 추가된 인위적인 노력이 다시 명사화된 꼴이다. 즉, '인위적인 생명력'의 의미를 갖는 셈이다.

프랑켄슈타인의 '애니메이션'이 이루어지고 나서 100년 후, '애니메이션'이라는 말에는 또 다른 생명의 기술이 첨가된다. 옌젠이 그라디바에 '애니메이션'을 증여하고, 프로이트가 옌젠에 '애니메이션'을 부여할 그 즈음이다. 이번에는 '생명 없는 물질에 애니메이션을 부여하는 기술'은 강력한 전기로부터가 아닌, 약간의 미술적 재능과 간단한 물리적 장치를 통해서이다. 오늘날 '애니메이션'이라는 단어를 장악하게 된 신비로운 기교, 움직이는 그림이다. 그 기반은 물론 이미 발명된 영화라는 광학 장치이다.

프로이트가 "옌젠의 《그라디바》에 나타나는 망상과 꿈"을 집필한 바로 그해, 스튜어트 블랙튼Stuart Blackton은 칠판에 그린 그림으로 이루어

---

13. Shelley, *Frankenstein; or, the Modern Prometheus: The 1818 Text*, p.34.

진 〈재미난 표정의 여러 단계들Humorous Phases of Funny Faces〉을 만들었다. 이어서 1908년에는 에밀 콜Émile Cohl이 막대 인간을 캐릭터화한 〈판타스마고리Fantasmagorie〉를 상영하였다. 그림이 살아 움직이기 시작한 것이다. 영상 기술로서의 '애니메이션'이 이룬 성과라면, '생명'이나 '영혼'과 같은 신적인 영역을 '운동성' 혹은 '동작'이라는 물리적 현상으로 전환한 것이다.

1911년, 윈저 매케이Winsor McCay는 이 기교를 정교하게 완성할 뿐 아니라, 이 기교가 주는 감흥을 동시에 기록한다. 〈뉴욕 헤럴드〉에 인기 연재되었던 캐릭터 '네모'로 알려져 있던 매케이는, 1911년 애니메이션 작품인 〈꼬마 네모Little Nemo〉를 제작할 무렵, 〈뉴욕 헤럴드의 유명 만화가 윈저 매케이와 그의 움직이는 만화Winsor McCay, the Famous Cartoonist of the N. Y. Herald and His Moving Comics〉라는 영화를 같이 제작하였다. 실사로 촬영된 하나의 짧은 이야기와 매케이가 제작한 짧은 애니메이션이 나란히 엮인 이 영화의 도입부에서, 매케이는 자신의 신문 만화를 한 달 만에 움직이게 하겠다며 내기를 제안하고, 그 결과는 곧 영화의 뒷부분이 된다.[14] 하얀 바탕에 검은 선만으로 그려진 수천 장의 그림이 만드는 입체감 넘치는 장관은, 내기에 응했던 극중의 매케이의 동료들은 말할 것도 없거니와, 당시의 극장 관객, 그리고 심지어는 거의 한 세기가 지나 DVD를 통해 이를 바라보는 오늘날의 관객에게, 충만한 경이감을 선사한다. 매케이의 동시대 사람들을 경탄케 했던 것은 평면 속에 정지된 선들이 '살아서' 움

14. 매케이는 자신의 영화가 그림을 움직이게 한 역사 최초의 성과라고 선전했지만, 오늘날 '최초'라는 수식어는 블랙튼이나 콜에게 주어진다.

직인다는 사실이었다. 마술의 마력이 그러했듯, 애니메이션 기술이 주는 놀라움은 존재와 부재에 대한 일상적 지각과 통념을 교란시킴에 있었다.

　매케이가 이 영화에서 보여 주는 성격은 발랄함과 기발함이다. 어린 아이처럼 신나게 상상력을 펼치기도 하고, 마술사처럼 여러 사람 앞에서 자신의 재능을 자신만만하게 과시하기도 한다. 그의 자신감에는 사업가로서의 도전 정신마저 깃들어 있는 듯하다. 그러니까, 프랑켄슈타인이 창조 직후 겪었던 혼란과 혐오와 회오와 공포는 백년이 지나서 자신감과 성취감, 그리고 이를 기반으로 하는 자유로운 창작의 유희로 대체되어 있다. 물론 피비린내로 덮였을 프랑켄슈타인의 실험실과 잉크와 종이 냄새가 범벅이 되었을 매케이의 작업실은 전혀 다른 동기와 과정을 담는다. 하지만 이러한 미장센의 차이는 본질적으로 '애니메이션'이라는 행위에 대한 시대적 정서의 차이이기도 하다. 창조의 권능에 대한 계몽주의 시대의 불온하고 불안한 몽상은, 20세기 자본주의에 이르러서는 자신감 넘치는 자유의 유희로 재구성된 것이다. '생명' 혹은 '영혼'을 부여하는 '행위'로서의 '애니메이션'이라는 말에 옥쇄처럼 드리워졌던 금기의 무게는 급히 가벼워졌다. 사진이 영혼을 앗아 간다는 19세기의 믿음이 영화가 사진에 '애니메이션'을 부여하면서 더욱 빈약해진 것처럼 말이다.

 악마의 유령

영화 이전의 영화의 역사는 악마의 역사이기도 하다. 아타나시우스 키르허Athanasius Kircher가 1646년에 《빛과 어둠의 위대한 예술Ars magna lucis et umbrae》을 출간하기 직전만 하더라도, 카메라 옵스큐라camera obscura의 광

판타스틱한 판타스마고리. 근대적 시각과 쾌락의 시발점에는 유령과 괴물과 악마가 있었다.

학적 현상은 악마의 술책으로 여겨졌었다. 오늘날 카메라 옵스큐라의
원리는 초등학교 교과서에조차 그 충격을 망각할 정도로 진부하다. 빛
은 직선 운동을 하고 하나의 피사체에 달하면 여러 방향으로 반사된다.
이 때문에 하나의 작은 구멍으로 선별적으로 통과되는 반사된 빛은 이면
의 벽에 이르러 피사체의 모습을 거꾸로 투영하게 된다. 이러한 자연 현
상의 원리는 아리스토텔레스부터 신비 속에 감춰져 있었고, 종교가 지배
하는 세상에서는 악마와 더불어 추방될 수밖에 없었다. 중세에는 화형
의 위협마저 카메라 옵스큐라에 드리워졌다. 키르허가《빛과 어둠의 위
대한 예술》을 쓴 이유도 카메라 옵스큐라 현상을 악마의 어둠으로부터
자연의 빛으로 가져오기 위함이었다.

　카메라 옵스큐라 혹은 키르허가 그 연장선상에서 파악한 마술 램프

*laterna magica*를 활용하여 관람객에게 경이감을 주는 문화가 발달하기 시작하면서도 악마의 잔상은 쉽게 가시지 않았다. 마술 램프의 신비함을 체험하기 위해 몰려든 사람들이 목격한 그림자들은 말 그대로 악마의 표상들이었다. 어둠속에서 연기처럼 피어오르는 몽롱한 환영은 귀신이나 해골, 괴물, 악귀 등의 형상으로 주를 이루었던 것이다. 영화의 원형적 형상들이 악마 따위를 닮았던 것은 우연이 아니다. 악마는 광학 현상의 이면에서 화면의 표면으로 이동했을 뿐이었다.

프랑스 혁명이 정점에 이르렀을 무렵부터 마술 램프의 효과는 상용화되었다. '판타스마고리*fantasmagorie*'라는 오락 거리가 그것이다. 판타스마고리는 한 마디로 귀신과 마법의 소굴이었다. 이를 고안한 에티엔가스파르 로베르송*Étienne Gaspar Robertson*의 말대로, "그림자, 귀신, 마법, 그리고 마술사의 불가해한 기교가 주는 공포"[15]는 곧 그가 연출한 쇼의 '애니메이션'이었다. 판타스마고리의 이러한 생명력을 기록한 1831년의 삽화에는 공포와 경악의 흔적이 선명하게 남아 있다. 칼을 뽑아들고 대항하는 돈키호테가 있는가 하면, 바닥에 엎드려 떨고만 있는 산초 판사도 있다. 할 말을 잃고 망연자실 속에 빠져, 얼어붙은 시선을 철회할 기력조차 상실한 대책 없는 사실주의자도 있고, 공포로 전율하는 여성을 감싸주며 파렴치한 쾌락을 취하는 여유 넘치는 낭만주의자도 있다.

물론 '재현'의 자리로 격하된 악마의 위협에 근원적 공포는 없다. 상으로 맺힌 악마를 바라보는 근대의 주체는 연극적으로 동화를 할 뿐이

---

15. Charles Musser, *The Emergence of Cinema: The American Screen to 1907*, Berkeley: University of California Press, 1994, p.24에서 재인용.

다. 이미지가 악마를 '흉내' 낸 것처럼, 이를 바라보는 사람들의 공포 역시 '흉내'일 뿐이다. '모사'의 대중 문화가 태동한 것이다.

 악마의 유희

19세기는 쇠락한 악마의 힘을 가정의 안락함 안에, 귀족의 지루해진 손 안에 쥐어주었다. 프랑켄슈타인이 괴물을 만들고 나서 얼마 지나지 않아, 그가 '악마' 혹은 '악귀'라고 거듭 칭했던 성과는 상상 속의 실험실로부터 현실 속의 가정으로 옮겨온다. 이제 끔찍한 공포를 묘사하는 셸리의 소설 대신 하나의 간단한 장난감이 독자의 손에 쥐어져 '애니메이션'의 즉각적 감흥을 간단하게나마 수행적으로 전달해 준다.

1825년에 영국의 물리학자 존 패리스John Paris에 의해 대중화된 쏘마트로프Thaumatrope는 '마술 바퀴'라는 의미의 디스크로, 손으로 돌려 양쪽에 그려진 그림을 겹쳐 보이게 하는 간단한 물건이었다. 최초의 애니메이션 기구는 영화가 발명되기도 전에 나타난 것이다. 망막에 상이 머무는 잔상 효과를 이용한 쏘마트로프가 준 효과는 '마술' 그 자체였다. 실재하지 않는 환영illusion의 시대는 그렇게 소박하게 열렸다. 두 개의 구체적인 이미지는 망막에 중첩되면서 새로운 지각적 의미를 창출한다. 훗날 세르게이 에이젠슈타인Sergei Eisenstein이 고안할 변증법적 몽타주의 원리와 무관하지 않게, 유물적인 두 개의 지표가 충돌하여 추상적인 제3의 상징적 결과를 파생시킨다. 우리가 '애니메이션'이라고 부르는 효과이다. 물론 충돌은 에이젠슈타인의 것처럼 뇌에서 일어나지 않고, 망막에서 발생한다. 결과는 지표도 상징도 아닌, 착각이다.

양손이 하는 일을 눈이 모르게 하라. 포착되지 않는 것은 욕망을 부른다. '요술 바퀴'의 진리.

'마술 바퀴'가 만들어진 것과 같은 해에 조셉 플라토Joseph Plateau가 만든 페나키스토스코프Phenakistoscope나, 2년 후 윌리엄 호너William Horner 가 만든 조이트로프Zoetrope 역시, 회전 운동을 통해 착시 현상을 연출하는 장치였다. 시간적 차이를 나타내는 그림들이 부착된 원반(페나키스토스코프)이나 원통(조이트로프)을 회전시키고, 지나가는 그림들을 간헐적으로 거르는 작은 틈을 통해서 이를 보면, 그림이 움직이는 것이다! 인간의 문명을 진화시키고 산업 혁명의 기반이 되었던 '바퀴'라는 장치는 이제 악마의 마술을 작동시키는 유희의 도구가 되어 일상으로 스며든 것이다.

조이트로프의 원래 이름은 '악마의 바퀴Daedalum'였다. 그것을 만든 호너가 호명한 바이다. 그러다가 1867년 윌리엄 링컨William Lincoln이 이를 특허로 내면서 바꾼 이름이 '조이트로프,' 그러니까 '생명의 바퀴'다. 호너가 일컬은 '악마의 마술'은 '생명 없는 물질에 애니메이션을 부여'하는 환상적 힘 그 자체이다. 어쩌면 1867년이 되어서는 이미 진부해진 '악마'의 유희이다.

페티시와 애니메이션과 자동 인형이 매혹적인 것은, 모두 생명력의

역동성이 정지된 죽음의 상태와 갈등을 일으키기 때문이다. 그라디바의 얼어붙은 발과 그것이 작동시키는 상상계적 권능은, 오늘날 대중이 널리 누리는 쾌락 속에 수줍게 숨어 있다. 애니메이션은 지각적 세계의 진부한 무생명과 망막의 부진한 망상이 흔적으로 남기는 오인의 양상이다. 지각과 착각이 연출하는 상상계적 영혼이다. 부재와 부인이 합작하는 마술이다. 그렇다. 애니메이션의 메커니즘은 곧 페티시즘이다. 결핍과 부분 부정의 매혹은 인간의 시선과 영혼을 맴돌게 할 만큼 강력하다. 생명력과 그 부재의 진동은 리비도의 파장 속에 공명한다. 리비도는 악마의 바퀴처럼 시작도 끝도 없이 순환한다. 이러한 순환성이 곧 애니메이션의 '애니메이션'이다. 반복과 차이, 생명과 죽음, 존재와 사멸이 양립하여 만드는 리비도의 '애니메이션'은 종교와 과학과 예술을 관통하며 역사를 따라 내려온 인간적 상상의 아니마이다.

애니메이션이 주로 남근기의 아이들에게 인기가 있다는 점은 우연이 아니리라. 애니메이션의 아니마는 환상에 기생하는 리비도의 분신이다.

오늘날 이 생명력은 박제되었다. 애니메이션에 충격은 더 이상 없다. '그림이 움직인다'는 지각의 마술은 더 이상 신비롭지 아니하다. 악마의 아찔한 유혹은 더더욱 희미하다. 영혼의 일탈감이나 죄책감의 작은 씨앗은 그림이 움직이기 시작하는 순간 사멸한다. 19세기에 장난감 따위가 주는 광학적 진진함을 일컬어 감히 '악마'라는 이름을 부여한 것은 생명력이 없는 사물에 생명을 부여하는 신적인 권능을 인간이 누리게 된 것에 대한 불안감을 내포하지만, 오늘날 산업화된 애니메이션에는 최소한의 '악마'적 짜릿함이나 설렘도 남아 있지 않다. 이제 '악마의 마술'은 '악마'라는 단어만큼이나 식상하다. '생명'이라는 단어보다 진부하다. '마술'은 '기술'로 전락했다. 악마는 죽었다. 이제 '애니메이션'은 생

명 없는 그림이 생명을 갖는다는 상서로운 기원적 사실을 망각하기 위한 필사적 노력을 펴기라도 하듯, 현란한 '움직임'으로 지각적 착각을 은폐한다. '악마'는 공장의 어셈블리 라인에서 자본주의에 봉사하고 있는 길들여진 자본의 왜소한 이름일 뿐이다.

생명과 죽음, 동작과 정지, 초자연과 자연, 악마와 자본주의, 마술과 과학, 초심과 진부함, 추억과 망각. 이 모든 대립항들이 엇갈린 좁은 틈 속에 요괴인간이 있다. 요괴인간은 초기 광학 장치들에 깃든 '악마'가 후세에 간신히 보낸 간사한 사신이다. '판타스마고리'라는 그림자 놀이의 희미한 그림자다. 부끄럼밖에 간직하지 못한, 죽은 초심의 유령이다.

아니다. '요괴인간'은 공장의 어셈블리 라인에서 자본주의에 봉사하고 있는 길들여진 악마의 왜소한 이름일 뿐이다.

 동굴의 추억

플라톤은 《국가론Politeia》에서 현실 세계를 어두운 동굴에 비유하고, 이 속에서 쇠사슬로 결박당한 죄수에 빗대어 인간의 상태를 설명한다.[16] 평생 동굴에 속박된 죄수들은 출구조차 볼 수 없는 상황에서 횃불에 의해 벽면에 비추어지는 동물과 사람들의 그림자가 실재하는 실체라고 인식한다. 플라톤의 동굴로부터 내려오는 실체와 그림자, 현실과 허구, 원형과 복제의 이분법적 양립은 아직도 할리우드에서 강력하게 작동한다.

---

16. Plato, *Republic*, Robin Waterfield (trans.), Oxford: Oxford University Press, 1984.

이 이분법의 묘연해짐은 곧 공포다. 이 공포는 20세기 말을 전후하여 신종 바이러스처럼 유유히 할리우드에 퍼졌다. 〈엑시스텐즈eXistenZ〉(1999), 〈매트릭스〉(1999), 〈바닐라 스카이Vanilla Sky〉(2001) 등에서, 우리의 신체적 감각이 '현실'의 실존 여부를 검증하는 기준이 될 수 없다는 사실은 그 자체로서 분명한 불안의 뿌리가 되었다. 극의 구조는 이러한 불안 극복을 목표로 설정하고, 모호했던 허구와 현실의 경계가 다시 정립되면서 이야기는 마무리된다. 〈파이트 클럽Fight Club〉(1999), 〈트루먼 쇼The Truman Show〉(1998), 그리고 〈존 말코비치 되기Being John Malkovich〉(1999) 역시 외부적 현실과 내면의 허구 간의 허무한 간극을 그럴듯하게 허무는 듯하면서도, 종국에는 다시 이분법적인 세계관을 확립한다.[17] 영화 초반에 사실적으로 나타나던 공간은, 실존하는 현상이 아니라 주인공이 꾸는 '호접몽'임이 나중에 드러나지만, 결국 마지막엔 '현실'을 기록하는 카메라의 기능이 그럴듯하게 회복된다. 이 작품들이 성립시키는 바는, 현실의 헤게모니에 대한 비판적 거리감이 아니라, 허구에 대한 복수이다. 결국 카메라는 허구를 절하함으로써 의구심의 족쇄로부터 풀려난다. 할리우드는 호접몽을 꾸지 않는다. 아니, 꾸고도 '현실'의 절대성을 포기하지 않는다. 나비는 꿈속의 허상일 뿐이다. 세기말적 불안이나 사이버 시대의 탈중심화 현상에 의한 위기감이 팽배해도, '현실'을 수호함으로써, '현실'을 충실하게 재현하는 능력을 재확인함으로써, 할리우드는 현실에 군림한다. '빨간 알약'과 '파란 알약'은 서로 섞이지 않는다. 모호한

17. 서현석, "롤링선더에서 블록버스터까지: 베트남 전쟁 이후의 슈퍼 할리우드," 《미국 신보수주의와 대중문화 읽기: 람보에서 마이클 조든까지》, 책세상, 2007, pp.84~138.

모호함은 모호함을 배반하는 모함이다. 할리우드는 불가지성의 위협을 실존의 미덕으로 변조하는 재활용 공장이다.

플라톤 공장의 신화적 강력함은 파생적인 것들을 허상으로 폄하함에 있다. 플라톤이 원형을 존중하고 그림자를 절하했듯이, 할리우드는 허구를 현실에 이르기 위해 극복해야 하는 장애로 치부한다. 그림자가 허구라는 사실을 알아채고 동굴 밖으로 나갈 때 자유가 주어지리라는 믿음은, 할리우드에서 하나의 신성한 존재론적 목적 의식이 되어 극 구조에 진지한 목표를 부여한다. 목표 지향적인 할리우드의 내러티브는 허상을 넘어 실체와 만나는 것을 최상의 실존적 가치로 삼는다. 네트워크가 칠해 놓은 세트장의 하늘 그림 너머에(《트루먼 쇼》), 기계가 장악하는 가상 현실 너머에(《매트릭스》), 혹은 대기업이 제공하는 다행증적인 꿈 너머에(《바닐라 스카이》), 사실이라는 해방된 세계가 펼쳐질 것이라는 신화적 믿음은 견고하게 유지된다. 슬라보예 지젝Slavoj Žižek의 말대로, 상상계와 상징계의 이면에 인간의 자유를 보장하는 이상적인 실재가 펼쳐지리라는 믿음이야말로, 허상의 존립을 보장해 주는 이데올로기적 장치로서 작동한다. 실재는 현실에 대한 적대감을 왜곡하는 "부인된 무언가" 이다.[18]

18. 슬라보예 지젝, "The Matrix: Or, the Two Sides of Perversion," 《매트릭스로 철학하기》, 윌리엄 어윈 엮음, 이운경 옮김, 한문화, 2003, p.304. 지젝은 이 글에서 영화 〈매트릭스〉가 제시하는 철학적 사유의 불완전함과 어설픔을 지적하면서 이 영화에 과도하게 철학적 의미를 부여하는 일부 학자들의 태도를 꼬집는다.

페티시와 아니마

〈이노센스〉의 한 시적인 장면에서 인간으로서의 뇌를 간직하고 있는 사이보그 형사 바토는 도시를 소요逍遙한다. 아무런 목적 의식 없이 표류하던 소요자의 시선에 한 마리의 바셋 하운드가 들어온다. 그저 평범해 보이기만 하는 이 강아지는 인간의 외로움을 해소해 주기 위한 목적으로 한 회사에서 출시한 가상 제품임이 후에 드러난다. 한 마리의 강아지로부터 온전한 가족에 이르기까지, 외로운 도시인들에게 판매되는 실재하지 않는 반려 이미지들이 일상에 산재하는 것이다. 이들 가상적 이미지들은 현실과의 간극을 허물고 일상으로 침투하여 삶을 변조한다. 바토가 도시에서 바라보는 바셋 하운드는 헛것일 수도 있고 실체일 수도 있다. 어느 쪽인가의 문제는 이미 핵심으로부터 벗어나 있다. 얄미우리만큼 묵묵한 한 마리의 강아지가 지각적 현전에 구멍을 냈지만, 구멍이 뚫렸음을 망각하는 삶이야말로 나름 살 만하다.

　거리감과 욕망을 동시에 안고 도시를 가로지른 19세기의 소외된 소요자flâneur 보들레르는, 군중에 대한 애정과 그 권태로운 단순함에 대한 혐오 사이에서 진동하였고, 그렇기에 자신의 본질적인 외로움 속에서 벗어날 수 없었다. 인간 존재의 진부함에 대한 돌발적인 짜증을 공격적으로 발산하는가 하면, 언제 그랬냐는 듯, 히스테리 증상처럼 급작스레 솟구치는 인류애에 도취되어 눈물을 훔치기도 했다.

　사이버 시대의 소요자는 거리감과 몰입이 형성하는 대립적 자력의 틈새에서 욕망과 소외의 역학을 누릴 권리를 박탈당한다. 언캐니한 강아지에 대한 바토의 묵묵한 시선은 현전의 구멍을 직시하고자 한다. 물

론 그 비장함은 구멍 앞에서 미끄러진다. 바토는 미래의 추억과 과거의 희망이 혼재하는 도시 속에서 판단의 기점들을 상실한 채 표류하는 환영적 소요자이다. 사이버 시대의 환영적 소요자는 스스로의 지각과 사유에 대한 불확실, 물질과 비물질을 초월하는 깊은 심연에서 진동하는 '마술' 속의 설정에 불과하다. 현실과 환영의 간극에 대한 냉철한 회의는, 그 자체로서 환영적인 기반을 갖는 '악마의 마술' 속에서 진행될 뿐이다. 보들레르가 실증적인 체험을 기반으로 현실 속에서 상실감을 느꼈다면, 사이버 시대의 소요자가 상실한 것은 자신을 성립시키는 실증적 기반 그 자체이다. '생각'을 아무리 깊이 한다고 한들, "고로 존재"하리라 안일하게 기대할 수는 없다. 주체가 일체감을 느끼는 즉물적 세계는, '모노노 아와레'의 경지는, 어느덧 어디에든 존재하면서도 어디에도 존재하지 않는 유령의 영역으로 이동해 있다.

이런 모순적 사실의 언캐니함은 관객에게 전가되기도 한다. 바토와 그의 동료는 인간형 로봇이 인간을 살해하고 자살을 한 사건을 수사하던 중 로봇을 제조한 '로커스 솔루스'사에 잠입해 들어가는데, 동료의 전뇌가 해킹당해서 의사 체험疑似體驗의 미로에 빠지고, 그가 체험하는 시간과 공간은 반복, 변형된다. 실제로 지각하고 있다고 생각했던 '실재'는 비슷한 형태로 다시 나타나고, 현실 속에 현실이 중첩되는 미장아빔의 층위가 형성된다. 그런데 중요한 점은 이와 같은 반복의 구조가 극중 인물이 주관적으로 체험하는 폐쇄적인 환영으로 묘사되는 대신 관객의 지각을 덩달아 교란시킨다는 것이다. 그가 인지하는 모든 지각적 정보들은 다 이에제시스를 구성하는 다른 모든 이미지나 기법들과 차별되지 않으며, 그동안 관객들에게 보였던 모든 이미지들, 심지어는 바토의 관점에서 바라보는 시점 화면조차도 환영이었음이 드러난다. 이러한 상황에서 바토

가 동료의 전뇌를 복구하고, 동료는 '사실'로 돌아오며, 관객들에게는 그동안의 상황에 대한 뒤늦은 설명이 던져진다. 관객에게 다이에제시스를 관조적으로 관찰하고 사실과 허구를 구분할 수 있는 특권이 주어지지 않았던 것이다. 더군다나 이러한 모호함 속에서 실재에 대해 고민하는 극 속의 주체야말로 어쨌거나 마술의 힘에 의해 작동하는 환영이라는 사실이 작품에 아이러니를 부여한다. "정말로 물리 현실로 돌아온 건가?" 실재하는 바를 체험하고 있었다고 생각한 동료는 지각적 현실의 기반이 이토록 허술함에 경악한다. 이러한 경악은 관객의 혼란을 대변하는 것이지만, 그 대변인 자체가 환영이라는 사실은 고민 자체를 미장아빔의 심연 속에서 맴돌게 만든다. 대변자의 의구심은 자기 반영적인 것이다.

보고 듣는 현실이 실존하지 않을 수 있다는 사실은 다이에제시스 안에서 끝까지 극복되지 않는다. 현실과 허구의 경계선은 소실점처럼 인식의 영역 밖에서 아른거릴 뿐이다. 인간을 규정하는 조건들, 욕망과 불안을 형성하는 환경, 인간과 기계의 차이, 삶과 죽음의 간극 등 통념적인 '현실'의 안전망은 모호함 속에 실종되어 있다. 허상을 극복해야 한다는 필요성마저 와해되어 있다. 현실의 이면 어딘가에 비물질적인 세계가 존재한다는 파편적인 단서만이 쿠사나기 소령의 환영적인 개입에 의해 던져질 뿐이다. 물론 이 비물질적인 세계에 대한 이상적인 기대감은 존재하지도 않는다. 그저 현실이나 허구로 명료화되지 않는 기표들만이 주인공의 세계를 둘러싸고 있다. 그나마 보들레르로부터 바토에 이어지는 인간적인 잔재가 있다면, 외로움과 소외뿐이다. '허상을 극복하면 인간의 자유가 주어진다'는 〈매트릭스〉나 〈트루먼 쇼〉의 단순한 전제는 쉽사리 허용되지도 않을뿐더러, 이를 구성하는 개념들인 '허상,' '인간,' '자유' 등은 그 기능적 기반조차 가지고 있지 않은 유령이 되어 버린다.

가장 유령 같은 사실은 이러한 상황들에 대해 고민하는 이야기 속의 주체야말로, 그리고 그가 지각적 현실에 대한 회의를 소통하며 점유하는 다이에제시스야말로, '악마의 마술'의 효과에 불과하다는 점이다. 바토가 바라보는 바셋 하운드는 애니메이션으로 표현된 다이에제시스 속에서 사실상 '실재'의 기반을 확립해 주는 기준은 존재할 수 없다는 본질적인 진실을 드러내는 부정적 지표이기도 하다. 지각될 수 있는 현실의 허술한 기반에 대해 대화를 나누는 바토와 동료의 배경에는 역설적이게도 실사로 촬영된 듯한 사실적인 하늘이 펼쳐지며, 이러한 극사실주의 *hyperrealism*적인 표현은 오히려 이 이미지가 애니메이션임을 상기시킨다. 극 중의 현실이나, 그 속의 허구나, 관객에게는 똑같은 '악마의 마술'로 나타날 뿐이다. 내용과 형식이 서로를 반영하고 교란시키는 것이다. 이러한 자기 반영으로 인해 우리는 자각하게 된다. 우리가 여전히 바라보고 있는 바는, '현실'로 가장하고 싶은 애니메이션의 가식이다. 다이에제시스 속의 실재가 아니라 다이에제시스라는 허구이다.

이러한 모순의 극적인 현현이 쿠사나기 소령의 존재 형태이다. 그는 극 중에서 실체를 가지고 있지 않으며, 그럼에도 다이에제시스 어디엔가 존재한다. 그렇다고 다이에제시스에서 이 모호한 공간의 구성 원리가 설명되는 것 또한 아니다. "어디에서 오는가?"라는 〈황금박쥐〉의 문제를 반복하여 던져도 좋을 만하다. 사실 이러한 극중의 묘연함은 표현 양식을 통해 더욱 묘묘해진다. 실제로 그의 존재감을 구성하는 형식적 요소는 두 가지 서로 이질적인 것들로 분열되어 있다. 성우의 목소리와 그가 잠시 점유한 것으로 이해되는 사소한 '의체'의 모습이 그것이다. 그의 존재는 이 두 가지를 통해 간접적으로 지시될 뿐, (바토에게나 관객에게 인식될 수 있는) 현전적 '실체'란 실존하지 않는다. 어떤 면에서 쿠사나기 소령이

진정으로 초월한 것은 극중의 물리적 세계가 아니라 애니메이션 기법, 즉 그려진 환영적 영역인 셈이다. 이러한 초월을 통해 소령은 그 어떤 극중 인물들보다 우월한 위치에 서며, 심지어는 애니메이션의 다이에제시스를 하등 구조로 격하하기도 한다. 하지만 이러한 초월이 환영적이라는 점이야말로 더욱 깊은 묘연함으로 우리를 불러들인다. 소령은 철저히 다이에제시스에 귀속되면서도 그 환영적 현전에는 참여하지 않는 중간적 존재인 것이다. 환영(애니메이션)에 대한 환영적 초월, 즉 환영에 대한 어설픈 이중 부정은 (애니메이션의) 현존성을 보장해 주는 대신 그 환영성에 대한 양가적 입장을 성립시키며, 이것이 중간적 존재가 제시하는 새로운 기호적 영역, 즉 자기 성찰적이면서도 환영성을 해체하지 않는, 유령과도 같은 독특한 비물질적 간극이다.

보들레르에게 악마가 제거해 주기로 약속한 것은 권태였지만,[19] 이 시대 우리를 유혹한 '악마'가 달콤한 시각적 쾌락을 미끼로 하여 소각해 주기로 약속한 것은 현실과 허구의 간극이다. 플라톤의 동굴로부터 내려온 이분법적 사고이다. 〈이노센스〉는 우리가 인지하는 '현실'이라는 현상이 실존하지 않을 수 있음에 경탄한다. (그러한 정서는 지극히 모더니즘적이다.) 데카르트의 고민은, 가상 현실과 사이버 공간이 익숙한 일상의 부분이 되어 버린 오늘, 상업적인 텍스트를 통해 피상적인 단상으로 소비된다. 하드바디의 물리적 한계를 극복하고 비물질의 영역으로 승천한 여성 사이보그가 군림하는 다이에제시스가 변신과 변화의 논리로 귀속되

---

19. Baudelaire, "The Generous Gambler," *Paris Spleen*, Louise Varèse (trans.), New York: New Directions, 1947, pp.60~63.

는 것은 자연스럽기도 하다. 해러웨이의 유연한 여성적 주체가 지배하는 세계는 계몽주의의 이분법적 사고를 해체하는 유기적인 것이다.

물론 보들레르가 준 혜안이 있다면, 친절한 악마가 약속을 지키리라는 기대를 스스로에게 허락하지 않는 냉철함이다.

 ## 매혹의 계보

애니메이션의 생명력은 이야기의 구성이나 인물의 개성 등 내러티브의 짜임새에 의존하지 않는 특별한 힘에 있다. 악마의 마술은 죽었지만, 그 자리를 대신하는 미술과 기술이 애니메이션의 매혹을 제조한다. 움직임에 대한 지각적 감흥은 표현력에 대한 미학적 감탄으로 대체된다. 그래도 초기 영화가 선사했던 '매혹,' 그러니까 영화사가 톰 거닝Tom Gunning이 말하는 '매혹의 영화cinema of attraction'[20]가 지녔던 추억의 경이감은, 아니 경이감의 추억은 완전히 가시지 않는다. 이야기에 종속되지 않는 순수한 볼거리. 초심의 흔적. 악마의 우화적 환생. 기계적 기적의 기억. 눈의 향락.

오늘날 산업화된 애니메이션의 '매혹'은 물론 내러티브를 기반으로 하는 '길들여진' 것이기는 하지만, 우리의 눈은 여전히 이야기의 짜임새를 지탱하고 초월하는 그림의 만듦새에 꼼꼼히 탐닉한다. 현실에 근접

20. Tom Gunning, "The Cinema of Attraction: Early Film, Its Spectator and the Avant-Garde," *Wide Angle*, vol. 8, no. 3/4, 1986, pp.63~70.

하는 기술적인 가능성과 표현력에 박수를 보낸다. 사실성이 설득력을 강하게 지닐수록 우리를 더욱 매료시키는 것은, 환영적 현실 그 자체가 아니라, 환영 이면의 기교가 아닌가. 애니메이션의 아니마는 역시 환영이 가릴 수 없는, 환영으로 완성될 수 없는, 그림의 간극에 있다.

〈이노센스〉에서 전람되는 극사실주의적 표현력 역시 그 자체로서 흥밋거리가 된다. 이 사례가 흥미로운 것은, 지각적 현실에 대한 의심과 회의가 과잉되는 순간에 애니메이션의 '매혹'이 정점에 이른다는 점이다. 다이에제시스 안의 실재와 환영은 모두 다이에제시스를 구성하는 애니메이션으로서의 환영적 현실에 압축됨으로써 서로 전혀 구분할 수 없게 되는 것이다. 모든 애니메이션 작품들이 시공간의 사실적인 묘사를 통해 사실에 근접하려 해왔다면, 〈이노센스〉에서는 그러한 노력의 허구성이 다이에제시스의 안과 밖으로 침투한다. '악마'의 바퀴는 등장 인물의, 관객의, 지각 깊숙한 곳에서 동시에 돌고 있다.

매트릭스 안에서 인간들이 꾸는 꿈은 어떤 정교한 '악마의 마술'일까? 영화 〈매트릭스〉나 현실과 허구의 경계에 대한 사유를 상품화한 다른 할리우드의 환상들은 20세기 기계 문명의 중심에서 대중의 환상을 만들어 온 영화라는 매체, 그것이 갖는 매체적, 기계적 기반에 대한 사유까지는 펼치지 않는다. 〈이노센스〉에 나타나는 독특한 특징은, 가장 '사실寫實'적인 묘사를 할 때조차, 아니 가장 '현실'에 가까워질수록, '악마의 마술'의 기반으로부터 벗어날 수 없음이 더욱 명료해진다는 점이다.

1995년에 방송용으로 제작된 〈신세기 에반게리온〉의 마지막 회들은 주인공의 정체성의 혼란과 애니메이션이라는 정체성의 교란을 중첩시킨다. 스케치에 가까운 거친 그림들이 정지된 상태로 등장, 모든 애니메이션의 보편적 원리인 환영적 움직임을 배제하고, 작위적 사실성으로부

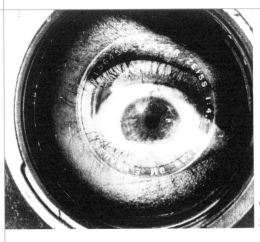

〈카메라를 든 사나이〉의 신체 없는
기관, 혹은 분열적 거울상.

터 멀어진다. (물론 이미지가 정지된 순간에도 프레임은 늘 같은 속도로 계속 바뀐다. 시간
의 '정지'는 가상적인 효과일 뿐이다.) 영화의 매체적 특성에 대한 성찰을 작품으
로 표출한 가장 유명한 역사적 성과인 베르토프 감독의 〈카메라를 든 사
나이Chelovek S Kino-apparatom〉(1929)에서 달리는 말이 갑자기 멈추고 편집실
에 놓인 필름 속의 정지된 이미지로 설명되는 것처럼, 애니메이션의 연
동 효과는 실종되고 만다. (극장판인 제27화는 〈카메라를 든 사나이〉의 첫 장면을 인용
이나 하는 듯이, 극장을 매운 관객들의 모습을 보여 주기도 한다.) 주인공인 신지가 느끼
는 현실에 대한 회의감, 그리고 더 이상 움직이지 않는 에반게리온의 육
중한 침묵과 더불어, 영화적 장치는 상징적인 종말을 맞는다. '움직이지
않는' 애니메이션의 언캐니함은 운동과 반복이 충돌하여 만드는 사멸의
기미다. 운동 이미지도 시간 이미지도 아닌, '모순 이미지'이다. '악마의
마술'을 거역하는, 그러나 완전하게 배제하지는 못하는, 불완전한 모반
의 기술이다.
　〈이노센스〉가 이와 다른 점이라면, 다이에제시스 내부에서 등장 인

물이 체험하는 선험적 '현실'의 기반이 결정적으로 위태로워지는 순간에도 '악마의 마술'은 유지된다는 점이다. 〈신세기 에반게리온〉 방송판의 마지막처럼 애니메이션의 기술적, 물리적 기반을 노출하는 것이 아니라, 오히려 사실감을 충실하게 전달함으로써 지각에 대한 회의를 무색하게 만든다. 환영과 실재의 간극을 규정하는 기준은 제공되지 않으며, 악마의 시적인 마술만이 스크린을 환영으로 물들일 뿐이다. 〈신세기 에반게리온〉처럼 마술에 몰입하고자 하는 관객들에게 기술적 이면을 드러내지도 않고, 할리우드의 모든 애니메이션 상품들처럼 마술의 효과에만 계속 집중할 것을 강요하지도 않는다. 아리스토텔레스와 브레히트의 간극에서 서성이기만 한다. 몰입과 각성, 동화와 이화, 허구와 사실, 환영과 결핍, 생명력과 죽음의 중간에서, 리비도의 모호한 진동만을 일으킬 뿐이다.

 ## 가짜의 가치

시인 앞에 세상을 이상으로 채우는 아름다운 소녀가 나타난다. 그녀의 눈망울은 시인이 상실했던 "삶의 아름다움과 위대함과 영예에 대한 갈망의 씨앗들"을 뿌리고, 시인은 비로소 불멸에 대한 꿈을 되찾는다. 하지만 모든 완벽한 것이 그러하듯, 소녀는 곧 사멸하고 만다. 시인은 두 손으로 직접 죽은 소녀를 땅에 묻고, 봄의 향기가 퍼지는 무덤 곁에서 통곡한다. 그런데 깊은 슬픔에 빠진 시인 앞에 소녀가 버젓하게 다시 나타난다. 이전보다 훨씬 더 생생하고 활기 넘치는 모습으로 말이다. 활기가 지나쳐, 소녀는 아예 "히스테리 환자처럼" 미친 듯이 땅을 차며 뛰어다닌다. 그리고 비명처럼 날카로운 웃음소리로 시인을 조롱한다. 그리고

시인에게 명령한다. '진짜'인 자신을 알아보지 못하고 죽은 '가짜'를 예찬한 데 대한 대가로 자신의 미친 모습 그대로를 사랑하라고. 시인은 이를 받아들이지 못한다. (그가 거부하는 것이 소녀의 환생인지, 소녀의 변신인지, 아니면 소녀의 명령인지는 불분명하다.) 그의 저항은 실로 치열하다. 너무나 심하게 격노하는 바람에, 땅을 차던 그의 발은 무릎 깊이까지 묻히고 만다. 시인은 "이상의 무덤에 어쩌면 영원히 갇히게" 된 것이다.

이는 〈누가 진짜인가?〉[21]라는 보들레르의 산문시의 내용이다. 화자가 행한 굳건한 '선택'의 의미는 여러 층위에 걸쳐 넘실거린다. 그는 한편으론, 추하고 권태로운 사실보다는 죽은 이상에 대한 환영적인 그리움 속에서 욕망을 안고 살겠다는 감성적 존재이다. 그에게 이상적 아름다움은 영속할 수 없고, 이상의 사멸은 그에 대한 그리움을 지속할 수 있게 한다. 이상이 사멸하지 않고 계속 곁에 있었다면, 시인의 사랑은 그가 "가장 사악한 악마"[22]라 명한 '권태ennui'의 힘에 다시 굴복할 수밖에 없었을 것이다. 아니, 어쩌면 이상은 존재하지 않기 때문에 욕망의 대상이 되는 것이리라. 이러한 시체성애적인 열정을 유지하기 위해서는 사실적인 추함이 필요하다.

이러한 선택은 옌젠의 〈그라디바〉에서 하놀드가 맞는 운명과는 반대가 되는 방향을 향한다. 하놀드는 환상에 집착했지만 '위대한 사랑의 힘'으로 이를 극복했고, 궁극적인 사랑의 대상, 진짜 '애정'의 원천은, 죽

---

21. Baudelaire, "Which is the Real One?" *Paris Spleen*, p.81.

22. 보들레르에 있어서 권태는 살인, 방화, 강간보다도 더 사악한 죄의 원천이다. Baudelaire, "To The Reader," *The Flowers of Evil*, pp.4~7.

은 이상이나 환영이 아닌 실체로 압축된다. 프로이트는 이 소설을 분석하면서, 옌젠이 정신분석에는 문외한이긴 해도, 그의 소설은 정신분석학의 관점에서 볼 때 인간의 심리와 정신 치료에 대한 명료한 통찰을 담고 있다고 인정한다. 그에 따르면, 편집증이나 비슷한 정신적 장애를 겪는 환자들은 정신 치료를 통해 하놀드와 같이 치유에 이를 수는 있지만, 이때 중요한 것은 무의식에 억압된 불안과 욕망의 실체를 인식시켜 주는 치료자의 역할이다. 환자가 자신의 무의식을 인식하면서 이를 유도한 치료자에 대해 새롭게 리비도를 투자하기 때문이다. 하놀드의 사례는 무의식 속 욕망의 대상이 치료자와 일치했기에 '치유'라는 허구적 결말이 타당하게 받아들여질 수 있었던, 그야말로 극히 드물고 (아이러니가 허락하는 표현에 의존하자면) '운 좋은' 경우인 것이다. 증상을 치유하는 분석자가 증상의 본질적 근원인 상황이 실제로 어떻게 가능하겠는가! 으하하하하, 허구 속에서 치유가 이루어졌다고 반긴 프로이트의 기쁨 역시 허구적인 셈이다.

어쨌거나 보들레르의 주인공은 이러한 극적인 행운 따위와는 거리가 멀다. 결핍이라는 절대적인 진실을 직시할 뿐이다. 그가 무덤 앞에서 흘리는 눈물은 소외와 권태로부터의 허영에 찬 휴식이다. 하놀드가 현실과 환영의 경계를 명확하게 발견하고 자신의 역사에 논리적 질서를 부여하는 사실적 정황으로 환영을 대체했다면, 보들레르의 화자는 현실을 부정함으로써 환상을 유지한다. 보들레르에 있어서, 실제 존재하지 않기 때문에 더욱 매혹적인 환상은 그나마 권태의 권력에 대항하는 유일한 대안이 된다. 유치한 치유는 없다. 이로써 그는 결핍이라는 절대적 진실에 접근한다. 결핍으로부터의 한시적인 도피처는 곧 결핍에 대한 헌신적인 제단이기도 하다.

애니메이션이 주는 쾌락은 하놀드의 허구적으로 치유된 편집증보다 보들레르의 치유를 거부하는 허구적인 집착에 가깝다. 애니메이션이 모방하는 이미지는 현실에 가장 가까울 때 가장 마술적이지만, 정작 그 사실로 대체된다면 그 환영적 마술의 힘은 사멸하게 된다. 현실이라는 실체를 거부하는 한, 애니메이션이라는 환영이 주는 쾌락은 지속될 수 있다. 우리는 이러한 마술의 비밀을 알고 있으면서도 그것이 만드는 환상에 매혹 당한다. 거짓임을 알고도 기꺼이 유혹된다. 진실을 회피한다. 그럼으로써 결핍이라는 궁극적 진실에 근접한다. 페티시즘적 부인의 목적에는 부재의 유지와 치유의 유보가 포함된다.

 ## 사실의 신기루

애니메이션은 역사적으로 꾸준히 '현실'에 접근해 왔다. 아니, 애니메이션의 기술적 진보는 실사에 대한 근접성을 기준으로 판단된다. 동작을 유연하게 표현하기 위해 실사로 촬영된 이미지를 그대로 본떠서 그리는 기술인 로토스코프rotoscope는 이러한 욕망을 여실히 드러내 준다. 로토스코프는 오늘날 디지털 기술을 통해 실물의 동작을 그대로 그래픽으로 전환하는 보다 정교한 기술로 발전되고 보편화되었다. 3D 컴퓨터 애니메이션 기술 역시 선원근법적인 관점에 이동성을 부여할 뿐, 현실에 대한 인간 지각의 고정적 관계를 재강화한다.

엄격히 말하자면, 최근의 저패니메이션의 극사실주의가 가까워지려 하는 '현실'이란 것은 인간이 육안으로 지각하는 현전이 아니라, 영화 카메라가 기록, 재현하는 광학적 잔상이다. 심지어는 영화 촬영 시 발생하

는 불필요한 혹은 불가피한 시각 효과조차도 애니메이터들은 주시하고 모방한다. 렌즈에 들어오는 광선이 굴절되어 스크린에 부옇거나 둥근 반점으로 나타나는 광반flare 현상이라던가, 튜브tube 방식의 비디오카메라로 움직이는 광채를 촬영할 때 나타나는 '혜성 꼬리comet tail' 효과 등, 렌즈나 카메라의 구조적 특성 때문에 나타나는 광학 혹은 전기 현상도 애니메이션 이미지에 빈번하게 나타난다. 과다 노출overexposure이나 핸드헬드hand-held 촬영의 불안정함 역시 현장감을 강조하기 위해 자주 차용된다. 폭발을 묘사할 때에는 마치 물리적인 카메라가 지면에 설치된 것과 같이 순간적으로 스크린이 과격하게 진동하기도 한다. 결핍하는 기제가 남근을 선망하듯, 애니메이션은 카메라의 시선을 욕망한다. 그것이 결핍하는 장치를 흠모한다. 그것이 가지지 못한 광학적 기반을 모방함으로써 스스로에게 견고한 '애니메이션'을 부여하려 한다.

그렇다. 기술적 불완전함에 의해 나타나는 영화 매체의 이러한 '결함'들은 역설적이게도 재현 장치의 완벽함에 대한 갈망에 봉사한다. 모사의 충실함은 매체의 불완전함을 기표화할 때 완전해지는 것이다. 〈매트릭스〉에서 매트릭스가 노예화된 인간들에게 제공하는 환상에 결함이 내재할 때 오히려 그것의 권력이 완벽할 수 있듯이 말이다. (물론 이 영화에서 펼쳐지는 이러한 극 중의 정황이 인식에 대한 철학적 통찰을 기반으로 한다는 말은 아니다.) 요괴인간이 인간을 꿈꾸고, 〈신세기 에반게리온〉이 신적인 존재로의 진화를 꿈꾸듯, 저패니메이션은 영화로의 진화를 꿈꾼다. 〈신세기 에반게리온〉에서 신이 되고자 하는 인간의 욕망이 실현될 듯한 순간들은 아예 실사로 촬영된 이미지들로 대체된다. 저패니메이션이 꾸는 가장 중요한 두 가지 꿈이 중첩되는 순간이다.

하지만 애니메이션의 중요한 특성은 역시 이러한 꿈의 궁극적인 실

현이 이루어지는 순간 그 정체성을 잃는다는 점이다. 그 어떤 애니메이션 작품도 완전한 실사 이미지로만 구성될 수는 없다. 그저 모방만이 있을 뿐이다. 애니메이션은 사실에 대한 지시적인 기능을 가지면서도 동시에 그에 대한 거리감을 통해 성립되는 허상이다. 욕망의 근원적인 대상은 결여되어 있다는, 욕망 그 자체가 결여를 전제로 한다는 라캉의 논제에 끝없이 충실한 기제가 애니메이션이다. 애니메이션의 사실성에 대한 근접성은 그것이 완벽하게 이루어질 수 없음을 전제로 하여 추진되는 것이다. 이러한 궁극적인 실패에 애니메이션 특유의 '매혹'의 힘이 있음은 물론이다. 목적을 달성하지 않는 한, 매혹은 지속된다. 불가능은 극복해야 하는 장애가 아니라, 존재론적 전제이자 욕망의 촉매제이다. 이것이 애니메이션의 페티시적인 매력이고, 페티시즘으로서의 '악마의 마술'이 갖는 매혹적인 결함이다. 실패는 애니메이션의 아니마의 어머니이다.

〈이노센스〉에서 다이에제시스적 '사실'의 근원적인 작위성과 다이에제시스를 재현하는 도구의 작위성은 동시에 표면에 떠오른다. 하지만 그럼에도 꿈은, 아니 "쇼는, 계속될 뿐이다." 이러한 지속성이야말로 페티시즘의 원동력이다. 애니메이션과 페티시즘은 모두 사실과 환영의 긴장을 통해 만들어진다. 두 정신 기제가 공유하는 궁극적인 목표는, 환영을 극복하는 것이 아니라 바로 그 긴장 관계를 지속시키는 것이다.

〈카메라를 든 사나이〉에서 베르토프 감독은 영화가 정지된 사진을 회전 운동으로 움직일 때만이 성립되는 환영임을 밝힌다. 도시를 달리던 말이 갑자기 멈춘다. 동시에 영화가 멈춘다. 영화의 모든 움직임은 정지된 프레임들을 연동시키는 장치에 의해 인위적으로 만들어진 것임을 베르토프는 상기시킨다.

'지가 베르토프'라는 예명은 '팽이'라는 뜻을 가진 러시아 말로, 그는 이름을 바꾸면서까지 영화의 속성을 혁명 사회에서의 삶으로 실천했다. 그에게 있어서 역사와 혁명은 역동성의 결정체이며, 이를 담을 수 있는 매체는 마찬가지로 역동적이어야만 한다. 영화는, '움직이는 사진 *moving pictures*'은, 돌아갈 때만이 유지될 수 있는 현상이다. 계속해서 움직이지 않으면 안 된다. 팽이가 그러하듯 말이다. 사회 변혁이 그러하듯 말이다.

　　물론 혁명의 근원이 진실에 대한 자각이라면, 영화의 근원은, 영화의 진실은, 오인이다. 영화적 움직임이란 착시 현상이 만드는 편집증적인 것이다. 그러한 사실이 영화의 진실이고, 그 결과가 영화적 진실이다. 영화는 바로 그렇기 때문에 매혹적이다. 베르토프가 간과한 사실이 있다면, 바로 그렇기 때문에 영화의 생명력이 혁명보다 길다는 것이다.

　　애니메이션이 영화에 가장 가깝게 다가가는 순간에도 애니메이션의 정체성을 버릴 수 없듯, 요괴인간도 사람이 될 수 없기 때문에 요괴인간이다. 영화로 진화하고자 하는 애니메이션의 욕망이 저지되듯, 사람이 되고자 하는 요괴인간의 갈망 역시 처참하게 실패한다. 이 실패가, 이 좌절이, 애니메이션의 영혼이다. 악마의 아니마이다.

 ## '빨리'의 진리

움직이지 않는 정지된 그림이 연속적으로 '빨리' 나타났다가 사라지면 '생명'에 근접한다. 부동적인 이미지들이 협업하여 역동성의 미학을 육화한다. 카메라가 "인간의 부동성으로부터 영원히 해방시키리라"는 베

르토프의 선언은 영화의 가장 기본적 원리를 삶에 적용시키는 수행적 언술이기도 하다.

요괴인간이 변신을 하는 과정은 오늘날의 모핑 기법과 같은 유연하고 유기적인 점진적 변화와 너무나 거리가 멀다. 그저 대표적인 중간 단계만을 나타내는 너덧 장의 정지된 키 프레임*key frame*들만이 디졸브*dissolve*로 적당히 연결될 뿐이다. 수십 장의 중간 그림을 필요로 했을 변신의 중간 단계는 얼버무려진다. 노동력과 제작비를 절감하기 위한 '생략 화법'은, 그 나태한 굼뜸은, 〈요괴인간〉을 슬라이드 쇼로 격하시키려고 위협한다. '모순 이미지'만이 동작과 시간을 대체하여 장치의 진부함을, 기술의 빈약함을 폭로한다. 중략으로 변신이 묘사되는 한, '모순 이미지'가 화면에서 사라지지 않는 한, 요괴인간은 재현 체계의 하부 층위에 머무를 수밖에 없다. 그것이 요괴인간의 운명이자 미학이다.

요괴인간은 애니메이션이라는 기술을 통해 인간의 삶에 다가간다. 그러나 불가능의 운명적 궤도로부터 완전히 탈출하기에는 추진력이 모자란다. 변신 과정뿐 아니라 다른 모든 상황들도 적은 수의 그림으로 재현되는 탓에 서먹하기 그지없다. 초당 반복되는 프레임 수가 많다 보니, 동작은 뻣뻣하고 시공간의 흐름은 딱딱하다. 1960년대 당시 애니메이션에서 움직임을 연출하기 위한 그림의 수가 전반적으로 적었다고는 하지만, 〈요괴인간〉의 박약함은 지나치다. (애니메이터의) 손이 모자라 시간과 시각이 머뭇거린다. 〈공각기동대〉나 〈이노센스〉 등이 전람하는 극사실적인 생명력은 완전히 다른 세계의 언어다. 과학과 리비도의 융합을 육감적으로 윤색하는 오늘날의 저패니메이션이 갖는 화려한 유연함은 〈요괴인간〉에 없다. '빨리' 고귀한 생명이 되어 보려고는 하나, 불가능의 문턱에서 저지되어 환상과 사멸의 간극에서 서글프게 서성이는 것이 요괴

인간이다. 악마의 외롭고 왜소한 마술은 불완전한 단계에서 멈추고 만다. 생명력의 잉태는 미숙하다. 결핍을 명명함으로써 충족되지 않는 욕망의 굴레를 극복하도록 유도해 줄 대타자의 위상은 위태롭기만 하다. 리비도는 미흡한 대타자의 존함과 미련한 악마의 함정 사이에서 허접하게 망설인다. 이 미흡한 망설임이 요괴인간의 '애니메이션'이다.

그나마 시청자 어린이 여러분의 상상이, 간극을 메워 주는 뇌의 무식한 무의식적 친절함이, 그 서러운 퇴행으로부터 불완전한 것들을 지켜 준다. 그러한 불편한 친절을 부끄럼 없이 뻔뻔하게 요청하는 측은함과 비천함에 어울리는 이름이 있다면, '요괴인간'이리라.

아니, 그러한 부당한 요구조차도 침묵으로 대체된다. 스스로의 박약함을 감추지 못하면서 그를 묵인해 달라는 최소한의 요청조차 하지 못하는 소박한 무위와 소심한 겸허는, 오히려 온통 화려함으로 윤색된 오늘날의 대중 문화가 갖지 못하는 작은 품격이 아닌가. 자아가 끌어안도록 누군가에 의해 우연처럼 던져지는 부당한 윤리적 과제. 그러나 끌어안기에는 너무나 불편한 미학적 딜레마. 이 책의 장황함이 역설적으로 다가가려 해도 멀어지기만 하는 절대적 침묵의 지평. 그 이름은 '요괴인간'이다.

참고 문헌

김예란 (2008). "디지털 미디어와 영상 문화: 묻혀진 것과 드러나는 것," 중앙대학교 신문방송학부 국제 심포지움 〈디지털 미디어와 영상의 만남〉. 2008년 3월 14일, 중앙대학교.

다나 해러웨이 (2002).《유인원, 사이보그, 그리고 여자: 자연의 재발명》. 민경숙 옮김. 동문선.

리처드 커니 (2004).《이방인, 신, 괴물: 타자성 개념에 대한 도전적 고찰》. 이지영 옮김. 개마고원.

브루스 핑크 (2002).《라캉과 정신의학》. 맹정현 옮김. 민음사.

샤루크 후사인 (2005).《여신》. 김선중 옮김. 창해.

서현석 (2004). "분열의 미학: 분리 화면의 기호적 기능과 이데올로기 작용," 〈한국방송학보〉. 18권 3호, pp.335~384.

서현석 (2007). "롤링선더에서 블록버스터까지: 베트남 전쟁 이후의 슈퍼 할리우드," 《미국 신보수주의와 대중문화 읽기: 람보에서 마이클 조든까지》. 책세상, pp.84 ~138.

슬라보예 지젝 (2003). "The Matrix: Or, the Two Sides of Perversion,"《매트릭스로 철학하기》. 윌리엄 어윈 엮음. 이운경 옮김. 한문화, pp.282~323.

이윤영 (2008). "타르코프스키의 〈솔라리스〉와 각색의 문제," 〈문학과 영상〉. 9권 1호, pp.151~175.

E. T. A. 호프만 (2001).《모래 사나이: E. T. A. 호프만 단편선》. 김현성 옮김. 문학과 지성사.

장 루세 (2001).《바로크 문학》. 조화림 옮김. 예림.

플라톤 (2000).《티마이오스》. 박종현·김영균 옮김. 서광사.

피에르 바뱅 (1995).《프로이트: 20세기의 해몽가》. 이재형 옮김. 시공사.

할 포스터 (1995).《욕망, 죽음 그리고 아름다움: 포스트모던 시각으로 본 초현실주의와 프로이트》. 전영백과 현대미술연구팀 옮김. 아트북스.

휴게트 글로윈스키·지타 마크스·사라 머피 편저 (2003).《라깡 정신 분석의 핵심 용어》. 김종주 옮김. 하나의학사.

Altman, Rick (1992). "Sound Space," *Sound Theory Sound Practice*. Rick Altman (ed.). New York and London: Routledge, pp.46~64.

Anderson, Benny & Ulvaeus, Björn (1980). "Me and I," *Super Trouper*. Stockholm: Polar Entertainment.

Armstrong, Rachel (1999). "Cyborg Sex," *Body Probe: Mutating Physical Bodies*. David Wood T. G. (ed.). New York: Creation Books, pp.166~170.

Barthes, Roland (1972). "Metaphor of the Eye," *Critical Essays*. Evanston: Northwestern University Press, pp.239~248.

Baudelaire, Charles (1947). *Paris Spleen*. Louise Varése (trans.). New York: New Directions.

―― (1993). *The Flowers of Evil*. James McGowan (trans.). Oxford and New York: Oxford University Press.

Baudrillard, Jean (1993). *Symbolic Exchange and Death*. London and New Delhi: Sage.

Braidotti, Rosi (1994). *Nomadic Subjects: Embodiment and Sexual Difference in Contemporary Feminist Theory*. New York: Columbia University Press.

Deleuze, Gilles (1991). *Coldness and Cruelty*. Jean McNeil (trans.). New York: Zone Books.

Derrida, Jacques (1995). "*Khōra*," *On the Name*. Thomas Dutoit (ed. & trans.). Stanford: Stanford University Press, pp.89~127.

Fink, Bruce (1996). "The Subject and the Other's Desire," *Reading Seminars I and II*. Richard Feldstein, Bruce Fink, and Maire Jaanus (eds.). Albany: State University of New York Press, pp.76~97.

Freud, Sigmund (1953~1974). "Delusions and Dreams in Jensen's *Gradiva*," *The Standard Edition of the Complete Works of Sigmund Freud, Volume 9*. James Strachey et al. (eds.). London: The Hogart Press and the Institute of Psychoanalysis, pp.1~95.

――. "Leonardo da Vinci and a Memory of His Childhood," *SE 11*. pp.63~137.

――. "The Moses of Michelangelo," *SE 13*. pp.211~238.

――. "Instincts and Their Vicissitudes," *SE 14*. pp.109~140.

——— . "The Uncanny," *SE 17*. pp.217~256.

——— . *Beyond the Pleasure Principle, SE 18*. pp.7~64.

——— . "The Economic Problem of Masochism," *SE 19*. pp.157~170.

——— . *Civilization and Its Discontents, SE 21*. pp.59~145.

——— . *New Introductory Lectures on Psychoanalysis, SE 22*. pp.1~182.

Glut, Donald F. (2002). *The Frankenstein Archive: Essays on the Monster, the Myth, the Movies, and More*. Jefferson, North Carolina, and London: McFarland & Company.

Gunning, Tom (1986). "The Cinema of Attraction: Early Film, Its Spectator and the Avant-Garde," *Wide Angle*. vol. 8, no. 3/4, pp.63~70.

Hahn, Otto (1965). *Masson*. New York: Harry N. Abrams.

Keesey, Pam (1997). *Vamps: An Illustrated History of the Femme Fatale*, San Francisco: Cleis Press.

Klein, Melanie (1975). *Love, Guilt and Reparation and Other Works 1921~1945*. New York: The Free Press, pp.262~289.

Knight, Arthur (1985). "The Movies That Learn to Talk: Ernst Lubitsch, Ren Clair, and Rouben Mamoulian," *Film Sound: Theory and Practice*. Elisabeth Weis and John Belton (eds.). New York: Columbia University Press, pp.213~220.

Krafft-Ebing, Richard von (1965). *Psychopathia Sexualis: A Medico-Forensic Study*. Harry E. Wedeck (trans.). New York: Putnam.

Kristeva, Julia (1982). *Powers of Horror: An Essay on Abjection*. Leon S. Roudiez (trans.). New York: Columbia University Press.

——— (1984). *Revolution in Poetic Language*. Leon S. Roudiez (trans.). New York: Columbia University Press.

——— (1991). *Strangers in Ourselves*. Leon S. Roudiez (trans.). New York: Columbia University Press.

Maines, Rachel P. (1999). *The Technology of Orgasm: "Hysteria," the Vibrator, and Women's Sexual Satisfaction*. Baltimore: The Johns Hopkins University Press.

Mulvey, Laura (1975). "Visual Pleasure and Narrative Cinema," *Screen*. vol. 16, no. 3, Autumn, pp.6~18.

Musser, Charles (1994). *The Emergence of Cinema: The American Screen to 1907*. Berkeley: University of California Press.

Ochsner, Beate (2005). "Monster: More Than a Word··· From Portent to Anomaly, the Extraordinary Career of Monsters," *Monsters and Philosophy*. Charles T. Wolfe (ed.). London: College Publications, pp.231~279.

Plato (1984). *Republic*. Robin Waterfield (trans.). Oxford: Oxford University Press.

Ries, Martin (2002). "André Masson: Surrealism and His Discontents," *Art Journal*. vol. 61, no. 4, Winter, pp.74~85.

Seo, Hyun-Suk (2005). "The Unheard Mourning: Offscreen Sound and Melancholy in Applause," *Screen*. vol. 46, no. 2, Summer, pp.195~216.

Shelley, Mary (1998). *Frankenstein; or, the Modern Prometheus: The 1818 Text*. Oxford and New York: Oxford University Press.

Shildrick, Margrit (2002). *Embodying the Monsters: Encounters with the Vulnerable Self*. London, Thousand Oaks, and New Delhi: Sage.

Stewart, Suzanne R. (1998). *Sublime Surrender: Male Masochism at the Fin-De-Siecle*. Ithaca: Cornell University Press.

Vertov, Dziga (1988). "The Cine-Eyes. A Revolution," *The Film Factory: Russian and Soviet Cinema in Documents 1898~1939*. Richard Taylor (trans.). Richard Taylor and Ian Christie (eds.). Cambridge: Harvard University Press, pp.89~94.

Williams, Linda (1989). *Hard Core: Power, Pleasure, and the Frenzy of the Visible*. Berkeley: University of California Press.